管理4.0系列丛书

企业就得这么办

初才富　主　编

初　昊　吴臣峰　副主编

企业管理出版社

EMPH ENTERPRISE MANAGEMENT PUBLISHING HOUSE

图书在版编目(CIP)数据

企业就得这么办/初才富主编.—北京：企业管理出版社，2017.8

(管理4.0)

ISBN 978-7-5164-1558-0

Ⅰ.①企… Ⅱ.①初… ②初… ③吴… Ⅲ.①企业经营管理 Ⅳ.①F272.3

中国版本图书馆CIP数据核字(2017)第181754号

书　　名：企业就得这么办
主　　编：初才富
副 主 编：初　昊　吴臣峰
责任编辑：张　平　田　天
书　　号：ISBN 978-7-5164-1558-0
出版发行：企业管理出版社
地　　址：北京市海淀区紫竹院南路17号　　　邮编：100048
网　　址：http：//www. emph. cn
电　　话：编辑部（010）68701638　发行部（010）68701816
电子信箱：qyglcbs@ emph. cn
印　　刷：三河市双峰印刷装订有限公司印刷
经　　销：新华书店
规　　格：170毫米 × 240毫米　16开本　28.5印张　320千字
版　　次：2017年8月第1版　2017年8月第1次印刷
定　　价：88.00元

自　序

要么在灰暗中煎熬，要么飞向光明的彼岸。

——莎士比亚

这个世界的未来是属于有梦想的人的，梦想是改变世界的原动力。

没有梦的民族是可悲的民族。能让梦想成真的民族注定是伟大的民族。做梦是对智者的挑战，圆梦是对强者的挑战。

公元208年，诸葛亮借东风火烧赤壁；1800年以后，小米手机创始人雷军："站在风口上，连猪都能飞"成了流行一时的名言。从借东风到风口上的飞猪，不仅带给我们无穷的联想，更是一石激起千层浪，一时成为人们津津乐道、乐此不疲的话题。但严峻的问题是：风口在哪里？我们面对着怎样的风？真的风来了就能飞起来吗？毕竟风口上的猪与飞猪完全不是一回事。因为不管什么"猪"都可以体会被风吹起来的"快感"。对此，我们必须有清醒的认识。毕竟在现实生活中，在大众创新、万众创业的大军中，如果对风没有任何准备，或者根本不知道应该如何准备，真的风来了，一定如马云所说的：风过去了摔死的还是猪。然而，更残酷的现实是，当今社会上有太多的创业者还没飞起来，就被风送上了不归路。

风口上的"猪"都会飞吗？

现实中，当风吹来的时候会有三类六种人：

第一类人，自己能感受到风的来临，或虽自己感受不到风的来临，但在有人告诉这类人时，这类人不仅能快速抓住由风带来的机遇，更能借助风势，乘风直上，翱翔万里，成为时代的骄子。

第二类人，自己能看见“风”，但按对“风”的把握大致有以下六种人：

第一种人，没有能力把握住风，坐失良机。

第二种人，不仅拒绝顺势而为，反而是逆风而动，这种人也许是正确的，但在风来的时候，结果可能会非常悲惨。

第三种人，当风来的时候，本有机会搭上顺风车，然而这些人并不是积极地进取，或者在不停地抱怨某些可能的不公平，或者等待所谓“更好的机会”，或者一味伸手“等”“靠”“要”，结果风过去了，又在抱怨机会的不公平。

第四种人，当“强台风”来袭时，永远不去寻找对策，而总在试图去寻找心中的“避风港”，祈求菩萨的保佑。

第五种人，不是积极寻找适应风的新的活法，而是顽固地坚守已经被实践反复证明不好用的东西，不断地试图以旧适新，以旧迎新，以旧改新，以旧履新，说到底是以旧阻新！这种人在现实中最多，总认为自己的所作所为永远都是正确的，实际上，这些人永远是旧势力的代表，这些人总在自觉不自觉地维护着旧的利益，并成为旧势力的帮凶。这些人一般都是旧势力下的既得利益者，虽然不可能螳臂当车，阻挡风的来临，但往往有能力成为企业航船的撤帆手，或者干脆成为可能导致企业航船偏离航线的舵手！成为企业发展的暗礁！这种人对不管什么样的改革都是最大的阻力。

第六种人，这些人自身对于风有多少研究不得而知，而是利用大家没看明白风是怎么回事，就用最快的速度，以导师、学者、专家、大师的身份，以居高临下的态势，用教育、教导的口吻，或用蒸汽机时代的眼光诠释高铁时代的发展模式，或借老子、孙子、孔子的嘴“创造”某些接“风”高论，或者杜撰故事编造某些耸人听闻的“创新概念”，或者弄些断章取义的“旧词新解”，或者创造“火星高论”，借某些“大师”的嘴喷出“火炬理论”；殊不知，火炬举得越高，握柄的下方投印的阴影就越大，火炬越亮，也往往让人们看不清火炬的真伪。在这些人的搅和下，让本来就有太多人看不懂、看不清、看不明白的虚拟和现实世界周天寒彻，天昏地暗。这些人在当今社会为数不少，整天在微博、微信群里，在企业的讲台上，利用一切可以发声的各种传播工具，永无休止地嗡嗡，这些人往往是时代最可怕的人！

第三类人，不仅看不到也根本感受不到风的来到。

对创业者来说，幸运只是锦上添花的甜点，眼光、能力、努力和定力才是吃得饱的主食。成功不能靠幸运、靠侥幸，更不能把成功建立在精英的个人素质上，靠个人临场发挥、抖机灵取得成功。要想成为幸运儿，当强风来袭时，不仅要能看清风向顺势而为，更必须能把握风势、风向为我所用。看风，不能只满足简单看到，更需要看透是怎么回事，要看透就需要有眼光和头脑；而把握风势则需要能力，能力至少包括两个方面：思路和方法；没有思路就没有出路，没有方法就没有结果。看得见，看得透；有思路，有方法。四者缺一不可，否则只能成为风的牺牲品。

顺风向扬帆远航，借风势腾飞万里。帮助企业在当前的环境中，看清方向，走好每一步，把握好未来是本书的终极目标，笔者期待中国有更多的企业屹立于世界企业之林。

编　者

2017年5月

目　录

创业之路怎么走，企业转型怎么做，企业到底应该怎么办，从第一节到第八节的目录就是企业领导、创业者开展的工作思路、步骤和具体方法。

让企业没有“素质差”的员工，让“傻瓜”也能变成“狼”；让一群“狼”变成一匹“狼”。

优秀人才的“复印机”是这么做出来的。

目录

第一章

把握时代风口，飞起来，舞起来

做企业无外乎就九个字：做什么、做出来、卖出去。

做什么，需要眼光、智慧和胆识，需要具有创新的思想；做出来，则需要具有超强的执行力；至于能不能卖出去，完全取决于开始做的眼光，做的效率和效果。为此，做企业必须解决三个核心的问题：眼光、观念和执行，三者鼎足而立，缺一不可。

眼光决定能不能看得见机会，或者能看到什么样的机会；观念决定用什么方式对待机会；而执行则决定能不能抓住机会。

面对着互联网的大潮，很多人看不懂，很多企业不知所措。当淘宝弄得零售业难以为继时，当京东让国美、苏宁消失了人气时，当支付宝打得银行措手不及时，当互联网的强台风快速袭来时，没看明白的，没看懂的，没有准备好的，看懂了没对策的必然要被互联网的强台风横扫出局。在看全球、想全球、用全球、为全球的互联网时代，企业怎样重复昨天的辉煌。在互联网时代，凭着蒸汽机时代练就的看家本事，能不能适应高铁时代的到来？面对着时代的大潮，企业到底应该怎么办?!

解决看得见、抓得住已经成为时代对企业的考验，张瑞敏说："没有成功的企业，只有时代的企业"。在互联网时代，企业管理需要交出一张合格的答卷，管理4.0正是帮助企业解决看得见、抓得住的系统解决方案，是帮助企业面对互联网时代走向合格、走向成功的答卷。

第一节　管理4.0

一、管理4.0及含义

管理4.0是为适应互联网时代企业生存、发展，重在实际操作，最大限度地实现客、用户满意，彻底解决做什么、做出来、卖出去的全新商业模式。

德鲁克说："当今企业之间的竞争，不是产品和服务之间的竞争，而是商业模式之间的竞争。"商业模式是企业整体运营和盈利的设计方案，其本质就是一种商业运行方式，通过明确企业打算给什么样的客、用户提供什么样的商品或服务，决定企业的价值。

管理4.0以眼光和观念转变为前提，以切实提升执行力为基础，通过建设生态平台和建立组织内外部合作与高效协同机制，整合全球优势资源，借助大数据、云计算等现代技术手段，帮助来自各路的创客，实现各种有价值的创新和创意，让客、用户在亲身参与和体验中，对企业产生良好的口碑，实现企业良性、可持续发展。

二、管理 4.0 模型

管理 4.0 模型主要由三个部分组成：基础、平台和团队，如图 1-1 所示。

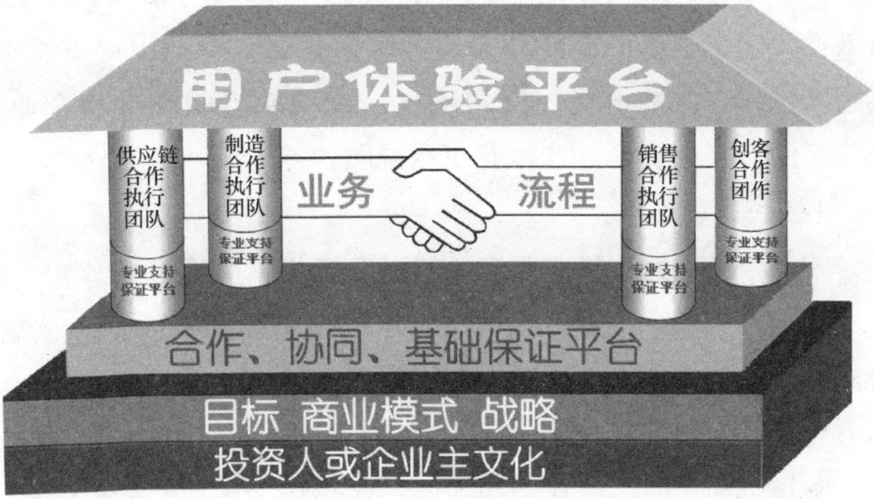

图 1-1 管理 4.0 模型

（一）基础

如果把企业比作一个大厦，企业主或投资人的思想观念，眼界、格局、文化和领导力决定了企业的一切。

投资人或企业主的个人素质是建设这座大厦的思想保证、体制保证、组织保证和制度保证。为此，投资人或企业主文化是企业这座大厦的基础，不同的眼光、不同的格局和不同的文化必然会产生完全不同的商业模式和不同的战略。

（二）平台

现行的企业绝大多数都是眼睛向内看自己，权力自上而下，形成的金字塔形的组织机构；互联网时代，权力从内部转移到外部，客、用户成为企业的总裁，资源也从自己拥有，转移到网聚内、外部一切可能为自己使用的力量。在这样的社会背景下，拆塔搭台，企业平台化已经成为企业发展的必然趋势。在平台的支持下，整合、众筹各方资源，通过业务流程连接各执行团队和资源团队，让客、用户在参与体验的过程中，感受问题解决方案的有效性，感受服务的温暖和关爱，感受企业对客、用户的真诚，实现客户（一次性消费）向用户（一段时间内或终身与企业发生关系的人）的转变。这里有三点说明：

1. 关于众筹

本书中所说的众筹绝非简单的资金筹集，而是包括筹智、筹资（资本、资金、资产、资源）、筹执行团队、筹创意和创新、筹平台、筹渠道等诸多内容。

2. 关于客户和用户

客户，即我们一般常说的顾客，张瑞敏说："顾客和用户不是一个概念，应该分开——'顾客'和企业是一次性交易，我做的产品你买了，你给我付费，我给你产品，然后不再有联系；用户不是，用户是我和你永远是交互的，你今天买了，给我提了意见，我不断改进。"深刻地认识客户与用户的内涵，对今天的企业来说，意义非同小可。

客户与用户的主要区别如表 1-1 所示。

3. 互联网时代的企业平台

在管理 4.0 中，企业平台包括以下三个：

（1）合作、协同、基础保证平台。

合作、协同、基础保证平台主要保证完成各执行和资源团队的协同作业及众筹和基础资源保证工作。

表 1-1　客户、用户比较表

比较项目	客　户	用　户
上　级	企业内部上级领导	用　户
主动权	企业做啥我买啥	必须符合自己的个性化需求
管理重点	重销售额、重利润、重成本等	重交互，重参与、重体验
流　程	在最后端	在最前端
人员组成	是外部人	是准内部人
组织架构	金字塔权力型管理架构	平台参与型组织架构
销　售	卖产品	买消费“痛点”和方案，卖服务
工作重点	重自身技术等优势	重实现用户满足的能力
生产方式	大规模制造	个性化定制
目　标	销售额	客户向用户的转变

本平台主要提供 13 个基础保证：文化整合与保证、责任落地保证、信用保证、标准化保证、信息及信息安全保证、投融资（含众筹）及投融资安全保证、人力保证，技术支持与保证、协同保证、服务保证、法律保证、资源保证、平台安全保证。

（2）专业支持保证平台。

专业支持保证平台的主要功能是为各专业执行团队提供本专业范围内的专业保证。以制造执行团队为例，专业保证至少包括：质量保证、安全保证、技术保证、设备保证、资源保证等。

这个平台建立在基础保证平台之上，是执行团队开展工作的专业基础，由于每个执行团队的工作内容各不相同，每个专业保证平台的内容也不相同。

专业支持保证平台，既可以在企业内部根据现有情况进行配置，也可以由能保证输出结果的外部合作团队以众筹的方式提供。

（3）用户体验平台。

用户体验平台的主要功能是完成客、用户体验，为客、用户体验提供相关的服务，收集新的创意，寻找可能的众筹者或众筹团队等。

（三）团队

平台团队按性质主要分成四类：第一类是创意团队，第二类是执行团队，第三类是执行及创意团队，第四类是外部团队等。

1. 创意团队

创意团队的核心是针对消费痛点进行创意或创新，其管理方式以最大限度调动人的活性为基础，其考核的重点，应主要围绕创意的市场接受度，创意的社会效益与经济效益等进行。

2. 执行团队

执行团队包括资源团队，制造团队等。

执行团队可以由一个或多个小微团队组成，小微团队的核心有三个：第一是确保执行到位符合相关要求，第二是设法提高投资回报率，第三是与其他执行团队的高效协同。

从执行到位这方面说，为了确保执行到位，符合相关要求，更由于涉及前后环节的合作协同，执行团队在实际执行时，不应加入任何有创意的元素，在这个流程中，所有的环节应消灭“细节决定成败”等可能造成团队不稳定的因素。其原因非常简单，任何协同最重要基础都是必要的稳定，如果执行团队在执行过程中，一会儿弄个新创意，一会儿来个细节决定成败，就必然带来工作的相对不稳定。就好比一场演出，如果某个演员只考虑某些细节或者增加什么创意，该哭的时候不哭，该笑的时候没笑，其他演员、灯光、音效等都是无法正常协同的。显然，在正常的执行过程中，过于关注细节可能带来不稳定，而这种相对的不稳定，会直接带来协同的失败。

任何针对客、用户的新创意，应按照创意的流程及相关要求进行实施。对于为了提高执行团队自身投资回报率等各种创意，只有在不涉及相关的合作方、不会造成整个流程的不稳定前提下，才可由执行团队内部自行实施。

3. 执行及创意团队

执行及创意团队（如销售或服务团队）不同于执行团队，执行团队在执行过程中，不需要产生针对客、用户的创意，达标是核心。而执行及创意团队是在执行过程中，在与客、用户交流、体验的感觉过程中，随时可能产生针对客、用户痛点的各种创意。这样的工作性质就决定了这样的团队在工作中，既要原则，更要灵活；眼睛要尖，脑袋要活；问题看透，解决有效；思路清晰，反应敏捷；决断果敢，行动要快；勇于担当，敢于（对问题）较真。

对于这样的团队，无论从政策上，还是权力上，都不能绑得太死，要留有一定的空间，但在标准的规范性上，不能放松，标准越规范，越严谨，越有利于高效协同，越有利于发挥人的创造性。

4. 外部团队

凡是有利于企业进步的所有外部人员和团队，都是外部团队的成员，包括竞争对手在内。美国人说，因为有了伟大的敌人，才有了伟大的美国。就如同下棋要找高手才能进步得更快。

三、管理 4.0 实施流程

管理4.0实施流程如图1-2所示。

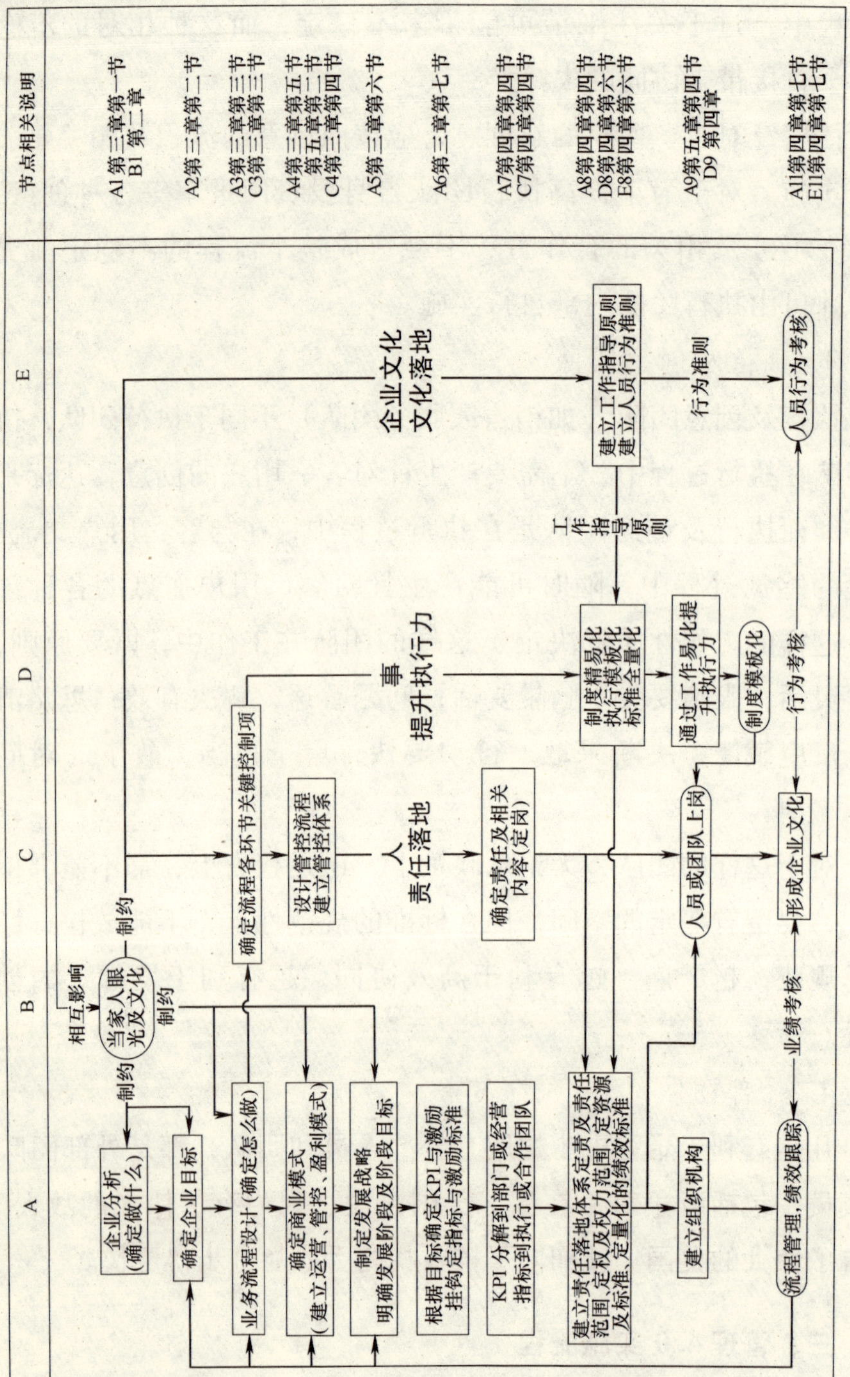

图1-2 管理4.0实施流程

本流程大致分为四个部分：A、B 两列主要是企业当家人开展企业经营和管理的思路和步骤。C 列解决责任落地，责任落地需要三类人，彻底解决四件事。需要重点解决责任标准及对应的权力和资源及与之对应的责任范围。以确保执行有标准，工作有资源，权力有保证，责任有范围。这部分内容将在第四章第四节中详细论述。D 列为企业提升执行力的主要方法，重点通过做于细、成于易的精易管理，在不用大幅度提升人员素质的情况下，快速提升企业的执行力。这部分内容将在第四章第六节中详细论述。E 列主要是企业文化落地的实施方法，也将在第四章第六节中详细论述。

企业平台建设应在本流程实施结束后再进行。原因很简单，平台型的企业多数属于相对开放式的借力或借势型企业，即一般需要借助外部团队（包括消费者和供应链资源）实现自身的企业目标。由于团队之间不仅需要互相配合；还需要互相提供必要的资源支持；更需要在业务上实现高度协同。为此，要成功地实现团队之间相互借力、借势，就要求在平台上的所有合作团队只能像类似标准的插件模块那样，才能实现真正的借力和借势。插件式合作团队的基础必须建立在量化的标准之上，没有量化的标准，合作各方根本无法实现高效协同，而没有高效协同，平台化就是空话，显然，标准化就成为平台建设必需的基础。因此，无论企业主对平台建设的心情有多急，还是应该耐下性子，毕竟万丈高楼平地起，没有基础怎盖楼；没有必要的基础工作，直接平台化的企业注定难以成功。关于企业平台化的内容，将在第五章中详细论述。

本书自第二章开始，按图 1-2 的流程顺序，逐一展开叙述。

看到这里，可能有些读者会产生疑问，弄什么管理 4.0，现在的管理模式不是就挺好吗？接下来我们先分析实施管理 4.0 的必要性，看看实施管理 4.0 的必要性。

第二节　企业难“飞”的根本原因分析及实施管理 4.0 的必要性

观念决定行为，行为决定结果；思路决定出路，方法决定效果，效果决定成败。

在管理发展的历史上，经历过三次管理革命，每次管理革命都首先影响、深刻改变了人们的观念，而这些观念给企业管理带来了不同的结果。

一、管理 1.0

管理 1.0 是第一次管理革命的产物，诞生于蒸汽机时代，以泰勒的职能管理为标志。时至今日，中国大多数企业现行的管理模式即科层制的职能管理模式。

职能管理最早起源于 1776 年亚当 · 斯密的《国富论》。亚当 · 斯密在这本书里告诉我们，劳动分工可以使劳动生产率成倍地提高；在 1908 年前后，美国的福特公司将这一理论运用到汽车生产实践中，通过对工作步骤的简化，在一定的程度上提升了劳动生产率；在 1911 年，美国科学管理之父泰勒发表了《科学管理原理》，同时代的法约尔《工业管理与一般管理》（1916 年）以及马克斯 · 韦伯《社会组织和经济组织理论》（1920 年）推出的等级科层制——理性官僚制，简称官僚制，把人类社会带入了管理 1.0 时代——职能管理时代。

此后至今的数百年，企业所有的管理理论基本据此展开，没有大的、本质上的突破，从现在实行的 TQC（全面质量管理）、精细化管理，到作为生产作业组织形式的丰田精益生产方式等，都是以分工和科层式的官僚管理体制为基本的指导思想，无论什么管理模式，皆属于职能管理的各种通用或专业应用版本。

从国内看，职能管理在大学相关教学理论不断强化下，在众多咨询公司和培训师的强势推行下，迄今为止，不仅是中国企业的管理模式，也是几乎所有企业管理者心中的“圣经”，随着时间的延续，根深蒂固地盘踞在企业和每个企业管理者的心中。

职能管理即按照专业的职能分工，对其相关的人、财、物各要素进行管理，这种管理方式如图 1-3 所示。

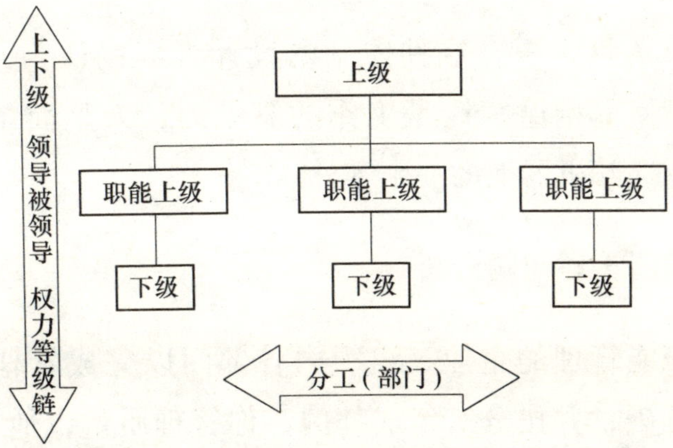

图 1-3 职能管理示意图

二、职能管理的特点

人类社会用了数百年的时间，搭建了人人紧盯权力、看上级，简单服从上级的职能管理模式，这种模式具有如下特点：

（1）从组织机构看，横向按分工形成部门，把工作分解为最简单和最基本的步骤；纵向按权力，从上到下形成领导和被领导的权力等级链，即科层的等级关系。

（2）从管理上看，职能管理要求下级服从上级，各级逐层对上级负责不越级，各级主管通过绩效考核，完成对属下的管理。

（3）从目标上看，职能管理属于典型的专业任务管理，即从专业任务的角度出发，完成本专业范围内管辖的各项具体任务；也即财务完成财务的任务，销售完成销售的目标……

（4）从绩效上看，简单地服从上级，人人对自己的主管上级负责，并由主管上级对自己的直接下级进行绩效考核。

（5）从目的上看，比较简单地寄希望通过分工和管理来提升效率。

（6）从人性上看，这种体制的设计者泰勒认为，人是机械人，有钱能使鬼推磨，钱是工作的驱动力，人是简单执行的机器，是企业这部机器上的一个零件。

三、职能管理问题分析

实行职能管理的企业，组织内各部门以完成管辖范围的职能任务为基础，并按分工组成部门，你管理质量，他管理生产，在每个职能部门内，完成各自的工作任务。这种貌似非常专业的管理方案，在当今社会实践中存在着以下让企业非常头疼的问题：

（一）从职能分工看

1. 按职能分工会导致流程被割裂

流程被割裂会直接导致以下结果：

（1）降低过程效率。

过程效率降低主要有三个原因：一是流程被割裂，大家各自忙活自己的事，生产管生产，销售管销售，没人从整体流程的角度出发，过程效率低下就成了必然。二是职能管理要求每个人都对上级负责，这等于直接告诉企业各级，一切工作只要让上级满意，就是最终的目的；就算有强烈的流程效率意识，但职能管理体制中逐级的审批和监管，也逼着各级执行人不能关注整体流程的效率，于是在各级的满意之中，流程效率降低就成为必然。三是效率降低的原因在于在职能管理体制中，由于责任主体错位，工作不是对后环节负责，而是必须对主管上级负责，这就直接导致一旦发生问题必须逐级向上请示。于是，让请示向上、让批准向下“飞”一会，必然直接降低过程效率。

（2）用任务管理代替结果管理。

流程被割裂的直接结果就是每个人不能对终端负责，而是必须对管辖的专业任务负责，如企业生产部门一般负责完成产量的任务，质量部门则负责完成质量控制的任务等。这种对任务负责的实质就是把企业从结果型企业变成了任务型企业。

任务型企业最大的问题是，没有一个人，也不可能有哪个部门对整个过程负责。当没有人对全过程负责时，这种看起来好像很有秩序的企业，就必然会出现各种问题。当研发把研究成果交给生产，生产按研发要求将生产出来的产品后交给销售，销售送到市场上无人购买时，销售反过来就会说研发有问题，研发为了自身的利益，又会把责任推给财务或生产，到了财务又推回销售，因为回款不到位……结果整个企业陷入没完没了的扯皮和责任推诿之中。

（3）价值创造过程被严重打折。

价值创造的过程是一个完整的过程，只有当所有工作有机结合在一起时，整个过程的活动才能产生价值。流程被割裂后，各项工作实际上已经分离，每个人各顾各地创造价值，虽然价值创造不会全部消失，但必然大打折扣。

(4) 大大增加企业的非增值性工作。

以培训为例，培训从申请到执行，再到验收付款本来应该是一个完整的流程。当流程被割裂后，我们不难看到有些单位搞培训，来来回回需要请示、批准数次，培训申请一次、培训师及培训课件审查批准一次、培训款支付又一次……这些由于流程被割裂而产生的非增值性工作，浪费的不仅是人工成本，延误的也不仅是过程效率，最根本的浪费在于这个过程中不可能产生任何价值。

2. 按职能分工会导致部门利益至上

部门利益至上一定导致以下结果：

(1) 部门利益至上。

分工会很自然地形成部门墙，在部门利益的驱动下，部门利益至上就成为必然。而当每个部门都在关注自己的目标和任务完成时，除了整体效率的低下，对整体团队执行力的影响也不容小觑。从道理上说，分工本来是为了效率。但由于分工的原因，大家都在分管自己的工作。这种由于部门利益和专业限制造成的分工，扯皮与沟通并存，浪费与低速齐飞就是必然的结果。

(2) 分工会形成独立王国。

部门界限分明，每个部门好比一个独立王国，不仅有自己的语言，而且有自己的行为标准，甚至有部门潜规则；这是很多外人难以逾越，或者根本就无法逾越的鸿沟。以公路建设为例，修马路的不管路灯，修下水道的不管通信，修煤气的不管排水，以至于我们的公路建设，路面不断地被开肠破肚。然而更多的是，有些无意义的工作随时都在进行，重复的检查，没必要的扯皮，无聊的部门权益维护，管理者不得不花费大量的时间来维护、巩固自己的地盘，千方百计寻找将责任推卸给别人的理由，还有人沉迷于过去的“成就”和“辉煌”之中，不思进取。

3. 按职能分工会让执行者丧失真正的目标

职能管理关于专业化分工的思想其实质是对流程的排斥。职能管理的出发点是将流程分裂成各个独立的任务，然后每个人都集中精力完成各自的任务，这就非常自然地带来了对最终结果的忽视，必然导致让执行者看不到，或者根本顾不上客、用户满意的终极目标，为客、用户创造有价值的输出就必然成为奢谈。

一个企业从客、用户那里接受订单后，从安排生产开始，到最终客、用户体验整个过程中，没有哪一项可以独立、单独地为客、用户创造价值。当每个人集中完成上级的任务时，诸如小到类似产品说明书不够详细，影响客、用户正常使用；大到没有按时将产品或服务送到客、用户手上，包装不好，内容物不符，售后服务人员接电话的语气不符合客、用户心中的“标准”，电话等待时间过长等，就会让任务的执行人完全看不见。而这些看似不大的“小问题”，一定会让今天的客、用户“在购物”的体验过程大打折扣，而在当今这个时时在购物，秒秒自媒体的网络时代，客、用户稍微感觉不顺心，就会立刻通过网络直播告知天下，直接导致企业蒙受本来不该有的损失。

4. 按职能分工会导致执行人尽职尽责的与客、用户对立

以看病为例，患者本来就是个眼疾，看眼科检查后被告知需要看眼底（需要重新排队挂号），看眼底后又被告知需要看消化系统（再次需要重新排队挂号），而检查完消化系统又被告知需

要检查心血管（还需要重新排队挂号），看心血管后又被告知需要检查神经系统（还要重新排队挂号）……在医院有些科室挂号资源非常艰难的今天，极可能出现一个患者花了不少检查费，由于实在接受不了没完没了的挂号和化验检查的过程，干脆放弃治疗。结果是患者花了不少钱，到最后不知道自己得了什么病！现实中有这样看病经历的人不在少数，最可气的是，患者在明确告知医生已经确诊的情况下，或者是在其他等级相当的医院，刚刚进行过相关检查和化验，且有正规检验报告的基础上，患者依然被要求重复地进行基本相同或完全相同的检查。从管理上看，医院非常专业、负责、责任清晰、工作任务清楚、目标明确，绩效考核也简单；但从患者的角度看，有这种经历的患者对这样的医院深恶痛绝，联想到不断发生的医疗纠纷，我们的医疗机构是否也要反思一下？诚然在生活中让一个医生什么都会，显然不可能，但医院之所以不能站在患者的角度上进行考虑的根本原因，就是来自上级的任务管理。

5. 按职能分工会导致机构臃肿，冗员增加，管理费用增加

造成这种现象的主要原因有以下两个：

（1）受管理幅度（管理宽度）的影响，随着分工的细化，管理层人数大幅度增加，必然导致管理费用大幅度增加。

经常看到有些企业在实施精细化管理后，内部分工越来越细，正职、副职、秘书、助理等各级“公务员”越来越多，组织机构越来越大，各级官僚越来越多，企业效率越来越低，已经完全发展到亚当·斯密当初所预见的反面，其规模的不经济达到了令人吃惊的地步。一方面难为客、用户创造价值，另一方面成本却明显地提升了。

（2）部门职能小而全。有些部门希望自主权加大，有些部门则以工作顺手或便利为借口，还有不少部门以对口专业管理为由，各部门间重复配置了各种检查、督导、监督等管理人员，这些重复做着基本相同工作的管理人员，机械地完成各项“专业”管理活动。

这些人主要有两个特点：第一个特点是只能在专业的“高压线”内，完成“本职”工作，而对于其他工作，即使是行家或者是专家，也绝对不能突破分工所辖专业的限制。各级人员只能重视自己分管的业务，而对于超过分工范围之外的“分外”工作漠视，不关心，由此造成的复合型人才的浪费就成为无法避免的事实。而这种人才浪费，带来的问题就非常复杂，有些人由于“郁闷”难尽其才而投入对手的怀抱；更有些人因此而与组织离心离德；除此之外，分工造成的工作单调不仅让工作难有挑战性，更让很多人简单地重复昨天的事情；增加人力成本成为无法避免的现实；对精英的依赖也日益成为企业用人非常头疼的问题。

管理人员的第二个特点是：大量的时间往往不是专业工作，而是主要完成四项工作：粘合剂、和泥匠、消防员、黏合剂。

粘合剂是指在工作时，将本来应该在事前说清，但没说清的责任或者根本没说清的权力硬粘到责任人的身上。显然，责任说不清扯皮就是必然；权力不落地，责任也无法行使。

和泥匠是指不断地沟通、处理由于各种原因导致的各种扯皮。对企业来讲，造成扯皮的原因主要有三个：一是没做流程接口，责任说不清；二是岗位权力说不清；三是标准定性说不清。

责任与权力说不清的根本原因主要是没做流程接口工作，此为中国绝大多数企业的空白。

标准必须具有唯一性，没有唯一性的标准根本就不能成为标准，也就是说只有定量的标准才是标准。而当定性成为所谓的"标准"时，由于定性造成的各种说不清，必然导致对标准的认定存在差距。

造成标准定性说不清的原因主要有：① 做标准时嫌麻烦；② 不能定量；③ 制定标准的人员不知道怎么定量；④ 社会流行的标准基本都不是定量的标准；⑤ 有些人从心里认为标准就不可能定量……不管怎么说，这种说不清造成了巨大的浪费，以至于用在为了说清，而每次必需的沟通、扯皮、时间浪费等支出，日益超过实际工作中的费用支出。和泥匠的工作并不轻松，和稀泥两头抹，既浪费时间，更浪费精力；经常看到有很多企业一个会开很久，挺小的事扯来扯去，直到爆发"战争"，和泥匠又转变为消防员。

消防员到处应急"救火"，结果非常容易地导致了重要的工作总是被当前的工作所掩盖，"火"经常越救越大。

黏合剂主要用来将由于分工造成的人为割裂的碎片化工作重新黏接在一起，但不管怎么黏接，这一重新黏接而成的结构不仅十分脆弱，而且一定是不稳定的。就好比一个鸡蛋壳，打碎了不管怎么黏接，也不可能达到原来的强度，还浪费了大量用于黏接的时间和过程等成本。不仅如此，每个经过黏接的裂缝，实质上就是一个潜在的隐患点，而这些潜在的隐患，没准什么时候就会变成灾难。

6. 按职能分工会导致执行人尽职守责地忘记企业终极的目标

在模拟海南某公司大型游乐建设项目流程运转时，看到一个事实，开始感觉有些好像无关的岗位（如行政岗），没想到几乎会出现在流程的每个环节之中。流程涉及到每一个部门，从流程的角度上看，没有一个任务可以在一个环节内完成，而按职能分工的管理方式，每个人最多都是负责这个任务其中的一段，这就把原本一个完整的流程，按专业变成了一个又一个的任务，当企业变流程管理为任务管理后，直接造成了没有人为任务结果埋单的事实。换个说法，每个人都参与了流程，但都集中在自己管辖范围的一段上，如研发成果审定，研发人员关心的是技术，财务关心的是研发成本，营销关心的是好不好卖，生产制造关注的则是能不能做出来，办公行政人员关心的是需要增加多少工作量，而没有一个人从头至尾地担负责任，更不可能有人站在整体流程和市场的角度，综合评价研发的成果，这就直接导致研发可能失败的结果。

无论我们做什么工作，无论你是否有兴趣，流程都不以你的兴趣独立地存在着，将工作按职能分工的任务管理实施后，对企业来说，最深远的后果（尽管是无意的）是工作成果与客、用户个性化需求的分离。

7. 按职能分工的任务管理会直接导致难以建立准确的用人标准

任务管理非结果管理，完成任务需要更多的是一种指挥和命令的权力，这就直接导致很难建立准确的用人标准。于是，企业用人很自然地就形成了两种标准，一种是按所学的专业，另一种是按人情。我们经常会看到有些企业，某人因为和领导关系不错，结果会怎样尽在不言之中。

（二）从职能管理体制看

1. 人人向上负责等于实际没人负责

按职能管理的要求，各级必须服从上级，为此，从下到上的送审、请示不断，从上到下的批准、回复也不断，而请示和批准的过程，不管怎么说都是让文件“飞”一会的过程，这就必然导致效率低下的同时，中间各级均无须承担责任，有了问题是领导定的，有了毛病是下面干的。

2. 对市场的变化反应迟钝

人人向上负责直接导致除直接面对市场的各部门人员外，其他人既无法感受来自市场的压力，更对来自市场的变化反应不敏感，很难满足市场快速变化的要求。即使有人能看到外部的变化，往往靠一个人的力量也难以改变大局。

3. 权力等级的科层制给企业带来的灾难

职能管理由于是工作任务管理，需要将各项专业工作分配给相关的职能人员去完成。为了保证任务的效果，还需要有相关的管理人员监督任务的执行，为了保证监督的有效性，又必须赋予各级管理人员对属下进行绩效考核的权力，于是就有可能产生六个问题：

（1）等级的实质是身份。

同样是人，出差时经理可以坐飞机，员工就只能享受火车硬板，经理可以住不低于几星级的宾馆，员工就只能住档次较低的旅馆；一样在外面吃饭，员工饭补往往低于经理的饭补。经理也好，员工也罢都是给企业奉献的人，凭什么权力高的人就该高人一等。正因如此，很多员工不是把心思用在工作上，而是绞尽脑汁用在“抢班夺权”上。因为，权力不仅是高工资、高收入，更是高身份、高待遇的综合体，是脸面，更是地位！

（2）僵化的等级体制不仅会限制信息的沟通，而且还是速度慢的代名词。

等级体制把大量的时间都浪费在一层又一层的申请、请示、许可、命令及控制上，浪费在一次又一次的可以、不行和等待让“文件”飞一会儿的时间上。减少点审批行不行，不行！很多时候不是因为工作不行，而是因为减少了审批，显示不出岗位的重要性，显示不出权力和领导的官位！

（3）等级制度是造成滥竽充数和腐败的温床。

笔者当年为了生存，在完全没有当过厂长的情况下，靠着嘴皮子的功夫，硬硬地忽悠成了一个外资企业的生产厂长。虽然竭尽全力，但怎奈心有余而力不足，厂长这个职位毕竟是科学，由于自己当时完全不懂怎样管理工厂，但为了生存，无奈之下干了三件违心的事：第一件事是逆来顺受，想方设法讨老板开心；第二件事是把自己会做的、原本挺简单的工作人为地弄复杂，在貌似“复杂”的工作中，把水搅浑，让老板看不清自己的深浅，同时也好证明自己的“能力”；第三件事是邀买人心，和员工打成一片，尽量割断员工和老板的直接联系。现实中，有过这种滥竽充数、吹牛拍马经历的各级管理人员为数不少。可以想象，在这样的组织内，不仅充斥着浪费，更充满着各种冲突和差错的可能，这些南郭先生随时可能成为企业的“定时炸弹”。

（4）等级制度导致权力盲目向上高度集中，绩效考核不好用。

在等级森严的权力等级体制中，在人人看上级的管理体制中，绩效考核是不可能好用的。这里有两个原因：

第一个原因，人人看上级直接导致无人看后工序或市场。

在职能管理中，顶头上司一般也是下级的绩效考核人。由于绩效的原因，各级人员必然紧盯领导，结果造成既无法以客户为中心，更无法对自己的输出结果负责。绩效是什么？绩效既是员工的工作方向，也是员工的工作动力。现实中，出于个人利益和面子等原因，一般考核什么被考核人会留意什么，考核的力度越大，被考核人会下的功夫越多。谁考核，员工必然看谁。从某种意义上说，绩效考核人永远是被考核人的服务对象，毕竟天下没人愿意被差评、被扣发奖金。

第二个原因，绩效考核标准难以制定。

现实中，每个岗位的工作都是输出给后工序或市场的，而一般企业中作为直线主管的上级领导往往和这些输出并不直接关联。于是问题就来了，直接上级依据什么来制定绩效考核标准呢？但绩效又是各级领导必须要完成的任务，当各级领导面对着一方面必须要完成绩效考核的任务，而另一方面又面对着与结果不关联的实际情况，结果会怎样呢？经常可以看到，在这样的体制中，绩效考核标准多数是来自顶头上司或人力资源部的“上司标准”或“人力部标准”。而当考核标准与输出不直接挂钩时，绩效标准往往成为无效的标准，经常看到有些单位把工作态度、忠于职守、感恩心态等作为考核标准。殊不知这些“标准”的提出人在提出时，有没有从被考核人的角度上稍微想想，如此荒诞之标准，会让被考核人产生什么错觉？以工作态度为例，绩效里的工作态度是对谁的态度？是对上级领导还是对后工序或终端市场的态度，还是对工作尽职守责的态度？如果当后工序或市场与上级领导发生矛盾时，对谁的态度更重要？上级是直接考核人，被考核人应当怎么做？……

现实中当一个领导都说不清什么是好，什么是不好的时候，被考核人会做怎样的选择？这些说不清的“标准”，唯一能做的就是默默地告诉员工，把本来应该对输出或对终端的注意力，转移到上级领导身上，当企业中所有的被考核人不得不去揣摩领导心思的时候，也就是被考核人去迎合领导好恶的时候。其结果恰恰走到了设置绩效考核目的的反面。客观地说，当所有的人都对上级负责时，自然就没人对输出负责，更没人对终端负责。这种权力等级森严的科层制，是直接导致绩效考核不好用的根本原因之一。

必须明确，绩效考核主体是执行人的方向，当绩效主体错误，绩效考核标准又含糊说不清时，想达到绩效设计者预期的目的，根本就是笑话。显然，中国企业绩效不理想的根本原因在于此，中国企业难以走远的最根本原因，职能绩效考核功不可没。在客、用户已经成为“丈母娘”的今天，职能管理的失败尽在情理之中，实际上仅此一点，就足以断送职能管理的命！

在市场短缺的时代，客户不得不听命于厂家。然而，在今天互联网时代，是企业必须听命于客、用户的时代，这种以分工为核心的职能管理模式，不仅不能成为当今社会的管理模式，更是企业为了活命而必须进行变革的管理模式。

（5）等级制度下的逐级负责，直接导致老板不当家。

在职能管理体制中，企业的权力很大程度上集中在中基层各级管理人员手里，形成下级替上级当家“我的地盘我做主”的尴尬局面，企业各层官僚、腐败很难根除。曾经有个企业请笔者去进行咨询时，当时仅仅一个负责 ISO 9000 认证的主管领导，因对有些变革不能接受，最后直接导致项目难以按计划完成；还是这个单位，在推行时，由于某个最基层的领导个人的原因，软磨硬抗，最终导致项目实施的效果大打折扣。

（6）等级制度会扼杀一线员工的积极性。

实行严格等级制的优点是能对员工的各项工作进行严密的控制或管制，但这注定是缺乏灵活性的，也是对员工创新与创造性最大的禁锢。这种等级森严的管理体制，已经从体制上剥夺了员工发挥创造和创新的权利。

笔者曾经在一个工厂当工人。在工作中发现某设备存在安全隐患需要进行改善，在提出改善方案后不久，当时在笔者单位实习的一位工农兵大学生，告诉当时的工段长，笔者就是个工人。尽管没有直接表达不同意的意见，就那几个字，已经扼杀了一名工人革新、创造的权力，教训残酷。

这种以等级管理、控制为中心的组织模式，一线基层员工基本处在被动、被支配的地位。在这样的企业里，企业的成功与失败不可避免地依赖于管理者个人的魅力。

四、管理2.0

管理2.0是指人性管理，以马斯洛、赫兹伯格人性管理为标志。

1924—1932年，在美国霍桑工厂进行的以提高劳动生产率为核心的霍桑实验，出人意料地让人们发现重视人性和非正式群体在整个生产过程中的重要性，从而直接导致1947年行为科学的诞生。在这个阶段，以马斯洛、赫兹伯格为代表的有关人性的理论纷纷问世。于是，重视人性、重视人的社会需求的人性管理2.0诞生了。

管理1.0和2.0并没有本质的区别。相对于管理1.0，尊重人性、探讨人的需求，琢磨人的行为，以人为本是管理2.0研究的重点。但无论是管理1.0还是2.0，诞生于这个时期的管理思想其根本的出发点都是为了提高劳动生产率，重视人性不过是以让人多回报为目的！这种以回报为目的而开展的人力资源管理，有点类似宠物豢养的管理模式，重视也好、养也好、爱也罢，不过是为了满足养宠物人的某些需求，至于宠物本身究竟是不是真正得宠，什么是宠，也许不是这种管理模式全部研究的内容。口口声声“宝贝”“爱”，但从行为上，从小就给宠物做了绝育手术，非常粗暴地剥夺了宠物最基本的性欲和生育权；从平时看，不许这个，不许那个，甚至不许随地大小便，所有的所有，必须等待主人下班，才能将“监区里”宠物带到外面放风、方便、撒欢。试想，一个连基本权力都必须建立在服从人的意志上的“宠物”，究竟是“受宠”？是“爱”？还是迫害呢？这种以回报为目的的人力资源管理，让管理 2.0 带有了一种很特殊的色彩，一种让员工感恩戴德关注回报的色彩。互联网时代，这种宠物豢养的人力管理方式必须转变为能真正从人性、人心出发，能释放人的活性，激发人的创造性的全新人力管理模式。

为此，尽管在管理 2.0 时期引入了人性管理的概念，但由于是建立在有明确的前提、明确目的之上的，更由于人类自身对于人从心理到行为的认识仍远远不到位，加上传统文化中封建愚忠思想的影响，很多国内企业所谓对人的重视，有很浓重的封建色彩。

从方法上看，诞生于这个阶段的管理理论，除了告诉我们应当尊重人性、尊重人的社会需求，帮助我们了解人的行为动机等大道理外，由于没有具体的实施操作方法，更没有能用于具体操作的作业指导，为此并没有能给实际从事人力管理工作的人，带来更多的实用价值。

在人类历史上曾经诞生过不少“优秀的管理理论”，但大多都是昙花一现，很快就被人们遗忘。究其深层的原因，再好的理论不能落地实施，就不能称为好理论。也就是说，如果只有原理、原则、框架，没有具体的实施方法，这个理论就极有可能是没用的，至少在实施时可能是效果不好的。例如，日本石川馨的鱼骨图，本来是非常好的问题分析框架，但由于过于笼统，在现实中，除了精英，大多数人很难应用在实际工作之中。再如，制定目标的SMART原则，除了空洞的大道理外，根本无法让一般的员工掌握并运用在实际工作之中。著名的SWOT分析之所以为很多人难以应用的根本原因也是过于笼统，加之每个人对于所谓优势和劣势的判断难有统一的标准，除了作为教学和咨询外，实际在企业中应用难上加难。

综上所述，我们把管理1.0和2.0时代，统一定义为职能管理时代。这是由于对人的管理也是一种职能管理，这种由人本管理诞生的人力资源管理，理承一脉，师承一脉，研究人的根本目的是为了向被管理者索取。所以，它只不过是职能管理的一个分支而已。

综上所述，我们对管理的1.0和2.0进行了比较详细的阐述，简单归纳其特征如下：

职能管理机制不灵活，无人对输出或终端负责，无法以客、用户为中心，重活动，轻结果，各层官僚无法去除，难以创新，间接管理费高，整体工作效率低下，各级推诿扯皮，责任说不清是管理1.0、2.0时代非常明显的特征。

在职能管理模式中，制造成本的高昂可以悉数转嫁给客、用户，客、用户无奈但也没有办法；企业忙于大规模制造库存；更有太多的人正在努力地完成也许根本没有必要的工作任务，有些甚至是对企业完全没用的工作；而这些没用工作所增加的成本，最后还得由消费者埋单。

在实行职能管理的企业里，效率低下，运行成本高，往往不是因为责任心不足，而是浪费了大量的时间用在请示、汇报、指示、批准的流转上，或者是没完没了的扯皮上。

组织缺少灵活性，并不是因为员工没有感恩之心，而是体制紧紧地禁锢住了员工的“自由”。

无法提供令人满意的服务，并不是因为我们对客、用户怀有敌意，而是因为我们的绩效考核根本就无法让员工把注意力紧紧盯住客、用户。

按19世纪蒸汽机时代设计的组织架构，在市场短缺企业决定市场的背景下，人们误以为职能管理是一种非常成功的管理模式。由于市场短缺，人们忙于大规模制造，职能管理存在的问题从表面上看并不明显，致命的问题更是几乎很难看见。但随着市场越来越多地进入过饱和时代，特别是到了以客、用户为中心的互联网时代，管理1.0和2.0自身存在问题也就越来越多地浮出水面。

五、管理3.0

管理3.0时代即企业再造或流程再造，以迈克尔·哈默和詹姆斯·钱皮合著的《企业再造》为代表。

（一）再造产生的历史背景

在20世纪最后的几年，由于当时的市场过饱和及“3C”（顾客、竞争和变化）带来的巨大变化，职能管理体制越来越不灵光，问题暴露得越来越明显，流程日益成为组织关注的中心。原有的非增值性的管理工作，诸如逐级的请示、批准等工作，不仅十分扎眼，更由于效率的低下，已经完全无法应对市场快速变化的要求。在这样的背景下，人们不得不对流程进行重新审视，对流程进行重新设计，把原来由于职能分工割裂的流程，重新组合起来，以确保流程中非增值性活动减少到最低。1993 年，美国麻省理工学院教授迈克尔·哈默和 CSC 管理顾问公司董事长詹姆斯·钱皮，通过研究某些公司流程再造的真实案例，合著《公司重组——企业革命宣言》一书，该书指出：200 年来，人们一直遵循亚当·斯密劳动分工的思想来建立和管理企业，即注重把工作分解为最简单和最基本的步骤；但信息技术革命使企业的经营环境和运作方式发生了很大的变化，市场竞争日益激烈，企业面临着严峻的挑战。面对这些挑战，企业只有在更高水平上进行一场根本性的改革与创新，才能增强自身的竞争力。为了能够适应这种新的世界竞争环境，企业必须摒弃以往的运营模式和工作方法，以工作流程为中心，把工作任务重新组合到工作流程中去，并按照这种思想重新设计企业的经营、管理及运营方式，以使企业适应未来生存发展的要求。

一石激起千层浪。一夜之间，管理变革之风扑面而来，文章发表的第二年，全球进入以企业再造为核心的第三次管理革命，即管理 3.0 时代。

（二）企业再造的概念

“针对企业业务流程的基本问题进行反思，并对它进行彻底的重新设计，以便在成本、质量、服务和速度等当前衡量企业业绩的这些重要的尺度上取得显著的进展。”（美，迈克尔·哈默，詹姆斯·钱皮《企业再造 企业革命的宣言书》，上海译文出版社，王珊珊等译，2007 年 1 月第 1 版）

（三）企业再造的效果

企业再造为企业带来了全新的管理思想，宛如刚刚升起的太阳，朝气蓬勃，给当时的企业在经济萎靡的时代，如何走出低迷的深渊指出了一条金光大道。通过再造让很多企业受益匪浅，取得了骄人的业绩，美国福特公司再造后应付账款部从500人缩减到125人（仅为原来的25%），美国某公司一次性相机从产品概念到产品生产开发时间缩减50%；美国某矿业公司实现总收入增长30%，市场份额增长20%，成本压缩12%，工作周期缩短了25天；欧洲某零售组织将工作周期缩短了50%，并使生产率提高15%；北美某化学公司订单传递时间缩短了50%还多，所节约的成本超过300万美元；美国通用公司通过再造成为世界老大；中国的海尔通过再造，连续数年实现销售额数百亿的增长。

在笔者的咨询经历中，再造也为企业带来了惊人的效果。在笔者的亲身推动下，某水具出口企业流程再造，原样品订货期从30天缩减到8个小时；北京某安监设备安装公司成本净降低12%……流程再造不仅在效率的提升上有着极其明显的可见优势，更在盘活人的活性上，有着一般人想象不到的绝对优势。美国驻中国区华北某销售公司，因政策影响销售大幅下滑。实行流程再造后，各级人员士气大涨，人的活性被充分释放，当年即扭亏为盈。

但必须承认，大多数再造的企业并没有达到预期的目的。不容忽视的事实是，面对企业再造的强台风，不是所有的企业都有运气，能成功的企业并不多。据相关数据统计，通过再造成功的企业仅仅不到30%，大多企业都以失败告终。同样的事有的人能做好，有的人做不好，其核心与根本是做不好的人照猫画虎，而做好的人，往往都是在深层搞清楚了为什么要做和怎么做后，抓住本质，坚定不移地走自己的路才取得成功。再造到底失败在哪里，下面做个简单的探索。

（四）企业再造失败的原因

反思再造失败主要有以下七个原因：

1. 改革言辞过激，直接引起有些人抵触

再造是一场革命，而“革命不是请客吃饭”，再造的笔者要求“抛弃长时间来所运用的工作程序”“把旧的制度扔在一边，它含有这样的意思，回到出发点”，再造就是“重新开始”“彻底地重新设计意味着要不顾现有的组织结构和工作流程，而是要开辟完成工作的崭新的蹊径”（美，迈克尔·哈默，詹姆斯·钱皮《企业再造 企业革命的宣言书》，上海译文出版社，王珊珊等译，2007 年 1 月第 1 版）。尽管说的都是实话，但面对这样激进、率直的语言，实在让相当多的管理者们难以接受，结果导致很多管理者书都没看完，就干脆束之高阁了。

2. 再造是革命，对革命认识不足，直接导致失败

实践告诉我们，再造对企业来讲，不仅伤筋动骨，更涉及现有组织机构的彻底颠覆、权力的再分配，还涉及管理方法尤其是对人力资源管理理论的彻底革命。很多再造的企业由于对这场革命的认识严重不足，更由于企业现行的职能管理已经有数百年的历史，无论从思维到习惯，从理论到方法，都很难改变企业现有的中高层管理者，而这些管理者本身不仅是各层的当权者，也是职能管理的受益者，更是职能管理理论的忠实践行者。尤其是很多人力部门的领导，尽管深受其害、累死无功，但很难摆脱思想上的禁锢和思维定式。于是，当这场革命一旦有个什么风吹草动，这些当今正在受益的既得利益者和现有职能管理传统势力相结合，就可能在一夜之间让企业重新回到职能管理的原点，这是流程再造失败原因中最主要也是最突出的原因。

3. 只有理论，没有方法，无法实施

再造的核心是将工作从任务管理回归到以流程为中心。以流程为中心的企业，流程是企业开展所有工作的第一步，在打通流程的各个环节后，才可能建立组织机构，管控体系，规章制度。这与现行的组织机构设计，管理规章制度的建立流程和方法完全不一样。显然，如果没有成熟的流程再造的具体思路，没有详细的作业指导，没有系统的管理方法和成熟的推广经验，就算再有心也是无力。现实中，再好的理论如果没有具体的方法，是不可能落地实施的。一个细节不到位，就会前功尽弃。

对企业来说，流程设计也好，流程再造也罢，都不是对现有流程的简单修补，更不是表面皮毛的变动，而是一场深刻的管理革命，到底应该怎么做？废除了任务管理，工作到底应该如何开展？废除了科层制的权力等级链，具体应该如何实施？企业平台化，组织机构究竟是什么样？到底什么是业务流程，业务流程应该怎么建立？企业不是写书，企业是书写历史和未来的，否定旧的必须有新的理论，但仅有新的理论是远远不够的，没有具体的操作方法，没有具体能落地的实施方案，一切就都是空的。尤其是在当今职能管理仍在盛行的今天，毕竟职能管理无论从理论到实践都有现成的经验（尽管其中很多是错误的理论）可以照搬，而再造既没有更多的系统理论支持，也很难见到已经成功的优秀企业的实际操作经验，而是完全靠企业自行摸索。在这种情况下，想要成功难上加难。但这里需要说明的是，就算把所有的成功方案、工具都摆在桌面上，要想成功也取决于执行人的悟性和灵感。成功无定式，只有不仅知道怎么做，更要知道为什么这么做，才可能走向成功。

4. 理论不成体系

流行于市面的关于再造的理论不仅少得可怜，也根本没有系统。再造是系统工程，涉及企业的人财物、产供销、资源配置、互联网、大数据等方方面面，缺一不可。成功地实施再造需要整个体系的支持，更需要系统的理论支持，需要有清晰的再造流程，需要对企业现行的各个模块有一个整体而详细的交代，面对着有数百年历史的职能管理，再造的理论实在是过于苍白，这种理论的苍白直接导致再造难以成功。

5. 面对互联网时代，流程再造的理论需要进一步完善

人类社会已经快步进入了大数据、云时代，用户个性化，媒体私人化，消费参与化，购物随时化，知识碎片化，传播“高铁”化，跨界打劫化，文化低俗化，品牌粉丝化，雇员合伙化，借力众筹化，创意极致化……日益成为时代的主流。面对着这样的时代性变化，只有信息共享，合伙创业，协同一致，共荣共赢，才能适应互联网时代的企业商业模式。从这个意义上讲，原来的再造有些原则已经发生了很大的变化，如果对再造没有进一步的完善，就会严重影响再造的顺利实施。

6. 宣传不够，没有成为主流的管理模式

再造宣传不够，职能管理一花独放的原因有两个：一个是职能管理理论教育多年，时至今日再造难登大雅之堂。当然从教学体系来说，不成体系，不成系统注定难以走进大学校门；另一个原因是马路上绝大多数培训师、咨询师和培训、咨询机构，以职能管理为样板，衍生着职能管理各种不同的版本，至于这些人为什么如此卖命地推行职能管理呢？原因非常简单，毕竟职能管理给这些人带来了太多的个人利益，革了职能管理的命，实际上就等于直接砸了这些人的饭碗。于是，在这些人摇旗呐喊地玩命鼓

吹和强势推动下，市面几乎很难见到再造的身影。当一件事面临无人问津之时，自然也就不可能成为主流的管理模式。

任何改革都需要有基本的生存土壤，由于教育、培训、咨询三大市场都与再造无缘，相应的文化氛围注定无法形成，正由于没有这种生存的土壤，再造难于上青天。

7. 无人愿意承担风险，是导致再造失败最直接也是最主要的原因

再造是有风险的！再造需要直面权力的再分配，需要直面组织架构的调整，更需要直面有些岗位的生死存亡和人员职务调整；再造是无情的，因为再造需要顾及的是组织和全体人员的长远利益，其出发点是必须保证终端满意，而无法顾及某些人更多的个人利益；再造对人员是较真和叫板的，当工作任务重新回归到流程中后，所有的责任都是明确和具体的，滥竽充数的南郭先生是很难混迹其中的；再造是史无前例、没有成熟经验可以借鉴的，既无前车之鉴，更无任何指路明灯，就算现有的既得利益者和按职能管理传统工作习惯的人什么都能放下，能够置生死于不顾地全力支持再造；再造的过程也难免会出现错误的，一旦发生失误，谁来承担这些失误的风险？谁愿意为可能的失败埋单？当一个企业没有一个人有勇气有担当为承担企业可能的失败而埋单时，再造就注定难以成功。每当我们感叹海尔、华为这些优秀企业成功之道时，我们能看见站在后面为可能的失败埋单的张瑞敏、任正非的身影吗？我们能想到他们在改革推行中所面对的巨大的心理和精神压力吗？我们能想到他们为承担失败而敢于做出的担当吗？一个优秀的领导不仅需要带领、鼓舞、振奋一个团队去实现既定的目标，更需要具有为失败埋单的勇气和担当。亲爱的读者，当您打算推动企业进步时，您对于可能的失败做好了从

各方面埋单的准备了吗？无人承担风险的企业，有了责任上推下卸的企业，无人愿意直面失败的企业，从骨子里惧怕失败的企业，就算再造能带来最美好的前景，也注定与这个美景无缘。

……

颠覆不是目的，回首非为批判，总结是为了提高，反思是为了进步。我们评论前三次管理革命，不是贪图嘴上一时之快，我们寻找企业难做的原因，正是为了找到企业管理的突破口。管理是为企业经营服务的，再好的管理模式不能为企业创造价值，不能为企业带来利润，不能让企业走得更远，注定是没用的管理模式。职能管理正降下统治将近两百年的大幕。生活中，蒸汽机早就让位于高铁多时，互联网大潮正以摧枯拉朽之势横扫社会的每个角落，荡涤着每个人的心灵。在这场深刻的社会变革中，企业发展路在何方，究竟怎样才能走出今天的困境？海尔首席 CEO 张瑞敏说："没有成功的企业，只有时代的企业。"无数前赴后继倒下的"恐龙"们，不是他们不努力、不敬业，而是他们没有追上时代的步伐。与时俱进，与时偕行，不能停在嘴上，要不断地在别人打倒自己之前先否定自己，尤其是客观地否定过去和现在已经成功的经验，企业才能不断地有所进步。面对着全新的互联网时代的大数据、云时代，过去所有的优势已经不再是优势，唯有尝试如何在飞行中换发动机，力争在扭大秧歌中前进，才是一个企业必须进行深入思考的严肃的话题。

张瑞敏（节选）：企业平台化是大势所趋 必须这么做（来源：青岛财经网 - 2014-08-27）

首先，互联网带来了零距离。零距离首先意味着泰勒的科学管理不灵了。为什么？零距离要求从以企业为中心转变为以用户为中心。用户的需求都是个性化的。泰勒的科学管理是大规模制造，现在则要从大规模制造变成大规模定制。

其次，去中心化，没有领导。谁是员工的领导？不是他的上级，而是用户，员工和用户之间要直接对话。这就把马克斯·韦伯的科层制颠覆了。为什么美国汽车商没有竞争过丰田？因为美国汽车制造商有14个层级，而丰田要少得多。现在，互联网时代的企业应该是没有什么层级。

第三，分布式。所有资源不是在内部，而是在全球，这就颠覆了法约尔的一般管理理论。为什么一定要在内部来做？为什么不可以吸引全球的资源？加拿大人唐·泰普斯科特和英国人安东尼·威廉姆斯撰写的《维基经济学》有句话说得好，"全球就是你的研发部"。

总之，如果还想抱着原来那套不放，是肯定不可能的，时代使你必须要改变。

大道无形生天育地，大道无名长养万物，大道无情运行日月，大道无言道法自然。

孙中山说："世界潮流，浩浩汤汤，顺之者昌，逆之者亡"。面对翻天覆地的变化，每个人都已别无选择，进可能海阔天空，退必然面对深渊，等等看注定无路！在互联网的大潮中，企业管理必须创新，必须使用全新的管理模式。接受管理3.0失败的教训，管理模式不仅要注重体系，更要注重实操，同时必须确保在互联网时代能顺利畅行，管理4.0就是在这种背景下诞生的。

管理4.0是系统工程，从第二章开始至本书结束，就是管理4.0的实施的流程和具体步骤的作业指导，只要您能按照其中的顺序认真完成每一个步骤，待您做完本书的全部内容，您会发现，您已经面对着一个生机勃发，充满活力，一个真正能为客、用户着想的崭新企业，一个在互联网时代能打胜仗的企业就在您的面前。英国名将魏菲尔曾指出：仅仅知道拿破仑在1796年凭着“内线作战”获胜，是没有多大价值的。如果知道他怎样去振奋一支衣衫褴褛、忍饥挨饿、从事叛变的军队，怎样向那支军队灌输“前进”和“作战”的精神与动力，那就学到一点东西了。管理4.0的根本宗旨是，给我一只普通的团队，还您一个能屹立于世界之林的团队，这就是管理4.0对您和您的团队的郑重承诺。

管理4.0从领导力入手，以企业的基础建设为切入点，并以此作为企业转型或再生的第一步，通过夯实基础，一步一步地实现企业良性发展，打造百年老字号，最终实现江山永固。让我们一起携手通过管理4.0，共同见证企业明天的辉煌。

做大厦先做基础，创新从眼光开始，从观念开始，没眼光看不见，没观念走不动，做企业最重要的就是企业主。只有企业主具有高瞻远瞩的眼光，具有对抗的谋略、更有合作、协同的情怀，具有成熟的企业管理的思路，具有大的格局，更具有眼观六路的敏捷，耳听八方的聪慧，企业才能走上康庄大道。让我们先从企业主的眼光和观念开始。

第二章

互联网时代的领导及应有的文化

IBM 前总裁路易斯·郭士纳指出：伟大的企业不是管理出来的，而是领导出来的。

第一节 领导是带领团队实现投资回报的人

本节研究两个问题：领导与眼光。

一、领导

领导按含义有两种：一种是名词性的领导，指行政职务其实质是权力性领导；另一种是动词性的领导，指率领并引导一个团队，完成投资回报并负责价值增值的人，这样的领导也称投资型领导。本书不研究行政权力型领导，仅研究投资型领导。

领导按身份也有两种：一种是雇员型领导，另一种是投资型领导。雇员型领导不是直接投资人，而是靠智力管理企业的人，即所谓的职业经理人。这些人受雇于投资人，为投资人打工，代替投资人管理企业。从利益的角度上说，一般的非投资型职业经理人，很难真正站在投资人的角度思考和处理问题，这个与人品无关，与经历有关。这就好比让一个根本没炒过股票的人去管理怎么炒股一样，因为没有那种赔了心疼的概念，实际上在现实中很难从投资人的心理出发，真正替投资人管好企业。

作为非投资型的职业经理人，必须完成从打工者向投资者转变的过程。实际上非常简单，企业根本不需要向雇员型领导画饼许愿，拿干好了给多少股份说事儿，毕竟那些看不见也摸不着。要检验职业经理人是不是真的对企业有信心、对自己有信心，让这个职业经理人多少投点资就行。不在于投多少钱，对企业有没有信心，对老板怎么看，对自己的工作有没有必胜的决心，有没有确保投资安全并实现投资回报的具体思路，尽在点滴投资之中。

举个笔者本人培训的案例，供各位读者品味什么是投资型领导。领导力不是讲出来的，是给个团队实际干出来的。为此，我在领导力的培训时，往往采取分组对抗的形式。在对抗中，让学员亲身感受什么是领导力。而每次在实际对抗之前，我都会问一个问题，谁有必胜的信心，几乎每个组都会吵吵自己能赢。于是，我跟着来一句，对自己团队有信心的，全组每人掏钱，不在多少，但所在的团队不能由一个人包办，必须人人出一样的钱。到了这会儿，说话的就少了。如果继续追问，很多人会问干吗非要交钱，是不是赌博？在此，我们一起分析一下，从团队的角度上说，为什么不敢交钱，因为怕输。问题是一个从来就不想怎么赢的团队，又怎么可能赢！从另一个角度上说，不敢交钱也从一个侧面说明，团队成员彼此之间不信任；再换一个角度，从组长的角度我问组长，当大家把钱交到你的手上时，说明了大家对你的信任，作为组长你如何能对得起这份信任，怎样担当这份信任，你准备怎样才能赢呢？多半是没有回答的沉默，或者是盲目的口号式假自信、真心虚。希望这个在领导力培训中，笔者经常使用的技巧，能够帮助读者体会什么叫投资型领导及投资型领导应有的责任和担当。

投资从某种角度是一种“赌博”，但“赌”的是必胜的信念；“赌”的是赢的清晰思路和明确的赢的方法；“赌”的是带队伍的技巧；“赌”的是明知有人不认同，但必须要做好这件事的领导带队的艺术；“赌”的是一种团队的心态，“赌”的是团队的士气，“赌”的是智慧……两军对阵勇者胜，两强相争智者赢，没有破釜沉舟、上屋抽梯、过河拆桥、背水一战的勇气，是注定难以做好投资型领导的，这也是投资型领导必须具备的基本素质之一。

本书主要研究投资型领导。投资型领导最大的压力是实现投资回报和价值增值。从这个意义上说，投资型领导需要依次解决：眼光、观念、角色定位、责任和权力、工作思路、工作方法、领导艺术七个问题。

眼光和观念是开展一切工作的基础。角色与责任、权力紧密相连，没有思路就没有出路，但只有思路没有方法，不能解决责任落地，不会开展工作还是空话；工作方法和领导艺术紧密相关，领导艺术严重影响、制约工作方法的开展。我们将上述七个问题简单地称为领导素质，这七个基本方面也是作为投资型领导的基本任职要求。

二、眼光

据说南非发现宝石的经历颇有意思。传说中有个人走路时，被一块石头绊了一下，愤怒中抬脚用力踢开这块石头后，发现这个石头似乎与众不同，仔细一看，竟然是宝石。由此，揭开了南非开采宝石的历史。有理由相信，这块石头风吹日晒，会有无数的人看到过这块石头，但只有这个人能看出是宝石，这就是眼光。

现实中有眼光的人不多。中国古时说的千里马常有而伯乐不常有，说的就是眼光。所谓外行看热闹，内行看门道说的还是眼光。认认真真的演戏、踏踏实实的做人也是一种眼光。文（文物）痴者，再贵重的文物在其眼里也不值钱；酒痴者，不知天下有好酒，就认二锅头乃天下之第一美酒！车痴者，总觉得夏利就挺好，省油又小巧，何必追宝马赶奔驰！某管理者人痴，看不出千里马，弄得庸才大把抓。某些人眼痴，高人指路看不见，反认悬崖为坦途，说的统统是眼光！

导致眼睛看不清、看不准、看不对、看不懂的因素有很多，主要影响因素包括：所坐的位置，自私、利益导致的浮躁，所接受的教育，对实践的反思，站的高度，心胸、情怀和格局，自己过去或他人成功的经验，来自社会周边环境的影响。

位置决定能看见什么，自私决定看不见什么。浮躁让眼光短视，利益让眼光失明。现代教育让眼睛近视且散光，反思决定能不能看透什么，高度决定能看多远，心胸、情怀和格局决定能不能看清楚，经验可能成为眼障，环境有时会让人眼花缭乱。

1. 所坐的位置决定眼光

每个人所坐的位置严重影响眼光。从管理的角度看，当各级领导眼睛死盯着各级人员，靠听汇报过日子时，当一个领导沉醉于各级人员点头哈腰请示的虚荣之中时，当一个领导不断地在观察哪个人是心腹时，当一个领导不断在看“钱程”和官位时，眼睛又怎样去关注企业发展的核心和关键?!

从员工的角度上看，眼光就更是问题。笔者发明的基层班组长以赛促训、以赛促学的竞赛式培训方式中，曾经做过这样一个案例：安排两组班组长进行对抗，同时特地安排一辆汽车鸣笛高调进入对抗活动区公开捣乱。遗憾的是，竟然没有一个人站出来制止这种严重的不安全行为！恐怖的是，这样的故事一而再，再而三地在不同的企业中上演，只要组织这样的活动，几乎无一幸免每个企业都会中枪。这样的员工队伍对领导来说意味着什么呢？是什么能让这些组织者们只能看见工作任务，而看不见大如天的人命呢？

从任务的角度上看，笔者亲身经历过某单位接送笔者上课的司机，就知道看路、满脑袋赶时间完成上级领导交办顺路接其他人的任务。由于时间安排的过于紧张，司机几乎完全无视笔者的存在，在大雨滂沱、能见度不超过500米的高速公路上，上演了时速高达180千米/时（短时达到200千米/时）的速度与激情。当时的笔者魂飞魄散，死亡随时到来的恐怖分分秒秒在煎熬着笔者，不知这样堪比过山车的刺激，读者是否经历过呢？问题是究竟是什么能让这位司机置安全、超速、大雨于不顾，而眼中只有上级领导的指令呢？

2. 自私影响眼光

当有些官员们忙着交流别人贪腐的高招时；当一个医生满眼是钱而看不见患者和家属的痛苦时；当一个老师把教书育人放在脑后，不断地创造概念，忽悠企业时；当有些人为了个人利益置古文化的糟粕于不顾，而把古文化吹捧上天时；当我们大多数人除了钱和利益其他什么都看不见时，当我们虔诚地跪在佛祖前求财时，算有眼光还是没有眼光呢？

3. 利益导致浮躁影响眼光

当一个领导今天看这个赚钱，明天看那个盈利，这山望着那山高，浮躁就是必然的心态。当国人跑到日本买回中国制造的产品时，我们需要做怎样的思考？日本很多企业总是把一件事做到极致，而我们的企业家则是刚刚有点钱，恨不能立马占尽天下所有，东一榔头西一棒子，到处开花，这种缺少极致的眼光和心态，又怎样做好企业呢？

在一个浮躁的社会中，究竟有多少人还能踏踏实实做事不盯钱，哪怕少点看钱的眼光呢？然而，这里更想说的是，当大多数人以眼里看到钱的多少为成功的标准时，什么国家的前途，什么人类的理想，什么责任和担当，什么客户用户，就都成了多余之物。这，就是许多企业做不大、做不长的根本原因之一！

4. 当代管理教学严重影响眼光

（1）理论陈旧，脱离时代太远。

长期以来，我国管理领域的教学完全是围绕诞生于蒸汽机时代的职能管理理论展开的。现实中，这样的管理模式早就存在问题，但由于缺少必要、成系统的理论探索，更由于系统反思的人不多，继续强化的人不少，尽管问题多多，但仍然是我国企业主流的管理模式。这种管理模式要求眼睛向内看自己，人人看上级，如此眼光，又怎能满足客、用户的需要？兴国的根本在于教育，过于陈旧的教育理论只能误国误民。

（2）教育碎片化。

在我国的教育中，专业设置越来越细，知识被人为地割裂。这种碎片化的知识，不仅不利于知识的掌握，更难应用于工作实践。最为严重的是，会造成眼睛的“散光”，看问题不系统，也难有深度。中国某名牌大学职业经理人培训中心选择老师的基本要求是最多讲三门课，讲课能超过三门课程的老师坚决不用。可以想象一下，仅以制造业车间主任为例，其至少涉及质量管理、作业管理、现场管理、安全管理、降本增效、设备管理、环境管理、人员管理、班组管理、团队管理、文化管理、信息管理等。问题是管理技术之间是互相有关联，互相有联系的，人为地将这些知识分割开，这种各顾各的碎片化知识对现实已经难有实际的意义。只有知识的系统化才有眼界，只有对知识进行系统反思才有高度，只有将知识运用与实际才有价值，只有运用知识创造财富才是力量。而运用知识的前提必须是知识的系统化，而绝非碎片化。

（3）专业教育。

能看见市场是领导力中最重要的眼光。本书仅从市场的角度谈专业教育。

专业教育所带来的最大问题是，有可能让专业人员看不见市场。笔者是学技术的，曾几何时，只见技术不见市场，创业初期笔者凭着自己所拥有的技术优势和主观想象的市场及个人貌似的“灵感”和激情，拍脑袋、想当然的开发产品，费尽苦心、竭尽全力、投资巨大，但令笔者实在想不到的是，让笔者倾家荡产研发的产品，上市喝彩一片但无交易！现实中，像笔者这样只见技术不见市场的人为数相当多。产生这种情况的原因很简单，主要是受教育体制和内容的影响。我们国家的教育体制培养的都是专业技术人才，从专业内容说，只限于本专业的内容。学炼钢的就会炼钢，学财务的仅能做账，搞质量的仅仅对产品质量熟悉，学人力的仅仅满足在一些围绕人员管理的基本内容上。这样的体制和内容带来的最大问题就是，直接导致我们的专业技术人员，很容易因为自己“会”而蒙蔽住自己的眼光，以至于看不见真实的需求，直接表现在对市场不敏感。

当年，笔者在产品研发时不是没人提醒，而是根本听不进去，反而嘲笑那些提醒的人根本不懂技术。当技术优势蒙住了双眼后，付出的就是“血”的代价。

这里必须要强调，专业技术本身无过，专业技能永远是我们要不断提高的立身之本，社会更需要各行各业兢兢业业的专业技术人员，本文这里仅仅是从创业的角度，对技术可能带来的问题进行一些探讨，从创业的角度看单纯的技术给企业和个人所带来的血的教训，请各位读者不要错误地理解专业技术无用。谈到技术创业，曾有一个医药企业自己有研发机构，每年耗费数百万元竟然研究不出一款能让市场认可的药品。每每谈及此事，研发的负责人嘴里总是振振有词，不是我的产品不好，是患者的眼光太差。我们经常可以看到有些产品上市时间很短便销声匿迹。更多的是图书出版市场，有些书上市不久便难匿踪迹。时至今日，这样“流血”的创业故事至今仍然不断、重复地在企业上演。

有道是：

激情创业，凭栏处，微眸远眺。抬望眼，学业已成，胸怀壮志。十大几年寒窗苦，豪情笑对云和月。莫等闲、白了少年头，空悲切！

未翻身，已撞头。投资易，何时收！全指望，技术创业闯天下，哪知难换二两肉，笑谈技术怎样用。待从头、认清市场后，才有用。

(4) 缺少独立思考和反思教育。

我国应试教育最大的问题在于，缺乏独立思考和反思的能力。而思考能力较差，直接影响企业管理的眼光。

以企业管理为例，今天国外弄个什么执行力，明天我们赶紧到处培训执行力；今天国外弄个什么任职模型，明天我们的企业立刻就到处聘请高人，也忙着建立任职模型；打眼放炮的矿山培训精益生产方式，露天采矿讲5S管理，不论条件、不分场所强硬推行的360°绩效考核，除了咨询师发了财，企业内部闹得人心惶惶……这些年，我们花了多少真金白银，请了多少培训师、咨询师，讲了多少领导力、执行力，但结果究竟如何，企业究竟得到了什么？除了让员工感到今天这么一出，明天那么一场，重点一年一变样。结果呢？除了依然故我，还有什么呢？怪谁？反思太少造成的没有眼光或跟风眼光是造成这种现象的必然。

5. 自负直接影响眼光

笔者经历过无数企业的培训。有些企业培训负责人，不是深入了解各级人员的实际需求，而是仅凭着自己的感觉，社会上什么时髦赶紧弄个什么，一意孤行。结果是钱花了不少，但很难达到预期的收益。

反思当今社会，很多人难以成功最根本的原因就在于过于自负，过于信赖自己所谓的“专业优势”，结果让这些所谓的专业优势蒙住了自己的眼睛，以致根本看不到市场在哪里，最后弄得头破血流，铩羽而归。在互联网时代，一个聊天的微信，把短信边缘化了；一个做余额宝的，抢了银行的生意；一个个做网络平台的，把一个又一个专业实体店送上了不归之路。外行打败内行，最根本的原因就是因为自己的“优势”蒙住了自己的双眼，让自己看不清市场的变化！在当今的创业市场上，所谓的“专业特长”是让很多创业者走上不归之路的根本原因之一，也是制约很多企业难以成功最大的障碍。

6. 所处平台影响眼光

“欲穷千里目，更上一层楼。”眼光与平台正相关。平台不够高，肯定看不远；眼光不够前瞻，注定看不清未来；眼光不够敏锐，根本就看不到问题；眼光不够深沉，注定无法看清问题的实质；视野不够开阔，看问题必然支零破碎，只会产生鸡零狗碎的问题解决方案，注定不可能有好的效果。

7. 格局影响眼光

人的心胸、情怀和格局影响人的眼光。当年，刘备图霸靠的是武力，兵强马壮、武艺高强；诸葛亮图霸靠的是利益较量中可能的机会。春秋七国，当各诸侯国看到的是土地和城池的争夺时，秦孝公则看到的是商鞅变法中伤筋动骨的体制强国。古往今来的图谋争霸者，哪个不是靠心胸、格局赢了眼光而取胜的，输首先输在眼光上，输在格局、气量和情怀上。当年的楚汉相争，刘邦的实力远不如项羽，但项羽的格局远不如刘邦，才导致霸王别姬的悲壮。春秋时期越国军师范蠡，在帮助勾践成就灭吴的大业后，居功至伟的范蠡认定“大名之下难久居”，能与勾践同患难，但不能同享受，于是功成身退，不辞而别；但和范蠡同朝为官的忠臣文种，不听范蠡的劝导，后被勾践赐剑自尽身亡；灭项羽、文种者，格局、眼光也。

8. 过去成功经验或他人成功的经验影响眼光

优秀是卓越的大敌，过去成功的光环，有时会直接刺瞎眼睛。实际上，在很多情况下，自己的优势只要换个角度就极可能成为劣势。

有些人为了保险，不用自己的眼看世界，而是喜欢跟在成功人士的后面走，认为这样走起来保险。现实中，任何成功都是在特定的环境之中，因时机、人员、文化等综合因素组合搭配合理才能取得成功。没有哪个成功是某一个点的成功，邯郸学步注定无成，绝不要看到人家成功就赶紧照搬模仿，更不要认为跟在别人的后面走路稳当。跟在人的后面走，会造成一步跟不上，步步跟不上，吃剩饭永远吃不饱的尴尬。如果前面引路的是盲人，会有什么结果呢?

9. 周边环境影响眼光

社会周边环境影响眼光的集中度，当周边环境过于嘈杂时，当社会环境干扰过多时，没有定力眼光难聚。在明星的八卦被炒得沸沸扬扬中，在公众人物聚光灯的照耀下，有几个凡人能不产生急功近利、随波逐流、赶时髦的浮躁。在这种躁动下，被分散的眼光又怎能看得见目标，找得准方向呢?

眼光说到底有两层含义：看见和看透。什么是看见与看透?能看见员工执行力差，看不见其根源是制度不好用或不能用，是看见看不透；能看见员工眼里只有上级领导，不能全心全意做好用户服务工作，看不见其产生的根源来自现行的绩效考核，是看见看不透；能看见办事效率低下，互相推诿扯皮，看不见产生的根源是企业根本没做岗位接口工作标准，是看见看不透；能看见人浮于事，一旦出事完全没人负责，看不见的是岗位责任根本没有落地的，是看见看不透!

看见是能耐，看透是智慧，核心是理性的思考。看透不仅需要大格局，更需要实实在在对人性、企业、领导有深刻的洞见。看不透的深层原因主要是缺少思考或反思。看透的思考是需要锻炼的，只要反复思考“对吗”两个字就足矣。如果接着多问几个字：“适合我吗?”“我需要吗?”“符合人性吗?”“为什么呢?”“原因是什么、原因的原因又是什么?”自然就看透了。

看见看不透表现在整天忙着赶时髦，看见人家干什么我也赶紧抓一把，人家细节决定成败，我不能落下，人家感恩教育，我绝不能落后；今天5S管理，明天精益生产运动，后天细节决定成败……生活中，能看见的人不少，但能看透的人少之又少，原因在于教育和现行的管理体制。从教育的层次上看，由于缺少思考性教育，很多人对透过现象看本质的能力较差；从管理来看，职能管理的基本要求就是服从上级。在这样的教育和管理思想的大环境下，随着时光的流逝，思考离我们渐行渐远。

眼光无处不在，不同的时代必然会产生不同的眼光。人类社会在经历了机械化、规模化生产和电子信息技术三次工业革命后。近些年，随着互联网、通信技术和全球物流的快速发展，订单全球化、生产自组织化、制造网络智能化、销售渠道全球化、企业扁平化、员工创客化等，成为时代的大趋势。客、用户时时在购物，分分在体验，秒秒自媒体，已经逐步成为时代的标志。在这样的背景下，看不见用户已经成为企业的“总裁”，反而强化让员工效忠；看不见用户需求早就成为企业发展的驱动力，还在拍脑袋决策，这样的企业注定死路一条。

当今时代，已经不是谁比谁强，而是很多企业还没看明白竞争对手在哪里的时候，就已经置身于四面楚歌之中。眼光决定命运，眼光决定成败，眼光决定未来，眼光决定一切。在快速变化的今天，眼光已经成为最重要的生产力决定性要素，时代要求企业必须看得见、看得深、看得远、看得透。

世人都晓珍宝好，没有眼光看不了！古今珍宝何处觅？荒冢堆里草没了。

世人都晓帽子好，唯有位置忘不了！没有眼光高难就，眼光不远长不了。

世人都晓银子好，没有眼光多不了！不见财路聚无多，不见财神财去了。

世人都晓逍遥好，只有眼光顾不了！总看他人挣钱多，潇洒一生谁见了。

世人都晓领导好，唯有上级不得了！人人盯住领导看，客户用户早忘了。

世人都晓权力好，虚荣摆谱忘不了，签字批准多威风，各级责任全没了。

……

孙悟空的火眼金睛是在太上老君炉里千锤百炼出来的。企业家去哪里找老君炉，做企业到底需要看什么，应该怎么看？为了操作方便，按照流程的顺序，我们将在第三章第一节中详细阐述，届时将借你一双慧眼，让我们把自己，把对手，把天时、地利都看得清清楚楚、明明白白。

第二节　观念决定成败

一、观念

观念是什么？从字面理解是先看、后想，最终形成对某件事的基本判断。与眼光不同的是，眼光只看，是视觉的直觉，而观念则是在看到后需要走脑子想，进而形成某件事对错、好坏等固定的想法，即对某件事的综合印象。为此，观念有判断的意思，有接下来做不做、值不值得做和怎么做的意思。由于观念对后续的行为有价值判断的作用，为此本书中观念等同于价值观。

本书中的观念是行为主体对人和事物的一种价值认定。观念的产生是一种积淀，不同的经历、不同的文化，会产生不同的观念，相同的事物在每个人心中对其价值的认可注定不同，这种不同的认知，必然导致完全不同的行动。所谓："心中有佛，看人即佛；心中有屎，看人即屎。"（佛印禅师教苏东坡坐禅，苏东坡问佛印禅师："你看我像什么？""像一尊佛！"佛印禅师答。苏东坡取笑佛印禅师："看你像一堆牛粪。"苏小妹听说后，对哥哥说："佛印说看你像尊佛，说明他心中有尊佛；你说佛印像牛屎，你的心里是什么？"）

面对着 61 分的考卷，有人开心 60 分万岁，有人伤心，甚至有人想不开。在企业现行的职能管理中，一切以上级领导为核心。在这样的观念下，必然导致人人看上级、人人看领导，不看市场的结果。当人人都看上级领导时，当领导满足与下属的服从时，企业败像已经就在眼前了。遗憾的是，竟然有太多的人不但视而不见，反而还在强化、鼓吹、美化这种败像，并且不断地试图从理论上证明其的合理性，把企业做不好的原因统统归结为员工素质太差，归结为缺少感恩心态。于是，导致的行为就是心态培训、感恩培训、古文化培训，车轮般的培训除了增加企业的成本，无法从根本上扭转执行力不足的劣势，这才是企业最大的悲剧！

一言可兴邦，一念可亡国。一念之差，差之毫厘，谬以万里。

赶时髦是一种观念，脚踏实地也是一种观念；听风随大流，大家干啥我干啥是一种观念，特立独行、坚持走自己的路让外人去说还是一种观念；一切以自己为中心是一种观念，一切以客、用户的利益为先导更是一种观念；某人买假投诉网站，网站掌门人高调回应“花9元钱你还想买真的”是一种观念，坚持维护消费者利益并提供贴心服务还是一种观念；打麻将各顾各是一种观念，打桥牌协同配合更是一种观念。

成本是一种观念，让人眼睛紧紧盯在少花钱、不花钱上，投资是另一种观念，让人眼睛紧盯在投资回报上，两字之差，兴衰之别。

做规模是一种观念，做前端（核心技术、规则）则是另一种观念，当我们苦苦追求把规模做到老大后，才发现我们成了前端的“奴才”。

认为发明是创新是一种观念，结果可能导致企业破产；认为创新是创造了一种资源的更是一种观念，也只有这样的创新才能让企业蒸蒸日上。

“观念不变原地转，观念一变天地宽”。只有观念变，眼睛才能看得见。在“枪打出头鸟”“出头的椽子先烂”“人怕出名猪怕壮”观念的引领下，看不见的不过是创新的机缘；在中庸之道的观念中，人们能看见、到处寻找的也不过是为人处世的中庸、奴性哲学，当这两个加在一起的时候，丧失的是积极进取的活力，丧失的是创新的动力，丧失的是未来的话语权和制胜权，丧失的是崛起的良机。落后是要挨打的，观念的落后注定要走上落后之途的。这就是观念的力量，一念之差可致万里之遥。

观念定发展，观念定兴衰，观念定成败，观念定未来。

欲图大事者，观念必先行，预谋霸业者，眼光必在众人之上。

二、互联网时代，投资型创业者、领导、转型者应具有的核心价值观

做企业的核心是头脑，是领导思想的观念转变。只有思想观念先变，才有企业的新生。如果，领导还是抱着传统的经营管理观念不变，是注定无法取得预期效果的。作为一个投资型领导应当具备以下核心价值观。

（一）身份与权力：身份从行政领导向流程领导转变，权力从行政权力向流程权力转变

1. 行政领导与流程领导

行政领导与流程领导有着五个最大的也是本质的不同：

（1）行政领导是上级,是管理人员,是权力的象征。流程领导是对整个流程进行全过程控制的管理人员,是教练。流程领导的责任是,必须设法使团队内的每个成员都能有效和高效地开展工作。

（2）行政领导注重的是权力。流程领导关注的是过程的每一个环节、每一个关键控制点、关键控制项和每一个细节。

（3）行政领导眼睛盯在下属是否能让上级满意上。流程领导眼睛盯在工作结果输出的有效性上。

（4）行政领导主要精力在权力的维护，尊严的建立。流程领导则必须随时把精力紧紧关注在可能出现变异（偏差）和可能产生问题的各种因素上。

（5）行政领导一般是人事领导，逐级对上级交办的工作任务负责。流程领导属于业务技术专家型领导，其根本的目的是必须实现投资回报，实现过程价值增值。

2. 行政权力与流程权力

行政权力与流程权力有天壤之别。行政权力无论如何都有一

定程度的封建色彩，关注更多的是限制和限定，对上级负责和简单服从等。当人们的思想被这种权力所禁锢时，各种违背人的尊严，违反人员行为规律的各种管理方式或方法就会成为必然。

流程权力不是对个人“效忠”，而是对市场“效忠”“尽忠”，对客、用户负责。流程权力主要关注的是对工作输出结果的保证。为了保证结果的有效性，流程权力需要将行政权力中诸如用人权、相关工作的决策权、分配权等最大限度地下放给流程主管，而企业主与流程主管的关系，也就从雇用管理的关系演变为配合的关系，以及支持的关系和资源配置的关系。

3. 从行政领导向流程领导需要完成的五个转变

（1）从责任看。

从对上级负责全面转变到对客、用户负责；从对职能负责全面转变到对流程全过程负责；做事从简单完成目标任务转变到对输出效果负责。

（2）从人员素质看。

从单一专业管理者向综合、复合型“专家”转变。

（3）从工作内容看。

流程主管是企业一线人员。必须借助、依靠、发挥整个流程团队的力量；并对流程全过程各关键控制点及可能发生的突发意外了如指掌，措施有利，以确保流程的过程质量。

（4）从绩效考核看。

流程主管必须完成上级绩效向流程绩效的转变。

（5）从权力看。

流程主管在流程的范围内，有独立不受行政干预的用人权、自主权、绩效激励分配权等相应的权力。显然，那些习惯于点头哈腰听命令、等指示、简单照办服从、俯首帖耳的各级人员，不能成为流程主管。

（二）体制和机构：从职能管理向流程管理转变，从科层制的垂直管理向平台化经营转变

1. 流程管理

流程管理有两层含义：一层含义是对流程全过程进行管理。另一层含义是处于流程的后环节对前环节进行管理的含义。

人类社会自有交换以来，人与人之间实际上就存在一种特殊的市场关系，这种市场关系就是必须让服务对象满意。用管理的术语说就是让后环节满意，通俗地说，就是抬轿子的得让坐轿子的人满意。借鉴这种思想，我们把这种后环节管理的思想引入到企业内部来，管理就变成了一种新型的关系，这种后环节的管理模式，由直接上级监督各执行岗执行到位（达标），由后工序或市场对执行的效果进行监督，以确保执行的效果，这样的管理方式即流程管理。

在流程管理中，每个岗位由单纯的上下级管理，变成了不仅有上级的垂直行政管理，还有后工序或客户的输出端管理。这样，管理就从职能管理的单线条管理，变成了双线条的流程管理模式，如图 2-1 所示。

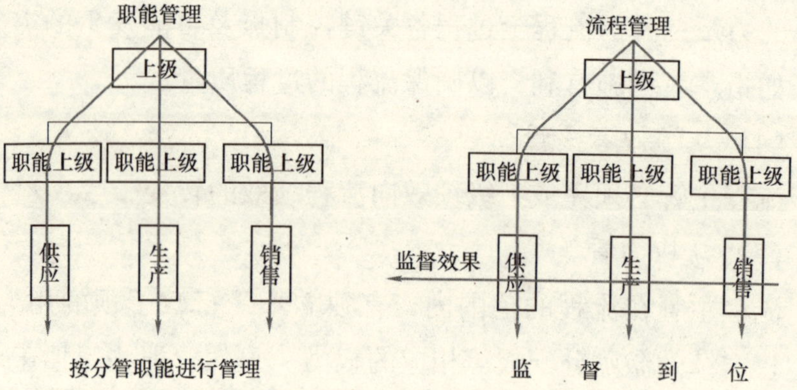

图 2-1 职能管理、流程管理对比图

通过对比可以看出，流程管理比职能管理具有太多的优势，其最核心的是在流程管理中，每个人必须保证自己的输出让后环节满意。在互联网时代，也只有这种逐级保证后环节满意的管理方式，才能最终保证市场和客、用户的满意。我们在后面，企业打造执行力体系时会大量地运用流程管理的基本原理。届时，各位读者会体会到流程管理对打造执行力能带来的其他管理模式无法替代的巨大魅力。

2. 企业平台化

随着互联网时代的到来，想全球、做全球、用全球、为全球，成为最重要的时代发展趋势。在这样的社会背景下，企业必须从眼睛看自己转变为放眼看世界，必须设法整合全球的资源为企业服务；而按现行眼睛看自己“金字塔”的组织机构，已经完全无法适应时代的趋势，为此，砸烂金字塔，企业平台化就成为历史的必然。

（三）市场与经营：市场从产品生命周期向市场生命周期转变，经营从大规模生产向个性化定制转变

1. 产品生命周期的实质是市场生命周期

产品生命周期理论自问世以来大得人心，其主要是指产品从生到死的周期，其核心是说市场销售额没了，产品生命也就到头了。产品生命周期如图 2-2 所示。

仔细观察图 2-2 我们会发现，这里的产品生命周期描写的并不是真正的产品生命周期，市场销售额或利润的消失并不能说明产品生命就走到头了，产品生命死了才算没有生命。没有销售的产品与产品死亡完全是两回事。而市场没有销售，也未必是产品真的到了大限。

产品有一种奇特的特性，就是随着时间的久远，任何按所谓

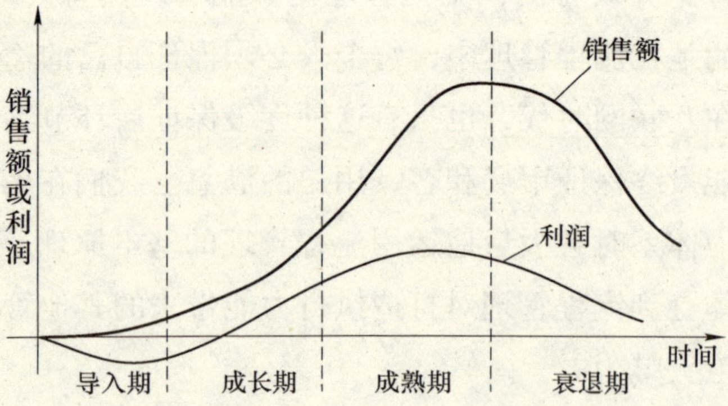

图 2-2　产品生命周期

产品生命周期已经“死亡的产品”都会在漫长的时间等待中，复苏其生命力，复苏的时间越长，身价就越高，而一旦产品成为文物，产品将青春永驻，更会随着时间的延长，越来越有生命力。从这种意义上说，产品生命周期理论的实质是市场生命周期。

产品到底有没有生命周期？有，但与市场销售额或利润无关，没有销售的产品不能认为产品的消亡。现实中，任何产品的实质都是功能满足品。从这个意义上说，决定产品生命周期有两个因素，一个是功能，当产品功能丧失或有更好的功能替代品时，产品生命才走到终点。历史上取代蜡烛和煤油灯功能的是电灯，但电灯取代的不是功能，也没有创造新功能，取代的仅仅是不清洁、不稳定的低亮度、有烟有味，等等。

决定产品生命周期的另一个因素是人们生活行为习惯发生变化。假如有一天国人都不吃中餐，全部改吃西餐的时候，筷子才算完成了时代的使命，筷子的生命才到此结束。

长期以来，产品生命周期理论为人类社会带来了巨大的浪费。这是由于按产品生命周期理论，产品既然死了就该开发新的产品，当人们不停地开发新产品时，一方面需要投入大量的资源；而另一方面，让消费者接受一个新产品，是有个过程的，不仅要接受其概念，更要适应其习惯。这个过程如果处理得不好，极有可能导致新产品的夭折。计算机刚刚诞生时，一个DOS让多少人望而却步，如果没有后来的Windows视窗技术，计算机要真正走进人们的生活，简直是件难以想象的事。但不管视窗有多方便，适应从手写到键盘这种转变，对很多人来说仍然是一件很不容易的事情，毕竟手写是人们从小到大养成的习惯！

由于产品是功能满足品，只要对产品的功能还有需求，就不应该盲目地开发新产品，而是应该在不断地技术进步和创新中，不断赋予那些市场销售已经没有利润的产品，以新的、符合时代特征的生命，不断从更高的层次上满足人们对于功能的享受。只有不断地赋予产品新的生命，才能更有利地让人们快速接受具有新生命的产品。

对企业来说，真正有用的是研究市场生命周期。市场生命周期告诉我们一个基本事实，当一个产品市场销售额和利润快速增长时（产品成熟期），随着“野蛮人”（不讲规则，假冒伪劣、山寨剽窃、恶性竞争、低质低价等）的快速进入，市场销售的衰退期已经就在眼前。企业必须未雨绸缪，在销售额或利润未被市场淘汰前，抢先一步进行技术和产品创新，不断地在功能上发现浪费更低、使用成本更低廉、功能更强大、使用更简单、在合理期内干脆不用维修、使用寿命与社会相关配套资源同步的新产品。简言之，在某一个方面做到没有最好，只有更好的产品，才是企业最明智的选择。市场生命周期如图2-3所示。

改变人们行为习惯的创新要慎之又慎。当市场已经开始使用Office 2013时，仍有人停留在Office 2003的版本上，当笔者向某些人反复告知Office 2013尤其是PPT的功能改进的非常方便

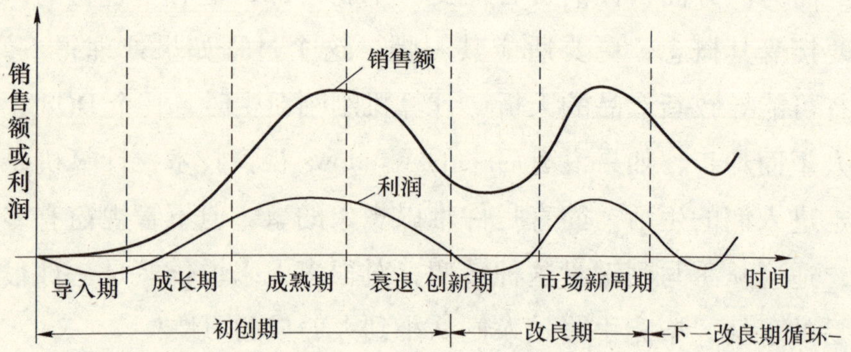

图 2-3　市场生命周期图

时，相当多的人都“不想”费劲儿再学新版本。恋旧是很多人都有的倾向，年龄越大，惰性越大，越难改变习惯。

改变人们行为习惯最明智的做法就是极简化，能不能不学习就会，简单到看看人家怎么操作就会用，才是产品开发的核心。简言之，创新不是目的是手段。改进产品功能也好，改进人的行为习惯也好，关键的关键是在某一个方面做到极致，建立与竞争对手可比的竞争优势，通过提高技术含量，不断赋予产品新的生命，延长产品的市场周期才是根本的目的。

2. 大规模生产与个性化定制

个性化定制是大势所趋、历史的必然，无须笔者详细描述。

（四）员工与团队：从员工管理向合伙人经营转变，从内部团队向全球团队转变

在联通一切的互联网世界，物物相连，人物相连，看全球、想全球、用全球、买全球、卖全球、为全球、做全球成为互联网时代的基本社会趋势，而要为全球的消费者提供最好的服务，就需要建立一种新型的商业规则。这种商业规则的核心是谁能做好这项工作，就应该由谁来做这项工作。显然这里的谁，不能局限于企业内部的员工和内部的团队，谁的质量更好，谁的投入产出比高、谁的口碑最好，谁有独到的竞争优势，就应该成为企业的首选。企业完全没必要去做自己不擅长的事，把自己不擅长的事交给擅长的人做，才是企业明智的抉择。也只有放眼看全球，才能真正用全球，真心为全球。可以预见在不远的未来，企业将没有员工，没有打工者，更没有“公务员”（吃皇粮的人）；只有合作人、合伙人，企业的团队将成为一个合作的团队。

为了适应时代的发展，企业必须同步完成两个转变。即员工向合作者转变；内部团队向全球合作团队转变。下面通过研究团队的特点，研究团队管理。

1. 团队的特点

（1）必须具有只有本团队具有的而其他团队所不具备的核心竞争优势，没有核心竞争优势的团队难以存活。

（2）每个合作者都有不同的行为价值观和欲望，且随环境而不断地变化。

从人做事的行为规律来看，人们做事首先得有欲望；没有被满足的需求才能产生欲望，有了欲望人们往往需要判断值不值得做（俗称为价值观）、实现欲望的可能性有多大，只有认为值得做，且有可能实现目标，人们才有行为的驱动力。

欲望和追求既与特定的社会环境相关，也与每个人所在的团队和个人的收入水平有关。从社会环境看，难民以能安全生存为欲望；买车的人以摇上号为欲望；很多老外在国外非常规矩，但在中国特定的环境中加塞、马路上跨栏杆；还有些在国内不讲究的大嗓门、随地吐痰的国人，到了国外就规规矩矩。当年，孟母三迁，无外乎就是为了让好的环境引导人的欲望和追求，这就是环境的力量。从团队看，在一个腐败的团队里，面对着身边的人都在贪腐，某人想不贪就得出局，就得离开这个团队。而某种团队中的潜规则一旦成为团队的“铁律”时，就不由得这个团队中的哪个成员不服从，这种服从就表现在对欲望和追求的率先服从。从个人看，饱暖思淫欲、富贵生骄奢，个人生活水平提高了，往往也是造成欲望和追求转变的原因。

物以类聚，人以群分；环境造物，团队造人。生活在特定团队中的任何个体，必然受到身边周围人的影响，其中团队的影响是最大的。生活在特定团队内的每个人都会随着时间的积累，与其他团队成员在相互磨合、互相融合、互相渗透、潜移默化中慢慢地改变自己的欲望和追求。正因如此，从团队管理的角度上看，就需要认真研究什么环境更能适合人性，通过怎样的环境，引导团队内部成员的注意力以实现企业既定的目标。在特定环境中人的欲望和价值观被改变几乎无人能免；至于有些人不改变不过是因为背叛或者叫改变的代价或诱惑不够大。

欲望受到未满足的需求和价值观的影响，改变一个人应该首先改变一个人的价值观，人们只有认为值才可能产生行为的驱动力。“万物生于有，有生于无”（老子《道德经》）。现实中，无形的思想永远制约着人的行为。

引导价值观转变最好的方法就是老子说的：无为而治。无为而治绝不是什么都不干，而应当是一种治的最高境界，让一个“需要被改造的对象”在人为设定的“肉体无痛苦，灵魂无纷扰”的环境之中，在被“改造者”自我感觉良好的情况下，按预先设定的“治的目标”，悄无声息地完成价值观的转变。治要让“被治的人”心理不压抑，行为不受制，没有被治的感觉，才是高明的治。怨声载道，苦不堪言，人人谨言慎行，个个谨小慎微，吃个饭把饭碗砸了，喝口水把人呛死了，刚抬腿让人推倒了，这不是治而是祸害。发自内心、高高兴兴、感恩戴德地欢迎治理，这才是真正的无为而治。治理是手段不是目的。高高兴兴上班来，满载而归回家去；身披金甲圣衣归，脚踏祥云腾万里。这才是人们心里最希望的追求。

通过环境等相关因素的引导，完成合作者（包括客、用户）间欲望和价值观的转变，是团队管理的“死生之地”，是不可不察的“存亡之道”。

（3）有一个或一组大家认可或不认可的目标。

当一个组织由大量的外部人员或外部团队组成时，企业单方面想实现自身的目标，实际上是个“伪”命题。合作各方都会有自己的追求，有自己的目标，现实中当一个合作者没有自己的目标时，这个合作者也难有动力。如果一个组织，非要把自己的目标强加给各方合作者，不仅不合适，也会让合作者反感。对于合作者来说，每个合作者所能接受的目标必须是与自己有关联或能得到或能看得见收益的目标，除此之外的目标，合作者是不感兴趣的。

有人说，作为内部团队的成员，目标必须是一致的。实际上这里有个误区，因为对企业来说，重要的是结果。所谓不看广告看疗效。三国时期的蒋干非常认同曹操的目标，但执行的结果却适得其反。在中国人民解放军里有位著名的将军，他对当时中央的某些决定是持保留意见的，但每当中央做出决定后，该将军会不折不扣地将中央的军事部署非常出色地执行到位。对企业来说，不要过分强调目标的认同，更应该将主要精力放在结果上，千万不要以为目标认同结果就肯定是正确的，不认同目标，结果就必然是错误的，目标绝不代表结果。

从某些角度上说，合作各方有时目标不一致对企业是有好处的。能让人清醒，也让人冷静，让人多一个角度进行思考。当所有的人对工作都多问为什么时，成功就可能少走很多弯路。

(4) 人员组合决定成败。

当年刘备带着绝对忠诚、天下无敌的将军关羽、张飞和赵云，非但没有成就自己匡扶汉室的伟大理想，反而是到处流浪，弄得连个落脚之地都没混出来。自诸葛亮进入该集团后，刘备才开始在实现理想的征途上高歌猛进。而当诸葛亮驾鹤西游后，刘备的江山也随之烟消云散。再看，如果没有来自曹操处的蒋干鼎力相助，又哪来周瑜的火烧赤壁。董卓和吕布强悍、而天下无敌的组合，最终落败在一个弱女子之手。刘邦如果没有张良和韩信的辅佐，哪有后来的大汉天子。电视连续剧《潜伏》中，一个国民党的军统人员，仅仅因为对国民党的腐败不满，最后就让军统天津站灰飞烟灭。无数事实告诉我们，在一个团队中人员组合决定成败。现实中，无论任何事，不怕没好事就怕没好人。这里所说的“好人”不是我们日常评判是非曲直的好人还是坏人，在这里是从做事的角度出发，凡能在合适的场所做正确的事，对结果有益的人，我们这里统称为“好人”。有了“好人”，不怕事不好，没有“好人”，有了好事也可能走向反面。

简言之，团队人员组合，利益互补集诸长，利益一致聚诸短；精英组合需谨慎，理念相同是根本。全是精英必内耗，合理搭配保平安。

人员组合有个磨合的过程，其实质是责任、权力和利益的再分配、性格互相适应的过程。一个组合一旦磨合成熟了，就不要轻易改变这种组合。否则任何新人一旦进入一个组合后，都必然会改变原来组合中人与人的关系结构。原因很简单，大多合作者出于对自身利益的保护，很正常地会去拉帮结派，其根本的目的是想保证自身的利益在可能范围内的最大化。这就是说，人与人的组合格局一旦改变，必然导致原有组合的不稳定。弄好了，通过一定的时间可以走到一个新的平衡；弄不好，如果责任、权力分配和所得的利益不能得到彼此的和谐，这个组合将会表现为长期的不稳定。

人员组合决定成败！人员组合是重要的生产力，研究执行力，研究团队必须研究人员组合与搭配。

（5）人与人彼此之间彼此有利益冲突，团队成员间、团队与团队之间的冲突不可避免。

英国首相帕麦斯顿语说："没有永远的朋友，仅有永远的利益"。在一个物质化的社会里，利益是人们永恒的追逐目标，无可厚非，也无可争议。

无利不起早，是绝大多数人最基本的心态。对物质利益的追逐，加上对稀缺资源的争夺，必然导致利益的冲突，这是人类永远无法避免的最基本的冲突，也是社会发展最基本、最巨大的推动力。为了争夺利益而制造的各种冲突，为了保护资源的各种抗争，生动地演绎了从古至今的历史，构成人类历史的主线。

不管是利益之战，还是资源保卫战，"道高一尺，魔高一丈，愈进愈阻，永无止息"（清·谭嗣同《仁学》）。不仅演绎了精彩的社会，更推动了社会的进步和发展，一次又一次地把人类社会推进到一个又一个崭新的时代。

（6）团队中存在非正式群体。

非正式群体即人们常说的小团体俗称小帮派。现实中，人们出于共同的情感，相同或相似的背景、经历，共同的爱好或共同的利益等原因，很容易就形成了你一帮、我一派。这些小团体有自己默认的行为领袖和潜规则，小团体成员自由组合，成员进出有些自由，也有很多不自由的；大多数小团体不是无政府状态，而是表现在对行为领袖的一呼百应的服从上。

水浒的故事，给我们几个思考：第一，一个人进入一个团体后，永远不要违背这个团体首领的“圣旨”，一旦违反可能会性命不保。第二，只要拉住宋江一个人，实际上就控制了整个梁山好汉。也就是说，只要把团体领袖拉拢住，这个团体就能为你所用。第三，做好团体首领的工作，可以实现有些用金钱而不能实现的目标，就好比宋江被招安后打方腊。

这三点启示告诉我们一个事实，小团体是任何团体内重要的生产力资源，花时间笼络小团体领袖是一种投资行为；至于这个小团体是“绩优股”“潜力股”，还是“垃圾股”，就看投资人的眼光和投资人所处的环境背景了。当然，除了资金投入外，要真正“打进”小团体，至少需要认同群体潜规则、尊重团体领袖，才有可能实现。

（7）团队成员之间技能水平、文化、家庭、社会背景有差异。

团队的基本目标之一是让人不掉队。面对着不同的技能水平，能做到不抛弃、不放弃，并不是一件很容易的事，不能仅靠精神的支持，更需要同时解决观念和方法。纵观当今社会，从微信到各种书籍，大道理满天飞，借古论今的有之；夸夸其谈的有之；不食人间烟火的更有之（特指微信中有些连神仙都做不到的某些十全十美的行为准则）；三教九流，各种流派的乌托邦式的世界观扑面而来。但是，说到具体怎么做，难见真颜。

现实中，提高技能水平并非难事，关键是看怎么想、怎么做。傻瓜相机让天下人都会照相，当今计算机更让上至山乡村妇，下至老朽不堪皆能与世界零距离。

老子说："图难于其易，为大于其细；天下难事，必作于易，天下大事，必作于细（《道德经》）。"现实中，要实现不同人员技能水平的快速提升，实际上并不难，核心就六个字：作于细，成于易。通过复杂的问题简单化，简单的问题傻瓜化，标准作业模板化，工作简单容易化的精易管理，能比较轻松的帮助你的员工或合作者，在最短的时间内，最有效地减少人员技能水平的差异。关于精易管理的相关理念和具体做法详见第四章。

2. 团队管理

研究团队的特点根本的目的是对团队进行有效的管理，是创造内外部的粉丝团队。在当今时代，粉丝决定财富流向。建立、打造粉丝团队的团队管理，才是互联网时代团队管理的特色。为了打造粉丝团队，结合上述团队的特点，应从以下几个方面展开：

（1）没有核心竞争力的团队难有生存空间，培养团队的核心竞争力是团队生存的关键。核心竞争力不要眼睛高大上，眼睛要往下看，要有工匠精神。执行力强、成本低廉、效率高、与其他团队协同到位等，只要能高对手一头的都是核心竞争力。

（2）没必要在目标、文化一致上下工夫，尊重人首先要尊重人的选择，尊重人的追求，尊重人对自由的追求、给每个合作者留有个人的空间，作为团队要在结果达标上下功夫。

（3）用无为而治的思想治理团队，越有为越难为，越无为越有为。

(4) 非正式群体可能是投资少产出大的资源，团队领导不要忙着拆散，而是要学会利用。

(5) 利益争斗永不可休。但争斗在一方面造成内耗的同时，另一方面也推动了进步和发展。利益是抓住团队一切矛盾的核心和关键，团队管理的第一要务是处理好利益，利用利益实现目的。

(五) 素质与执行：素质从提升执行人员素质向降低执行人员素质，提升企业素质转变，执行从精细化管理向精易管理转变

这点主要从执行的角度出发，对于单纯从事执行的人员而言。而对于从事创意和创新人员，这点并不全部适用，请注意。

1. 通过提升人员素质，提升执行力存在的问题

通过提升人员素质达到提升执行力的目的，是很多企业非常流行的想法和做法，这种做法的基本出发点是，通过提升人员素质，让人去适应工作。殊不知这种做法至少存在以下九个问题：

(1) 不是每个人都能培养出来的。

当今世界有不少人曾经付出过不少于牛顿、爱因斯坦、贝多芬、曹雪芹等大师般的努力，但又有几人能功成名就、流芳千古、载入史册？没有天分、缺少悟性，简单地寄希望培养成才，现实中几乎没有。就算什么才都有，没有机遇也为零。

(2) 人员素质与执行力非函数关系，更非正相关。

人员素质高，未必执行力就强，如果眼光错误，执行力越强，结果必然越糟糕。按《三国志·江表传》描述三国时期的蒋干“有仪容，以才辩见称，独步江、淮之间，莫与为对”。如此大才不可谓素质不高，但其执行力实在是让人瞠目结舌，公然成

就了对手。必须强调的是，蒋干非常认同曹操的企业文化，从骨子里也愿意替曹操卖命。但与周瑜相比，格局明显低于周瑜，最后必然导致失败的命运。

舞蹈“千手观音”的表演者，严格地讲，根本不具备舞者的基本条件，但是她们超强的执行力却感动了世界，书写了新的历史。

（3）个体执行力与团队执行力不一定正相关。

个体执行力除了受到个体内心文化价值观等影响，还受到领导信任、周围环境的人员及群体（近朱者赤，近墨者黑）、非正式组织（小团体）等多种因素的综合影响。因此，个体执行力与团队执行力不一定是正相关的关系。个体只有在高度认同核心价值观，且必须保证能正确做对事的前提下，在高度的团队配合中，才能和团队执行力保持一致，这样的个人执行力对团队才真有意义。在物理学中，两个分力只有在力的夹角小于90°时，合力才能大于分力。而这个夹角取决于多种因素。如图2-4所示，在这个图中，两个分力即个体执行力，合力即团队执行力。

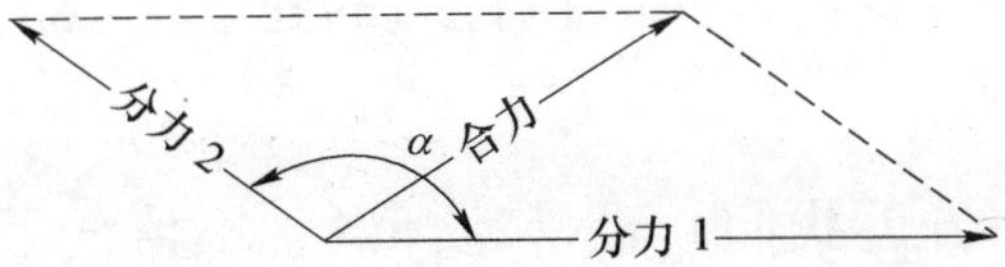

$\alpha = f$（价值观、领导信任、周边环境、激励、对目标的正确理解等）

图2-4　个体执行力与团队执行力

图2-4中α角是关于价值观、领导信任、周边环境、激励、对目标的正确理解等多因素的函数。研究团队执行力，必须考虑个体执行力之间的夹角，不研究各分力夹角的执行力，不仅可能对企业没有用处，很多时候还可能对企业造成伤害。这些个体执行

力，企业误区甚大，需要说清楚。历史上越王勾践卧薪尝胆，最终雪耻灭吴。三国时诸葛亮七擒孟获，通过一次又一次捉放的磨合，最终让孟获和诸葛亮的执行力统一到一起。电影《野火春风斗古城》描写了一个伪军关团长，在被武工队俘获放回后，当时的顶头上司怀疑这位关团长投靠共军、私通八路等。在怀疑不断的升级中，最后把这位关团长生生逼上梁山，投奔了八路军。某单位销售王经理当年为企业贡献了近 500 万元的纯利润，年终时，单位领导以一个人能力有限，需要团队配合等理由，仅仅奖励了 1 万元。结果会怎样，大家可以自己想象。某单位搞职工竞赛，按领导的本意是通过竞赛拉动员工培训，执行人为了提高员工的参与性，“好心”在竞赛环节增加了一些类似“游戏”的环节，结果在类似“游戏”的误导下，所有参赛选手将精力全部集中在完成“游戏”上，将原本最需要拉动的培训置于脑后。前述这些故事对我们搞企业有什么启示呢?

“勾践”告诉我们，文化价值观不能统一的个体执行力，只能加速事业走到反面。

“孟获”告诉我们，团队执行力的建立需要磨合，有时这个过程会比较漫长。

“关团长”告诉我们，轻易地怀疑、不信任下属，是造成个体执行力与团队执行力对立的主要原因。

“王经理”告诉我们，不合适的激励会直接导致被激励人的“反”行为，而这种“反”行为会让执行力大打折扣。

“培训游戏”告诉我们，当执行人将目标错误理解后，不仅不可能实现提升执行力的目标，反而有可能降低执行力。

（4）执行力是培训不出来的。

执行力是培训不出来的，是干出来的，是练出来的，是在实践中悟出来的。

影响执行成功的因素有很多，其中人员素质是直接导致不能成功的关键因素之一；人员素质一般泛指个人聪明才智、能力和内在涵养。

聪明才智是人的悟性和智力水平的统称。悟性是一种反思能力，反思能力说到底是眼光，是看透问题本质的能力，反思能力提升需要一个相对较长的时间不断训练才能具备，培训能开阔眼界，但不能直接提高反思能力。

能力即执行力。

内在涵养是为人处世的行为指导观和基本格局。

人员素质是一个非常复杂的概念，简单地寄希望通过企业现行碎片式的培养，就想提升素质和执行力，非常不现实。

1）提升执行力悟性、方法是关键。

开车不难，不练不成；滑雪不难，不摔不会；做饭不难，不伸手一辈子不会。执行力是培训不出来的，必须动手干，在失败的痛苦中去摸索，在成功的喜悦中去总结，在刺耳的骂声中成长，在难堪的指责中成熟。摸索也好，总结也好，骂声也好，指责也罢，不怕骂，怕不知道为什么骂，不怕指责怕不知道原因的指责；这其中，悟性是关键，手到眼要到，眼到心必到，心到脑袋到，思考最重要。据传，目不识丁的北京丰泽园创业老板栾学堂发迹前，曾在北京当时“八大楼”之一的新丰楼后厨当刷锅的小伙计，靠着在后厨刷锅时，品尝炒菜剩下没盛干净的锅底，慢慢练就了口头炒菜的功夫。在一次危机中，栾学堂凭着口头炒菜练就的功夫，亲手为大帅张作霖做菜，最后不仅得到了张作霖的亲传，更在后来一步一步地成为在全世界靠刷锅刷出来的老板。如果没有耐性，没有心到，没有认真地反思，又怎么可能后来成为时代骄子。

2）培训需正确。

传说侯宝林招马季为徒时，侯大师对马季大致说过这样的话：马季是块好玉，但得看谁来开凿，有个好老师还好，要是老师不合适，这块玉可就毁了。

玉的雕琢可能会遇上四种人，第一种人是优秀的工匠，能使玉升值，这种工匠人世间甚少；第二种人是一般匠人，虽手艺不精，但不至于浪费，但升值空间不大；第三种人是庸匠，弄些过时的样子，降低了本来的价值，这种人生活中经常会遇到；第四种人是蠢匠，好好的玉给雕废了。

经常遇上一些从事咨询或培训工作的“培训师”或“咨询师”，这些人对企业并不十分了解，而是弄点新鲜、刺激的名词忽悠企业，企业这块玉放在这些人的手里，命运堪忧。

如果人员培养时接受的知识错误或陈旧，或不符合人的心理，或与时代发展落伍等，结果必然会适得其反。

有些单位在课程设置时一味赶时髦，社会流行什么讲什么；甚至有些单位找笔者培训时，先问的不是培训内容，而是问懂不懂课堂反转，这样的课程效果又会怎样呢？中国的培训多创新在教学形式上，今天弄个行动学习，明天弄个课堂反转，形式繁多，花样出新，问题是形式怎能代替内容？形式再新颖，再热闹又怎能保证达到企业需要的目的？

培训并非福利是投资，是可能给企业带来极大风险的投资，择师选课干系重大，岂能儿戏！

培训需务实，花哨不重要；培训风险大，谨慎最重要。

培训是投资，热闹不重要；择课选师资，落地最重要。

（5）提升人员素质速度太慢。

笔者插队后到工厂上班，几十年后才真正体会到，对笔者来说年轻时第一个工作单位，对今天工作的帮助最大。但当笔者真正有能力回报那个单位时，却已到垂暮之年。

按相关资料记载，一个人从白丁开始，需要大约一万小时才可能成为精英（一万小时定律）。正如古语说过的：十年树木百年树人，台上一分钟台下十年功；只要功夫深，铁杵磨成针。通过提升人员素质去提升执行力实在是太痛苦了。笔者当年打架子鼓，每天闷头几个小时的苦练，换回来一片讥讽声，为了老师说的两个字“太死”，真不知道等待了多少年，流过多少泪，洒过多少汗，打鼓容易鼓魂难寻，进门容易找巧难。天上不掉馅饼掉铁饼，多少人练了一辈子，真的是：

满头白发，依阑处、回首征途。抬望眼、仰天长啸，空怀壮志。

辛苦多年难成就，行路千里难进步。未等闲，已白少年头，空悲切。

（6）人员更迭无法保证效果（结果）的稳定。

从效率看，在现实中，每个人都有自己的工作习惯，也都有自己的工作方法和工作技巧，这本身就决定了工作效率一定会不一致。

从效果看，由于在人员更迭之后，新来的人需要与原有配合人有一个磨合的过程。而在这个磨合的过程中，工作效果是很难保证与人员更迭之前完全一致的，甚至可能大相径庭。笔者是某职业技能大赛的奠基人和始作俑者，在最初与主办方合作时，当时的主办方领导对笔者非常信任，一切听由笔者安排。

随着时间的推移，主办方领导更迭，新上任的主管领导有自己的一套，在基本不懂竞赛和班组长培训需求的情况下，置笔者很多忠告于不顾，强行按其自己的意志办事，在那样的环境中，笔者唯一的选择就是退、少参与，可想原来的工作效果又怎能得到保证！

由于每个人能力不同，导致的工作结果不相同，实乃显而易见之事，自不必多言。

影响效果不稳定的还有一个重要因素就是执行人对未量化标准的理解。客观地说，大多企业标准没有量化是当今企业的客观事实。面对着没有量化的标准，执行人对于标准的理解就会直接影响最终的工作效果，在人员更迭后，效果不一致几乎是必然的结果。

(7) 受到“四不”的影响，与人员素质挂钩的执行力一定是不稳定的。

所谓“四不”是指衡量执行力稳定性的四个不：不随心情得结果，不看领导脸说话，不管环境有多差，不因人员而变化。现实中，能做到“四不”的一定不是人，是神。因为，没有人可以做到这“四不”。显然与人员素质挂钩的执行力，必然是不稳定的执行力。

(8) 少数业务素质强的人容易遭到其他人的排挤，直接影响团队执行力。

“素质”泛指个体的聪明才智、能力和内在涵养；通过为人处世、处理业务等综合体现出来。从企业的角度来说，所谓素质往往更多的是指处理业务的能力。现实中，多数业务能力较强的人，由于主要精力集中在处理业务上，为此一般人际关系相对较弱。尤其是为数不多的业务尖子更由于技术拔尖具有傲视群雄的资本，而往往看不起“平庸”的身边人。于是，相对业务能力较弱的人员出于维护自身利益等原因，更出于这些人也得吃饭的这个最基本的原因，从心理上排斥、从行为上排挤这些素质高的精英就成为非常现实的事，而这种排斥和排挤直接影响团队执行力。

(9) 对人素质的依赖一旦演变成对精英的依赖，企业就必然是悲剧。

1) 个体精英可能有亡国之危。

蒋干盗书成就了周瑜火烧赤壁之美；《水浒》中时迁偷鸡，断送了梁山大寨主晁天王的命；宋江用一百零七个生死弟兄的鲜血，染红了自己的战袍，成就了朝廷之美，实现了朝廷数十万大军都无法达到的目标！战国时代，孙膑、庞涓斗法，庞涓自恃其勇，反伤自己的元气，最后拱手将霸主地位献给齐国。历史无数次地证明，当企业把命运压在某些精英身上的时候，失败往往也就近在眼前。现实中没有人可以支持、帮助企业的一生！作为企业，不能离开什么人就活不下去！更不要使自己离开什么人就活不下去！

2) 依靠精英等于自找麻烦。

精英即所谓的能人。

在人类历史发展的长河中，从有文字记载的毕达哥拉斯的《勾股定理》到苏格拉底、柏拉图，亚里士多德开创的古代思想和哲学，再到阿基米德发明的著名的浮力和杠杆定律，法拉第的电磁感应定律，牛顿发明的力学定律，再到后来的乔治·史蒂芬森发明的蒸汽机车，亚历山大·贝尔发明的电话，贝尔德发明的电视……这些灿若群星的明星、精英、天才在创造划时代单人项目的同时，也让其中的每一项科学发明都打上了天才的印记。然而，当这些天才的明星一旦陨落之后，往往是一个人才奇缺的黑暗深谷。因为，任何天才在带来偶像崇拜的同时，一方面会直接限制人才的发展，另一方面也很容易形成能人圈现象。

什么是能人圈？孙悟空每每离开师傅时，总要在地上画个圈，这个圈虽然能保护师傅，但也限制了师傅的人身行动自由，我们把这个圈叫作能人圈。

能人圈的形成非常简单，某人因为能，一方面很容易得到领导的信任，另一方面也很容易让下属依靠，这两方面合在一起，能人圈就很自然、也很容易的形成了。而能人圈一旦形成，只要这个能人不让领导反感，就很难离开这个企业，而企业也就在这个能人的“管制”或限制之中了。

现实中，任何能人都是有能力范围的。能人圈的形成，必然带来以下四个问题：

一是没有成功的个人，只有时代的能人。任何能人都是在某一特定时代表现出来的能，没有人能超越时代。因此，随着时代的发展，社会的快速进步，任何时代的能人都会过时，这就注定企业与任何能人的合作，都只能是阶段性的合作，不可能长久合作。

二是任何能人都会受到来自个人素质、专业范围、个人能力、眼界、修养等限制，任何能人都有短板，世界上没有十全十美的能人。我们从用人的角度来看，当一个能人一旦在某个岗位上站稳后，必然排斥后来具有相似能力的能人。这就带来一个问题，除了由于这个能人因自身原因可能带来的，使企业无法抓住某些机会的机会成本外，更直接地排斥了其他更优秀的精英进入这个岗位或进入这个企业的可能。当今企业，一个萝卜一个坑，当外表挺好但内部烂心的萝卜占据了好萝卜的位置时，企业损失就是必然的。用人有风险，企业当谨慎。

三是任何人都会保护自身个人的利益，更存在对事物认知和做法的差异。这就必然造成每个能人都会按照自身的能力画个圈，同时又会严防死守这个圈子，防止内、外部势力改变或者颠覆这个圈子。这就是说，往往用一个能人时，这个能人必然会本能的排斥其他具有类似能力的能人，既有出于利益原因造成的一山难容二虎外，更有做法上的互相排斥，认知上的互相不兼容等，我们把这种能人之间互相排斥的现象叫能人排斥。

能人排斥，古今中外，概莫能外。尽管历史上曾经有过廉颇、蔺相如的美谈，但故事就是故事，生活中有多少廉颇和蔺相如值得思考。

四是能人圈最大的问题就在于，能人出于利益和各种本能，能非常容易地将百家争鸣的竞争活力扼杀在摇篮之中。三国时期，东吴招亲，赵云同往，诸葛亮暗中三条锦囊妙计，虽助赵云不用动脑就完成了任务，但也最大限度地扼杀了赵云的创造性、主观能动性和独立处理问题的能力。长此以往，赵云会慢慢躺在军师的身上，在人的惰性作用下，赵云个人的聪明才智就会越来越少，直至消失。

《三国演义》给我们最深刻的教训之一，就是诸葛亮的这种用人和培养人的韬略，以至于出现诸葛亮去世后，后继无人，西蜀紧随诸葛亮一起烟消云散的局面。尽管诸葛亮在世时也很注意培养和选拔接班人，但由于他的“强势”存在，更由于他很难轻易相信某个人，而极大地限制了人才的发展。

百家争鸣是缔造企业和社会发展不竭的原动力，也是企业活力的源泉，企业真想做大、做强，就必须离开人的束缚，离开精英对企业的约束。书写历史的不应是某个孤家寡人，更不应是什么精英或英雄式的独行侠，而应该是一个团队，只有设法网聚人的力量，让所有在一起工作的合作者，在一起创造奇迹和业绩，这样的企业才有希望。

在全球发展最快的麦当劳，不用天才和花瓶，重能力而不重学历，18～50 岁高中及以上学历的人，都可以找到合适的岗位以发挥自己的能力。在麦当劳所有的操作都是标准的，在整个操作过程中，任何个人的判断力和经验都是多余的。

在美国的万豪酒店，从擦洗玻璃到擦亮银餐具，再到布置自助餐桌和处理顾客的支票，工作场所的每一方面都被认真研究过。以至于在不到半个小时内，清扫一间旅馆客房的指导方针，有 66 个独立的步骤被详细描写。这里不需要精英，仅仅需要认真按制度执行的团队。

美国是世界上发展最快的国家。从建国到第二次世界大战，美国人靠着平民集团，仅仅用了二百年的时间，创造了相当于人类历史几千年发展的科学技术。电子计算机、互联网、移动电话更是深刻的改变、甚至颠覆了人类社会几千年的生存形态，这些划时代的科学技术成果，没有天才或者精英的名字，只有一个名字——有智慧的平民群体。

企业发展无论是现在还是未来，都必须依靠有智慧的平民群体。群星璀璨的天空，不是只允许月亮发光；月明星稀的企业注定难以长久，企业越乞求精英的出世，就会越日益走向沉寂！伟大的业绩只能由平民群体去创造历史、书写未来。

综上所述，在不考虑机会成本的情况下，当一个领导非常依赖某些或某位精英时，这个企业实际上一定是风险最大的！著名的泰勒、韦伯等叱咤风云的管理大师曾经对管理起到了非常重要的作用。然而，当时代的今天，面对互联网的企业，假如泰勒、韦伯就在你的团队，这些人对互联网的企业管理将能带来什么结果呢？虽然泰勒、韦伯早已作古，但他们的思想仍然顽固地统治着绝大多数企业，其实质就相当于泰勒、韦伯仍然还在你的团队中，当这些蒸汽机时代的理论在高铁时代继续泛滥时，企业的希望又在哪里呢？管理没对错，适合最重要。

2. 精易管理打造企业执行力

精易管理是指无论做什么工作，在精细化的基础上，最大限度地实现简单容易做。精易管理简单地记就六个字：做于细，成于易。即我们不管从事什么工作，都从细处入手，往易处努力，通过对工作的易化，全面降低执行对人员素质的要求，以全面提升企业的团队执行力。

看到这里，可能很多读者会觉得，提升执行力怎么可能降低人员素质要求呢？我们以照相为例。传统的老式照相机（需要通过人工调整光圈和快门的相机），由于操作过于复杂，不得不让操作者适应相机的要求，同时要求操作者必须具备相应的专业素质。然而对老式相机而言，就算具备了专业素质，也未必能保证照相合格率达到100%。在人类发展的历史长河中，在很长的历史时期内科技发展速度较慢，致使很多工具操作过于复杂，面对着各种复杂没办法，才导致很多企业不得不寄希望通过提升人员素质来提升执行力。

随着科技的发展，特别是近代科技的高歌猛进，照相的操作已经大为简化，傻瓜相机的问世，不仅让天下没有不会照相的人，更让照相这门艺人的手艺变成了普通人也能掌握的基本技能，还能让天下有心并用心的普通人都能成为照相的“精英”。

更为关键的是，傻瓜相机彻底让照相这门专业技术与个人素质相脱离。傻瓜代表着愚蠢，而傻瓜相机则是高度智慧的结晶，是聪明人的杰作，能让傻瓜不傻，是对聪明人的挑战。团队需要让人不掉队，这句话不该成为空洞的口号，傻瓜相机恰恰为我们提供了快速提升执行力最好的思考。

傻瓜相机是什么？傻瓜相机是在精细化的基础上，最大限度地对工作或工具进行易化，通过复杂的问题简单化，简单的问题傻瓜化，标准作业模板化，工作简单容易化，降低工作对人员执行力的要求，让工作适应人，让工作不挑人，让“傻瓜”都有执行力。以确保执行到位，确保执行的有效性和稳定性，即确保执行力的提升。当“低素质”的员工都能达到或超过基本的工作要求时，企业想没有执行力都难！这种傻瓜相机的做法即做于细，成于易的精易管理法。

为了各位读者能更好地理解执行力能否与人的素质脱钩，我们做一个简单的实验。实验道具：A4 白纸一张，铅笔一只，两端破烂的钢卷尺一段，钢卷尺一边英制刻度，一边公制刻度，计时器一只。

实验分为两个阶段，第一阶段请读者借助这段破旧的钢卷尺，在白纸中心上画一个边长 n 厘米的正方形，要求从开始至结束计时。

用直尺画正方形，几乎每个人在小学都学习过。但无数次的实验表明，还能记得正确画正方形方法的人，少得可怜。从时间上看，一般画正方形加检验的时间大约在 4 分钟，一次合格率一般不超过 70%。

下面进入实验的第二个阶段，让我们一起见证奇迹。

请读者思考，我们能不能设计个什么东西，不要培训，不需要人的素质，找个不到3岁的小孩，让这个孩子，能在不超过30秒的时间内，画或者弄出正方形，但要求合格率达到100%，实现零差错，聪明的读者您能做出来吗？

答案实际非常简单，做个回字形的正方形模板，无论沿着模板内边缘画还是沿着外边缘画，画出的正方形即标准也能保证合格率。通过使用这个模板画正方形，我们发现沿内边缘画正方形比沿外边缘画还要快，而且更容易保证合格率。这说明，工具决定效率。从时间来看，沿模板画一圈，比用尺子画省多少时间，大家自己体会，至于合格率只要稍微用点心，达到100%轻轻松松。

如果我们做个正方形的图章，不要说3岁的孩子，1岁的孩子也能弄出正方形。在合格率100%的情况下，用时可能会多少呢？这个非常简单的实验，已经将人的素质和执行力彻底分离。案例告诉我们，工具或者方法就是效率，就是合格率。绝大多数执行都可以与人的素质脱钩。

精易管理案例2-1：会议准备

会议准备是很多单位最常见的工作之一。我们使用精易管理的方式，基本可以让任何新上岗的员工在经过简单培训或干脆不培训的情况下不仅能达标，有效率，还能保证会议准备工作零失误。下面以会议物品准备为例，让我们通过会议准备物品检查项目表，如表2-1所示，体会一下什么是精易管理。

会议、会场物品准备检查项目表（模板）（部分）

单击输入会议或培训名称会议□、培训□

会议日期：单击输入会议日期及时间 主办单位：单击输入主办单位

联系人及联系电话：单击输入

参会人数：单击输入人数 主席台人数：单击输入人数 领导人数：单击输入人数

横幅及字样：单击输入横幅内容及规格

横幅悬挂位置：□主席台上面、□会场左侧面、□会场右侧面、□主席台对面

需准备桌牌人员名单：单击输入人员名单

主席台背景要求：□现有背景、□使用____吋 LED、单击输入 LED 放置要求，其他要求：单击输入其他特殊要求

主席台桌子摆放要求：□单排摆放、□双排摆放、其他要求：单击输入特殊要求

会场桌子摆放要求：□按教室摆放、□按组摆放，单击输入每组人数、其他要求：单击输入其他摆放要求

签到台及讲台要求：□无特殊要求、其他要求：单击输入特殊要求

鲜花要求：□无摆放要求、□讲台摆放鲜花，讲台鲜花主色调：单击输入要求，其他要求：单击输入要求

音乐及播放要求：□无特殊要求、其他要求：单击输入要求及需准备曲目

会议期间休息要求：□无特殊要求、其他要求：单击输入要求

水果、点心要求：□无要求、其他要求：单击输入要求、注明数量

表 2-1 物品准备检查表（部分）

序号	检查项目	数量	关键控制要素		检查/激励标准	责任人/时间	检查情况	检查人/时间	不达标激励
1	水牌		规范名称、地点、方向指示		要素明确齐全/缺 -5 元/个，放置位置：进大门第一眼能看见，所有拐弯处第一眼能看见/不达标 -50 元/处		全部正常□（ ）位置处不正常需改进		
			中文	外文					
2	桌牌								
3	胸牌								
4	胸卡								
5	投影机								
6	音响								
7	投影幕								
8	白板及白板笔								
9	黑板及粉笔								
10	板擦								
11	计算机及网络								
12	……								

精易管理案例 2-2：鱼骨图易化案例

鱼骨图（见图 2-5）是很多人非常熟悉的用于质量改善或问题分析的工具。但由于鱼骨图过于笼统、过于简单，仅仅就五个字：人、机、料、法、环，现实中让很多人还是无法掌握鱼骨图的应用。在实践中，如何能让低素质的员工也能像高素质员工那样把鱼骨图用好、用活，是很多企业管理者非常头疼的事。对此，我们开发了问题分析百宝箱（见表 2-2），通过这个百宝箱，不仅可以实现优秀人才的复制，更能让所谓素质相对不高的员工，像精英一样参与到管理的过程中来。

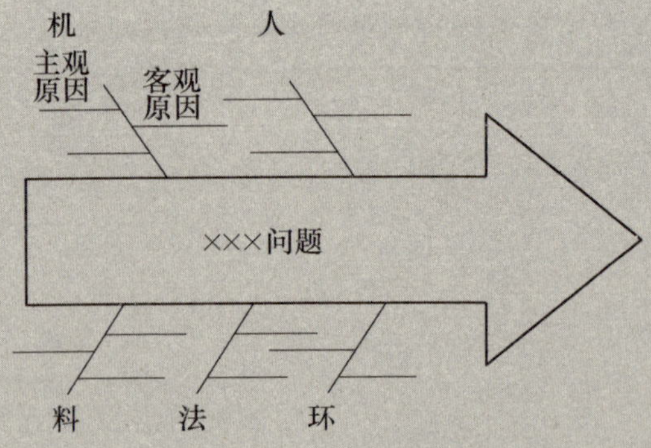

图 2-5　鱼骨图

表 2-2　问题分析百宝箱

制度、标准、工艺有问题

制度或标准不能用于实际执行□、制度缺流程□、制度缺表单□、表单设计不合理或不完整□、标准未量化□、标准或制度脱离现有人员素质□、不具备制度或标准所需要的资源□、工艺存在问题□。

目标有问题

目标没有量化□、制定目标的依据有问题□、目标没法考核□、目标未与直接责任人沟通□、KPI 体系错误，严重误导□。

人有问题

领导素质差□、领导偏听偏信□、领导没说明白□、胡指挥，乱调度□、其他□；

执行人不会做□、无自检□、未按标准执行或未按标准逐项确认□、不执行标准或明知标准有问题不提出□。考核主体错误□、没有考核频率□、绩效指标未量化□、检查或考核没有明确的激励标准□、激励有问题□。

培训不到位或执行人根本不知道□、没有正确理解制度或标准或理解有异议□、对标准理解错误□、制度培训时执行人提前退场□、培训不系统□。

责任区不明确□、现场责任体系未建立□。

企业文化不好□、用人机制有问题（不公平□、不公正□、其他□）。

续表

资源配置、环境有问题
配置的资源不明确□、资源有差距□、资源配置不合理□、环境存在问题。
设备、硬件有问题
设备本身存在问题□、存在隐患□、配置不合理或不配套□、能力不足□、能力过剩□、没有操作规程□、有操作规程但没有标准或不能执行□、维护、保养不到位□、维修不到位□、未按规程操作□、设备老化□、劣化□、超过规定使用年限□、责任不明确□、危险部位无明显标志□。
原材料有问题
供应商不稳定□、原材料质量不稳定□、供应商有意刁难□、同批号质量有差异□、原材料不能使用□、收到的原材料无质量检查报告□、收到的原材料质检报告超过规定时间□、原材料质量不稳定导致其他原材料出问题□。
流程有问题
流程被割裂□、流程设计不完整□、流程设计没考虑人的不稳定因素□、流程没有明确的价值链□、其他□

3. 关于执行的相关说明

企业按工作性质大致包括以下两种：

一种属于创造类的工作。例如，售后服务（不含销售）、创意创新、信息收集、政策制定、制度建设、标准编写、方案编写、设计环节、经营分析、目标制定、制订计划、决策拍板、科学研究、应急措施、突发意外，医疗救治、司机驾驶、刑侦勘查、法庭答辩、提取证物、抢险救灾、消防处置、安全检查、海关缉私、司法量刑等。

另一种属于纯执行的工作。包括生产、加工、制造、销售等。

对于创造类的工作，即从事创意或创新的人，细节决定成败。

对于执行类的工作，即完成创意或创新的人，达标决定成败。

（1）ISO 9000 认证不允许执行时细节决定成败。

ISO 9000 认证时，会盖一个章就两个字：“受控”。什么叫受控？受控就是符合标准。从制造等环节来说，就是要求执行时按标准执行到位。而细节决定成败带来最大的问题是，让执行人是看标准还是集中看细节呢？如果每个人都不看标准，每个人都在关注所谓的细节，受控就成了一纸空文。执行重细节还有一个问题，当每个环节都集中于细节决定成败时，上下环节的衔接怎么办？就好比一个演员演出时，舞台上的演员不管不顾的注重细节，其他参演人员等怎么配合？显然无论 ISO 9000 认证还是上下环节的衔接配合，都不允许执行时细节决定成败，只有制度重细节，执行重达标，才能保证 ISO 9000 认证的“受控”。

再以销售为例。客户咨询时，靠销售人员现场抖机灵、临场发挥，一旦有些敏感环节陷入过多的细节时，哪怕只有一句不合适的说法或过大的信息量都有可能会失去客、用户，让客、用户转身而去。去过中关村购物的人大多有这样的体会，一进门就会有一群人拦着你不停地追问你买什么，仅仅才几个字，羊进狼圈的感觉油然而生。笔者曾经在商场做过销售，就在第一单即将开张时，心情超级兴奋，在当时客户已经把合同拿出来让笔者和他签合同的时候，笔者在激动的心情下，为了让客户更加放心，画蛇添足地多说了几句。也就是因为多说的那几句话，不知怎么让客户产生了错觉。结果，水中捞月一场空！已经煮熟的鸭子就在细节中飞了，眼看着越飞越远。简言之，执行时，人人重细节，企业必失控，一个优秀的企业，一定不能靠人现场抖机灵，要学习麦当劳，“在整个操作过程中，任何个人的判断力和经验都是多余的”（麦当劳）。

细节决定成败产生的原因有两个，一个是创造类的工作具有较大的不确定性，没办法从制度等源头环节进行有效的控制。另一个原因就是我国的制度建设过于粗糙，无法满足执行使用，标准本身就不是标准，定性的、说不清的东西太多，没办法不得已，不得不依赖人的素质，不得不依靠人在执行时临时抖机灵、关注细节。殊不知，标准不合适，首先应该去修改标准，而不是干起来再说，执行时要坚决“消灭”任何再想象的空间。笔者年轻时参加国家重点项目引进时，曾和一些德国的朋友打过交道。在当时，明明知道有些事已经有问题了，但德国人要求必须先改图纸，只有从律法先变，执行才能改变。为了这些，没少和德国人发生口水战。在当时觉得德国人实在过于刻板，实在很难理解那些呆板的德国“方脑袋”（方脑袋是指遇事不会拐弯、不会变通、死板和教条）的做事风格。但站在今天想想，德国人的做法不是一般的有道理，而是非常有道理。可以想象，一个环节就算改对了，其他环节如果还有问题，这个改了的环节还是等于没改。今天德国的强大，绝不是依靠执行时临时抖机灵、靠执行时因人而异的细节而强大的。死死地按标准执行，这些看似呆板的思想和观念，才是让德国真正强大起来的原因。

（2）从输出结果的稳定性上看，不允许细节决定成败。

从执行稳定性的角度上说，由于每个人的素质各不相同，对所从事的工作理解和对定性“标准”的认知不可能完全一致。一味地强调执行时的细节，必然在造成结果不稳定的同时，还会成为某些人执行失败的原因或拒不执行的理由。

（3）执行成机器。

执行应当像手表一样准确。从这个意义上说，执行时人应该成为机器，只有机器才能保证执行的稳定性和达标性。有人会问，执行成机器，不是把人当成人性管理理论中的机械人了吗？非也，机械人是一种人性观，其本质是拿人不当人，而是把人当成一个机器上的部件，针对“有钱能使鬼推磨”而采取的一种人力资源管理方法。而本书中的执行成机器，并不是人性观，而是一种工作观，其以达标为核心，以保证执行在达到标准的情况下，确保执行的稳定性。当执行不能达到预期的目的时，需要改进的是流程，是执行的方法，是工作标准和绩效考核标准，是资源的配置，而不是执行或执行的所谓细节。

还有的读者会问，执行成机器会不会限制人的主观能动性，对此的回答是肯定的。在一个团队正在进行的工作中，必须终止任何人由于即兴而产生的冲动。因为执行不需要冲动，企业没有激动人心的故事发生，就像钟表一样，我们仅仅需要按部就班的准时，而不需要快慢得不到保证的废表。从这个意义上说，也只有执行成机器，至少从理论上，才能保证人与人之间有最好的配合，才能保证 ISO 9000 认证的执行“受控”。想象一下，如果一个演员在舞台上随心所欲的激情，就算再精彩，结果会如何呢？

从另一个角度上说，执行成机器会不会限制人的主观能动性，回答也是否定的。其通过激励等方式调动每个执行人，鼓励在执行过程中发现问题，将这些问题通过对流程设计、制度等环节进行改善，最终确保执行力的稳定提升。

（六）观念与思想：观念从成本管理向投资回报转变，思想从为股东创造价值向为客、用户创造价值转变

假如我们去买西红柿，有三个价钱：两元钱一堆、两元钱一斤、两元钱一个，作为买者你会购买哪个？如果多补充一句，两块钱一个的西红柿，保证是绿色无污染，绝对没有使用杀虫剂，你又会选择哪个？现实中，投资的观念早就深入人心，只是在工作之中，我们没有把投资的思想与日常的工作联系起来罢了。

企业所有的费用都是用来创造，而不是用来消费的。既然如此，企业所谓的成本管理就根本没有任何意义！成本的本质是什么，是节约，算的是节省，越少越好，结果呢？成本只会导致眼睛越看越近。有些企业为了省钱，偷工减料、假冒伪劣，钱是省了，可是信誉没了，到手的市场早晚也会送出去。换一个角度，从投资的角度看，企业算的是合理投入，算的是投资回报最大化。实际上已经无须多言，成本管理与投资管理，两个不同的观念必然导致两种完全不同的管理方法，成本让人紧盯支出，投资则让人放眼回报。哪个合理，尽在不言之中。

以企业培训为例，认为培训是福利的，财务上一定按成本核算，一旦企业资金紧张，就会砍掉这块“福利”！从培训组织者看，有些培训完全是满足培训的组织者，什么新鲜讲什么，什么时髦讲什么，至于实际是否真的有用，另作别论。而如果企业把培训当作投资看待，企业就必须考虑这些投资会带来什么效果，这些效果应该怎么衡量。当培训变成投资后，无论师资的选择，课程的设置，参训的对象，都会给企业带来全新的、最根本的变化。

企业没有成本，只有投资！企业所有的投入都是为了得到回报！在一个投资型的企业中，每个人在企业中工作时，不仅仅是占据了一个位置，而是占据了包括时间在内的各种有形、无形的资源、资产和资本等。这些资源在每个人手中的价值和能创造的价值，是完全不同的，能带来的回报必然也是完全不同的。因此，只有投资回报才能见真英雄。对企业来说，当人人都成为投资主体时，企业必然发生最根本的革命性的改变。可以想象，如果企业不是考核成本，而是考核投资回报，这样的企业会是什么光景，这样的企业还有什么能挡住其前进的步伐？让所有的参与者放眼投资回报最大化，这样的企业一定充满希望！

人人在投资，时时在投资；人生无处不投资。

说话有人听，做事天在看；投资回报需要算。

（七）效益与薪酬：效益从向管理要效益转变为向流程要效益，薪酬从发工资向用户付费转变

提到管理，总让人们直接联想到什么人力管理、财务管理、生产管理、销售管理，也就是前面说过的职能管理。由于职能管理割断了整个流程，不仅带来了组织整体效率的低下，更可能降低组织整体的执行力。我们提高了人力效率，却发现还缺少资源；我们优化了组织资源，却发现生产过程难以保证成本或质量；我们保证了质量，才发现市场并不需要企业的产品。一言以蔽之，向目前众多企业实行的职能管理要效益，不过是痴人说梦而已。

价值是在过程中创造的，过程是通过流程完成的。价值创造过程必须抓住流程全过程的每一个环节，只有流程全过程的每个环节都能实现价值增值，企业才真正实现了价值增值。

流程不是着眼完成某个孤立的任务，而是紧盯流程中所有组成单元输出结果的组合，达到 1 + 1 > 2 的目标。流程是一个整体，只有全方位看问题的眼睛，对企业才是有意义的。

流程是企业形成核心能力的关键。流程改变、化解了传统职位的界限和组织内部的边界，扩大了原来职位的责任范围和开展工作的广度，在以流程为中心的企业中，每个人必须关心流程最终的结果。这就是说，每个岗位仅仅把自己的责任履行到位是远远不够的，个体岗位任务完成得再好，整体不能达到预期的效果

也是根本没有意义的。

用流程的眼光看企业，可以看到一个企业与另一个企业核心的不同，能清楚地看到整个企业发展的优势和劣势，能明明白白的看到企业可能走多远。看职能看自己，看流程看到底。随着时代的发展，流程已经成为企业最重要的核心资产。

关于薪酬，美国通用一位资深的员工说："25 年来，你们一直为我的双手所完成的工作而支付报酬。而实际上，你们本来可以拥有我的大脑，而不用支付任何工钱。"按照国际上的同行说法，薪酬不该叫工资，而应该是向客、用户收费；而工资仅是所谓的劳动报酬。从现在看，显然不能体现劳动价值。要体现劳动价值，就应该直接面对市场，服务的越好，生产的商品越能满足用户的个性化需求，用户就会付给你更多的报酬，也就证明了个人真实的价值。

（八）商品与创新：商品从购买实体商品向购买方案及相关服务转变，创新从闭门造车向创造资源转变

互联网时代，用户不再是被商家牵着鼻子走的"冤大头"。传统的企业做什么用户买什么，即将成为过去时。在这样的时代，用户在很多时候已经不是单独去购买一个什么商品，而是在购买一种什么方案。经历过装修的读者一定会有体会，往往装修的第一步是进行总体的装修规划，这些规划的实质就是一个又一个完整的问题解决方案，如烹饪吃饭的方案，空气净化、恒温的方案，看书写字的方案，照明的方案、养神怡情的方案，养生睡觉的方案等。在人们越来越"懒"，越来越不愿意动脑筋的时代，商品销售从产品向解决方案的销售，会逐渐成为时代即将流行的主流，金利来男人休闲、商务的解决方案；阿玛尼个人知名奢侈商务解决方案，通过这两个品牌，传递的不是产品本身，而是个人商务形象的解决方案。在现实中，任何品牌的实质都最好是什么的解决方案，比如买电器上京东，买百货找淘宝，都是非常明确的问题解决方案。企业广告最好一目了然地传递是解决什么的方案，而不要品位高深的让消费者猜想，才是最明智的市场营销策划。

用极简和最直接的方式，树立在消费者心中什么方案的解决商，而不是简单的商品或服务的提供者，是把握时代潮头的关键之一。

闭门造车产生的原因非常简单。我们在前面分析过，从眼光到自信，从观念到所坐的位置，从悟性到所站立的高度，无一不是导致闭门造车、影响创新的关键。

德鲁克说："创新是创造了一种资源"。创新不在大小，能抓住用户的脉搏才是创新的源泉；创新不在多新潮，能让用户叹服，创造用户才有意义；创新不在高大上，专利再多不能转化成生产力也是无用；创新不在技术多领先，能产生正能量口碑才是能耐；创新不在标新立异多奇特，能让用户离不开才算高明。

创新能延续企业或商品的生命，但创新也是对过去某些流行带来的一种否定或者是突破，更可能是对自己过去成功的否定。很多情况下，还会直接影响某些人的个人利益。因此，创新在某种意义上说，似乎有点给人找麻烦的意思。当创新涉及个人利益时，当个人利益一旦演变成恩怨时，抵触、谩骂、诽谤等各种手段就成为每个创新者必须要面对的现实。因为，很多人会认为你是制造麻烦的人。为此，创新非常痛苦！在这种情况下，胆量大于智慧。计算机开始流行时，很多人看见都头疼，又是 DOS 命令，又是完全不一样的写字习俗，更让写字漂亮的人"失宠"。

创新必须脚踏实地，好高骛远难以创新；创新要从身边细微小事做起，满脑袋颠覆很难真正创新。创新意味着不拘泥于过去，仔细看，认真想，多换角度反复想，多问几个“对不对”，才是创新的根本。放下身段，放下自尊，认真听客、用户的需求，哪怕是来自客、用户的侮辱。尊重不是忽悠出来的，没有用户的认可，就没有真正的尊重；当有些用户坚决不买账时，我们应该站在用户的位置仔细想想，为什么用户无法与我们一起产生共鸣。很多时候，我们最容易忘掉的是，我们自己也是用户……

竞争的根本是创造不竞争的市场，在对手打倒自己之前，先提升自己、突破自己是创新的根本。创新不难，难在有心，难在用心，难在恒心，难在不断自我否定，难在战胜自我。当一个企业感到疲倦，不能创新，不能战胜自我的时候，大限随时都有可能到来。战国时期，七雄争霸，为什么最后由秦统一了天下。不能只看秦国所拥有的军事实力，更要看到秦自商鞅变法改革起，代代相承，国力日强。而东方六国，在争雄图强的道路上，因形势所迫，虽然都搞过一阵子变法，但不过改了些皮毛，旋即复旧。正如杜牧在《阿房宫赋》中所说的：“灭六国者，六国也，非秦也！”

创新是痛苦的，不创新是注定没有出路的！

（九）人力资源：从人力资源管理向人力资产经营转变

1. 现代人力资源管理给企业造成的问题

长期以来，人力资源管理已经成为企业人员管理的圣经。但深刻反思现代流行的人力资源管理的理论，会发现其存在着非常明显、非常严重的问题。由于现行市面和大学里的人力资源管理对人性从心理到行为认知远远不足，更对于作为人力这种特殊的资源理解有一定的历史局限性，甚至完全不研究人作为资源时的方向性，这就直接导致了这些现代人力资源管理理论，对企业实际指导价值不大，甚至可能给企业带来损失。

这里仅研究人力资源的方向性，对企业可能造成的破坏。

社会上任何资源本身都没有方向性。而这种无方向性，必然决定了人力管理的复杂性。如果不认真研究人作为资源的方向性，就极有可能像三国赤壁大战时，蒋干给曹操做事一样，成全对手，打败自己，给企业带来完全相反的结果。

失踪的马航MH370，开飞机的驾驶员无可非议是人力资源，但却把飞机开到了至今我们还没找到的地方。

美国“9·11”恐怖袭击，能开飞机撞毁大楼的绝非普通百姓能为，说那些恐怖分子不算人力资源可是有点冤枉，但犯下的罪行却为人类所不齿。

综观有能力造假之人，哪个不是身怀绝技的“高素质”人力资源。如果没有一定的知识储备和积累，让普通百姓去假冒伪劣，恐怕实在是难以为之……

有个企业为了明天，看重了某高级人才，曾多次找其协商但未果。但谁也没有想到，那个企业看重的高级人才，无意之中却将这个企业明天打算干什么，透漏给了竞争对手，让竞争对手提前把握了这个企业的明天。这个真实的故事，告诉我们什么呢？

无数的事实只能说明，这种没有方向性的人力资源，对企业不仅没有意义，甚至可能就是麻烦或者会给企业带来直接的灾难。三国时期的蒋干压根没想过背叛，但给曹操带来的却是灭顶之灾。现实中，当背叛的回报足够大时，没有方向性的人力资源转身就可能为竞争对手效劳！

综上所述，现代人力资源课本里的人力资源显然没多大用处。人员管理出路何在？想起两个名词：资产和资本。

资产是财产的意思，任何企业中人都是企业的资产，但非固定资产。

资本是用来牟利的凭借，借用资产和资本这个两个词，企业中的人准确的理解应该是人力资产。

人一方面是可以实现牟利的凭借，另一方面实现牟利也必须通过人来完成。企业需要牟利，人也需要牟利，资源的正向性能牟利，资源的负向性在人的智慧下也能用来牟利。从这个意义上讲，以牟利为目标，把自己所拥有的资源正向“出卖”给企业的人，准确地叫法应该是人力资本。

2. 人力资产经营

现代企业人力支付报酬，购买的不是没有方向的人力资源，而是人力资源的正向性或有智慧的“负向”。企业人力“管理”的核心是实现人的资源正向输出，最大限度地减少人的资源无智慧的负向性。问题是，好孩子是夸出来的，坏员工是惯出来的。人不是管出来的，必须通过对人心的经营，实现人的正向资源，以牟利为目的“出卖”企业，这才是人力“管理”最核心的目的。

经营人心说着容易做着难，人是这个世界上最难捉摸的，也是这个世界上最精彩的亮点。大凡长处越多者，短处也就越突出，经营人心贵在解放思想，贵在不拘一格，贵在不能不糊涂，不能真糊涂的“难得糊涂”的大度和情怀。曹操在官渡之战后，将各种“反叛”的折子付之一炬，不可谓不是大的情怀；春秋时期，楚庄王有一次在平定叛乱后大宴群臣，席间大风将灯吹灭，黑暗中有人调戏楚庄王的爱妾，爱妾大怒，顺手扯下调戏她军官的帽缨，楚庄王听说后，哈哈大笑，说酒后无德人之常事，让大家把帽缨都摘了后，才下令点灯。在后来的战事中，有一武将奋不顾身为楚国立下大功，而此人正是当年调戏楚庄王爱妾之人。气量是一种胆略，更是超人的见识，大凡气吞山河者，身边必汇聚各种特长之才，“下君尽己之能，中君尽人之力，上君尽人之智《韩非子·八经》”。苹果首席CEO乔布斯在1985年的一次采访中说：“我最擅长的就是召集一群有才能的人，与他们共事。”

笔者年轻时在工作中，发现当时所在的企业设备存在一些安全隐患，在针对这个隐患提出解决方案后，令笔者没有想到的是，当时工段技术员就一句话：他是个工人。仅仅五个字就把笔者精心设计的所有设想全部付诸东流。不管方案是否成熟，连试的机会都没有。无独有偶，几十年后，当笔者来到天津的某日资药厂，出于咨询项目需要，更出于企业长远发展的需要，制定了《合理化建议制度》。笔者原本认为这个无论对员工还是对企业，有百利而无一害的制度能顺利推行。但实在令人想不到的是，该厂当时一位仅仅是负责认证的主管，竟公开告诉企业主要领导，合理化建议是不务正业，并利用手中的权力，彻底扼杀了这个让员工成为企业发展大河源头的制度。

企业经营的核心是对人心的经营。只有人心齐，方能泰山移。企业经营的根本点无外乎就是两个：怎么设法调动客、用户的参与；怎么设法调动内部或准内部执行团队实现企业的目标。其核心都是通过经营人心，实现人向人力资本的转变。

让我们看看企业现行的人力资源管理，究竟能给企业带来什么。

从绩效考核上看，管理上要求的下级必须服从上级的绩效考核，加上说不清的定性考核标准，不仅让员工成为领导肚里的

"蛔虫"，有事逐级请示、批准的管理魔咒，更是把人的创造性最彻底地扼杀在摇篮之中。当今职能管理型的企业，所谓的人力资源管理，已经为无数的实践所证明，很难真正释放人的活力，也许这是这些人力资源管理理论设计者无论如何都想不到的。尽管这些理论工作者也许从心理上并不希望产生这样的结果，但无情的事实却让人力资源管理走向了不期望的反面。

人力资产经营是系统工程，非一句话、一个点就能彻底解决。现代人力资源管理的核心是人力资产经营，其根本目的是通过对人心的经营实现从人力资产向人力资本的转变。

（十）作业组织：生产组织从内部组织向外部组织转变

互联网时代，随着网络和全球物流地快速崛起，更随着 CAD（计算机辅助设计）的快速普及，CAM（计算机辅助制造）和 3D 打印技术等兴起，当今的企业，坐在自己的家里实现全球范围内，整合所有的优势资源为自己服务已经不是神话。生产作业组织全球化，一方面在发挥专业优势的同时，又把某些可能的企业无优势风险转移出去，更同步促进了企业质量、信誉和交货期等综合提升。这种从组织内部向自组织（系统按照某种规则自动形成的有序组织结构）的生产作业形式转变，已经开始推动社会和企业的整体进步。工业 4.0 的智能制造，更是拉开了全球制造的时代大幕，生产组织从内部组织向外部组织转变已经不是想变不想变的问题，而是必须接受改变的事实。

实现内部组织向外部组织转变，企业必须以流程为核心，通过流程打通端到端，才可能实现这种转变。

（十一）眼界与格局：从面向自己到跨界融合的转变

互联网时代要求眼界要加宽，思想要跨界，思维全球化，创新伙伴化，智慧社会化，管理流程化。

实现跨界融合，需要有大的格局，适度超前的眼光，更需要深深扎根于客、用户需求的沃土之中。只有目标清晰，定位准确，驱动创新，立足当下，自我先变，放眼未来才可能实现这种最深刻的转变。

……

核心价值观是个人素质的重要组成。核心价值观与自身的人性和对人性的认知有直接的联系。联想到两种动物：狼和狗，也许这两种动物的本性，能给人一些启示。

狼狗本一家，狼独行吃肉，狗依附吃屎；迎接狼的是猎枪，给予狗的是呵护。

狼吃肉不易，迎风斗雪，忍饥挨饿，寂寞孤独，视枪弹为儿戏，不达目的死不休。

狗吃屎更难，阿谀奉承，逆来顺受，逢迎谄媚，看脸色下菜碟，费尽心机讨主欢。

第三节　投资型领导的角色定位与主要责任

一、投资型领导的角色定位

在互联网时代，企业的总裁是客户。

如果把企业比作一个剧场，企业主或投资人应该是这个剧场的所有人，当然也是这所剧场的主人。而本书中的领导，除了带领下属完成企业预期的目标外，还是这所剧场的建筑师、维护师，也是这个剧场的经营、管理大总管。企业通过经营剧场的舞台，实现投资人的投资回报并创造价值。

二、投资型领导的主要责任

投资型领导的责任包括很多内容，诸如资源配置、用人组队带队，时间及目标管理，责任落地等内容，我们将在本书相关的地方进行描述。这里主要对三个比较关键、核心的责任进行阐述。

1. 实现投资回报、价值增值是第一责任

作为投资人（投资人一般包括四种人：资金投资人，资本投资人即智力或知识产权投资人，资产投资人，将各种投资融为一体的投资人）的领导必须对投资（不仅是资金，是指所有的投入）负责，必须设法实现企业投资回报最大化。为此，必须明确企业发展的目标，明确实现梦想的发展战略，必须对核心商品或服务进行明确定义；必须让所有的合作者明确彼此之间的客、用户是谁？这些内外部客、用户有哪些问题需要帮助解决。

实现投资回报也是实现价值增值的关键，领导需要非常明确：

● 我的业务流程从哪里来，到哪里去；

● 我的业务流程是最优化的吗？

● 我的竞争对手是怎样的业务流程？

● 什么环节、什么原因失控会导致企业走上绝路？如何来控制这些可能的失控？手段是什么？方法是什么？

● 各环节使用什么方法能达到效率相对最快？浪费相对最少？资源利用率最高？结果、效果相对最好？

● 人员组合决定成败，在整个业务流程各环节中，哪个环节使用哪些人员组合才能确保实现整体的运营目标等。

2. “唤起工农千百万，同心干”

任何一场变革的成功，都不能放在少数人的肩上，必须让所有合作者知晓，把企业希望达到的目标，实现目标的重点、难点和大致安排，通过讲故事的形式，尽可能周知到所有合作者，才能实现变革的成功。

画饼需要技巧，更需要格局，不仅要会画，更要会“忽悠”，会讲故事，把大饼“忽悠”到人的心里，“忽悠”到人愿意为你拼博。从某些方面来说，讲故事是当领导的基本功之一，故事的格局越大，越动听，越能深入人心，往往就越容易成功；当年诸葛亮先为刘备讲了三足鼎立的故事，随后又“心怀叵测”地给东吴讲了一个联吴抗曹的故事；张瑞敏讲了一个砸冰箱的故事；马云讲了一个让网上没有难做生意的故事；俞敏洪讲了一个让国人开口说英语的故事；天堂中的美国老太太为中国人讲了个贷款买房的故事……

讲故事的核心是听故事的人看得见，且能实际得到的利益和愿景。都说会说的不如会听的，讲故事最怕的就是站在一个“高度”上，教训、教导听故事的人应当怎么样。心灵鸡汤、成功学也是讲故事，但问题出在很多做鸡汤的大仙们，自己活的有吃有喝，活的挺滋润的，却置现实于不顾，有声有色、有血有泪的把鸡汤成功学当成麻醉剂，愚弄那些吃不饱、喝不好的人，让这些人在精神麻痹中甘当阿Q，弄些尽人皆知的箴言或者大道理，神仙也做不到的名言警句蒙住人的眼睛。现实中的心灵鸡汤成功学，往往造成很多尚未成功的人，对自己的自信越来越低，自卑感越来越强烈外，几乎很难找到脱贫致富的成功之道。

空洞的说教解救不了人的贫穷，口号式的人道理拯救不了贫穷的灵魂，看不透深刻内涵任由“专家”“学者”信嘴胡诌永远也难以改变贫穷的命运；至于有些人，“辛辛苦苦”创造的歪理邪说，除了让这些创造概念的人能得到盆满钵满外，真不知道对善良的“穷人”们能有什么更多的价值！梦醒时分，仍在原地转圈的还算幸运，而有些人则永远踏上了不归之途。

讲故事不是忽悠，而是心对心的交流，基本前提是讲的人和听的人坐在同一条板凳上，聊天分享。讲故事的人不应该是教师爷，故事还没开讲就站在一个“道德或标准”的高度，动辄指责、训斥；讲故事最重要的是不要教训，不要教诲，不要话术，不要教导，不要大道理，本着共荣、共赢的理念，把自己内心的理想和价值观，用心传递到每个听故事人的心中。

投资型领导首先应学会讲故事的艺术，讲故事并不高深，只要有心、用心就能发现故事的素材，讲百姓身边的故事，才是一般人最爱听的故事。记得有一年笔者去海尔国际培训中心，服务员敲门打扫卫生，当时因忙于修改课件，没有同意当时打扫，中午吃饭回来，发现不仅卫生打扫了，而且在桌上还增加了一个台灯和一张纸条，大致意思是看到笔者在写字台上写东西，但写字台处照明并不是很好，而特地拿来一个台灯。当发现笔者喜欢矿泉水后，还多送了一瓶矿泉水。故事并没有结束。晚上吃晚饭回来，宾馆屋内灯光已经调亮，撑起的拖鞋已经放在床边……也许这样的故事并没有激动人心之处，但当你讲给你的员工时，员工的心理会产生哪些反应？企业需要理想和情怀，但员工更需要具体知道什么是好，什么是不好，什么是对，什么是错，倡导做什么，反对做什么，这就是故事！

讲故事最关键的是能看见、发掘故事及背后的每个闪光点，哪怕不大，只要有亮点，就坚决不放过，萤火虫的光也不大，但聚多了一样能照亮世界！照亮人心！

讲故事不是讲心态。曾几何时，讲心态流行在神州大地。现实中，面对不断变化的环境，当实际工作时要思路没思路，要方法没方法，压力山大时，有几个人能有好的心态？俗话说，手中有粮心中不慌。好胜之心人皆有之，有几个人心甘情愿不如人？又有几个人不要脸？面对实际工作不会干，心态能解决什么呢？工作中不仅要有思路更要有方法，才可能确保好的心态。讲不出思路和方法的心态培训，除了让你听时浑身喷血、脑袋发热、流几滴眼泪外，对企业又能有什么作用？面对着心灵鸡汤，重要的是不要自己骗自己，不能解决实际操作的思路和方法，奢谈心态，滑稽至极！

兵马未动，文化先行，现代商战，文化制胜。只有当一个文化能真正深入所有参与者的人心时，才能“令民与上同意，可与之死，可与之生，而不畏危也”（孙子《孙子兵法》）。

3. 设计、优化业务流程

设计、优化业务流程无疑是企业最核心也是最关键的一步。业务流程将企业所有的人和事紧密、有机地糅合在一起，没有流程的顺畅，就没有高效率，没有流程，合作者就几乎无法实现高效协同。

业务流程设计的基本原则是让流程会思考、能说话；各环节实现准时化和具有人工智能的自动化。

让流程会思考、能说话，就需要对流程中可能出现的各种问题（包括意外应急等），在流程设计时，进行细致、周到、缜密的设计，以便执行人在任何情况下都没有困惑，在任何情况下都不需要执行人自己判断和选择，而由流程告诉执行人应当怎么办。为此，流程设计细节决定成败。

所谓准时化是指各环节彼此之间时间正好，数量正好，质量确保。即后环节需要什么的时候，前环节正好送到，不早不晚，而且质量有保证。

准时化是实现高效协同的基础，只有所有的环节工作节拍一致，质量确保，流转准时才能保证高效协同。

具有人工智能的自动化非一般意义地自动化，它是指将流程赋予人工智能，一旦某个环节发生问题，流程能自动选择对应的执行程序。它是根据人们事先设定的某些程序，由设备自动执行完成预期的工作。显然，具有人工智能的自动化比自动化要高一个层次。它不仅仅是按预定的程序作业，更需要在执行过程中，对执行的情况和各种内外部的变化，不断地与预定的执行标准进行比对，一旦发现偏差，流程能自行判定执行的路径和调整的对策，以此保证在执行过程中，无论发生什么变化，流程都能保证顺畅运行。具有人工智能的自动化在环节发生问题时，流程会自动选择停止或进入应急程序；而自动化则按部就班地继续运行，最终导致问题的产生。

具有人工智能的自动化的思想无论在工业设计、流程设计都具有极其重要的意义。我们以汽车安全设计为例，当汽车自动检测出由于电线老化等出现绝缘电阻不足时，应立即开启提示灯，同时，发动机供油自动停止，并强行打开车门锁，以避免车辆失火。这种设计同样适用于汽车过水，当汽车检测到水位达到某一程度时，必须自动打开车门锁，这就是具有人工智能的自动化。

关于业务流程设计，将在第三章第三节进行详细论述。

第四节 投资型创业者或领导的工作思路

思路就是出路，作为投资型领导，必须首先明确自己的工作思路。否则，就可能导致心中无数决心大，两眼不清瞎忙活。

投资型创业者领导的工作思路按流程的顺序归纳如下。

1. 明确目标

明确目标主要包括：通过企业分析，搞清自己的市场在哪里，搞清自己做什么，为什么做，做给谁等问题。做企业市场是根，是最关键也是最难的问题。大多创业人创业失败的根本原因就是搞不清自己的市场在哪里，加之决策的不理智，最终让企业走向不归之路。

2. 借力借势

借力借势需要明确企业靠谁（内部和外部）发展，靠谁抬高自己的身价，怎么个靠法等。借力借势的实质就是众筹，众筹是一种宽范围的合作过程，不仅是朋友之间的合作，也需要与竞争对手合作。在这个过程中，既有利益的较量，也有人与人之间的活力对抗；既有大智若愚的聪慧，也有大巧若拙的障眼法；既有能而示之不能，用而示之不用的诡道；更有出其不意，攻其不备的大智慧。借力借势的关键是必须在彻底转变观念的同时，建立众筹合作的基础框架和生态平台，完善、健全相关法律和信誉体系，然而无论从借力借势谋略的过程，还是基础设施的建立，都是目前大学和社会流行的教学内容中，相对空白的。

3. 确定商业模式、发展战略

企业在明确目标后，应根据目标确定商业模式，制定战略规划，明确各个阶段的重点和主攻目标等。

4. 集中精力抓落实

集中精力抓落实主要指责任落地。责任落地不仅限于责任，还包括指标与激励、权力及范围、资源配置等。责任落地到个人是每个领导必备的基本功，也是中国企业管理目前最差的短板，尤其责任落地尚还基本处于空白状态。

5. 紧盯实际经营结果

经营结果的实现以三个保证为基础。一是资源保证，二是执行过程控制保证，三是持续改善保证。

以上详细内容，将在第三章到第五章中详细说明。

第五节　工作方法和领导艺术

“人法地，地法天，天法道，道法自然。道生一，一生二，二生三，三生万物”（《道德经》）。

工作做事讲方法，做事落地有艺术。方法讲科学，艺术研究应用。从方法看，所有的方法都应该建立在科学的基础之上，尊重科学的规律，没有科学就站不住脚，就没有生命力，就没有存在的价值。做事想落地不仅需要符合国情或企业的实际，更需要研究执行时人的心理和行为。来自国外的360°考核，由于不接中国地气，不符合中国人的思维习惯和做事风格，结果导致这种方法很难在中国的企业推广。现实中，我国已经引进过不少先进的管理方法，从精益生产到流程再造，从“5S”到六西格玛管理，从德鲁克到阿米巴，都由于缺少针对企业实际的应用，直接导致很难在有些企业扎根落地。

什么是领导艺术？领导艺术强调把呆板的科学原理灵活地运用于具体实践，强调无论任何方法都需要因形势而变、因时间而变、因地域而变、因机会而变、因环境而变、因不同的人员而变、因领导不同而变、因事情而变、因对手而变。

现实中，无论做任何工作，只有将方法和艺术有机地结合，才能真正对企业有用。简单的拿来主义，简单抄袭别人成功的经验，照搬别人成功的经验，再生也好，转型也罢，是很难成功的，邯郸学步注定无成。

任何科学知识、原理都是针对某种特定环境、某些特定条件而言的。牛顿运动定律适合低速、宏观的世界，对于微观的量子世界，当速度达到光速的时候，牛顿运动定律就不适用。在人类发展的历史长河上，科学从来不排斥艺术，其是艺术存在的基础；艺术则赋予科学以生命和活力；科学抛弃艺术就等于失去了腾飞的翅膀，而艺术抛弃科学也就没有生存的土壤和环境，更丧失了存在的价值。

在学习的方法上，科学和艺术完全不同。任何科学都是可以通过学习而掌握的，而艺术则不同，艺术强调的是悟性，艺术需要心对心的碰撞，强调对变化有深刻的理解，强调具备应变的能力，尤其强调在不同的变化实战中，对科学及原理灵活运用的能力。艺术需要通过漫长的摸索、实践、再发现、再实践，才能找到艺术的真谛。本书介绍的各种工作方法都是科学，也仅仅是科学，能不能灵活地在企业应用，还需要靠各位读者心对心地碰撞，走心、用心、专心、细心领悟已经无法再用语言表达的内涵，才能找到本书的真谛。

现实中，领导艺术涉及很多方面，如人与人之间活力对抗的艺术，团队组队、带队、处理冲突的艺术，人员组合的艺术等，我们将在相应的篇幅中进行详细介绍。

……

观念一变天地宽。仅仅有正确的观念远远不够，没有正确的工作思路，没有正确的工作方法，仍然不能把企业做强、做大。在接下来的篇幅里，我们将集中精力解决思路和方法，按投资型领导的工作流程顺序详细探讨投资型领导的工作思路。

第三章

投资型企业目标及战略制定

第一节　企业经营分析——六算

孙子曰："夫未战而庙算胜者，得算多也；未战而庙算不胜者，得算少也。多算胜，少算不胜，而况于无算乎！吾以此观之，胜负见矣。"《孙子兵法》开篇就告诉我们，决定一场战争胜负核心的第一步就是算。"算"即企业或商业分析，其核心是把我们打算做的事情，从生存到发展中的一些最核心的东西搞清楚。作为企业，只有知己知彼，知天知地，方有胜算。也只有准确地把握企业内外部客、用户的特定心理需求，并有效地引导、满足这些特定的需求，通过创造与竞争对手不同的消费体验，让客、用户感受到企业的价值。

孙子兵法中的算不是算卦。所谓：善易者不卜，基本意思是明了社会发展规律，明了事物发展的道理，不需占卜便知命运，而不是靠打卦算命过日子。

做企业需要算什么呢？我们认为至少包括六算：算文化、算做什么、算天、算地、算差距、算资源。

一、算“道”与投资型企业文化

道有多种含义。路是道，自然规律是道，做事的方法是道，行为准则也是道，想做什么是道，怎么做更是道，企业文化还是道。

企业文化是事业的成功之道、立身之道、安民之道、决胜之道。一个具有上下同欲、官民之间“可以与之死，可以与之生，而不畏危”（《孙子兵法》）的企业文化是很多老板梦寐以求的，问题是，当一个老板私欲很重时，又怎么可能与其他人荣辱与共呢？

企业文化是企业这座大厦的基础，是决定性的，不仅决定了企业做什么、怎么做、采取什么管理方式和模式，更决定了企业的未来。企业文化来自当家人的文化，当家人的文化决定企业文化。

雨未至，云先行，兵马未动，文化要先行。一个企业只有具备人心齐泰山移、上下同欲的企业文化，只有具备一群能为企业生死拼博的人，这个企业才可能走向成功。

从企业文化这个“道”上讲，至少有以下五个需要投资人必须明确的。

（一）企业文化决定成败

没有人没文化，文盲也有文化，文化是一切的基础。文化是一种价值观，也是一种思想上的约束和禁锢。在不同价值观和不同约束的禁锢下，人们会产生完全不同的行为。

文化有一种力量，不仅能引导人的行为，还能激励人，也能消磨人的意志。文化是一种土壤，也是创造的孵化器。文化不仅能改变人，更能造就人。精益文化成就了丰田，六西格玛文化让通用电气（GE）独占鳌头，阿米巴文化让日航起死回生，人单合一的文化让海尔阔步走向世界。

文化的最高层次是信仰和宗教，一旦一种文化达到信仰或宗教这个境界时，就具有一种力量了，这种力量就如孙子说的，不仅可以与之生，更可以与之死，而无所畏惧。在文化变成宗教和信仰的情况下，即使企业对人的投入为零，甚至是负投入，都无法阻挡已经接受这种文化人的力量；而这种力量将无坚不摧、攻无不克、战无不取、无往而不胜。

（二）职能管理体制下，企业文化是各级直接领导的文化

从理论上说，企业文化本应是从上到下的当家人或投资人文化。但在职能管理的体制下，由于一级紧盯一级的管理方式，更由于各级领导不仅是直接管理者，还是绩效考核的负责人，这就从权力的位置上决定了这些人说话的分量；使得各级员工不得不把眼睛紧盯在直接领导的身上。从另一个角度看，县官不如现管，各级领导把握了实际用人的权力，限制、约束了人员管理的方法和手段，这就直接造成了有什么样的领导，企业就必然有什么样的人才，毕竟领导每天在与下级人员“亲密”接触下，在下级必须服从上级的管理中，更在绩效考核“我的地盘我做主”之下，各级领导人会不断地把自己的文化理念灌输给自己的下级。久而久之，下级人员在潜移默化之中，慢慢就会理解并接受上级主管的思想，很自然地形成倒置型（从下往上）企业文化。于是，在职能管理的体制下，企业文化往往和各级的顶头上司相关，这些手握绩效考核权力的上级主管，随着时间的延续，往往最终成为企业文化的主宰，最终形成了上级主管的企业文化。在这种从下到上倒置型的企业文化中，我们经常可以看到，有些老板被“绑架”的现象，决策层想安排事比较难，而有些中基层领导们大手一挥，要啥有啥，想咋干就咋干。以至在基层执行的很多工作中，出现与投资人或企业领导人的想法大相径庭的怪象。

倒置型的企业文化从古至今都不是新闻。当年的刘邦和韩信，原本刘邦是老板，但在封了韩信为大将军后，韩信仅仅“违令者斩”四个字，就足以让任何人“闻风丧胆”，还有哪个脖子硬的敢不听韩信的将令呢？历史上的刘备和诸葛亮也是同样如此，这样的故事数不胜数。当今社会，不少“歪嘴和尚”的上级主管们，把好经念歪了。正应了那句话：“夫将者，国之辅也。辅周，则国必强，辅隙，则国必弱”（《孙子兵法》），在这种倒置型的文化中，我们的投资人或当家人，无奈地只能很被动地听命或干脆服从这种来自直接上级主管及其自身的文化。

中国有个医药制造公司，误将已经检测与未检测的药品堆放在一起。按照相关法规的要求，发生这样错误而混合堆放的药品必须报废。让人想不到的是当时负责质检的领导就一句话“报废就报废呗”。于是，几千袋药品，因为一句话就成了废品！让人不可思议的是，面对着这样的损失，当时这个公司的当家人竟然无动于衷。毋庸讳言，上行下效，在这样的领导面前，基层的执行者又会怎样看待自己的责任和可能造成的浪费呢？产生当家人漠视失职和浪费的原因非常简单，仅仅是因为当时的当家人对那位质检领导过于信任。

这个案例告诉我们，领导的文化不仅决定了该企业的前程和方方面面，更决定了企业能否做大、做强，能走多远。从另一个方面说，当当家人开始集中信任某个人，而这个被信任的人的文化又开始影响到当家人文化的时候，这样的企业改变就在眼前。令人担心的是，如果主管领导出现与当家人的方向偏差时，就可能给企业带来很多问题甚至是灾难。

在中国的历史上，各级领导决定成败的故事数不胜数。早在春秋战国时期，秦孝公嬴渠梁重用商鞅，变法图强，18 年后秦国国富民强。宦官赵高，架空当家人秦二世胡亥，仅仅 3 年，就导致秦朝的灭亡。三国时期，曹操挟天子以令诸侯，董卓篡逆……他们各自用直接领导的身份，书写了流传百世的历史。

笔者曾经在咨询工作中和一个公司的人力资源部部长长期接触，在开展咨询工作时，有些必须要和高层领导沟通的工作，这位部长会想方设法根本不让你和老板见面。在执行咨询方案时，对他有利的好办，只要稍微有点他感觉不满意的，就必须按照他的意思修改，只有他满意才可能推行；不修改也很简单，拿咨询费用说事。最关键还不是扣钱，而是到处宣传你的咨询方案有多“差劲儿”。

建立在各级领导基础上的企业文化，每个部门都有自己的特色，每个部门也都有自己的“高招”。这些充分体现各级领导“我的地盘我做主”各自为政的文化也称部门潜规则，深深地烙印在企业的方方面面。但也许这些领导并没有意识到，企业所有的产品及围绕产品展开的各种服务都是会说话的，而这些领导看似无声的语言，极有可能构成对企业可持续发展的巨大阻碍。

人是有思想的，也是有利益要求的。想彻底消灭这种倒置型企业文化及由此带来的部门潜规则几乎不可能，而且也没必要，有部门潜规则未必是坏事。为了保证企业的整体利益，只要把目标进行充分的量化，把涉及原则的事用制度严谨地约束下来，把凝聚企业文化的人员行为准则说清楚，也就可以了。适当地给执行人一些执行的宽度，不要把万事都规定得很死，让执行人有个发挥的空间是比较明智的管理方法。必须要明确的是，当约束过多时，执行人的对策也一定越多。

（三）企业文化建设的核心是以客、用户为中心

1. 客户与用户

一次性消费后与企业再无关系的是客户；能重复与企业发生关系的是用户。用户有可能成为企业的合作者，也可能成为企业的众筹人。

2. 什么是以客、用户为中心

把客、用户永远当成“丈母娘”。建立以“丈母娘”为核心，让“丈母娘”满意的企业文化，这才是以客、用户为中心。

3. 为什么总是以自我为中心，看不见、找不到或忘记客、用户

产生看不见、找不到或者忘记客、用户的原因非常简单，一是自己的技术优势挡住了自己的眼睛；二是想当然；三是没有站在客、用户的立场上想问题；四是利益问题。

自身的技术优势挡住自己的双眼，以至于看不见市场在哪里。在当今时代，这样的案例实在是太多太多了。我们的技术人员总是在关注使用了什么技术，技术含量是怎么样的。现实中，对用户而言，你使用什么技术与我何干，用户仅仅关心是不是好用，能不能解决问题，体验过程是否便捷、方便、愉快。

想当然就是简单地认为消费者需要，就该用。笔者当年开发新产品时，由于笔者认为再好的售后服务也是给用户找麻烦，而最好的售后服务理论上应该是“不”服务，这就要求用产品质量设法“消灭”售后服务。在这样的指导思想下，笔者当时使用的原材料全部来自国外，单件成本是国内产品的几倍之上。结果上

市后，产品卖不出去，直到后来有个消费者告诉笔者，你这个东西不是不好，而是价格太贵，摆放在家里太招眼，容易让人感觉消费者太有钱。结果，就这么一个简单的原因让笔者赔得一塌糊涂。

至于出于利益等原因，看不见客、用户的，更是无处不在。现实中，就连坐个电梯不绝于耳的广告也不放过你！有些软件，完全不考虑用户的感受，不择手段，不停地弹出用户原本并不需要的弹窗，却难以卸载，什么设置也挡不住，弄得很多用户感觉非常累。周鸿祎在回忆360软件时说：“只关注竞争对手，却忽视了用户的感受，产品频繁弹窗，难以卸载，不仅为后来的3721的发展带来了很大的问题，给我自己也带来了很大的困扰……这个价值百亿美元的失败让我认识到，忽视用户利益，忽视用户体验，最终会被用户抛弃，会自食恶果”（《周鸿祎自述—我的互联网方法论》，中信出版社）。

4. 用户体验

用户在使用产品或接受服务时的心理感受即用户体验，用户体验已经成为时代的特征。

深入研究激励与人的行为发现：被激励人实际得到低于被激励人心中的预期，构成负激励；被激励人实际得到等于被激励人心中的预期，不构成激励；被激励人实际得到大于心中的预期，才构成正激励。

按这样的激励规律，用户体验的核心是一切从用户的心理出发，让用户体验的实质是体验与其他产品的不同。一个企业提供的产品或服务，只有与竞争对手有明显的差别，用户才能记住你；当体验超过用户事先的心理预期，用户才不会忘记你；当体验远远超过用户事先的心理预期，用户必然会产生“尖叫”。也只有超过用户心理预期的体验，才是真正的体验。如果仅仅满足参与进来的体验，则可能无法得到用户对企业的认知。

尖叫不是目的，让客、用户在尖叫的同时，感受发自内心的快乐和幸福才是目的。让幸福永驻客、用户的心头，让客、用户看到你的品牌价值，不仅让客、用户能想到你的企业能解决什么，更应该是幸福和开心的体验之旅，好用且使用方便，才是真正有意义的尖叫。

笔者有一次去泰国，回程入住泰国曼谷的素万那普机场水晶套房酒店（Crystal Suites Suvarnabhumi Airport），因早上赶飞机需要早起出发（不到早上六点），就在笔者交钥匙退房打算离去时，酒店的服务人员竟然拿出一份已经打好包、新鲜的早餐，还有一瓶矿泉水交给笔者。这种在国内完全不可能享受到的待遇，有谁能轻易把这样的酒店忘记呢？

做好用户体验非常不易，有以下几个原因：

（1）体验皆主观、认知未必真。

在互联网时代，消费者拥有了更多的知情权和选择权。但由于无人管理的互联网并没有解决信息不对称，反而扩大了信息的不对称，这就造成了知情未必真，体会未必准的客观事实。什么叫“知情”未必真，即客、用户所掌握的知情权未必是真情。因为客、用户的体验都是主观的，都是从自身使用或利益的角度出发的。现实中商品在某些方面表现出某些差异原本非常正常，但由于使用环境不同，使用方法不同，对商品评判的标准也不同等各种原因，这些不同的原因加到一起，尤其是当产品差异伤害到消费者个人利益或未达到消费预期时，在当今人人自媒体、各个麦克风+照相机的透明时代，这种纯属个人的主观体验，就极有可能利用规则不完善，诚信有缺失，不需承担责任的大众传播工具，微信、QQ等，变成很多人间接的体验；如果各路“豪杰”凭着在自媒体上的各种“证据”，加上自己难说正确的主观认识，再加上难免的想当然，整个用户体验的认知就极有可能是变味的。而这种变味的体验过程，经过网络扩大的传播和发酵后，就必然决定了各种变味。

（2）体验过程长、参与环节多。

与传统购物相比，如今购物体验的过程大大延长。随着过程的延长，参与的环节也越来越多。过去是商品到手体验过程才开始，而在互联网时代，体验从销售宣传就已拉开序幕。客、用户体验重在细节，面对着人人微商不堪其扰的微信朋友圈，学会尊重，学会不打扰、免打扰，通过细心的观察，一旦发现客、用户有需要的时候，能用最短的时间，最好地满足客、用户的需要，才是互联网时代与客、用户真心相处的真谛。

自媒体时代是个高度敏感的时代。没有任何约束（政治除外）的微信等自媒体过于混乱，消费者的理性思考不断被挑战。尤其面对网上随时可能发生的同步直播，作为企业，好自为之，小心谨慎，如履薄冰才可能真正让客、用户在体验的过程中，产生好的口碑，任何幻想通过教育、教导、教训、各种话术去和客、用户打交道的，大多会导致一着不慎满盘皆输的结果，给自己带来难以弥补的损失。

5. 做好用户体验的三个基本点

（1）简单再简单。

任何环节都不要让客、用户感觉到麻烦，无论是交易环节，还是到使用环节，均应遵循极简原则，即越简单越好，客、用户浪费的时间和投入的越小，成功性就越大。

（2）从客、用户出发。

从用户出发不是理论，更不是大道理，而是心。只有心里从客、用户的角度看待所有的环节，知客、用户心中所想，才能使客、用户的体验无懈可击，才是真的从心里为了客、用户。

经营一个品牌是很难的事，真是99 +1 =0，不管平时多有成效，仅仅是一次的不满意，用户就会在分分秒秒之中，远远地离开你及你的品牌。而一旦客、用户的心里对你产生了固定认知，就难以再改变，哪里跌倒在哪里是很难爬起来的。

（3）以客、用户认为不打扰的方式，引导客、用户的行为。

无为而治永远是做好客、用户体验最高的指导原则。互联网的赢家永远属于那些打造出庞大且忠诚粉丝群的企业，但粉丝不是因为你高高在上才仰慕你的，你不能成为客、用户的粉丝，客、用户就不可能成为你的粉丝；只有这样企业才能书写未来的辉煌。

无为而治要求企业必须认真思考两个问题：一个是客、用户，一个是合作者。

1）对客、用户。

需要明确以下内容：

- 打算提供的商品或服务是什么？
- 受众是什么人？处于什么层次？关联的受众是谁？
- 为什么要做这件事？
- 用户到底需要什么？用户为什么非要购买你的商品？能满足用户的什么需要？能为用户解决什么问题？
- 用户心中的标准是什么？用户的喜好到底是什么？用户最反感什么？用户最容易接受的方式是什么？用户满意是如何度量的？满意的标志是什么？
- 是什么条件能促使客户变成用户？

• 与竞争对手相比我们的“孩子”（商品）优势在哪里？

• 用户忠诚度的基础是什么？

• 阻力受众来自什么地方、产生阻力的原因是什么？

• 企业最终想达到什么目的？实现目标的难点是什么？

• 用户在使用我的商品时，可能会遇到什么问题？

• 同类型商品中，我比竞争对手高明在什么地方？哪些方面不如竞争对手？

• 我怎么在现有的基础上能做得更好？

• 使用什么方法能让用户增加体验过程的开心和幸福程度？使用什么方法？能让用户尖叫？

• 让用户不愿意离开我的企业的核心和关键是什么？

2）对合作者。

需要明确以下内容：

• 各方合作者的满意度是怎样度量的？

• 影响合作满意度的关键因素有哪些？

• 在合作的过程中，究竟会遇到什么问题，是否已经有正确的方法？

• 如何让合作者工作更轻松，更容易成功，更有意义；

• 怎样才能抬高合作者的身价？

• 与行业内竞争对手相比，本企业相关政策是否更有竞争力？

• 通过合作能产生哪些更为明显的合作竞争力？

• 不利于合作的各种规则有哪些？

• 哪些做法可以让我们达到目标而你的竞争对手很难做到？

• 行业正面临哪些变化？在今后三年里若想取得成功，公司必须解决哪些关键性的问题？

• 员工也是合作者，从员工的角度来说，企业现行的人员管理方法和手段，究竟能不能有效调动人的积极性？企业骨干人员流失率是什么情况？绩效考核究竟能达到什么目的？是上下怨声载道还是有效增加了团队的凝聚力和战斗力……

（四）做事、管人要符合人的心理及行为规律

曾经有这样一个公司，出台过一个关于《公司鼓励员工早到、晚走的通知》。大致内容如下：公司鼓励员工早到或晚走，早到或晚走需要超过30分钟以上，每月累计早到、晚走时间最长的员工，由老板亲切接见一次。荒唐？滑稽？可笑？必须说明，这不是玩笑，而是一个真实的、经由该公司总经理正式批准，为该公司正式执行的制度！面对这样的人力资源管理政策，玩笑之余的各位合作者，会用什么心情来看待这样的企业，看待这样的“昏君”和这样的政策制定人呢？当然，这样的制度能出台，表面上看是制度编写人员档次太低。深层次看，非常明显地是迎合了当家人的文化。

（五）企业文化要成为企业的基本法

法律是企业文化的具体体现，任何企业都至少需要三个基本的法律：

从人的行为来说，要把企业文化中倡导的：哪些能做，哪些不能做，触犯不能做的雷区时，应当承担什么责任要说清楚。这些不能靠人的自觉，必须用非常清晰的法律，把触犯雷区的相关处罚标准明确告诉相关人员，用法律保证企业文化落地。

从做事来说，工作达到什么标准，需要怎样的资源配合，怎样的工作方式是正确且有效的，违约是如何管理，等等，要用法律的形式详细的描写出来。尤其是资源配合，如果没有法律作为

约束，是很难保证资源到位的。

从企业文化来说，企业文化落地也必须通过法律的形式，空洞的口号，不仅没有任何力量，也无法让员工和合作者真正理解企业文化的内涵。

建立企业文化，要把精力放在自己身上，而不是放在简单模仿别人早就成功或成熟的经验之上。管理没有对错，只有适合，建设符合自身特色的管理模式，才是高明之举。

企业文化建设最忌着急，更忌讳强求、强迫、强制，好的企业文化应该是："好雨知时节，当春乃发生，随风潜入夜，润物细无声"（杜甫《春夜喜雨》）。无为而治，水到渠成，才是建设企业文化的精髓之所在。

二、做产品？做商品？还是做平台

当今有三种企业，第一种是做产品（包括产品型服务）的企业；第二种是做商品（包括商品型服务）的企业；第三种企业就是只做平台，通过平台完成企业经营的大计，诸如很多网络公司就属于这类企业。

（一）产品与商品

产品与商品一字之差，其含义相差万里之遥。按字典理解，产品是生产出来的物品；商品则是为了交换而生产的产品。显然，商品以明确的交换为目的，而产品至少在字面上理解是没有明确的生产目的，单纯以做为目的。做产品的企业大多实际上做的是库存，而做商品的企业才能真正实现零库存。我国有太多创业者轰轰烈烈地在做产品、做库存，结果导致血本无归。

以保洁人员为例，如果保洁人员以完成任务挣工资为目的，关注上级领导的绩效考核，这样的保洁员就是在做产品；而如果一个保洁人员能从内心出发，自觉地维护的企业形象，从用户的角度来检查自己的保洁工作，其看似简单的工作结果不同，从深层上看这个保洁员就是在做商品。

（二）产品型企业

产品型企业是以自身拥有的技术、专利或可能掌握的技术为导向进行生产的企业。简单地说，就是因为自己会什么而做什么的企业。

1. 产品型企业的主要特点

在产品型企业中，企业核心人员往往以自己所拥有或可能拥有的技术优势为出发点，并以自己所掌握的技术而骄傲。

做产品主要表现在两个方面：外部表现在不知道客、用户在哪里，不知道做给具体的哪个人，做出来再说；内部表现在能看见上级领导，而看不见内部的员工，符合这两个条件的之一或全部的，就是典型的产品型企业。

2. 产品型企业最大的问题

产品型企业最大的问题是，从产品上看，辛辛苦苦做的是库存，实际产品上市后，不仅利润很难控制，甚至在很多时候，面对百般的无奈时，不得不通过价格战推销库存。从管理上看，在产品型企业中工作的员工，多数都是打工的心态，很难有与企业生死与共、同舟共济的心态，很难有当家做主的心态。

3. 产品型企业产生的原因

产品型企业的出现原因大致有五个：因为自己会，因为自己所拥有的技术优势；简单模仿；凭借直觉；情感效应；管理体制和管理方法。

（1）因为自己会或简单模仿抄袭或凭直觉。

因为自己会，因为自己拥有的某种“核心技术”而挡眼，关于这种企业我们在前面已多有论述，这里不再赘述。

简单模仿抄袭，看别人挣钱赶紧搂一耙子，根源来自于利益的驱使，利益挡眼尽人皆知，这里也不再赘述。

凭借某种直觉而做产品，产生的主要原因是缺少科学的评价体系，头脑发热。当评价体系缺失和头脑发热凑到一起时，产品自然就出来了。缺少对市场评价的科学体系的根本原因是现代教育观念太多，大道理太多，能落地的东西太少而造成的。

（2）情感效应。

情感效应是指随着一个人对某件事投入的精力、投入的时间和资源（尤其是资金）的增加，这三个投入逐步累计转化为情感，进而由情感导致可能的想当然，最终导致看不见市场的一种人为的基本心理效应。投入的时间越长，投入的资源、尤其是资金和精力越多，情感效应就越强烈。

笔者是技术出身，当年在市场上看到一款流行的商品（实际上是不是真正流行，纯粹来自笔者自我的一种心理感觉，加上当时来自市场销售人员的忽悠），对此颇有好感，凭着这种好感加上自己的小聪明和所掌握的技术，更加上对所谓产品的创新改进的创意，还有心中那种对新产品可能产生的回报的憧憬，开始投入精力搞设计、做样板。在对样板征求意见的时候，身边的各位好友碍于情面，当面交口称“赞”。当时的自己，在已经完全沉浸在是不是真心的赞扬都弄不清的喜悦之中时，大规模地采购零部件，带人组装，前后几个月的时间，随着时间的积累，更随着投入的资金和精力不断地增加，最终所有的投入慢慢地演变成一种情感，除了能“看见”自己创造的未来可能的虚拟市场，并由此可能带来的大把银子，其他的已经什么都看不见了。情感逐渐替代了理智，最终蒙蔽了双眼。很清楚地记得，就在曾经有个非常有企业经验的老板严词质问笔者做给谁、卖给谁的时候，所有的良言已经完全听不进去了，想当然地认为这么“好”的产品，怎么会没人要呢？反而对那个逆耳忠言的老板心怀不满。再后来，由于没有任何市场营销经验，更加上当时的虚假订单，让自己彻底昏了头脑，资金、人员开始大量投入，所有投入的情感综合爆发，不断地左右、控制自己大脑，完全没有了理智，心理唯一的期盼就是坐等收钱。结果，看不见市场的双眼，想当然的心理，在当时全国人均工资仅六七十元钱的时候，前后投入50多万元最终打了水漂！至产品全部处理结束，仅仅回收不到区区两三万元！当所有的投入都打了水漂，当开始有理智，冷静面对现状的时候，对于当时的企业，这一切似乎已经有点太晚了。不仅是损失，实际上已经无力继续经营了。真是理想很美好，现实很残酷。希望这个案例能提醒所有的创业者和企业主或投资人，发明不一定等于创新，想当然更不等于对企业有用。对个人来说，大开脑洞，异想天开是可以的，但对于投资人来说，慎之又慎才是明智的抉择。

互联网时代，每天会产生多少公司？每天又有多少公司毁于那些来自个人的小聪明？能成功的企业屈指可数，绝大多数企业都以失败告终，原因是什么？哪个公司在创建时不是摩拳擦掌、斗志昂扬，哪个公司初建时不是对自己信心满满？但对用户来说，天下的用户对你的什么组织架构，什么目标、什么文化根本没有任何兴趣，甚至你采用什么高科技与我何关，用户仅仅关心他的需求能不能得到满足，能得到一种怎样的满足。面对用户的这些要求，仅有热情，仅有一腔热血，没有理智的对用户的根本认知，没有对创新、创意最深层的理解，损失就在眼前！再好的创意，不能支撑你的投资回报，就不可能长久。

发生情感效应对很多纯技术导向或纯技术领导的企业来说是非常正常的。随着前期（研发、研制或仿制）时间，尤其随着精力和资金投入的累计增加，逐步由情感战胜理智，想当然地认为会有很好的市场回报，这样生产出来的产品很有可能自然而然地成为库存，而只要产品一旦成为库存，赔本、降价几乎都是必然的趋势，最后就极有可能成为浪费，赔本吆喝都赚不回来，也就是必然的结果。弄不好了，让企业最终走上不归之路。中国北方某地区有个药厂，多年来企业内部自己养了一个药品研发机构，每年近600万元的投入，但是竟然连续十年没有研究出一个能在市场销售的药。每每问及当时的研发负责人员——一个当地非常有名气的高级工程师，这位高工总是振振有词：我们研发的药完全没有问题，是市场不成熟，是消费者眼光不够高……真的是市场不成熟还是根本就看不见市场呢？

情感效应几乎普遍地存在于每个人的心中。从事咨询工作以后，笔者经常会遇到一些企业内部人员因为曾经投入了大量的精力做了某些事情，而当你对这些由内部人员做过的事提出异议、指出不足或建议时，哪怕这些内部人员就算心理高度认可你的方案，出于情感效应、自我保护、不能让各级领导感觉自己无能等心态，这些内部人员很容易就会把咨询工作人员视为无形或有形的对手，最后公开或者暗地里让辛辛苦苦在这个公司所做的所有改革或创新付诸东流。对此，作为当家人、企业主、投资人应该有深刻和清醒的认识。否则，所有的外脑资源对您来说，不仅不是您的资源，更可能成为您的烦恼或反动力。当一个企业仅仅依靠内部的力量去推动企业进步时，不仅非常困难，而且自己的刀难削自己的把，更会在很多时候，将各种改革扼杀在摇篮之中。毕竟让一个曾经投入了大量精力和心血的人，亲手“否定”自己过去的劳动成果。没有一定的高度和眼界，没有一定的涵养、胸怀和进取之心，实则难于上青天。现实中没有一个人愿意承认自己的“无能”！而创新的实质又恰恰是在原有基础上的突破或否定！笔者曾经在某日资企业开展咨询时，发现那个企业制度建设存在一些问题，与当时主管认证的总管交换意见。结果所有的善意均被无情的否定，甚至在补充了那个公司原来根本就没有的制度时，在这位总管的特殊“关照”下，居然连上会讨论的机会都没给。现实中这样的人、这样的事，比比皆是。

（3）管理体制和管理方法。

按现行管理体制，人人看上级的背景下，各部门闷头做产品尽在情理之中。即使在商品经济高度发达的今天，企业内部各职能部门也都在用自己的特长生产产品，非但没有淡出或绝迹，而是就在您身边，只要职能管理体制不变，您分分钟都有机会挨上，是不争的事实。当一个企业人人做产品时，这个企业注定难以做好，更难以做大、做强。

4.“恐怖”的产品与产品的“恐怖”

比上面案例更为可怕的是，如果企业内部人员也都因为自己的特长或自己拥有某种“技术”而完全看不见“市场”在哪里，在情感效应的作用下，其生产的产品就不仅是恐怖，甚至会带来灾难的结果。前述那个鼓励员工加班的案例，除了能迎合当家人的个人爱好外，对员工来说，更多的是难以名状的愤怒，对企业来说只能带来离心离德的离心力。至于，由于员工加班早到带来的信息失密、水电浪费，在此更无须赘述。这就是产品的恐怖！

海尔集团在创业的过程中，根据自身的条件和情况，在海尔特定的企业文化的基础上，总结出了末位淘汰管理法；有很多企业看到了海尔的这种人力管理法，不是去认真研究这种管理法存在的土壤，没有认真考察这种管理法在海尔曾经的经历，而是看着人家做大了眼红，不分青红皂白，简单搬进企业就用。客观地评价，这种管理法的基础是至少对每个人的考核要相对能说得清，其比较适合能独立考核员工个人业绩的岗位，而对于有些集体作业岗位，就不一定适用。比如，有色金属企业或黑色金属企业的选矿、冶炼、轧制等集体作业的岗位，使用这种人力管理方法可能就存在一定问题。毕竟，在一个集体的环境中，很多工作需要大家共同配合完成，非常难以界定谁的功劳就绝对大，谁的工作更重要，谁比谁出色很多。如果没有大的、明显的工作失误或个人明显表现的差异，一般很难有非常突出的独立个人优秀，也很难评定所谓比较差的员工。

国内某著名钢铁公司在全公司范围内，按2：6：2的固定比例评选优秀和落后员工，究竟选谁当落后？是不是一定要有落后，这样的指标落后会不会造成绝对的冤假错案？会不会成为某些人手中的打击、报复、拉拢人的手段？让人恐怖的是在这样的人力管理政策下，面对着每年的评选，员工的心理会产生怎样的情绪，又如何通过工作或者其他渠道释放出来，这个政策的提出人和制定人，究竟对执行人的心理了解了多少？究竟对企业管理懂多少?！在互联网时代的企业中，面对着所有的合作者，如果这样的观念不变，继续沿用这种管理制度，企业恐怕一分钟也活不了。

再如，有些单位赶时髦，看美国有个360°考核（从上级到下级，再到平级对一个岗位进行全方位360°的绩效考核），就赶紧也在企业不管不顾地实施360°考核。在中国企业特定的环境下，究竟这样的政策会给执行人带来什么呢？曾经有人非常热心地告诉笔者，面对360°考核，不要急，拿上那张空白考核表，找到相

么，而是企业能满足用户什么。

满足需求的关键是准确地把握客、用户的需求，要想成功地把握好客、用户的需求，最好的方式就是用户参与，通过用户的参与，让用户通过切身的感受传递口碑。在当今社会，这样做商品的方式是相对最简单，也是最有效的方式。

2. 商品价值规律

做商品有很多要求，其中最核心的要求是满足客、用户的需求，但同样的商品，有人挣钱，有人赔钱，这又是为什么呢？笔者认为，主要是对需求理解不到位而造成的。人的需求有两种，一种是功能需求，属于基本需求，比如报时用的手表，能代替人行走的各种车辆等。另一种需求是心理需求，心理需求本身可能没有什么实用的价值，这类商品诸如戒指、项链。人类没有这些东西并不影响生存，但有了这些东西，往往能证明或抬高一个人的身价。

功能需求一般属于刚性需求，也就是你不得不具备的功能，诸如打电话、住房等。心理需求则随环境变化而变化的，不同环境中的人心理需求可能完全不一样。戒指能提高人的身价，但在难民的队伍里，就算带个多少克拉的钻戒也不能证明你就高人一等。尤其面对缺吃少喝，面对着可能饿死的现状时，一个戒指能不能换一个馒头，也得看有馒头那个人自己还有多少个馒头。

有意思的是，功能需求是基本需求，但只能满足基本需求的商品，往往很难盈利或一般利润都非常有限。而看似可有可无的心理需求，却往往给人能带来巨大的利润。为此，作为商品开发者，眼睛一定不要仅仅盯着使用功能，更要紧盯着这些属于心理需求的附加功能。只有在满足使用功能的同时最大限度地满足人的心理需求，企业才可能有利润。奔驰和夏利都是代步的工具，但奔驰在代步的同时，还能提高驾车者的身价，于是奔驰的利润远大于夏利；百达翡丽、江诗丹顿、阿玛尼、宝马、奔驰等品牌的背后，绝不是简单的功能满足，而是身份的象征。企业做商品，要想方设法从各种角度提升客、用户身价才是高招，这就是商品的价值规律，也是商品设计中客、用户体验的基本出发点。

在价值规律中使用功能与利润非正相关，人们不会因为功能多就愿意多花钱。相反，功能过多时，人们反而在计算这些多余用不上或很少使用的功能会造成价格的提升。随着时代的发展，免费成为时代的趋势，随着360的杀毒软件、QQ、微信等众多软件免费使用，甚至Windows 10都实现了免费升级，这些越来越多对消费者而言的“福利”，已经把使用功能的利润降到了最低，甚至根本就是负利润。从硬件看，只要承诺在今后多长时间内，固定使用多少服务，手机免费送给消费者也已经不是新闻。羊毛出在狗身上，已经不是无知的笑话。

与利润正相关的是能抬高使用者的身价，要保证利润就需要在提升使用者的身价上下足功夫。身价是身份和地位的统称，身价也是一种联想。一般的人，更多的是按照被观察对象的穿着打扮或随身的物件，判定被观察者的身价。现实中名牌的衣物、时尚的装扮、豪车名表，这些形式上的东西，很容易给人带来所谓的“身价”。

这些能提升身价的东西，实际上就是所谓的品牌，人们往往通过品牌判断身价。品牌能最有效地提升或降低人的身价，显而易见的是提高身价的核心是做好品牌。

3. 品牌与品牌建设

品牌是有生命的，品牌不仅能说话，还能表达思想，也能表达情调。

品牌是一种联想，在淘宝、京东购物是一种联想，去麦当劳吃饭也是一种联想，甚至看到陈佩斯的名字就能联想到他的表演风格。品牌一旦形成联想，会严重影响人们后续的各种行为。

品牌非一朝一夕能形成，形成品牌需要有时间的积累。品牌形成的过程是客、用户在对商品的体验过程中通过不断地对商品细节的体会，逐步形成的对这个品牌的认知。男人穿西服，经常会遇到衬衣从裤带里跑出来的尴尬。这种不便当众整理，从裤带里跑出来的、皱皱巴巴的衬衣，除了让人看起来非常不舒服，也直接影响男人的形象。金利来在裤带处增加了一圈防止衬衣跑出来的粘条。仅仅一个小小的粘条，足以形成消费者对品牌的认知。做品牌细节决定成败，于无声处听惊雷是品牌成败的关键。

品牌认知一旦形成就很难再改变。品牌建设鲜有大道理，主要是做好所有的细节，让我们从商品设计开始，看看品牌建设的几个基本内容。

(1) 设计环节。

在设计环节，品牌建设者们需要反复问自己：

- 客、用户到底是什么人？
- 客、用户对满意是怎么判定的？
- 客、用户的满意或不满意可能是通过什么方式体现出来？有哪些痛点急需得到解决？那些暂时还没有成为当前痛点之处，预计什么时候能让客、用户感到疼？
- 马上需要解决的痛点能不能让客、用户为此买单？
- 客、用户为什么要选择我的商品？使用我的商品时，客、用户可能遇到什么问题？
- 我的商品还能不能做得更好？
- 我的商品的价值到底是什么？通过什么体现出来？这种价值能不能得到客、用户的认可？能否达到客、用户满意的目的？
- 除了提高售价，客、用户通过我的商品的什么属性能有效提升自己的身价，客、用户通过什么方式能感到身价的提升；

• 从使用和维护的角度有没有更简单的方法？

• 与竞争对手相比，我的商品在客、用户心中能形成哪些冲击？

• 我的商品与竞争对手相比，到底有哪些点能让客、用户“尖叫”？

• 怎样引导消费者认同与竞争对手的可比优势？

• 有没有可能让客、用户的“尖叫”变成愿意向朋友大叫的口碑……

• 做品牌窍门在哪里，苹果首席设计师乔纳森说，“放在心上”是设计的基本原则。把谁放在心上？把使用者放在心上，才是将客、用户放在心上。

痛点的选择应在大众已经非常明确的痛点上下功夫。这样，一方面便于客、用户记忆，更重要的是便于客、用户与相关的商品进行比较。比较优势是突出竞争优势最简单的方法。商品设计痛点不要太多，痛点少才能快，面面俱到的结果可能是面面不到，同时痛点太多也容易分散品牌形象的聚焦点，让消费者难于记忆。

痛点的选择是解决痛点，而非是让痛点更痛！以城市交通广播为例，城市交通广播的基本职能本应是对交通的疏导，而不是用来堵心。但纵观有些城市的交通广播，在路面已经非常拥堵的情况下，不是告诉你怎么走不堵车，而是在没完没了的广告中，不断地东一榔头西一棒子地插播告诉你这里堵车，那里行车缓慢，如此广播方式，对行车的司机是什么心情，会产生哪些心理影响。

设计环节的核心是做到极致。都说自古文章一大抄，就看会抄不会抄。日本人有个理念，第一台引进，第二台模仿，第三台日本造。从社会总体发展看，日本人真正弥补世界空白的创新并不多，汽车也好，影视、视听设备也罢，都不是诞生在日本。但是，这些东西在日本人的手里却做到了极致。极致思维，做第一的思想，必须成为商品设计的核心。

没有最好只有更好叫极致。极致说着简单，做起来难。必须脚踏实地，多向客、用户请教。今天的客、用户不同于昨天的客、用户，昨天的客、用户由于信息来源渠道不够宽等原因，厂家宣传什么就是什么，而今天的客、用户在很多问题上相当专业。在互联网高度发达的今天，什么产品特性、技术特点、核心专利等，有很多用客、户张嘴就来，堪称专家。我们在商场里经常能听到消费者对商品促销员说：你先弄清楚再来销售好吗？这个技术应该是……

做极致，要成为细节控，没有细节就什么都没有。要将设计的创造性和艺术性、简单性有机地结合起来。保持简约的实质是高超的技艺+走心；要把自己的位置摆对，要想着自己身边比较弱智的人怎么使用。简约并不简单，是对细节的仔细研究。我们在给企业做咨询文案时，最多的就是不断地反复问自己，用户按我的方案能不能完成从文案到实际使用的过程。我们经常会发现，设计时有些觉得挺简单的一些很小、感觉并不重要或感觉用户应该会，而被忽略的细节，哪怕只是缺少了一个表单，最终就可能成为导致项目不成功的主要因素。这些由于某些看似无所谓的细节点没做到位的文案，往往到了最后，一般都要付出更多的代价去向用户说明、解释，最终还是难免造成用户对你从事咨询能力的怀疑。

在客、用户体验中，简单才是客、用户最大的追求，傻瓜相机正是如此。但真正让傻瓜相机拍案叫绝的是，在满足低素质人至少能达到及格标准的同时，更能满足某些“武艺高强”的专业人士的需要。高明的背后得下大功夫，用小米的观点是要把自己逼疯,否则做不出极致来。做极致不是做噱头,而是做出超过其他竞争对手的某些能让客、用户发自内心"尖叫"的痛点解决方案。

检查商品是否做到极致，是否达到预期的效果，有一种可行的方式是实施客、用户打赏制。打赏不是给钱而是打分，这个分直接打给设计人员，设计人员的薪酬与这个分挂钩；对于打分之外对商品另有改进建议的，企业可根据这些建议的价值，不仅是给予奖励，更不妨考虑合作等事宜。客、用户打赏是企业授给客、用户的专属特权，是对客、用户的信任和激励，更是企业的一种信心。在实际实施这个环节时，要建立特殊的防类似某些网站"小二"（直接给客、用户提供服务的人员）利用手中的权力舞弊，尽量通过相关的流程设计，从体制上消灭权利小二的存在。

（2）生产、制造环节。

生产、制造环节的核心是合理地投入和最快的速度。从成本的角度看，企业容易出现的问题是控制成本等于质量下降。换一个角度看，企业没有成本，只有投资，让大家关注投资回报。实践证明，这是解决成本与质量矛盾比较好的方法。

提升速度有时意味着萝卜快了不洗泥，这两点对品牌的影响都是非常严重的。解决这两点，不能靠人的觉悟或人的素质，必须从流程、体制和制度上下功夫。

（3）宣传环节。

好的宣传是什么？好的宣传应该是让客、用户肉体无痛苦，灵魂无烦扰，精神无骚扰，温度刚刚好。平时不扰你，需时在眼前，而绝非连坐电梯、上厕所都绝不放过你（楼宇电梯、厕所广告）！好的营销策略不是闹，不是骚扰。反过来，能给人一些安静的空间，让人思索、思考的空间，让人咀嚼的时间，让人品味的时间。比如，宣传对人最大的尊重首先就是不要无时无刻、无处不在地骚扰人，这个看似平常的行为恰恰是品牌形象非常重要的组成部分。

最明智的宣传是口碑，是客户将自己从客户变身为用户的亲身体验。通过自媒体在朋友圈中口口相传，让其他客、用户在快乐中分享自己商品的精彩。为此，明智的企业会拿出一些红包，用来奖励给那些使用商品有自身体验经历且愿意分享的人。

宣传的核心是见什么人说什么话。把握准宣传的对象，开门见山、一目了然地让客、用户在最短的时间记住你是做什么的，你能解决什么。绕来绕去躲躲藏藏，考消费者的智商，让消费者自己琢磨，非但显示不出企业的品位，反而容易让消费者在酸文假醋中，不知道你要干什么。

品味是要通过品去感受到味，比较难于掌握的是，过于直白的宣传往往显得没有品味。为此，从宣传的角度讲，品味需要让消费者感到一种意境，让消费者能发自内心的产生一种期待、一种冲动、一种激情、一种关注、一种兴趣，产生欲罢不能的兴奋，这样品味才够味。

在商品宣传中，有些企业总是在强调技术有多高超，多专业。而现实中，客、用户在选择商品时，往往考虑更多的是商品对自己关注问题的解决方法是否更合理，是否更有效。至于技术，并不是多数客、用户关注的重点。

商品宣传的品味一定不能像品茶。在一个有限的时间或空间内，消费者根本没时间思考，更不要成为智商测验、留什么悬念，弄得不仅要等待下回分解，还要点开什么链接，让消费者不胜其烦。只有随着品牌知名度普及后，才可以适当地增加一些艺术性、娱乐性、悬疑性等方面的内容。

在宣传力度上，企业尤其要小心。小米要求微信绝对不能刷屏，日常每天发布微博不能超过10条，显然比花大钱，没完没了地毯式的狂轰滥炸的广告宣传，小米显然更明智。过量的信息只会让消费者在自觉不自觉中，产生防范或逆反心理。

（4）销售环节。

以网上购物平台为例：

• 页面设计是否吸引人？是否清楚明了？

• 购物搜索是否足够简单和方便？筛选功能是否足够强大？

• 品种是否齐全？是否经常缺货？

• 商品介绍或技术指标（含承诺）是否全面？

• 商品评价是否可信（有一个知名网站销售的除尘器，有一款除尘器的两个价格和型号都不相同，但在分别查看差评时，两个型号的差评，居然完全一致）？

• 下单是否便捷？

• 支付是否有利于消费者（有个网站，只能网上先行支付，不支持货到付款，有些人因为没有网银或出于对这种先行支付不放心，从而放弃在这个网站购物）？

• 整个购物过程是否愉快？

• 上述这些看起来啰啰唆唆的细节，都直接影响这个网站的品牌形象。

（5）物流环节。

从销售网站看，大多差评产生在物流环节，对商家运费政策不满意，送货速度过慢，货物丢失等。这些差评会直接造成客、用户对销售平台形象的反感。有意思的是，客、用户对过程的反感，往往说的不是物流公司，而是销售商品的网站，这就给我们带来一个思考，从某种意义上说，企业必须把物流从外部环节变成内部环节，与所销售的商品从整体利益上捆绑在一起，从整体形象上统一到一起，否则一个企业为了物流挨骂，太不值得。海尔集团将物流与客户紧紧绑在一起，承诺超过规定时间，客、用户可以不付费。通过这样的方式，彻底解决物流不准时等问题。

随着网上购物越来越方便，更随着网上购物的人越来越多，物流配送一定会成为未来制约企业发展的关键。不靠外部物流不可能，靠外部物流又可能靠不住。从这种意义上讲，争夺物流的制高点，必将成为今后一段时间内企业发展的核心和重点。

（6）使用、服务客、用户实际体验环节。

使用、服务客、用户实际体验环节的目标是通过客、用户的体验，让客、用户实现离不开、舍不得、放不下的黏性。下面按环节看看影响品牌形象的因素：

收货环节：

- 包装有无损坏？货物有无损伤？
- 内容物与所购物品是否相符？
- 购物所到物品是否为真？
- 备品备件、配套相关是否齐全？
- 发票是否顺利提供？
- 物流人员的服务态度如何，货到付款找零是否方便？
- 刷卡是否准确或是否能实际刷卡？微信支付是否支持？

学习使用环节：

- 学习使用的方法是否足够的简单？
- 说明书能否指导实际操作？
- 看说明书是不是吃力或需要猜测？
- 商品使用环境和条件、适用范围是否清楚？

• 商品禁止条件是否突出告知等。

实际使用环节：

• 实际使用与宣传是否一致？

• 实际使用操作是否复杂？

• 使用成本怎样？

• 使用过程中有没有安全隐患？

• 如果有安全隐患，告知是否清晰到位？

• 出现意外有没有应急防范措施？

• 掌握应急防范的方法是否复杂？

• 一旦出现意外，能不能有效地进行应急防范。

退换货环节：

• 退换货是否便捷？

• 退换货成本分担是否合理等。

维护保养环节：

• 维护是否简单？

• 易耗件的更换是否频繁？

• 维护成本怎样等。

维修环节：

• 保修或维修是否方便？

• 所在地有没有维保点？

• 电话报修时，是否让客、用户长时间听音乐而无人及时应答？

• 休息日能否正常保、维修？

• 维修质量是否满意？

• 送维保网店是否方便、好找？

- 路程大约需要多长时间?
- 商品维修时间客、用户能否真心接受?
- 上门维修人员服务质量、收费如何控制?
- 如何防止维修人员增加客、用户的维修成本?
- 维修人员的服务质量等。

在本环节，最大限度地减少客、用户采购和使用成本（包括时间成本和资金成本），最快速地解决服务中出现的各种问题是形成品牌印象的核心，售后服务越快越好。天下武功，唯快不破，水中漂石，唯快不能。想要快，就需要有准备，有应对。为了保证服务的效率与质量，企业内部人员应对商品进行试用，如果这些内部的试用者都不能成为粉丝，就需要重新思考，重新考察商品设计中存在的问题。通过试用，发现可能存在的问题，手中有“粮”，心中不慌。将这些在试用过程中发现的问题，编写成问题处理标准，通过对问题处理人员的强化培训，用最快的速度消灭客、用户的不满。当然，内部试用最大的问题在于时间，不能与市场同步的，有可能辛辛苦苦的创意让对手占了先机；与市场同步的试用，又可能导致服务标准不统一，而造成客、用户的不满意。

在使用、服务客（用）户体验环节要深刻认识，就算再好的售后服务，对客、用户来说也是骚扰。不要以为几星级的用户服务就能弥补客、用户因此而浪费的时间和精力。对用户来说，在使用商品时，最好的“服务”，永远都是“不服务”。在商品寿命周期内质量零缺陷才是企业应该追求的基本目标，实现质量零缺陷，除了质量本身过硬外，还要在使用说明书上下功夫。很多情况下，由于使用说明书没说清楚，造成商品使用损坏不在少数，对企业来说实在得不偿失。

品牌建设最大的特点是99 +1 =0。一次没做好，就可能前功尽弃。打造一个品牌不易，维护一个品牌更难。战战兢兢，如履薄冰，永远是品牌建设最佳的座右铭。做品牌是个非常痛苦的过程，在单方面只有《消费者权益保护法》，而缺失企业权益保护法的大的法律环境下，在客、用户是“丈母娘”的背景下，企业没理可讲，有理也没地方讲。为了塑造一个好的品牌形象，忍辱负重，放下可怜的自尊，放下身段，俯身去聆听、用心去感受、全心去投入，将所有的鼓励、骂街当作品牌建设过程中必不可少的精神食粮，在拍砖中成长，在羞辱中成熟，用来自客、用户的拍砖，精心搭建品牌的基础。客、用户的尊重不是嘴上争来的，是企业的实际行动对客、用户用心感化的结果，用心做事，恒心做好，持之以恒，水到渠成，才有尊重。有了大众的尊重，才有了品牌的价值，有了品牌的价值，企业才真正有了身价。

品牌是连接用户与企业的桥梁，也是一种承诺。好品牌能让用户自信，好品牌能让用户自豪，好品牌能让对手敬重，好品牌能让人生美好。品牌需品味，人人是品牌，事事皆品牌，点滴聚品牌，用心做品牌，我的品牌我做主，只要人人都以品牌为人生第一，世界就一定有美好的未来。

（四）商品型企业与产品型企业的比较

商品型企业不是从自己拥有的技术优势入手，而是眼睛紧紧地盯在用户或下道工序的身上，通过发挥自己或借助外部的各种优势，最大限度地满足用户或下道工序的各种需求。如果企业中的所有合作者想的都是用户或下道工序的用户，每个人都能像海尔首席张瑞敏所说的：“我要求你的工资不是我说了算，而是市场说了算，你的市场在哪里？你的后工序。”形成人人盯市场，各个为用户，这样的企业想不做大都难，想不成功也难！具体比较如表 3-2 所示。

表 3-2 产品型企业与商品型企业比较

比较内容	产品型企业	商品型企业
为谁做	为上级领导	为用户
出发点	自己掌握的技术	用户满意
财务核算	成本核算	投资回报
绩效考核主体	上级领导	用 户
绩效考核标准	定 性	定 量

无论对企业还是对个人，从深层上认识产品这个名词，不仅有现实的意义，更有深远的意义。生产产品还是生产商品，说到底是关乎企业生死存亡的大事，企业只有定位在用自己的技术优势服务于特定的用户，企业才能有生存立命之地。

（五）平台型企业

平台型企业是企业通过做平台而实现目标的企业。平台型企业与现行职能型企业从指导思想到应用理论都完全不同。职能型企业重对员工的管理或管制、重各级的权力、重上级领导满意；而平台型企业重开放、重合作和协同、重市场、重客户和用户满意。这些不同造就了完全不同的企业特色。

企业平台是承载一群为实现各自或共同目标和利益的合作者，在一起合作、协同、工作、施展才华、实现理想、展现个人和团队价值、实现并完成客、用户体验的“舞台”。

谈到舞台很多人会联想到剧场，现实中，平台型企业与剧场的运作模式是非常类似的。一方面通过向个人或团队提供演出的平台，让各位“演出者”尽情展现自身的才华；另一方面，还需要对参加演出的所有资源从高度协同的角度进行整体性协调；最重要的是要想方设法将演出的成果即“商品”，使用各种手段推向市场；通过商品或服务或演出过程中演员与观众在一起有声或无声互动的体验，在最终实现盈利的同时，赢得观众向外界传递的口碑。

企业与演出所不同的是，企业提供的商品往往是实务性的。服务也好，实物也好，消费者能直接感受到这些商品的价值。而演出提供的商品则是纯粹精神性的，演员在与观众无声或有声的交流中，用作品本身的思想，通过演出现场的氛围加之演员表演的融合，触碰观众的内心，征服观众的心灵。显然，比较企业的商品而言，演出这种特殊形式的商品，对观众的品位和格局是有一定要求的，这点与企业市场细分极其近似。从另一个层面上说，一场好的演出能改变很多人，如果企业文化工作能像演出一样去激励人、改变人，企业就真的悟到一些东西。

平台型企业主要包括两种，一种是纯平台性的企业如某些网络平台。另一种不仅有平台，还有部分或全部执行团队的企业（如国家大剧院）。两种平台型企业工作内容略有不同，但搭台、组建团队或招聘“演出”团队、组织“唱戏”是两种类型的平台都必须完成的工作。

1. 搭台

搭台对企业来说就是建设一个供各路人马表演、供消费者体验的空间。

2. 组建团队或招聘“演出团队”

招聘或整合“演出团队”即琢磨邀请什么人、什么团队“唱戏”，明确需要什么样的资源保证、资源的标准是什么、唱戏人和平台主之间的利益和相关权益、需要建立什么样的契约关系和秩序等。

招聘或整合“演出团队”的关键是建立类似“插件”式的平台接口。所谓插件式的平台接口是指所有的接口工作必须实现全量化，否则，各执行团队之间无法实现高效协同。例如淘宝、京东那样，无论对于商家、物流、现金流还是消费者，都能在标准化的作业下，最大限度地实现高效协同。

以演出为例。什么时间开哪道幕、使用什么背景音乐、哪些灯光必须打开、舞美有什么要求、需不需要使用效果等，都必须严格按照事先规定的程序并且准时完成，否则就没有高效协调。面对着众多的配合环节，要保证各个环节能够实现准时对接，就必须建立相应的平台接口和必要的规则。接口的建立我们将在第四章第四节中详细叙述。

3. 组织“唱戏”、制定相关规则

组织“唱戏”包括两个内容：一是确定“演出”的剧目，对企业而言即确定做什么；二是建立平台相关的规则。

组织“唱戏”的难度远远大于搭台的难度，不仅是技术，更在于参与角色的多样化。必须看到无论是做产品还是搞演出，一定是有“脚本”的。问题是在当今客、用户参与式体验的舞台上，不仅没有脚本，甚至没有固定的套路，这种不确定性就带来很大的风险。作为商品的出品方或演出的组织方，如果没有一定的临场把控能力，就可能面临很多麻烦。毕竟作为客、用户的每个人，心情千差万别，需求不尽相同，眼光有高有低，鉴赏各有品位；而当客、用户一旦由于某种不满意而闹起来，在高度发达的自媒体时代，分分钟就能可能给企业带来灾难。

组织唱戏难度大的第二个原因是，参演的团队越多，协同越麻烦。当合作各方都以自己的标准为标准时，协同不仅不存在，更会直接导致失控，最终导致合作者用脚投票。显然，为了保证有效协同，制定平台相关的规则，统一彼此的语言、统一标准、建立必要的约束是组织唱戏的基础，也是成功协同的关键。

当今社会，平台已经成为企业最重要的商业资产。平台型企业是一个没有围墙的企业，是一个与用户、合作伙伴及全球资源紧密相连的企业，是一个在不远的过去绝对不能想象的企业，是一个连接虚拟和现实社会的企业，是一个能为每个创业者提供创造价值、实现理想的企业，是一个能证明、尽情展现合作者才华的企业。我们深信，平台型企业将在不久的将来，屹立于神州的每个角落。但平台型企业说到底，首先还是要解决是做产品还是做商品的问题，必须做到眼睛紧盯消费者。艺术性再高的演出，没人看也是枉然。

平台型企业作为一个专业的话题将在第五章中详细叙述。

三、算“天”

天即天时——需要思考以下问题。

- 从大环境看国家整体产业政策，对当前企业所从事的行业是否支持？
- 有没有政策的扶持手段？如果有政策扶持，本企业能否争取到？企业应当从哪些点入手，才可能争取到扶持政策？
- 如果属于国家限制的行业，企业长远怎么打算？
- 除政策外，企业可利用的各种资源是否明确？这些资源能保证企业在多长时间内正常生存和发展？
- 企业发展的最大风险是什么？与风险同在的机遇是什么？

关于风险和机遇，在最大的风险中往往孕育着最大成功的可能。天堂和地狱的入口处不仅十分相似，更有很多时候，这个出入口干脆就在一起。荣誉的桂冠往往是悬挂在无数失败的耻辱柱上的。这就有个问题，企业承受风险的最大底线是什么？面对最大的风险企业能坚持多长时间？

《战争论》作者德国的卡尔·冯·克劳塞维茨说："战争中一切情况都很不确定。"面对着不确定的未来，不能快速地决策，一味等待时机的到来，结果你会发现，你心中幻想的理想状态很难到来。就算真的觉得时机已经到了，而往往这些能看到的时机也许早就不是时机了。战事无求万全，求万全而无一全。现代商战要想让自己的决策滴水不漏，就需要准确的信息，但只要是真实的信息就一定是滞后的。而且信息在无休止的发生，要丝毫不差地获取信息，或者根本做不到，或者需要无休止地占用时间和增加信息的收集成本。

在互联网时代，整个世界瞬息万变，在这样的环境下，快已经成为时代不二的法则，只有争分夺秒、分秒必争，才可能赢得市场的主动权和制胜权。在当今时代的背景下，马上决策比周全决策更为重要。在很多时候不是确定做不做什么，而是必须确定马上需要做什么。机不可失，时不我待，"在飞行中换发动机"(海尔)，边瞄准边开枪，在快速的自我颠覆中涅槃重生，就是这个时代最基本的特征。

四、算"地"

"地者，……死生也"（孙子《孙子兵法》)。对企业而言，我们常说的接地气就是符合当地消费者的个性化需求。俗话说：一方水土养一方人。由于各地的生活习俗存在着很大的差距，在如何看待用户的个性化需求上，不能简单地以不变应万变，想要游刃有余，"用兵"如神，需要认真思考以下内容：

（一）实体型企业需思考

- 当地客、用户与相关市场所占的总人数比例大致有多少？
- 当地消费大致是什么水平？消费对象心理能接受的价位大

致是什么水平？

• 痛点解决方案是否符合当地要求？

• 商品销售所在地的品种如何搭配？促销及公关手段怎样才能有效？

• 当地客、用户能或不能接受的销售方式和渠道是什么？最不能容忍的是什么？

• 商品销售当地客、用户满意度是如何度量的？用户满意最大化的标志是什么？

• 由于此商品可能会引发用户的潜在需求是什么？

……

（二）平台型企业需思考

• 所在地合作对象有几类？这些当地的合作者最主要的心理及性格有什么特点？

• 所在地文化与企业总部所在地的文化差异是什么？当地有哪些习俗？企业打算怎么利用这些习俗？

• 与所在地合作者进行合作时，可能的风险是什么？有没有对应风险回避的措施？

• 当地的合作者最需要得到企业的什么支持？企业能否提供需要的支持，如果企业没有能力提供这些需要的支持，企业有没有方法找到提供支持的组织或个人？

• 当地合作者最关注的利益是什么？什么样的利益分配方式当地合作者能接受，一旦经营产生亏损如何分摊？

……

五、算与竞争对手的差距

与竞争对手的差距需要考虑以下三个方面：

- 面对行业内竞争对手的市场份额，企业从品牌、商品定位到定价等怎么考虑?
- 针对本企业，竞争对手最有可能在哪些方面做出调整或变化，如果竞争对手发生变化，对策是什么?
- 本企业与行业内其他竞争对手相比人员、软硬件、商品、价格等差距是什么？造成利润的差距是什么?

六、算资源

资源也需要考核三个方面：

- 除了上面已经提及的政策及能为自己使用的资源外，实现企业目标需要哪些资源?
- 企业现有哪些资源？关键资源有哪些具体的要求?
- 企业缺少什么资源，如何掌握或者替代暂时尚未掌握的资源?

老子在《道德经》中指出："天下万物生于有，有生于无。"现实中，决定行为的首先是思想，只有思想明确，才可能有明智和明确的行动。算，是企业经营的最重要的起步；算，不但要回答"我们该做些什么"的问题，而且必须回答"我们是否能做好"的问题。俗话说：磨刀不误砍柴工。在上面的问题基本想清楚后，接下来需要建立明确、量化的企业目标。

第二节　确定企业目标

一、目标数字化

兵起先知所向。目标是企业起步的第一步，是一个企业前进的动力，是行动的承诺，是一种动力，也是一种压力，更是一种追求，还是一种用于测定结果的标准和尺度。好的目标应该像飞行时间表，除了目的的要求，更要有时间的要求。

有效的目标应该是量化的目标，不能量化的目标不过是概念罢了。例如，某公司的目标是“成为受人尊重的企业”，无须赘述，这样的目标既没有努力的方向，更让员工没有实现目标的压力，甚至到底怎么做才能受人尊重都是空空的概念。对企业来说这样的目标没有任何意义。

量化的目标即数字化目标，这其中包括两个含义：预期的结果数字化，需要的时间数字化。例如，某集团计划在三年内完成企业转型，通过转型，当年实现销售收入200亿元，三年实现销售收入800亿元；力争当年实现当地市场占有率12%，三年完成华东、华南及东南亚市场培育；人员从现有的30000人，通过主、副业分离，实现当年分流3000人，至三年期满，企业人员实现编制20000人；转型当年企业同比上年成本降低5%……

二、目标系统化

企业建立目标必须系统，既要有短期目标，也要有长期的目标。而且，不能偏重于某个单一指标。指标必须成为系统，否则那些单一、不完整的指标，可能导致企业失败。以销售为例：简单制定销售业绩增长目标时，企业就有可能失去长远效益，简单要求地区占有率时，企业就可能会在很多方面造成透支。再如，现在中国一些地区单纯追求GDP。结果是GDP上去了，环境污染等一系列问题出来了。为此，设计目标体系时，务必要考虑全面。要立足今天，放眼未来。目标要客观，不要盲目拔高。刚刚起步的企业，目标不一定完整，应突出重点和关键点，逐步建设目标体系。

企业目标体系应该包括哪些内容呢，这里提供一个四个维度的指标体系框架，供读者参考，如表3-3所示。

表3-3 企业目标体系

评价维度	评价内容	指标性质	指标名称	计算公式
成长性	创效益能力	基本指标	净资产收益率	=（净利润/平均所有者权益）×100%
			总资产报酬率	=[（利润总额+利息支出）/平均资产总额]×100%
		关联指标	资本保值增值率	=[（期末所有者权益总额-期初所有者权益总额）/期初所有者权益总额]×100
			营业利润计划	
			利润率	=（经营利润/经营收入）×100%
			成本费用利润率	=（利润总额/成本费用总额）×100%
运营性	资产运营能力	基本指标	总资产周转率	=（经营收入/平均资产总额）×100%
			流动资产周转率	=（经营收入/流动资产平均总额）×100%
		关联指标	应收账款周转率	=（赊销收入/应收账款平均余额）×100%
			不良资产比率	=（年末不良资产总额/年末资产总额）×100%
			资产损失比率	=（待处理资产损失净额÷年末资产总额）×100%
稳健性	偿债能力	基本指标	资产负债率	=（负债总额/资产总额）×100%
			已获利息倍数	=息税前利润总额/利息支出 =（净利润+利息费用+所得税费用）/利息费用
		关联指标	流动比率	=（流动资产/流动负债）×100%
			速动比率	=速动资产/流动负债=（流动资产-存货）/流动负债
			资产负债比率	=[（流动负债+长期负债）/资产总计]×100%
			固定比率	=（固定资产/所有者权益）×100%
			现金流动负债比率	=（年经营现金净流量/年末流动负债）×100%
			长期资产适合率	=[（所有者权益总额+长期负债总额）/（固定资产总额+长期投资总额）]×100%
			经营亏损挂账比率	=（经营亏损挂账÷年末所有者权益总额）×100%

续表

评价维度	评价内容	指标性质	指标名称	计算公式
发展性	发展能力	基本指标	营业(销售)增长率	=[(本年度营业收入－上年度营业收入)/上年度营业收入]×100%
			资本积累率	=(当年所有者权益增长额÷年初所有者权益)×100%
		关联指标	营业计划	
			总资产增长率	=(本年总资产增长额/年初资产总额)×100%
			净资产增长率	=[(期末净资产－期初净资产)/期初净资产]×100%
			人均净利润增长率	=[(本年人均净利润－上年人均净利润)÷上年人均净利润]×100%
			净利润增长率	=(净利润增长额÷上年净利润)×100%
			固定资产增长率	=(本期净增固定资产原值/期初固定资产原值)×100%
			资本保值增值率	=(期末所有者权益÷期初所有者权益)×100%
	经营能力	基本指标	劳动生产率	=单位时间内总产值/从业平均人数
		关联指标	净产值	=单位时间内总产值－总消耗的价值
			劳动分配率	=[(单位时间内人工成本总额)/(利润+人工成本+财务费用+租金+折旧+税收)]×100%
	抗风险能力	基本指标	客、用户不满意率	=(调查中不满意人员总数/被调查总人数)
			质量合格率	=[合格产品(服务)数/产品总数(服务总次数)]×100%
		关联指标	计划市场短、长期占有率	—
			计划地区短、长期占有率	—
	递延发展能力	基本指标	合作者流失率	=(单位时间内合作者流失人员总数/单位时间内平均总人数)×100%
			创新商品比率	=(创新商品总数/销售产品总数)×100%
		关联指标	合作者(员工)不满意率	参照客、用户不满意率

三、制定目标的加法与减法原则

制定目标有两个基本原则，一个是做减法，另一个是做加法。

1. 减法

目标做减法对现代企业来说，实在是最有意义的事，只有减法才能让企业集中有效的精力做更多的事，只有减法才能真正凝聚人的注意力。

（1）对新增资产做减法。

通过对新增资产做减法，让眼睛紧盯外部可利用的资源，逼着企业寻找资产做减法的解决方案。

（2）对商品开发做减法。

只有把商品开发的思路做小，才可能真正发现客、用户的微需求，才能做集中，也只有集中才可能求大。只有做小才能用最低的成本、最快的速度去填补那些小到足以让别的企业看不起的微需求上。现实中，惊天动地、改天换地、颠覆创新的事，很难成为企业真正的需求，微不足道的颠覆有时足以决定成败。把自己放在客、用户的角度上体验研究透，从平面传播到媒体传播，从营销到付款，从物流到使用体验，从每一个环节的细微之处入手，从别的企业看不上眼的地方出发，在体验中逐点发现需要改进的地方，一个点一个点地来，逐点改进、逐点提高、逐点完善，逐点形成相对于竞争对手的明显不同。只有争取把每个点都做到极致，紧紧盯住客、用户心中真正的心理竞争定位和品牌定位"标准"，才有可能让企业一步一步地走向成功。商家靠宣传、靠轰炸、靠信息不对称的建立品牌形象的时代，早已成为过去时。

客、用户的标准说到底是客、用户在交易和使用过程中产生的一种心理感觉。在互联网时代，尤其在自媒体非常发达的今天，这种感觉实在非常重要，通过自媒体分分钟向社会传递出来。因此，企业必须分外小心的对待这种不是标准的“标准”。

怎样寻找商品开发中做减法的点？看用户拍砖“骂街”，把“骂街”的拍砖用心拾回来。无须解释，从“骂街”中仔细找到用户的心声，发现用户的“标准”；用泪水和改进的智慧和勇于担当的责任，把漏洞堵上，才是企业最明智的抉择。如果你的产品连拍砖、骂街、恶心你的人都没有，那才是企业最最悲哀的事。某种情况下，拍砖、骂街、恶心也是一种关注，一种关心，一种盼着你早些成功的能量！在骂声中成长，在拍砖中成熟，在失败中探索，在挫折中磨炼，百炼才能成钢。

（3）对得到的过程和使用的复杂做减法。

现实中大多数人都是懒惰的，对得到的过程和使用的体验做减法，符合人性，这就要求我们，无论是得到商品或服务的过程，还是使用商品或服务的过程，能不能最简单、最直接、最明了。能不能不让客、用户动脑子，能不能简单到极致，能不能不看说明书也能达到设计的使用效果，是企业需要下大功夫认真思考的问题。

（4）对生产或制造过程做减法。

集中精力于流程的改善，把职能管理遗留下的逐级请示、逐级批准等冗长的流程彻底消灭，真正关注与过程效率的提升。

（5）对人员素质做减法。

尽可能少的依靠人员素质，想方设法提升企业素质，用企业素质替代人的素质。

（6）对业务做减法。

只有对业务的减法，才能集中优势资源，才能使企业真正把目光集中在相对于竞争对手更有优势的业务上；只有对业务做减法，才能让你的客、用户真正记住你。当一个企业什么都做的时候，客、用户甚至无法记住你是做什么的。一个没有准确定位的企业，是很难真正在客、用户心中形成品牌形象的。

2. 对痛点做加法

对痛点做加法不是为了增加客、用户更疼的感觉，而是为了彻底消灭痛点。把客、用户的痛点适度放大，针对这些被放大的痛点，找到根源，采用刮骨疗毒的方式，彻底根除这些痛点的毒瘤。我们去吃饭，对饭店来说难道就真的差一块钱的洗碗费和一块钱的纸巾费吗？我们上网购物，难道就必须先付款后送货吗？当今网络假冒伪劣盛行，作为企业就不能设法让每个购物的人，减少一些鉴别的成本吗？查个车辆违章不仅有些验证码极度难以识别，难道查个违章还非得要验证码吗？周鸿祎说："很多时候用户选择你的产品不是因为各种高大上的功能，而是因为一个特别简单的理由"（周鸿祎，《周鸿祎自述》，中信出版社，2014 年 8 月第 1 版，P168）。这个简单的理由，往往就来自客、用户的痛点、难点和迫切希望解决的问题点。这些点很小，很难让很多人看得起。而恰恰就是这些很多人觉得太小，没利可图的点，看不起的点、不愿意干的点，就可能成为企业腾飞的跑道。

减法也好，加法也罢，目标的核心是精准定位，精准地确定自己与对手相对、可比较的竞争优势。当企业把每个小微点都做到极致，这些无数的极致，最终一定能成就企业走向明天的辉煌。

成功不是靠忽悠出来的，也不是靠一时的激动人心就能成就的，更不是靠鸡血式的心灵鸡汤就能有希望。把减法这个人生的辩证法，人生的大智慧，运用得当，必将受益无穷，舍得舍得，无舍不得，毕竟资源是稀缺的，时间是有限的，选择是一定有代价的，得到是一定要付出的。面对着可能到手的利益，选择放弃、选择减法并不是那么容易的事，怎么减，减什么，不仅考验人的智慧，也考验人的心理成熟度。

做减法要：欲减必精，欲精必钻，钻要钻透，才能把握减法的精髓。

做加法要：痛点要清，病根要准，除根务透，才能起到加法的作用。

企业目标制定之后，企业前进的方向已经非常明确了，接下来企业要做的是：明确怎样才能实现目标，实现目标的第一步是设计业务流程，下面我们研究业务流程。

第三节　业务流程设计

一、流程及重要性

流程是工作流转的顺序，是设置岗位的基础依据，是连接岗位的桥梁，是设计组织架构的基础和前提，是制度建设最基本的依据，是开展一切工作的根源和出发点。流程不是简单的工作串联，其实质是完成价值增值和价值创造。流程不仅可以保证责任落地、权力到个人、资源配置要求明确、工作和责任标准量化，还能使每个岗位直接面对“用户”。流程直接影响降本增效，更直接决定了整个团队的工作效率和工作协同；流程还能使绩效考核标准实现全量化。总之，流程将人、责任、权力和工作有机地整合成为一个整体。

今天，令很多企业非常头疼和苦恼的问题，诸如绩效考核不好用、岗位责任不落地、缺乏执行力、资源配置不到位、有制度无执行等，绝大多数都来自没有流程或流程本身有问题。诸如岗位责任落地至今绝大多数企业压根就没有流程，更诸如很多企业正在使用的全面费用预算管理流程的错误，更直接造成企业的诸多问题等。看职能看自己，看流程看到底。只有站在流程的高度上看做事的全过程，才能心明眼亮，才能一眼看到底；也只有抓住流程这个核心和关键，企业才能真正走远。

在中国做企业要超人一步而又不脱离群体，高人一头但绝不扎眼，随波逐流但特立独行，与时俱进但具有自身特色。作为一个团队想具备这样的要求，万万不能靠个人，必须靠这个团队的整体素质。而流程则是这个团队的脊梁，正是流程将所有的工作有机地串联在一起，将所有的人连接在一起，将人和工作有机地整合在一起，将散沙的个体变成了一个团队。正是流程规定了秩序，决定了各节点的方方面面。显然，要具备一个希望能与时偕行的时代企业，必须有个好的、跟得上时代发展的好的流程。

二、企业的三大流程

任何企业都有三大流程：业务流程、管控流程、信息流程。本节先介绍业务流程，管控流程将在下节进行介绍，信息流程将在制度建设中进行介绍。

三、业务流程及特点

业务流程是描写一个企业从投入（输入）到产出（输出），创造对客、用户有价值的商品或服务全过程的各项业务活动的顺序。

业务流程将实现客、用户满意整个过程中所有要素作为研究的对象。按投入相对经济合理、效率相对较高、资源占用相对较少的原则，将所有业务单元有机衔接成为一个连续的统一体，以设法对客、用户的需求做出最迅捷的反应，从而为各方创造出有价值的成果。

业务流程主要是说事，说明做事从哪里来到哪里去。企业大致的业务过程，如图 3-1 所示，主要的目的是让人能一目了然地看到整个企业经营运作的大致过程。

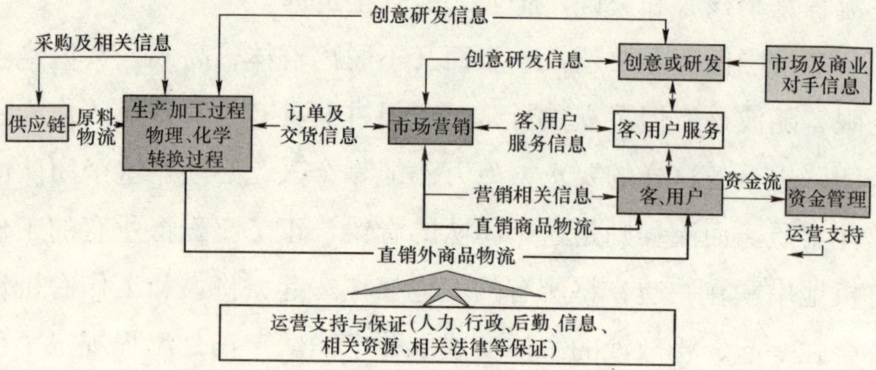

图 3-1　实体型企业业务流程示意图

业务流程是企业所有工作的源头，主要有以下五个特点：

（1）规定各业务模块开展工作的先后顺序及主要工作内容。

（2）业务流程是后续设计管控流程的基础。管控流程是设置岗位、建立流程管理体系及流程价值链和制度建设的核心和关键，是企业开展管理工作的基础。

（3）业务流程一票到底，信息流、资金流、物流各自走向一目了然，是企业进行信息化管理、企业平台化和开展业务工作的基础。

（4）业务流程将企业各业务模块有机地连接在一起。

（5）设计业务流程的根本目的是实现客、用户满意，创造价值及实现价值增值，实现尽可能大的投资回报。

四、业务流程设计、确定流程各关键控制项

（一）业务流程设计

业务流程设计是企业为实现客、用户满意，创造各方价值，

将业务全过程中所有的要素，按实际开展工作的先后顺序，进行组合和安排的过程。

业务流程一般用图形和文字等书面形式表现。

业务流程不是随便安排的，其以创造客、用户价值最大化为中心。整个业务过程以反应敏捷、快速、顺畅、合理投入、便于协同等为出发点，按照每个环节其自身的特点，形成一个完整、有机的整体。业务流程设计不仅是为了从头到尾打通流程，其最终的目的是通过流程创造价值。流程设计时，当企业将供应链资源和客、用户当作企业的一部分进行思考和规划时，会从一个全新的高度上，重新审视企业应当怎样开展其经营管理活动。

（二）业务流程设计需要搞清的三个方面

流程设计不是预测未来，而是面对未来，面对执行。在业务流程设计时，要不断地从以下三个方面问自己：

1. 投入和产出

- 整个流程周期需要用多少时间？有没有更快捷、更高效、时间更短的流程？

- 整个过程投入的各种资源（包括资金）大致是什么情况？流程的投入产出比预计能到多少？有没有投入产出比更合适的流程？有没有可能在过程中减少一些资源的使用？有没有更好地利用社会资源的业务流程？

- 当社会资源进入时，从流程的角度上，如何保证高效的协同？

- 有没有非增值的工作？这些非增值的工作可能产生在哪个环节？能否彻底消灭？

2. 意外应急

- 当一个环节出现异常的时候，从流程的角度有没有发现异常和判断的能力及自动弥补的方法？

3. 责任

• 从流程的角度，怎样保证每个岗位的资源和权力到位？

• 从流程的角度能否释放人的活性等？

（三）业务流程设计的步骤

业务流程设计可按以下步骤进行，但以下业务流程设计案例，非针对某一企业完成，不一定适合读者自身的企业，仅供参考。

1. 第一步：设计业务流程框架

（1）设计要素。

从投入到产出的所有环节；物流、信息流、资金流及大致走向。

（2）设计说明。

环节按主要功能即可，用物流、信息流和资金流进行连接。

1）设计图例。

实体型企业是指经营实物性商品的企业。实体型业务流程如图 3-1 所示。

服务型企业是指以服务为商品的企业。服务型业务流程如图 3-2 所示。

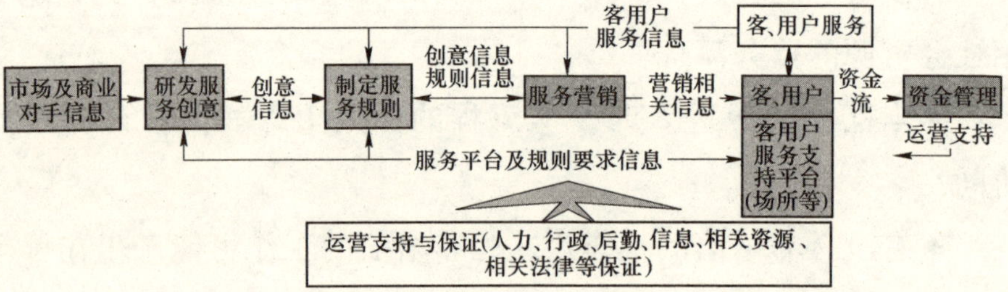

图 3-2 服务型企业业务流程框架

2）设计要求。

具体设计要求如下：

① 业务过程一票到底，打通端到端，推倒企业墙，消灭信息孤岛。从供应链资源到客、用户所有环节一目了然；

② 物流、信息流、资金流走向明确且正确，为企业后续建立相应的体系或机构、岗位和制度建设提供基本的依据；

③ 只描写核心流程及主要支持模块，非核心流程暂不涉及；

④ 各环节（模块）不按职能分工，按流程性质（如按加工或制造、服务）分工；

⑤ 明确业务流程需要的全部支持和辅助系统。如人员保证系统、资源保证系统、设备保证系统、信息保证系统及相关政策保证等。

2. 第二步：业务流程细化

（1）设计要素。

流程各模块大致内部流程。

（2）设计说明。

流程模块从上到下按两个部分编写：模块上部主要标注环节名称；模块下部主要交代完成该环节的主要工作内容及大致流程。

1）设计图例。

实体型企业业务流程如图 3-3 所示，服务型企业业务流程如图 3-4 所示。

2）设计要求。

① 所有模块内部流程准确，每个模块与其他模块的主要接口清楚（图中每个箭线就是一个接口）；

② 流程起点和终点明确，本流程的起点和重点都是客、用户及服务；

③ 主要工作内容是完成全部工作和设置岗位的基础，务必保证没有漏项。

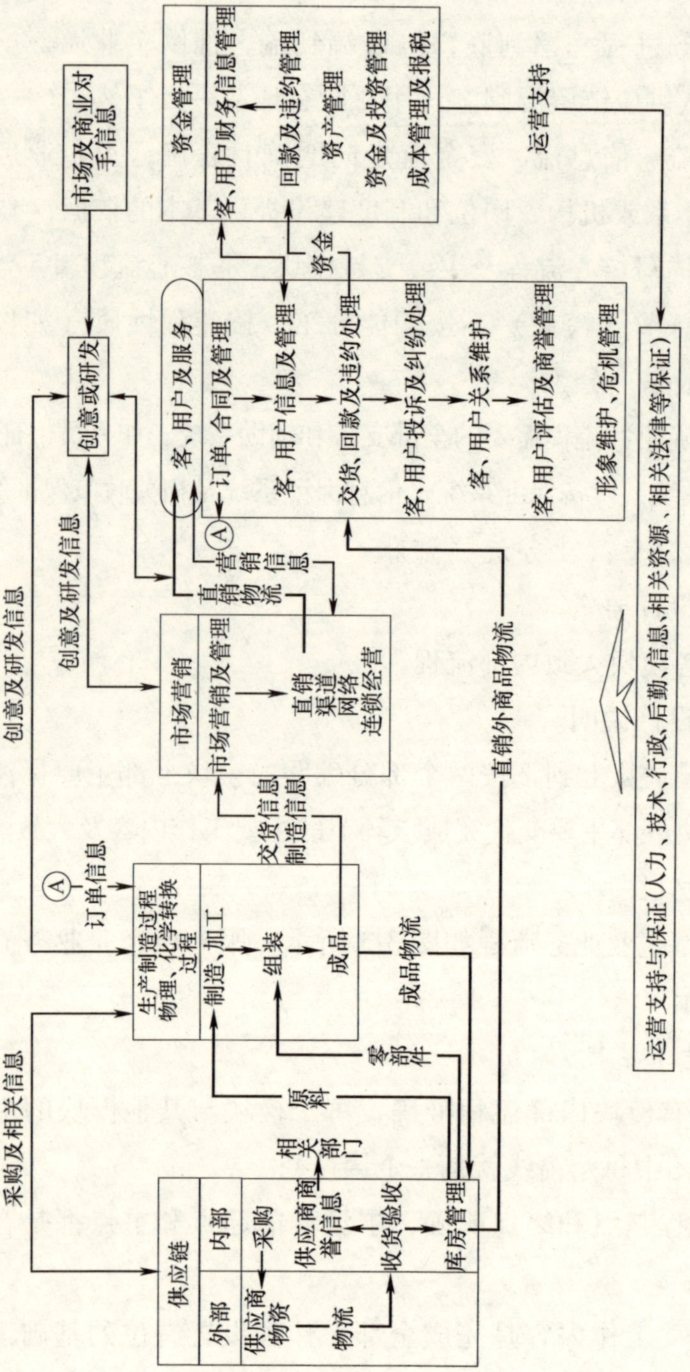

图 3-3 实体型企业业务流程图

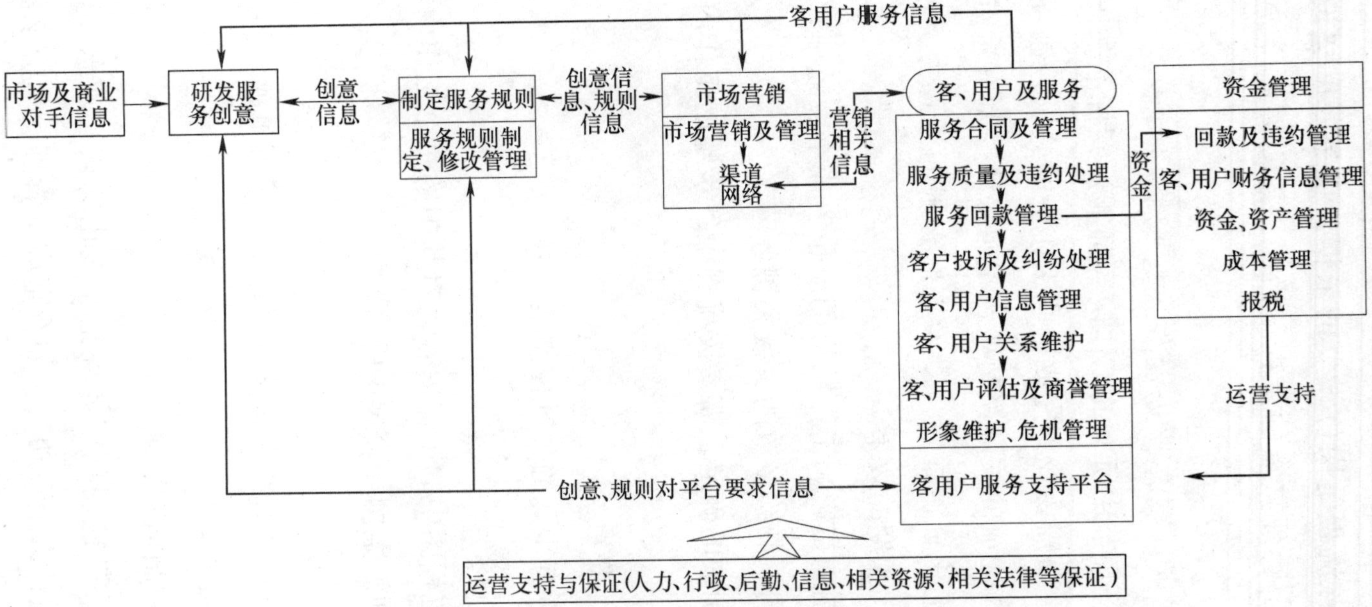

图 3-4　服务型企业业务流程图

至此，业务流程的图形设计工作到此结束。

由于业务流程是岗位设置的依据，也是制度建设的基本依据，更是确定管理重点的依据。为此，还需要建立流程控制项目表。

3. 第三步：建立业务流程关键控制项目表

为了保证环节中所有的工作内容都能达到标准，以便顺利开展相关工作，就需要找到完成这些工作中的关键控制项。也只有找到影响工作完成的关键控制项，才能保证控制有重点，工作效果好；才能优化资源配置，凝聚人们有限的注意力，最终达到、实现流程设计预期的效果。

关键控制项指影响工作结果的质量、成本、效率、效果及影响安全、协同、制约多数的少数关键环节。

关键控制项的确定，需要按流程中各步骤的工作内容，逐步确定。

（1）设计要素。

流程中所有步骤的关键控制项。

（2）设计说明。

按业务流程图中的工作内容，对其中的每个工作内容逐个确定关键控制项。案例如表3-4 所示。

1）设计范例。

服务型企业可参考本案例编写，本书不再单独举例。

2）设计要求。

① 关键控制项不漏项。

② 设置关键控制项应体现企业文化的核心理念。企业看重什么，就该在什么上下功夫；如看重成本管理，就应该围绕每项工作内容中涉及成本的所有影响因素进行分析和确定。

表 3-4　业务流程控制项目表（样板）

责任方	流程输入端				流程输出端			
	供方	基本输入信息	关键控制项	备注	基本输出信息	关键控制项	用户	备注
创意或研发	大数据、客服	市场信息	数据来源准确、数据代表性明确、数据统计准确，数据分析使用工具正确，痛点结论正确等	数据量过大，数据处理不经济，过少没有代表性	制造信息、制造相关技术文件信息	技术可行、经济合理、针对当前痛点准确等	生产、制造	
生产、制造	创意或研发	创意方案	创意技术可行		采购信息	供应商商誉、供货周期与质量、付款结算方式、质保与退换货等	供应链	
	营销	制造指令	准确、变更时间有保证		制造信息	质量零缺陷、投资回报率、交期、安全等	投资人	
	技术	制造工艺技术文件	关键工艺参数明确、工艺技术文件和技术标准符合制造要求		交货信息	包装成本与安全、交货地准确、物流周期、物流服务质量、物流商商誉与成本等	销售、物流	
营销、客服	略							
资金及其他各方	略							

注：因各企业实际情况不同，销售、客服、资金及其他相关方，未逐一列出，企业可根据本企业的实际情况，参考本样板进行编写。

③ 所有的控制项都是由人来完成的。因此，所有的控制项必须有标准，必须有规范的作业方式。为此，本控制项目表是企业制度建设的基本依据。规范的作业方式也是正确的工作方式，将在制度建设中详细叙述。

④ 流程设计环节，细节决定成败。面对着千变万化可能出现的问题，必须认真思考每个细节。一旦细节缺失，设计的岗位就可能遗漏，工作标准就可能没有，执行中就会带来很多麻烦。

在完成了业务流程的一图（业务流程图）、一表（业务流程控制项目表）后，业务流程设计至此全部结束。

五、业务流程设计的原则

业务流程设计是企业开展一切工作的基础，具有决定性和纲领性。一旦确定之后，企业无论管理还是经营均在其基础上开展工作，为此，业务流程设计需要遵循一些基本的原则。

1. 目的性原则

业务流程设计的根本目的有三个：一是满足客、用户服务的基本要求；二是创造价值；三是理顺业务关系，实现高效协同，从流程上创造效率相对最高、适应环境变化最敏捷的流程。流程设计时，这三个目的必须同时兼顾，同步考虑，离开了这三个目的中的任何一个目的，业务流程设计就是失败的。必须看到，这三个要求本身并不矛盾，也不是对立的关系，三个关系互相支持，互相促进。

（1）客、用户满意。

满足客、用户满意的核心是在流程设计时，要把客、用户当成企业内部的“准员工”，当作企业的核心资产，与企业其他要素有机地整合在一起进行设计。作为流程设计人员需要反复问自己：

• 作为一个用户凭什么要成为你的核心资产？

• 你提供了什么值得用户为你卖命？

• 客户在什么情况下才能完成向用户的转变？

• 实现用户满意到底有哪些基本的要求？

• 当用户满意与企业相悖时，作为企业应当怎样引导客、用户满意？

• 为了完成上述客、用户满意，从流程上怎么保证让客、用户满意的各项措施能真正落地？

客、用户服务不是理念，更不是思想，而是行动。有行动必有流程，有流程才有具体的人来落地这些事。

（2）价值创造。

不是所有的环节都能创造价值。在一个完整的流程中，有五个基本环节即：价值增值环节、非增值环节（如必要的停机、更换工器具等）、物流运输环节、各种检查环节和停滞环节。

停滞环节的产生有太多的原因。请示、批准和人们常说所的沟通都是最典型的停滞环节；相互之间作业安排不合理，设备能力差异等，都可能造成停滞；现实中停滞就在我们身边且与时偕行。

围绕上述五个环节，要实现流程增值，面对着不断变化的内外部环境和参差不齐的人员素质差异，不会思考的死流程，是很难真正实现价值增值的。为此，让流程能思考、会说话是设计的关键。

让流程能思考、会说话是指在任何情况下，不管发生什么变化，执行人都很清楚当前能做什么，不能做什么；下步应当做什么。各路配合的人员，仍然可以按部就班地配合执行人，保证执行结果的稳定。

让流程会思考、能说话，就需要流程设计人员对每个增值环节都非常清晰，对每个环节可能出现意外的“预警信号”准确判断，对可能发生意外的处置方法心中有数。要尽可能从流程设计时，就对可能出现的意外加以规避；即使发生意外，也不需要执行人现场抖机灵，流程会清楚地告诉每个执行者，从哪里来又到哪里去。

让流程会思考、能说话，不仅流程需要一票到底，更需要系统性的思维。需要围绕主流程的所有分支流程（如意外应急流程）都在设计时，充分考虑周全。以产品研发为例，要规避风险，就必须建立产品研发评估流程；要解决新品上市需要的政策，首先是建立新品上市的流程，根据流程的步骤，一步一步地寻找需要的相关政策资源；要保证产品市场销售滞销的困境下，执行者应该不惑于怎么做、应该做什么，就必须建立产品推广受阻流程；要解决竞争者进入同质化市场后，企业应当怎么判断，何去何从，就必须建立产品市场竞争流程；要准确把握消费需求的变化，就必须建立产品销售跟踪分析流程等。

在流程设计时，对于非增值环节、物流运输环节、检查环节等，要尽可能借助工作方法、工具改善等手段，从时间到内容设法压缩到最低。

压缩检查环节是流程设计的难点，其必须改变现有的职能管理体制，改变人们以权力为中心的思想，变上级的职能检查为后环节检查就是压缩检查环节非常有效的方法。至于停滞环节应坚决消灭掉。消灭停滞环节最核心的有两个：一个是面对来自上级领导可能的阻力和权力下放不到位；另一个是本来应该在事先说清而没说清楚，而不断进行的各种临时性沟通。关于沟通必须有非常深刻的认识，其是造成停滞环节最主要的因素。沟通产生的根本原因是因为没说清，凡说清之事根本无须沟通。而现实中有太多企业不是在责任书或制度建设中想方设法把说不清的尽量说清楚，弄明白，而是不断搞什么沟通培训，靠什么临场发挥的“细节决定成败”，最终不仅工作结果很难得到保证，工作或服务质量也一定是不稳定的。要保证工作效果是最好的、协同是高效的、工作结果是稳定的，消灭工作之间人与人的沟通就是最基本、最重要的工作。为此在流程设计时，就必须设法通过流程将所有的沟通、审批环节简化到最少，要从当时沟通变成事先沟通；要从流程设计的角度不设或最大限度地减少各种审批环节的流程，进而通过流程设计，倒逼企业简政放权。

（3）实现高效协同。

高效协同的基础主要有四个，一是流程各方主体正确，二是流程的理顺，三是标准化，四是共同的约束。

流程主体不正确的案例，并不鲜见，费用预算管理就属于典型的流程主体不正确，我们将在流程再造中进行详细描述。

高效协同的基础是流程的顺畅和标准化。流程约束了履行相同工作的人，只能做这些，不能做那些。否则，你往东我奔西是不可能实现协同的；而标准化则是实现高效协同最基本的核心和制约性要素。没有标准化，各合作方根本无法进行有效对接，高效协同就成为奢谈。

让一张纸在人为控制的情况下，能高高的飞起来需要做个风筝。否则，一张纸无论怎样控制也是难以高高地飞起来的。从放风筝的角度看，纸、框、放风筝的绳子还有放风筝的人之间是互相制约的，更受到外部因素风的制约。而正是这种互相的制约，实现了纸的高飞。在一个有多方合作参与的流程中，要保证高效协同，就必须建立合作各方都能接受的共同约束。只有运行有规则，工作同标准，行为有规范，步调要一致，才可能保证高效协同。从流程设计的角度，如何把这种共同的约束，尤其将融合本企业文化的约束与流程整个运营过程有机地衔接在一起，是流程设计的重点。

2. 整体性原则

整体性原则有两个基本的含义：

（1）设计业务流程时，由于业务活动涉及企业外部的竞争者、客户和用户、供应商、销售商、合作伙伴以及企业的股东，因此，必须从整体的角度，将竞争对手和客、用户在内的所有流程参与者进行整体的考虑。

（2）业务流程设计必须一票到底。只有一票到底的业务流程，才能确保整个流程从头至尾畅通无阻。客户拉动，流程跨界，跨专业推动，并沿着流程这条传送带径直向客、用户的方向移动，并且始终处于客、用户的掌控之中，这是互联网时代企业最大的特色。在消费者的眼里，企业是一个整体，没有哪个消费者会去追究你的团队是由什么人组成，什么人负责什么，而消费者心中，企业就是个整体的品牌。例如在汽车被召回中，有些是由于供应链零部件质量问题而造成的，而这种由于供应链环节的问题，不仅让汽车企业蒙羞，也会影响消费者对汽车制造商心中的形象，更会给自己的汽车品牌造成直接的负面影响，当然也是汽车制造商最不愿意看到的。对策非常简单，只有把外部供应链纳入企业的业务流程之内，荣辱与共，名誉共担，把双方的利益彼此紧紧地捆绑在一起，才有可能保证企业的品牌不受影响。毕竟在客、用户眼里，制造商是一个整体的团队，对于这样一个由无数小微团队组合的整体团队，任何一个人的失败，都会让整个团队没有胜利者。成功需要很多人的共同努力，而失败仅仅一人足矣。

一票到底的流程能一手抓住客、用户的手，一手拉着各方合作者，实现共荣和共赢。

3. 开放性原则

将各方资源纳入企业整体流程进行综合设计，是时代发展的必然趋势。在一个团队中，各方合作的基础是开放，没有开放就没有合作。开放要求企业现行的家长式的职能管理方式，必须让位给开放式的、合作式的管理方式；让社会人进入企业，是历史的选择。从流程设计考虑，建立生态流程（如自组织体系的建立），不仅是必要的，也是需要认真研究的，怎么开放，怎么放开，不仅是科学更是艺术。在开放中求生存，在放开中谋发展，是互联网时代的企业与现行的职能型企业最大的差别。没有生态，社会人就无法参与，没有流程的生态（能有效接纳合作各方的有效机制和接口），开放和生态就是空话。

4. 准确性原则

准确性原则是指在业务流程设计中，物流、信息流、资金流、作业流走向清晰、准确、正确。

什么是正确，节约成本、提升效率、结果改善，效果有保证，安全零危害等统统为正确，显然要衡量是否正确就需要流程各环节的工作不仅应该可以被测量，而且应该没有含糊不清的标准。

为了从数据上证明目的的实现，衡量尺度必不可少。这就必须要考虑使用什么手段、使用什么标准对整个流程的各个环节进行测定。不测定就无法评估，不评估就不知道是否实现目标。

流程的测定标准必须根据对客、用户的重要性和企业经营的重点来制定。从客、用户满足来看，商品的制造周期和商品寿命期内的质量缺陷等是流程测定和判定的重点；从内部经营来看，过程成本、效率，投入产出比，资产利用率等指标是流程测定和判定的重点。

六、业务流程设计的难点

1. 碎片化的专业“专家”很难设计业务流程

业务流程必须一票到底。因此，设计业务流程最大的难点是，设计业务流程的人需要对各个专业都比较熟悉，至少对各个专业都要有一定的了解。这就要求必须突破专业对人的限制，这就是所谓的业务流程设计人员应该貌似“没专业”。然而，我国大学教育分门别类，无限细分导致的碎片化和过于专业化的教育下，综合性复合人才相对较少，流程设计人员难找是客观的事实。

2. 需要具有明天和适应变化的眼光是难中之难

企业业务流程一旦建立，不仅直接影响到组织机构，更影响企业制度等方方面面。为此，设计业务流程既需要保证今天，更需要立足发展；具有适度的前瞻性和应变性，需要具有明天的眼光，实际上具有明天的眼光对绝大多数人员来说还是比较困难的。

第四节　设计管控流程，建立管控体系

一、管控流程

我们在上节介绍的业务流程仅仅是粗线条对企业整个经营过程的描写，看不到人，只有大的环节；而每个环节内部是如何运行的，上环节是谁，下环节又是谁，业务流程本身并不反映。要明确每个环节内部如何流转，就必须明确谁来管（责任人），谁来控或谁来确认（监管人），谁来提供资源保证（资源保证人）。

我们把结合业务过程并描写这三个人相互关系的流程称为管控流程。通过管控流程，让我们一目了然地看到整个工作的实际流转过程。

管控流程是业务流程各环节的具体展开，主要描写在业务流程过程中的三个人：谁来做，谁来管，谁来保证资源，以何种作业顺序完成工作。具体包括以下内容。

1. 责任岗

责任岗即谁来做。主要研究：

- 做什么？
- 对应做什么需要什么权力？权限范围有多大。
- 履行岗位责任需要使用什么资源？资源（上道工序或上环节）的入口在哪里？有几个？资源的标准（岗位责任接口工作标准）是什么？
- 工作出口（下道工序或下环节）在哪里？有几个？下道工序需要的资源（下道工序开展岗位工作必需的前提条件）是什么（下道工序的岗位责任接口标准）？

需要说明的是，权力必须按工作的流程和步骤进行设置。否则，权力就可能是不到位或没有任何意义的。以人力资源招聘为例，在招聘完全不同工作性质的高、中、基层不同岗位时，人力资源招聘岗履行的职责是完全不同的，权力也是大相径庭的，这是显而易见的事实。但在很多企业传统的人力资源招聘岗位责任书中，往往就是一句“负责人员招聘工作”，岂不是正确但没有任何意义的废话！当我们把人员招聘工作放进流程中时，我们不难发现，从人员招聘的角度来看，对于招聘高层人员顶多也就是档案管理；而对于中层人员进行招聘，一般的权力也就是负责组织招聘工作；但对于基层人员的招聘就可能具有决定权。显而易见的是当把岗位放在流程中后，人力资源招聘岗对应招聘不同的人员，分别应承担哪些责任，负责到什么程度，什么情况需要谁批准，哪些情况可以自己做主，三个层次人员招聘流程应该怎么走等就会非常清楚。

2. 管控岗

管控岗即谁来管、谁来控。具体包括：

• 管什么，是检查、监督还是确认什么？

• 具体管控的内容是什么？标准是什么？权限范围有多大？

显然面对着不同的管理对象，没有管控流程，是很难真正做到责任落地的。

3. 资源保证岗

资源保证岗即上道工序也即上环节，其对后环节工作的顺利开展、质量的保证、效果、效率等具有决定性的主导作用，在企业运作的实际中，作用不可小觑。

在这个环节中，需要明确：

• 开展各项工作需要的资源或开展工作的基本前提是什么？

• 具体由谁来保证？需要什么样的支持和保证及标准是什么？岗位对口接口岗是谁等。

在上述内容中，除各岗位的工作标准在制度建设中解决外，其余所有的内容均在管控流程建立的过程中解决。

二、管控流程的特点

（1）管控流程属于企业的二级流程。其是依据业务流程的工作内容而建立的，没有业务流程，管控流程就没有存在的基础。

（2）管控流程从法律上明确了岗位与岗位之间的相互关系；规定了每个岗位在企业中的责任和必须具有的权力（只有在管控流程中，才能确定所承担的责任具体权力的大小）。由于工作性质的不同，因此也确定了每个岗位的位置、地位和岗位重要度。

（3）管控流程从工作内容上，规定也要求了制度建设的基本框架和基本内容。

（4）管控流程是设置岗位的基本依据。凡在管控流程中不涉及的岗位，就没有存在的理由。为此管控流程也是建立企业组织机构的基本依据。

（5）管控流程也需要一票到底，并形成完整的回路。

（6）与业务流程相比较，业务流程不见人，管控流程必见人。业务流程描写业务流转的顺序，管控流程描写业务流转过程中，岗位与岗位之间的工作流转顺序。

三、管控流程设计

（一）管控流程设计的四个阶段

管控流程一般分为四个阶段进行设计，这四个阶段一般分别是：接受任务—资源保证与过程管控—实施效果确认—信息反馈。

以供应链管控流程为例，大致阶段：采购计划—供应链管控—供应效果确认—供应商信息及信誉体系建立与更新。有意思的是，供应商信息又成为下次采购的起点，显然，信息反馈让整个流程成为回路。

再看“出差”的案例，也是四个阶段：接受任务—出差申请与审批—出差过程与结果报告—出差的两个反馈信息：出差人的能力信息和出差人的财务廉洁度信息，而这两个本来是出差结果的信息又成为下次出差的起点信息。显然也是信息使得流程构成完整的回路。

（二）管控流程设计的五要素

管控流程的设计五要素是：资源岗、责任岗、管控岗、效果确认信息反馈岗及各步骤的权力。

管控流程设计说到底，就是要把完成整个过程的各个阶段和五个要素，按投入、产出相对合理，效率最高、浪费最少的顺序；有机地将责任、权力和过程整合成为一个整体。通过管控流程的设计，把每个资源、责任、管控、效果四个环节的责任和对应的权力搞清楚。

权力是管控流程在设计时必须明确解决的。针对完全相似但不同的工作内容（如人力资源面对高、中、基层人员招聘），权力不仅大相径庭，有些更存在巨大的差别。对此必须要按执行的步骤，逐步确定具体权力的要求。显然设计管控流程的难点是分权，是确定具体权力的大小和范围，而分权这件事本身就恰恰是对很多企业领导的心理挑战，当然分权也意味着风险的增加。为此，对待分权既要放得开，又要避免可能的风险。实践证明，往往越能确定的分权，风险一般都是能控制的；而越是含含糊糊的分权，风险往往越难以控制。诸如“看着办吧”，一定是“风险”最大的“分权”。

实际管控流程如图 3-5 所示。横向构成管控体系，按流程管理的思路实现后环节管理。在图中，位于右侧的岗位对位于左侧的环节进行管控。

纵向为责任岗位工作或作业步骤。效果确认也即信息反馈，使管控流程构成完整的回路。

管控流程设计后，需要填写责任权力表，否则，管控流程是无法具体执行的。责任权力表如表 3-5 所示。

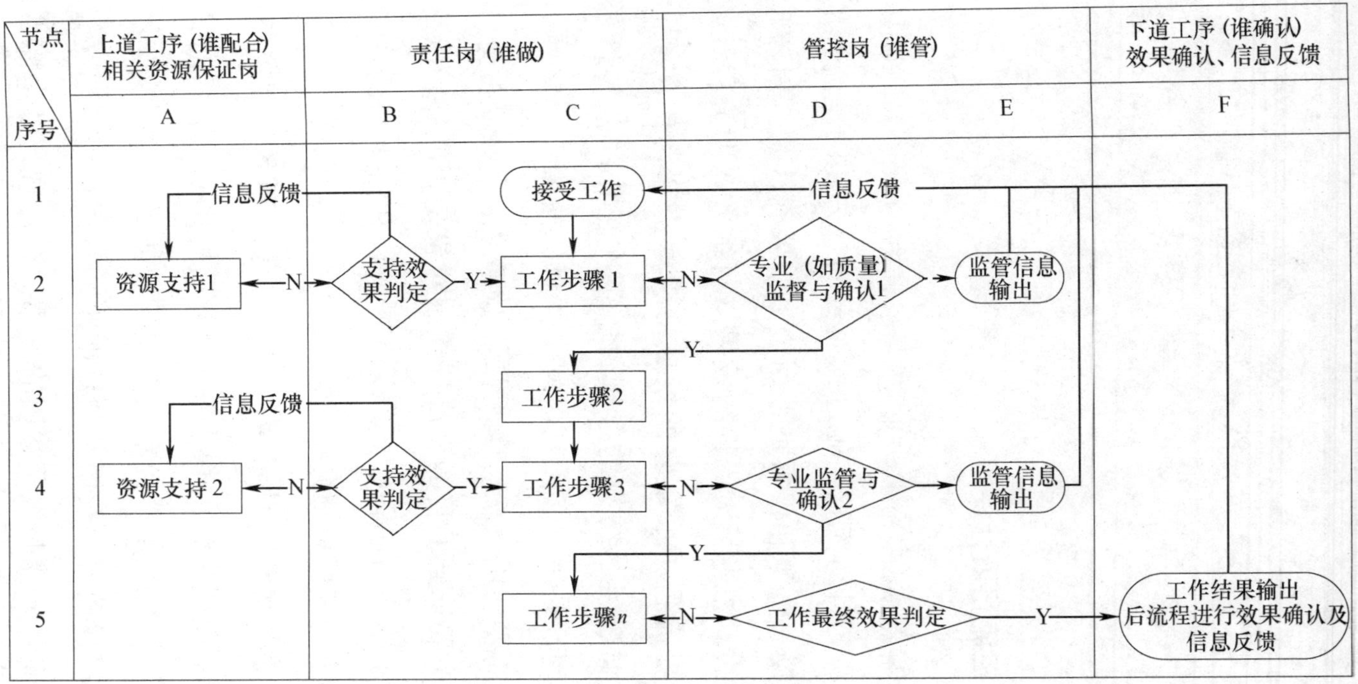

节点
序号
上道工序（谁配合）相关资源保证岗
责任岗（谁做）
管控岗（谁管）
下道工序（谁确认）效果确认、信息反馈
A
B
C
D
E
F
1
2
3
4
5
信息反馈
接受工作
信息反馈
资源支持1
N
支持效果判定
Y
工作步骤1
N
专业（如质量）监督与确认1
监管信息输出
Y
工作步骤2
信息反馈
资源支持2
N
支持效果判定
Y
工作步骤3
N
专业监管与确认2
监管信息输出
Y
工作步骤n
N
工作最终效果判定
Y
工作结果输出后流程进行效果确认及信息反馈

图 3-5　管控流程示意图

表 3-5 责任权力表（示意）

序号	节点号	责任	权力	备注
1	B2	支持效果判定	不合格有权直接返回或________	
2	C2	工作步骤 1	对____有权自主决定， 对____应向____请示□、批准□	

四、管控流程设计评审

（一）管控流程设计评审

管控流程是针对流程实施过程而言的。关注的是流程的上下环节是否顺畅、资源和权力是否到位。效果确认是针对流程输出的结果而言的，相当于对流程的效果进行绩效，即流程绩效。信息反馈是管控流程中最重要的组成，毕竟信息具有在前的指挥性、过程的监督性、结果的显现性、下次工作的预警性等。为此，管控流程设计后，必须从流程整体目的或流程要实现的目标出发，这就需要使用《流程关键要素检查表》，反复检查流程能否实现设计时要达到的目的，流程控制对象是否准确，以确保流程控制主体正确。《流程关键要素检查表》在接下来的评审案例中结合具体使用进行详细介绍。

（二）管控流程设计评审案例——费用预算管理流程评审

费用预算管理是目前很多企业都在使用的一项基础管理方法，基本指导思想是由财务牵头带领各职能部门编制次年的费用预算；各部门根据上年费用，制定次年的费用；经各层逐级审批后，由财务监督、控制次年费用的使用。企业现行的全面费用预算管控流程如图 3-6 所示。

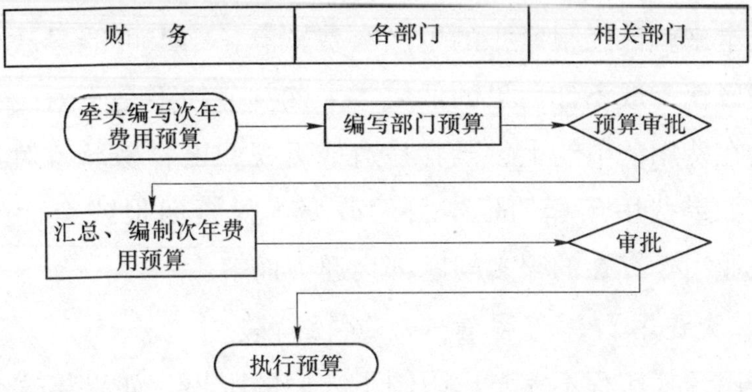

图 3-6　全面费用预算管理流程

使用“流程关键要素检查表”分析，看看是否存在问题，如表 3-6 所示。

表 3-6　流程关键要素检查表

流程预计要达到的目的	是否完整成回路	流程控制对象	控制对象用来做什么	流程控制主体	流程能否达到预期目的	流程性质		流程重要度	
						核心	支持	重要	一般
控制费用	流程没有成为回路，不完整	费用	费用是服务目的的手段，是实现目标的资源保证，是投资	财务	不能	√		√	

结合流程关键要素检查表分析上述流程。

1. 从费用预算控制的目的看——终极目的错误

费用不是终极目标，因为费用是用来做事的。现实中一定是先有事后有费用。当费用成为流程控制对象时，就已经严重干扰企业的目标了。也即当控制费用成了终极目标时，当人人把心思都放在节约上时，就很容易忽视费用的真实目的。有些企业，玩命压低本来就已经很紧张的生产经费预算，结果可能导致偷工减料、假冒伪劣或不计后果的低成本采购。节约不是不对，而是将重点放在费用的节约上，既容易造成近视，更容易导致对目标的忽视。如果费用预算的根本目的改变为投资回报或全面经营预算，企业当今存在的很多问题都会迎刃而解。

2. 从费用预算流程看——流程断裂

费用预算流程不完整，限制了人们的眼界，如果将这个流程补充完整，很多问题尽在不言之中。下面这个现实版的费用预算流程，有些问题已经一目了然地展现在读者面前，无须多言，对企业造成的损失也尽在不言之中，如图 3-7 所示。

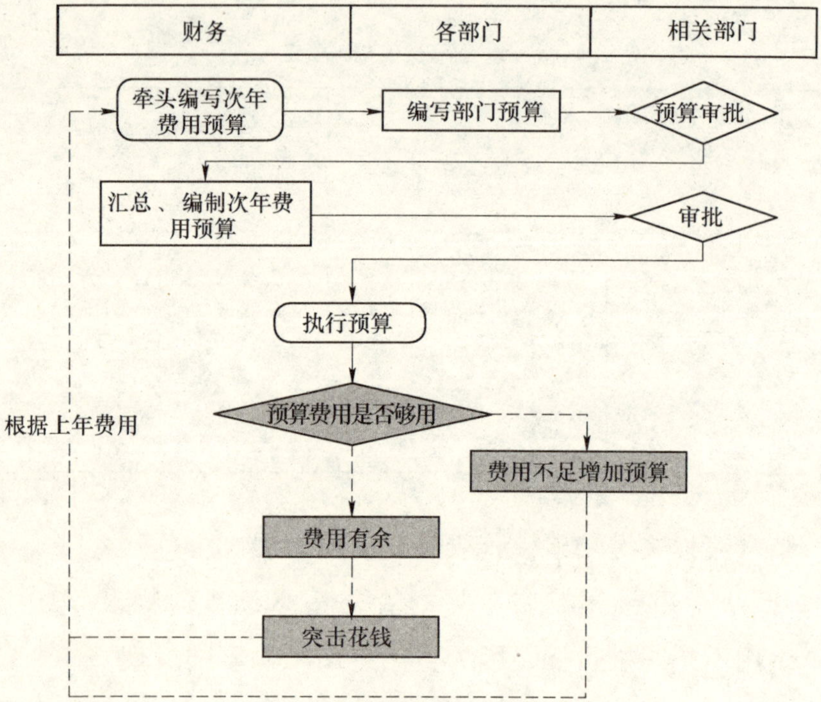

图 3-7　费用预算管理实际流程图

在这个现实版的费用预算流程中，拍脑袋根据上年费用编制次年费用本身就荒诞不经。至于年底的突击花钱更让人啼笑皆非，平时不敢花钱，到了年底又突击花钱，把本来已经节省出来的费用，突击“挥霍”。从突击花钱的执行人来说，尽管心知肚明可能造成的浪费，但是没有办法，今年节约的费用，会直接导致明年预算费用缩水。为此，宁肯浪费一万，绝不节约一分。

3. 从费用预算制定过程看——出发点错误

费用不是流程的出发点！就好比我们买东西，一定是因为要干什么，需要什么，才去买什么，才有费用的发生。以家装为例，一般家装的流程应该是功能设计—家装设计 家装费用清单—家装预算。显然，这个过程是需要有个完整的流程的，而费用预算这个断裂的流程，由于忽视了前面的流程，直接从家装预算开始，就成了无根的流程或断头的流程，这就很容易造成预算编制人的出发点错误。结果导致制定费用预算大多都是按上年比例拍脑袋，问到具体费用，绝大多数都是大概、大约。笔者年轻时曾为当时的工作单位工会编制次年费用预算，当时的基本原则是，第一绝对不能少于上年，力争超过上年；第二管它用不用，报上再说，不要真的到了没辙再想办法，反正多了总比少了好，能多一分绝不少一毛。

也许有些诸如生产管理的读者无法认同本书的观点，因为生产等环节在编制预算时，还是从上年实际费用出发的。显然这里有个误区，生产性预算的出发点不是从费用出发的，而是从年度计划目标出发的。一般的预算编制人员，往往是根据计划目标，大致根据上年的实际费用，加上货币增贬值等因素，编制出次年费用预算。显然在这个过程中，预算编制人员自行补充了流程，完整了流程，并不能说明费用预算流程本身没有错误。

4. 从费用预算重点看——费用控制没有重点

费用控制没有重点，直接带来的最大问题就是资源不能有效地集中，而造成浪费，无法把“好钢”用在“刀刃上”。这就极容易造成该用的费用不到结算期不敢放开用，快到结算期的费用又得突击花钱。至于那些不该用的费用，也并没有真正节省；结果可能费用是控制住了，但影响了整个经营目标更有效的实现。

费用预算管理的“锦上添花”，而非急人之难是很多人的切肤之痛。熟悉费用预算管理的人，很多人都会有感觉，往往是越不需要钱越有钱，越需要钱越没钱。因为资金分配的重点除了计划外，关系、人情都可能成为预算的切入点。

笔者曾经在美国一家销售公司任人力资源总监。当时，在笔者所在的公司，有些地区已经非常成熟，销售额本来就很高，原本无须过多的资金支持。但由于预算是按上年的销售额计算的，为此，销售费用预算并不低，最后直接造成浪费。而对于有些新开发或比较难的地区，本来市场就难，原本需要有更多的费用扶持，但由于上年销售额较低，而直接造成越需要钱越没钱。

5. 从费用预算控制的主体看——控制主体错误

财务不能成为费用控制的主体，财务充其量是个核算主体，能不能控制费用，需要使用哪些费用，哪些是费用重点保证项目，什么地方需要节省，均非财务能做主。

在长期的授课和咨询实践中，笔者听到最多的就是来自很多实体单位的抱怨。面对着物价的不稳定，有些部门费用不够（如生产部门）但没办法，压了又压，因为用于生产的费用大多是显性可见的费用，人们一眼能看见。而有些部门（如销售部门）不可见的费用较多时（隐形成本），如招待费等，就可能出现用不了胡乱花费的现象。产生这些现象的原因是什么？外行控制了费用的使用，从财务的角度控制成本，能看到的是诸如原材料等显性成本，能看到的是现金，看不到的则是在管理过程中发生诸如扯皮、效率低下、浪费等产生的各种隐性成本，而当一个部门隐性成本项目越多时，这个部门可能就会越有钱，这也是造成越需要钱越没钱，越不需要钱越有钱的根本原因。

6. 从费用预算控制的对象看——很多人不能准确地说出费用是用来做什么的

笔者在培训时曾经问过很多企业高、中层人员这样一个问题，费用是用来干什么的。回答得五花八门，几乎很难有个统一的认知，更难有准确的认知。可以想象，如果费用是用来干什么的都不清楚，这样的费用管理会是什么结果呢？

现实中，费用是用来解决问题的资源，是服务目的的一种手段，是实现目的或目标的一种投资。费用产生的源头既不是上年，更不是财务，而是企业的经营目标，是企业发展战略，是企业面对明天的经济安排，是对实现目标的投资，是完成或实现经营目标最重要的资源。

控制费用不是目的，仅仅是手段。开源节流开源是关键，企业没有经营目标的实现，仅仅靠费用的控制又怎能保证生存和发展？不是费用控制不重要，而是如果为了控制费用而让企业举步维艰，就不是一般的得不偿失了。

7. 从费用使用流程看——费用预算过于死板

凡有过预算经历的企业都难以忘记，如果临时增加项目，可能由于事先没有费用预算，或苦于没有经费，而无法正常开展，而等到可以开展的时候，市场、环境或时机都已经发生了根本的变化。

综上所述，费用预算管理存在着诸多的问题，简单控制成本只会给企业带来无穷无尽的烦恼。对此，这样流程显然非常不合理，解决的方法详见本节（六、流程再造）。

五、管控流程设计要点和难点

（1）管控流程是业务流程的环节展开，是二级流程，是描写具体业务实际流转的流程，其设计的依据是业务流程，管控流程不能离开业务流程进行设计。业务流程是管控流程的纲。

（2）通过设计管控流程，要将业务流程中所涉及的所有工作通过岗位连接为一个整体，让所有环节都明确自己的服务对象（后工序或市场）和支持、保证对象。要让每个人不仅知道自己干什么，同时还要了解各部门之间怎样实现协同。通过管控流程要让每个责任岗具有独立担当的能力和自主决断的能力，具体通过放权和不设或最大限度的少设审批环节表现出来。

（3）管控流程设计一票到底，服务一站到位。完整的管控流程都是闭环流程。如果流程是开路而没有闭环，这个流程多一半就是不完整的，这种不完整的流程会导致很多问题。首先导致执行的不连贯，或者导致目标错误或目的错误，再或者干脆导致流程错误等非常严重的问题。

（4）管控流程的核心是责任及与之对应的权力的确定。这是一个岗位是否能够生存的关键。没有责任的岗位注定没有存在的必要；而权力的再分配，则成为管控流程设计中最大的难点。对于有些单纯的审批性管理岗位，从流程优化的角度上，应尽可能地减少这些岗位的设置，但这样就会很正常的剥夺了某些既得利益者现有的权力，而这些被剥夺了现有的既得利益的人，就可能对企业产生很大的阻力。但保留这些岗位，又意味着企业投入的增加，流程时间的延长，过程效率的降低。为此，作为流程设计者，需要对此有一定的心理准备。

（5）管控流程设计中要设法消灭一切浪费环节。要设法实现增值环节价值最大化，同时实现非增值环节和流程时间降到最低。

任何企业所有的工作或活动，都可以分为三种类型：

1）增值工作。即客、用户愿意为此付钱的工作。

2）非增值工作。这些工作本身不为客、用户创造价值，但为了增值工作的顺利完成，属于不可缺少的工作，如更换刀具，必要的设备维护等。

3）浪费。既不增值也无助于增值的工作。

消灭一切浪费环节需要摒弃现行职能管理的思维方式，把在职能管理中各级审批、审定、审查、请示、批准等各种可能造成浪费的环节，从源头上减少到最少，或干脆在流程设计中尽可能不予设置，以此倒逼权力下放。

（6）管控流程设计以结果为导向，以实现明确的终极目标和目的为基础，以明确资源保证为前提，以确保输出效果为目的。终极目标是管控流程设计的基础，需要流程的设计者认真推敲。以制度建设为例，满足“有”制度是一种目标，而要实现这个目标就太简单了，网上下载就可以保证有；但对于制度来说，这种有绝非为终极目标，制度建设的终极目标是为了用，没有用的制度对企业几乎没有其他意义。

（7）在流程设计时，要坚决实行不靠精英的原则，要坚决废除成功依靠某个“伟大”的人物、领导者或某个精英的想法。要确保在任何人的情况下，流程都能完好的运转。要从调动每个人的能力入手，而非过分依靠某些人的能力。这就要求管控流程设计时，务必把人作为执行力中最重要、最不稳定、素质参差不齐的生产力要素，但也是决定其他各种要素价值能否最大化的关键核心要素进行设计。为此，管控流程在各环节设计时，一定要按承担各环节的人员，相对业务能力较差进行基础设计，这点至关重要。如果在流程中不能按这个要求进行设计，极有可能出现设计完美的流程而在现实中不能正常运转的情况。

只有从流程的角度，最大限度地避免可能由于执行人能力不足而发生的不稳定，这样的流程才是成功的设计。要尽量减少依靠人的环节，从流程上尽量绕开人的执行力。对有些工作难度较大或风险较高的岗位，应设法通过流程分流，设法降低岗位工作难度，分担可能出现的风险。总之，在管控流程设计时，最恐怖的就是将关键核心环节捆绑在一个非此人莫属的人的身上。

例如投资流程、投资风险是很多人都非常担心的。在流程设计时，如果整个评审环节都由一个岗位来承担，风险几乎就是必然的。而如果在流程设计中，把对投资风险的评审分散开来，从流程的角度由多人、多部门、多角度设计投资风险评审流程，自然也就降低了投资的风险。

（8）准时制、具有人工智能的自动化是管控流程设计的核心和重点，也是管控流程设计的难点。

所谓准时制是指流程各节点在实际运行时，能够在需要的时间、需要的地点、按照节点需要的要求、正好（不多也不少）得到所需数量和质量的资源。同时，还能按后工序需要的时间、需要的要求、需要的地点、需要的数量，正好准时送到后工序。显然，准时制对流程来讲至关重要，只有各环节准时才能不浪费资源；也只有各环节准时才便于协同。

具有人工智能的自动化不同于现代企业的工业自动化。工业自动化一般泛指生产过程中简单按照人事先设定的某些程序进行或开展工作。而具有人工智能的自动化则含有人工智能的意思，其含义是将人的智慧固化在流程设计中，将流程赋予人工智能，让流程能思考，会说话。这样在执行过程中一旦某个环节出现问题、发生意外或不畅时，不是靠人临场判断，不是靠人临场抖机灵，而是通过事先赋予流程的人工职能，自动感知异常，自动判断对策，让流程直接告诉执行者应该怎么办，让流程直接告知相关配合环节或节点自动进行调整或者是补位。

“具有人工智能的自动化”远比“自动化”要重要很多。以汽车驾驶为例，有些时候驾驶汽车时，我们会发现某些故障信号指示灯自动点亮。然而最残酷的是，除了油位、安全带等警告灯外，有很多指示灯对于一般司机是完全不知道含义的。可以想象对于含义都不清楚的指示灯，其对应的故障是肯定无法当即处理的。问题就来了，这个车到底还能不能继续行走，到底应该怎么应对，相信有过此经历的太多人都会手足无措。在这其中，点亮指示灯是自动化，但没有对应的处理方法就是缺少具有人工智能的自动化。现实中，既然报警都出来了，为什么不能进一步告知驾驶员应当如何操作呢？难道这还是什么难事吗？这就是具有人工智能的自动化和自动化最根本的区别。

现实中，由人临时处理问题，可能存在四个问题：

1）人面对突发事件从判断到处理需要一定的反应时间，而有些变化比人的反应时间要快，好比股市一天之中变化很大，很多时候当事人还没看明白就已经套进去了。而具有人工智能的自动化则不同，当出现人们可能还没意识到或没注意的问题苗头时，流程根据预警就已经按照既定的程序开始进行反应，并开展相应的动作。谷歌的AlphaGo人工智能围棋程序的升级版Master的出现，横扫了中、日、韩顶尖围棋高手，其基本的原理实际上就是具有人工智能的自动化最典型的代表。在这里我们清楚看到让流程不仅能思考，更会说话的现实。

2）人在遇上某些突发事件时，如果没有经验，不知道如何处理时，就有可能造成灾害的发生，意外的扩大。即使就是会处理，面对着突发的意外，能不能冷静地处理意外，也是对人的考验。对绝大多数人而言，当突发意外瞬间到来时，惊慌失措、目瞪口呆、头脑发木是正常得不能再正常的事情。而这种由于人员反应速度、反应呆滞等造成意外扩大的并不鲜见，仅仅从意外和灾害的角度上不依赖于人，都是在流程设计时必须要充分思考的。

3）每个人对意外的判断和处理的经验可能不同，所采取的措施也可能不同，需要的相关资源和配合等都可能不同，这些可能的不同不仅会直接影响意外处理的效果和效率，更可能导致开展后续工作的不确定性。

4）靠个人的经验和判断处理意外，一旦发生失误，就可能给企业带来更多的混乱，导致更大的灾难。

具有人工智能的自动化难度远远大于准时制，要实现具有人工智能的自动化，必须事先确定所有可能出现问题，必须对流程可能出现的意外应急流程进行同步设计，并事先做好相应的应急处置方案，只有这样才可能实现具有人工智能的自动化。而这正是管控流程设计中的难点。为了实现流程具有人工智能的自动化的需要，不仅要对流程各环节的工作内容和周期心中有数，更要对可能发生问题的影响因素了如指掌，还要把可能出现的所有问题都预先制定预案。显然，这不大可能一次就能完成。为此，具有人工智能的自动化需要一个过程，先针对已经出现过问题的流程制定预案，通过不断地完善，逐步实现具有人工智能的自动化的目标。

准时制难在人员素质不同、执行环境不同和执行条件不同。准时制设计的关键是按执行人可能最低的素质，通过标准化来完成。

六、流程再造

（一）流程再造

对原有流程进行改变或重新设计、重新规划即流程再造。

流程再造其根本目的是实现业绩显著、突破性提升。

流程再造不是一个简单的流程拼装过程，而是以流程再造为载体，通过全面的系统再造，全面提升企业素质，系统提升企业分析、解决问题等能力；通过再造去除冗余的工作环节，让企业中的人真正活起来，通过再造，增强企业自身的竞争优势。

（二）流程再造的两个案例及目的

1. 极大地提升效率

欧洲有个经销商要求温州的某水龙头出口企业，在三天内确认本企业在产品图册中，仍在继续生产的产品，对方准备订货。在当时还没有互联网的情况下，如果按正常的流程需要从上游生产零部件的环节开始逐厂进行确认，按这样的流程完成对产品图册中数千种产品是否生产的确认工作，至少需要 30 天才能完成。当时笔者提出，废除这样的产品制造确认流程，改为从销售开始确认。因为销售对于市场流行的产品本身就非常熟悉，而由销售开始的确认仅仅用了半天的时间，就将产品图册中近 70% 的产品是否生产得到了确认。通过对这个产品制造的 OEM 流程进行再造后，仅仅十几个小时就完成了全部确认工作，从时间上保证了欧洲客户的要求。从 30 天到十几个小时，效率提升可见一斑。

2. 从源头上释放人的活性和创造性，实现人的价值最大化

费用预算管理流程我们在前面已经分析过其诸多的问题。下面通过对费用预算管理进行流程再造，看看能得到什么结果。

（1）案例背景。

美国一家销售公司，受当时国家相关政策的影响，致使该公司某地区全年产品销售额基本为零。按照当时的规定，当年销售费用为零的，次年没有销售费用预算。

（2）费用预算流程再造。

笔者在去该地区实地调研后，认为该地区有着良好的人脉，地区经理自身面对困境，对如何开展工作的思路比较清晰，方法也能落地，只是由于受到国家政策的影响，更由于受到来自公司内部的各种“限制”，尤其是资金的限制，而使其无法施展拳脚。在这种背景下，笔者说服公司总经理，停止对该地区进行费用预算，全面采取经营预算，方法如下：

1）明确该地区年度 KPI 指标与激励政策。

2）改变当时公司正在实行的逐级严格管控的执行式管控模式（各级严格按公司决定执行的管控模式）为“松绑、放手、放权、投资监管”的管控模式，下发相关政策到该地区。

3）该地区经理组织地区全体销售人员根据指标和激励的要求，编写该地区实现 KPI 指标的设想。

4）由公司相关人员对地区实现 KPI 的设想进行综合审定。

5）根据公司审定的结果，该地区销售经理组织当地全体销售人员按月编写实现 KPI 指标的工作计划；同时编写资源配置计划（需要公司各部门支持的相关计划）和逐月的费用计划。

6）报公司总经理办公会批准后执行。

7）执行监管，过程监控。

(3) 经营预算流程（见图3-8）。

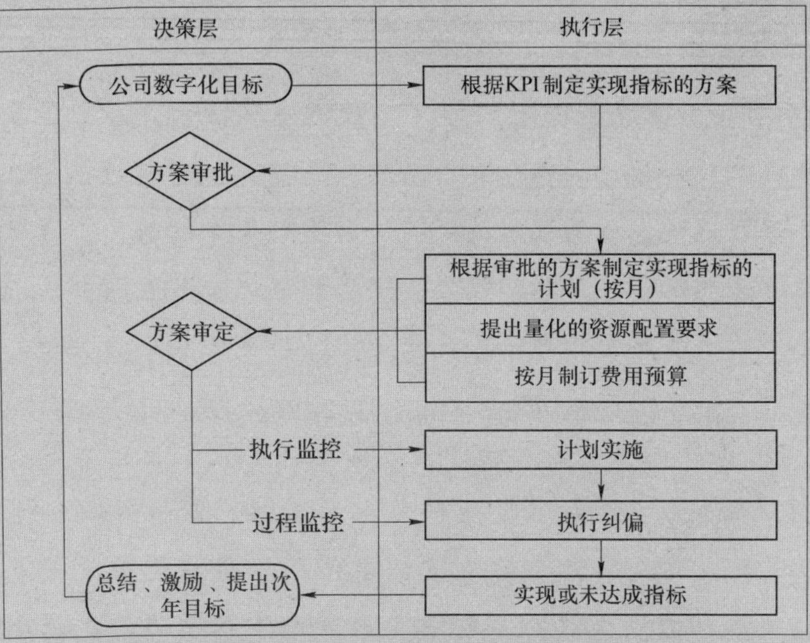

图3-8 经营预算流程

在制定流程时，考虑到当时的实际情况，从可能完成的角度出发，该地区的目标当时制定得比较低。同时考虑到执行中可能出现的各种变化和各种可能出现的问题，在当时采取了“松绑、放手、放权、投资监管”的管理模式，除了涉及公司利益的一些大的原则，基本可以由该地区独立自主。令笔者始料不及的是，在这样的流程下，该地区各级人员的活性被极大释放，整个组织一改颓势，充满正能量的活力无处不在，结果该地区不仅在当年成功扭亏，而且为公司后续发展指明了道路。第二年全公司全面废除费用预算管理，实施经营预算管理，在当时国家相关政策对企业仍旧不利的情况下，不仅成功地扩展了国内市场，更在短短几年的时间，成功实现了公司规模翻倍。

（4）案例心得。

1）流程再造表面看不过是流程调整的过程；深层看则是思想的解放和权力的再分配。因此，流程再造的实质是企业再造。客观地说，从集权到放权不仅需要领导者的勇气，更需要各级领导的眼界、心胸、魄力、智慧和胆识。只有深刻认识流程再造的实质是企业再造，是领导的思想再造和观念再造，才能保证流程再造的成功。

2）管理的核心是人的管理。管理人的根本目的不是为了限制，而是为了最大限度地释放人的活性。活性是一种主动力，是一种能改变世界的力量。释放人的活性是手段不是目的，变活性为创造性和创新性，为企业带来活力，才是人员"管理"最根本的目的。

释放活性的关键是变现行企业把人员手脚捆起来的管理模式为放开手脚的管理模式和管理体制。长期以来，我们很多企业的领导者一方面是权力中心，另一方面也是员工的工作保姆，万事事必躬亲，而这样的结果是员工越来越低能。在很多企业中，我们听到最多的一句话就是"领导你说怎么办"。就以本案例为例，过去这家公司营销策划的所有工作都是由这个公司的相关主管领导安排，然后由各级负责执行；而在本流程中，我们特别强调不允许相关领导在该地区销售人员营销方案出台之前擅自安排什么；擅自布置什么，擅自说什么，擅自指导什么。实践证明，没有了相关领导的"婆婆嘴"，由当地销售人员自行完成营销方案的策划，在很多方面有着独到之处。更为关键的是，当所有的地区销售人员都参与到营销方案的策划中时，所有参与者的智慧都被最大限度地发挥出来。更在后续的执行中，由于执行者对整个营销策划过程的每个细节都了如指掌，显然比简单执行来自上级的行政命令，无论在各方面都具有极其明显的优势。员工从被动的执行，到亲身参与，从单纯的打工到实际体现人生的价值，活力就这样被释放了，这就是这个案例成功最大的亮点。

“问渠那得清如许，为有源头活水来”。源头活水是压出来的，是挤出来的。压力来自什么？在本流程中，从形式上看，压力来自于指标挂钩的激励；从深层看，压力来自每个参与者争强好胜不服输、要面子的内心世界。

“放手、放权”的政策是释放活性，调动人积极性的关键；指标及与指标挂钩的激励是形成人动力的核心。很多企业现行的以集权管控为核心的，所谓的人力资源管理，当从本案例中找到一些可供借鉴的东西。流程再造的根本目的是释放人的活性，激发人的创造、创新性。而这个流程恰恰达到了这样的目的，为此，这个流程也称源头活水的流程，几乎适合企业中所有的工作。正所谓：

压力与重赏并举，活力与动力齐飞，信任与放手相拥，员工与企业共赢。

3）有经营预算才有费用预算，没有经营奢谈费用视为无稽之谈。

为了便于读者比较，我们将费用预算管理与经营预算管理进行比较（见表3-7），两字之差，天壤之别。

表 3-7　预算与经营预算比较表

比较内容	费用预算管理	经营预算管理
出发点及目的	控制费用	经营目标实现、需要解决的问题
费用性质	成　本	资源、投资
考核内容	成本控制情况	投资回报率
编制牵头部门	财务部门为主	经营部门

（5）关于由执行人自己编写费用预算会不会多报预算。

这个流程在设计时的出发点是目标的实现和问题的解决，所有的费用都被记成投资。流程核算的也不仅是成本，而是投入产出比和投资回报上。预算费用越大，给公司的回报就需要更多。为此，执行人需要考虑的不是多要钱，而是怎样实现更大的产出，由于每个人的投入产出比不可能一致，这就直接刺激让员工本人看到差距，对员工来说也就有了动力。这种对投入和产出比的核算方式，直接推动员工成为创新的主体，成为动力之源。也正由于这种投资回报的计算，有些原本销售很好的地区，主动削减费用预算，公司反而实现了集中资金办大事的愿望。

（三）流程再造基本要点

流程再造要想取得预期的效果，除了流程设计之外，还要做好两个方面的工作：一是必须围绕流程来调整所有人的思维方式，要让所有的人都适合流程思维（连续、系统、一票到底的思维方式）；二是必须解决权力的再分配和相关法律、文化和组织保证到位，这两点缺一不可。基本要点如下：

（1）流程再造是关于当家人和现有人员素质、企业生存软硬件环境、企业可利用资源、企业创新等的函数，不能简单模仿、照搬某些企业现成的“成功经验”。

（2）存在的不一定是合理的。从流程的角度，用流程的思维方式，对流程进行“零基”思考和再设计。

（3）没有最好只有适合。在多数员工观念未转变的情况下，直线未必是捷径。从员工实际素质出发，再造不要追求一次到位。

（4）用互联网开放、连接一切的思维设计流程；用生态的眼光评审再造后的流程；能为企业所用的资源（尤其是外部资源）最大化；能最大限度地释放人的活性，激发人的动力；是检验流程再造成功的重要标准。

（5）流程再造时，要设法通过流程，排除人的不稳定性，把人的不稳定性降低到最低。

（6）垃圾是放错了位置的资源，再造就是把“垃圾”放对位置。

（7）流程再造不是简单地调整流程，也不仅仅是使重复做的工作更有效率，其根本是高效率整合低效率，降低各种消耗，减少或杜绝各种差错和各种浪费。

提升效率一般可从提升结构效率和运营效率两个方面入手。从组织结构考虑，彻底改变当前事事请示，让批准“飞”一会的权力结构，设法把用于请示和审批、检查和控制的路径，最大限度地压缩到最短或干脆压缩到零。这就要求从流程设计上，倒逼执行人不仅有独立担当的责任意识，更要具有独当一面处理问题的权力。职能管理逐级审批的实质是不负责，有了责任往上推，有了问题往下看；而流程再造的根本是通过流程提升结构效率，彻底解决责任和担当，把权力实实在在落在执行人的身上，进而全面提升运营效率。

运营效率高效化，很多人可能会简单地理解是运营速度的高效化，显然这是一种偏见。简单地理解，运营效率的高效化，速度仅仅是一部分，比速度更为关键的是投入产出比的高效化。中国古代的庄子用一只大鸟，对运营高效化提出了一种诠释。庄子说，有个大鸟计划飞往天池，但大鸟没有直线往天池飞，而是先扶摇直上九万里，然后才向目的地天池飞去。因为大鸟明白，水太浅不能载大船，空间太小不能施展自己的翅膀。而九万里的高空，已经没有什么能阻挡大鸟前进的步伐。这种直线未必是捷径，最短的路径未必就能做到运营效率高效化的思考，让我们大开眼界。与结构效率不同，运营效率设计的核心不是设法找最短的路径，而是设法找到相对投入少、产出大、结果相对稳定的路径。为此，作为流程再造者，需要不断地在过程资源消耗和提升过程效率之间去寻找一种对企业有利的平衡，需要在投入和价值创造之中，找到一种对企业相对最合理的路径。

七、流程设计人员基本素质要求

流程设计人员基本素质要求如下：

（1）有现场实际工作经验，非某一领域的“专家”或学者，如专业单一的绩效专家、人力专家、生产专家等是无法完成流程设计的。

（2）业务过程清晰，思路明确，主要环节内部流转及控制项清晰，关键控制环节清晰。

（3）系统综合性好，各环节责任内容准确，基本资源需求明确，资源来源心中有数，资源标准大致明确，资源绩效标准基本明确。

（4）价值创造过程明确，价值创造环节明确。

（5）对责任的履行、对应的权力安排基本胸中有数。

（6）文字表达准确，无歧义；不乱创造概念，简单受过训练的人能看懂流程图。

第五节　确定商业模式

一、商业模式及主要内容

商业模式，简单地说就是企业通过什么途径或什么方式挣钱，其利润产生的行业、产品和利润结构是怎样。简单地理解，商业模式就是研究怎么挣钱的谋略。

商业模式需要解决为实现客、用户满意，需要什么样的资源、关键业务流程、合作者、利润及构成、合理的投资等。

商业模式最根本的目的，就是每个环节想方设法地通过为终端或下道工序创造价值，达到在为客、用户创造价值目的的同时，实现高效的投入产出比。

商业模式的主要内容包括以下五点。

（一）商品及价值主张

企业生存的根本目的是为用户创造价值，帮助用户解决问题。商品及价值主张即企业能向用户提供什么商品，能为用户带来怎样的价值。什么是价值？能满足某种使用功能的是价值；能抬高用户的身价是价值；能帮助用户成功是价值；提高商品性价比是价值；把复杂的变成简单的，进而降低用户各种体验成本是价值；让用户体验没有风险是价值；超过用户心理预期是价值；减少用户的各种麻烦也是价值；没事的情况下，尽量少打扰用户也算是一种商业价值。现实中，没有用户价值就没有商业价值。

（二）用户群体

用户是企业的财神爷，是企业的总裁，是企业打算为其提供商品或服务的特定目标对象。用户包括：内部用户即合作者和外部用户。外部用户主要解决做给谁、为什么做、同类商品的大致成本、可能接受的消费价格等问题。至于内部用户，企业必须思考，这些用户需要什么政策、需要提供哪些必要的资源和保证、通过什么手段才能让内部用户心甘情愿地为企业贡献自己的力量等。

（三）渠道或推广模式

渠道是商品或服务连接用户的桥梁。推广模式要研究怎样有效征服用户的心。

企业必须非常明确：

• 我能提供的商品或服务，能不能正常送达至特定的目标用户。

• 各种渠道所使用的策略和方法，能不能被用户心甘情愿的接受。

• 有没有更好地让用户觉得更舒心和开心的推广模式？

• 如果是合作的渠道，怎么保证合作各方的基本利益？

• 合作各方彼此的利益点在哪里？

• 合作各方需要企业提供什么支持和保证？

• 如果是内部用户，企业提供的资源支持是否顺畅、到位等。

• 一个企业会有很多渠道，每个渠道的推广模式注定无法相同，必须根据面对的用户群和特定环境中的商品，设计有效的推广模式。

（四）核心能力

核心能力即企业在哪些方面有着与竞争对手不同，且为竞争对手所无法具有或很难模仿的能力。是不是核心能力企业说了不算，而是必须为你的用户所认同，否则不能算是真正的核心能力。战国时期，公孙龙提出过著名的白马不是马的理论。他认为：马就是马，白色是颜色，当马加上颜色，这匹马就不能算马。公孙龙的确具备竞争对手所不具备的能力。但像这样的能力，恐怕也让天下人难以接受。日本丰田的精益生产方式把“干毛巾拧出水来”是一种能力，但能不让各路媒体对质量说三道四，就更是一种能力。核心能力是企业生存的一种基本资格，成本也好，质量也罢，效率也行，只要是能吸引粉丝的能力统统都是核心能力的组成部分。

（五）商业联盟

商业联盟一般包括两个：借力联盟和借势联盟。借力联盟就是能直接在资金、资本等方面得到帮助的众筹团队。借势联盟一般指能抬高自己身价的内、外部资源团队。企业可以从以下角度考察这些团队。

1. 从实力考察

借力联盟团队要明确：

- 能借力的团队在资金、资本、资产、资源、创意、创新等方面具有哪方面的实力？这些实力是来自企业自身，还是依靠外部力量形成？
- 除资金外，资本与资产的判定标准是否为双方认可并明确？
- 创意或创新有没有经过相关方的专业评价（包括可行性论证、技术经济和过程经济）？评价方的专业资质或实力等。

2. 从目的考察

从目的考察需要明确：

• 借力联盟团队成员为什么要借力给你？

• 企业通过借力联盟希望能达到的目的是什么？

• 联盟各方希望得到的利益及标准是什么？企业有没有可能满足借力联盟团队的利益？

• 企业满足各方利益的指导思想又是什么？

• 联盟各方需要的资源企业有没有能力提供？

• 各方联盟能与企业联盟大致多长时间？分手的信号和标志可能是什么？

借势联盟包括一切能抬高自己身价的所有人、团队、竞争对手等。能抬高自己身价的关键在于可比性，与有影响力的名人一起合影能抬高自己的身价相比，用户可能更认同的是性价比的优势、商品与服务质量的优劣、使用的简便、维护成本的低廉、购买的便利、人性化、快捷等方面与竞争对手可比、看得见的差异。在某种意义上说，真正能抬高身价的可比、看得见的差异，才是抬高身价最好的托。从这个意义上讲，能抬高企业身价的极可能就是你的竞争对手，失去了竞争对手，用户没有可比的参照物，企业未必就好过。

商业模式相当于做企业的指导原则。要具体实现商业模式需要深入研究三个内容：即研究怎么运营、怎么管理、怎么盈利。即研究运营模式、管控模式、盈利模式。

二、运营模式

（一）什么是运营模式

运营模式是企业打算用怎样的方式实现从投入到产出全过程的具体运行方式。主要包括两个内容：一个是人，即参与者的角色是什么？怎么参与整个过程？另一个是事，指在执行时每个过程从前到后应该怎么运行等。

以消费行为为例。人们在进行消费时，同时有两个因素影响人的消费行为：一个是广告属于攻心的心理范畴；另一个是行为，运营模式核心就是行为模式。我们去商场购物，有些商场在设计消费路线时，会专门让消费者绕来绕去尽量延长消费购物路线，虽然从促销的角度来说貌似可取，但说到底是对消费者的不尊重，无形之中增加了消费者的购物时间并且浪费了体力。在某种程度上这就是对消费者的变相拒绝！而绕路还是尽可能减少对消费者的各种浪费，就属于在商业模式指导之下的运营模式设计要做的事。

（二）业务流程与运营模式

运营模式是建立在业务流程基础之上的，没有业务流程就无法确定运营模式。问题就来了，有人会觉得运营模式说的不就是业务流程吗，流程不是已经把过程都规定得很清楚了吗？还要运营模式做什么？我们通过消费者身份的转变进行说明。比如一个消费者，购买了某件物品，这时这个消费者的角色对企业来说就是客户。随着使用过程体验时间的增加和延长，这个消费者针对使用中发现的问题，提出了很好的建议。这时这个消费者就从客户的身份，变成了众筹者的身份。随着合作的深入，这个消费者成为了研发团队的合作者；更由于突出的业绩，又变成了公司的股东。一个消费者身份的转变在流程中是无论如何说不清的，而在运营模式中，就可以非常详细地对这个消费者随着身份的转变，而应该怎样去进行或开展下步工作进行详细的说明。显然，业务流程描写的仅仅是过程，没有任何倾向性。而运营模式就不仅仅是过程，更带有强烈的倾向性和指导思想。比如在执行时一旦发生冲突，如果按流程是没有轻重缓急概念的，而运营模式会明确地告诉你哪个更重要，哪个优先。运营模式讲的不是理，而是企业的中心和重点。因此，业务流程不能替代运营模式。

（三）运营模式的三种形式

运营方式有三种形式：实体型运营方式、服务型运营方式和平台型运营方式。这三种方式，都有内部运营方式和外部运营方式。

内部运营方式是指从投入到产出全过程的作业组织方式。计划生产做库存是一种作业运营方式；精益生产后环节拉动、追求零库存也是一种作业运营方式。

外部运营方式是指企业与消费者和供应链资源的运营方式。外部运营方式包括 B2B、B2C、O2O 等方式。至于企业需要什么模式，必须根据自己经营的商品或服务才能准确确定。不同的运营模式如图 3-9 所示。

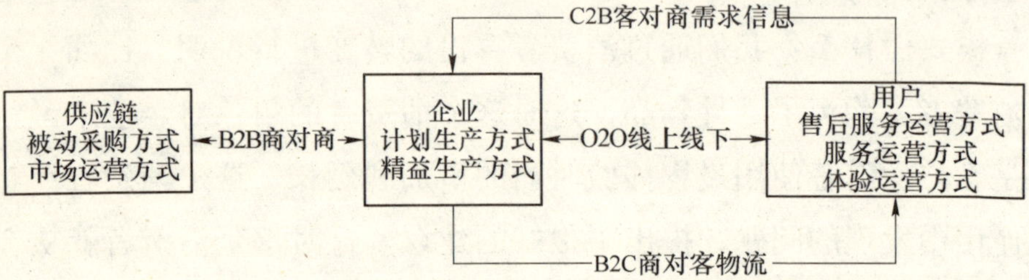

图 3-9 运营模式示意图

（四）运营模式设计要点

1. 运营模式设计的三大要素

运营模式的设计至关重要，不仅涉及消费者满意，还涉及与合作各方合作的顺畅。为此，必须深入研究人的行为，研究流程、研究过程中可能发生的问题。不符合人行为的运营模式就难以产生好的合作方，消费者也会望而却步（如某家居的运营模式就是唯恐消费者走得不远，购物时间成本过大）。不研究流程就无法实现运营。而不研究过程中可能发生的问题，一旦遇上问题，运营就无法继续，表现为运营模式的不好用。为此，人的行为、流程、过程可能发生的问题是运营模式设计的三大要素，缺一不可。

2. 运营模式设计的两个核心

运营模式中有两个点需要考虑：一个是过程怎样顺畅的完成；另一个是怎么便于参与人的参与或执行。

运营模式不能仅仅简单的考虑怎么走得通。在整个过程中所有可能的痛点都是在运营模式设计中需要认真考虑的，也就是说一个好的运营模式，必须是一个能保证能顺畅、高效运营、高效协同的模式。如果在运营模式确定中，难点不知，重点不明，这样的运营模式就很难在实际中进行运转，也就没有作用。而要保证过程的顺畅，就需要研究可能出现的不顺畅，只有把可能的不顺畅全部在运营模式中有所体现，才可能在执行时确保顺畅。

便于人的参与或执行，其核心是在保证自己能实现目标的基础上，尽可能地利他。只有消费者能感到受惠，才能有效地拉近消费者的心，才能心甘情愿地进行消费；只有合作者感觉对自己有利，合作者才有积极性。海底捞为暂时没有座位的消费者提供免费的吃喝，擦鞋服务、染指甲等，一方面缓解了等待的心烦，另一方面也让客人有占便宜的感觉。这种运营方式对客、用户有没有吸引力，自不必多言。实际上通过海底捞的运营方式，也向我们昭示了运营方式对企业的重要性。

利他有两个点，第一个是为了谁（所有的参与者），这个一定要非常清楚，一定不要在开始就把某些对象排斥在外。另一个就是要认真地研究参与者的各种行为，不能总想着自己。设计时尤其不能任性，更不能想当然。我们有些设计者非常有意思，平时作为消费者这看不惯，那看不惯，等到自己搞设计时，就忘了自己在消费过程中曾经的体验。

简言之，运营模式是从人出发，按照流程的步骤，把人和流程紧密地连接在一起，根本目的是顺畅，让各方人员受惠和满意。为此，运营模式是深入研究消费心理和行为的结果，要眼里有人，心里有事；目标清晰，过程明确；行为省事，使用简单；耗时要少，收益要大；符合人心，懂得人性。

可能有些人有个误解，商品销售做好广告就足矣，何必费力研究什么运营模式。原因很简单，任何消费都有两个部分组成，一个是心理，另一个是行为。虽然心理支配行为，但心理的产生则是多方面的；不顺手的行为模式；绕来绕去让消费者费时、费事、费力的购买行为，如对消费者不尊重、交款跑来跑去走得很远等，都会引起消费者的心理反感，最终远离企业的销售行为。而运营模式研究的核心就是人的行为，就是研究怎么让消费者舒服，从而对企业产生良好的感觉。运营模式是无声的语言，是针对人行为的促销，不考虑人员行为的促销不仅愚蠢，而且是很难有好的效果。在牛奶促销的摆放上，数量不多，牛奶摆放越乱卖得越快；而码放整齐、数量充足的展柜，反而销售额并不一定很好。这就是运营方式的智慧和产生的直接效益。

很多超市或大卖场会把冷冻的食品放在距离结账处较远的位置。如果从消费行为来讲，拿上冰冻的东西后，再去购买其他的物品，一方面随着食品的解冻到处是水；另一方面随着购物时间的延长，被冷冻的物品逐渐解冻，也就难保新鲜度了。当然消费者可以先去购买其他物品，然后专门绕回来再选购冰冻的食品。这种看似简单的物品位置摆放，就体现了运营模式的设计。如果在运营模式设计中，把冰冻食品购买路线规划到最短，并按照这个思路设计物品摆放的位置，一切就会迎刃而解，这就是运营模式。显然流程没有思想只有过程，运营模式不仅是过程，更对这个过程本身赋予了思想，思想的背后是文化，点滴之中，传递着对消费者的看法。单纯为了企业效益把消费者当“傻瓜”的，自然路线越远越好，负重时间越“长”越好。反之就完全是另一回事。

再以销售管理类图书为例。不知从什么时候开始，图书塑封了，书的背面也不写内容简介了，搞了一些名人点评。先不说这些名人是否是名人，点评有没有可能造假姑且不论，最关键的是，每个人的生存环境都各不相同，这本书对点评的名人也许是有效的，但对读者究竟是不是合适呢?

在当今社会，还有多少读者对什么名人说好就简单盲从呢?问题就来了，拿着塑封严严实实的图书不知道里面写的是什么，不知道对自己是否有用，难道仅凭读者看封面就去买书吗？这样的商务运营方式又怎么可能让客、用户认知及发现你的价值呢?好的商务运营模式是无声的语言，但能直接让消费者产生触动，直接触摸客、用户的心灵，让客、用户为你叫绝，让客、用户对你有兴趣。市场销售不能只有广告，更需要消费行为的贴心，这里没有语言。但此处无声胜有声，此地无言胜万言；此时“无为”胜有为，此间“无道”实有道。一滴水可以反映太阳的光辉，没有一个消费者是傻瓜，哪怕就是买个酱油，时间长了，在质量、价格相同的情况下，去哪家路程最短，哪家就是赢家，这就是商业运营模式对企业发展的重要的作用。

3. 运营模式设计的根本目的

运营模式设计的根本目的是让客户在各种体验中完成从客户到用户的转变。

培育粉丝是运营模式最需要下功夫的。

从认识到爱需要一个过程。谈恋爱，需要懂得对方的心，恰到好处才是关键。卖萌也好，装蒜也罢，不在形式，而是动心，不在花哨，而在心动。

在运营模式设计中，低成本并不一定是最好的方法。免费虽然可以让人喜欢，但难于让人珍惜。而一旦开始收费，所有免费的好处就成了抱怨点，甚至是怨恨点。

有些运营模式在设计时采取了“羊毛出在狗身上”的策略。说到底，不管文字上有多花哨，这种模式并不是真正多方共赢的模式，而经常是以伤害某一方为代价的模式。以搜索引擎为例，搜索是免费的，对天下的受众是受益的；但搜索排名是不免费的。于是，不仅出现了花钱造假的机会，更让有些创业者在本来就很艰难的情况下，难上加难。免费的搜索与收费的排名，对一个新创业的人会在心理上产生怎样的感想呢?

免费这种运营模式带来的另一个问题是用户的不劳而获的心理。一旦免费成为客、用户的思维定式，动不动拿着谁谁免费进行比较，会让很多企业难以为继。

维持用户满意最高的境界，是最大限度的满足用户的个性化需求。用户能想到的，我们有；用户还没想到的，你提醒用户想到，才是真功夫。一味在价格上拼，在成本上下功夫，思路会越来越窄，现金流不足，会难以进一步满足消费个性化的需求。说到底，这就是运营模式需要考虑的问题。

（五）运营模式的内容

运营模式除了商务运行模式，还包括服务运行模式、信息运营模式、众筹运营模式、研发运营模式、市场运营模式、合作运营模式、供应链运营模式等。

运营模式是运营规则的前身，在运营模式明确后，要根据运营模式建立运营规则。

三、管控模式

管控模式是企业针对管理和开展业务工作时采取的管理方式。

管控模式按管理对象区分有工作管控模式和人员行为管控模式。按内、外部区分，有内部管控模式和外部管控模式。目前企业内普遍由上级对具体工作进行直接干预和管理的集权式内部管控模式。对应这种管控模式，人人看后端、人人看市场的流程管理方式，也是一种内部管控模式。还有些平台型企业，独立核算、权力下放，放手管理，属于一种自主管理的模式。显然，不同的运营和管控模式会带来完全不同的效果。对软件和硬件的要求也会大相径庭。不同的运营、管控模式如图 3-10 所示。

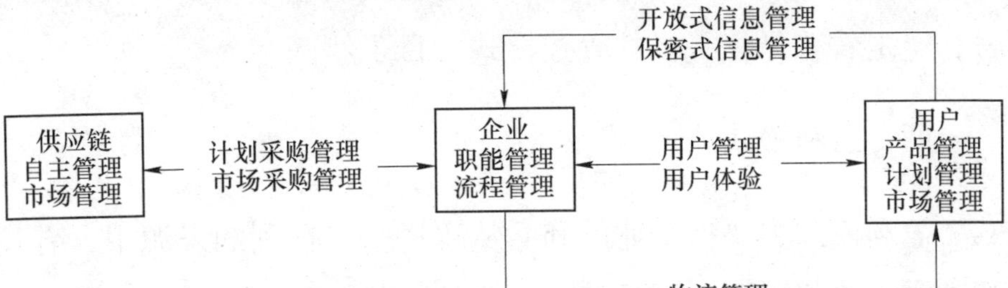

图 3-10　管控模式示意图

管控模式与运营模式的实质是一致的，都是结合流程，给这个过程赋予思想。管控模式通过管控流程的设计、相关政策的设计（如绩效考核制度、采购管理制度等）、规则的设计（如核算规则、信用规则等）将其核心的要素具体体现出来。简单地说，管控模式体现了一种思想和文化，是后续在管控体系建设中的基本文化依据。

要注意的是，管控模式是一种管理的指导思想，是基本原则，仅仅就是一句话或几个字。在执行时，必须制定相应的制度或标准，才能把管控模式具体体现出来。如实施流程管理，就需要通过后工序全量化绩效考核来实现。而如果实施科层制的管理方式，则由上级主管领导逐级进行绩效考核即可。管控模式通过很多种方式能体现出来。员工动不动就请示领导，万事等待领导做主，这就是集权式的管控模式。走进工厂窗明几净，摆放有序，标志清晰，不用问也知道实行了5S管理的管控模式。有些企业看大面各种动人，但卫生间滴漏，有刺鼻的味道，到处脏兮兮的，向人们传递着这是个重形式的管控模式；有些单位只追求流行，实际上也就告诉我们，这是个典型的不务实的管控模式。有些公司随便问问员工，员工不是不知道，就是不好说，这种公司的管控模式根本不需要多问……管控模式在很多情况下无须语言，走走看看是什么样的管控模式一目了然。

四、盈利模式

盈利模式主要指企业的利润从哪里来。在利润来源中，有长期利润来源和短期利润来源，企业必须明确以下几点：

• 利润来源的行业和渠道是否明确，商品利润结构是否合理；

• 利润来源是否靠谱、能否持久，如果利润来源不能长期保证，企业的对策是什么?

关于商业模式大致简述到这里。

在明确了做什么、怎么做和谁一起做及商业模式后，接着需要制订企业战略规划，明确企业发展战略阶段。

第六节　制订发展战略

战略是表明一个企业如何达到目标的整体谋划，是指导企业实现目标的计划和策略。战略规划则是企业关于实现目标的大致阶段性安排、部署和谋划。

任何一个企业在发展过程中都会经历初创期、成长期、成熟期、衰老创新期等发展阶段，战略规划就是关于企业在不同的发展时期，企业准备怎么应对的总体安排。具体地说，一个企业在不同的发展阶段，企业需要使用什么样的资源，为了达到目的需要使用什么样的手段，大致的阶段发展目标，需要制订何种措施来保证阶段目标的实现等，这就是战略规划要研究的内容。战略规划不是简单的数字堆砌，而是企业发展阶段的行动指南，是对企业竞争能力和整个竞争动态进行深入分析后，针对前面的六算和具体的商业生存环境做出的整体安排。

制订战略规划的根本目的是面对现实，对实现目标做出整体的安排，进而通过全体人员对企业战略的共识，凝聚团队的注意力，以便在执行过程中同心协力。

制订战略规划时，要充分平衡企业现有的资源，兼顾长期发展和短期利益的平衡，在可持续的基础上，采取有效的方法去追求利润。

案例：某企业再生战略规划（见表3-8）。

表 3-8　企业战略规划

战略规划		战术解决	资源支持与保障		责任人	实施时间从至
战略阶段	第一阶段：企业再生	子项工作	支持保障内容	资源表任人		
目标	夯实竞争基础，形成竞争对手难以模仿的核心竞争力					
主要指标	投资回报率、净利润、占有率等（略）					
工作重点	1. 建立商业模式					
	2. 形成团队执行力					
	3. 形成竞争对手难以模仿的竞争优势					
必须解决和完成的工作	1. 标准化，没有标准化就不可能实现业务数据化					
	2. 全面废除科层制的组织管理体制，从体制到政策完成向平台化企业的过渡准备					
阶段实现标志及评价标准	1. 完成内部市场化及评价标准					
	2. 完成职能管理向流程管理过渡，全面实施流程管理、制订相关评价标准					
	3. 完成向平台型企业发展的信息准备、众筹的相关司法准备、资源准备和核心人员准备，制订相关评价标准					

第七节　根据目标确定 KPI 指标与激励挂钩

没有激励就没有动力，没有指标也就无法激励。建立关键业绩指标体系，将指标与激励挂钩是解决人员动力的核心和基本。在指标设置时，以下指标供参考：

对于销售部门，可按利润中心进行考核。主要指标包括：市场占有率、利润增长率、计划销量等。

对于生产制造部门，可按投资中心进行考核。主要考核投资回报率、质量不良率、一次交货合格率、安全生产等。

对于研发中心，可按新产品上市数、新品市场占有情况、投资回报等进行综合考核。

由于各企业实际情况完全不一样，这里不做进一步描述。

如果企业已经处于市场化阶段或已经成为平台型企业，所有的员工都成为合作者时，企业可按投资回报设定基本目标，其他目标可参照表3-3《企业目标体系》进行相关指标目标设定。

第八节 关于企业文化建立

企业文化对于一个企业的发展至关重要，其是制度建设的基本指导原则，也是人员行为的基本准则，更是企业能否在社会上生存的根基。一个企业要让文化有效，一定不要依靠人的自觉，只有依靠法律的力量才能建立有效的企业文化。只有法律和扎根在心头的文化，才能成为人们自觉的基础。对于不能认同企业文化的人，也是企业无法合作的人，这是企业的底线，企业文化立法的核心就是把企业的核心理念，用法律的形式，告诉所有的合作者和内部员工，这主要包括两个方面：

（1）人员行为立法。明确地告知所有的人员，包括合作者，什么能做，什么不能做，一旦触及这些法律的雷区，将承担什么结果，这就好比宪法和刑法。

（2）工作标准立法。通过明确工作流程、关键控制点、流程价值链等，让所有的执行者不仅知道企业的工作重点和核心，更要知晓应当怎样才能做好工作。

企业文化不应该是贴在墙上的口号，而应该是现实中约束人员行为和工作的标准。控制不是限制，约束才有创造。企业文化的核心是不要口号要方法，不要空喊要标准，不要自觉要法律，不要形式要内容，不要人情要激励，不要耍嘴皮子要务实。当企业文化能够通过法律变成所有人的灵魂时，这样的企业一定是无敌的企业。

至此，关于企业前期策划工作已经全部完成，接下来最需要解决的是，将领导力转化成为最有效的执行力。没有执行力，再好的设想也是空的，接下来让我们一起看看提升执行力最有效的方法。

第四章

执行力及提升

第一节 执行力及衡量

一、执行力

执行力即按期、保质完成计划或实现目标的能力。

二、衡量执行力的三个指标

执行力一般可用三个指标进行衡量：执行到位；执行的有效性和执行的稳定性。

（一）执行到位与执行到位的两要素

执行到位是指执行结果达到事先约定的要求或实现既定的目标和标准。

保证执行到位至少需要两个要素：标准量化、训练有素。这其中，标准量化是执行到位的基础，否则没法衡量是否到位；但现在企业的标准是个什么样子呢？请看案例：

案例 4-1：某单位的《队列管理标准》

（已通过 ISO 9000 认证）

（1）全体人员必须精神饱满，全神贯注，服从命令听指挥。

（2）全体人员要努力认真地走好每一步，每行按左边排头的标准，每列按正前方前一队员的标准，按指挥的口令统一行进。

对比标准：中国人民解放军阅兵标准

徒步方队每分钟 116 步、步幅 75 厘米、距地面高度 25 厘米、128 步正步，走完天安门东西华表间 96 米；十八万人方队横、竖、斜看成直线；“六线一致”（头线、臂线、手线、膝线、脚线、枪刺线）。

对比上面两个制度，结论请读者自己做。

案例 4-2：某集团公司《内控管理制度》

（已通过 ISO 9000 认证）

（1）贯彻执行公司的各项决定、指令，根据公司下达的生产作业计划和设备维修、更新计划、技改技措计划、技术培训计划，制订本车间的月、旬、日作业实施计划，并组织实施作业。

（2）组织完成公司下达的工时定额、劳动定额、消耗定额、备品配件定额和费用定额，不断提高作业质量和生产效率。

我们相信这样的标语口号式的“标准”，各位读者已经见多不怪了。

规则是企业所有合作者在做事过程中所必须遵循的法则；制度是要求执行者共同遵守的办事规程、行动准则、工作标准。好的制度还应该是执行者的作业指南或作业指导。规则也好，制度也罢，其核心是三个清晰：即清晰地告诉执行者应该做什么（内容）、怎么做是正确的（思路和方法）、衡量做事结果的尺度或标准是什么。从这样的观点出发，对比上面的案例，我们不难发现，在上面的案例中，只有内容，但既没有明确做事的规则，也没有正确做事的思路和方法，更没有衡量结果的标准，可怜到究竟做到什么程度是正确的都说不清楚。面对着这样的糊涂“标准”，又何谈什么执行到位！

规则和制度的核心也是衡量执行的三要素。没有思路和方法就必然胡干；没有标准就没办法衡量执行是否符合标准，当由几个人同时完成此项工作时，又该如何去评价谁做得好，谁做得不好呢？在说不清的情况下，人情、位置、面子就会成为评判成功的主导，随着时间的延续，企业就必然把命运交给员工，结果多数是悲剧。

制度也好，标准也罢，说到底是为了执行的。达标、对标是企业管理中最重要的。没有思路就没有出路，没有方法就没有成功，没有标准就无法衡量是否达标、是否成功。通过上面的分析，企业不研究规则、制度和标准的量化，对当前根本就不是标准的“标准”置若罔闻，想当然地靠提升员工素质去提升执行力，不啻于天方夜谭。不仅费力不落好，达不到好的结果；更可能由于这样、那样的不当理论或方法，降低执行力。可以明确地说，在当前的企业制度不变的情况下，奢谈执行力，不仅没有意义而且浪费时间。

训练有素是指走步很简单，人人都会，但不训练一样走不齐。没有训，执行人就不知道标准、不懂规矩，无法掌握正确的方法和正确的要领；没有练就无法养成习惯，也就无法掌握技巧。只有训没有练，达不到训的目的；光有练没有训，受训者不知道该怎么练。都说台上一分钟，台下十年功，讲的就是练。要让员工坐有坐相，站有站相，各种强化训练就不仅是必需的，更是必要的。训练不到位，就算工具再好，制度再好员工不会用也等于没有。可以说，在现实中提高职业素养的关键就是练，多干出技巧，巧干出智慧，要想巧就得练。学而不思则罔，思而不练则殆。

（二）执行的有效性

执行的有效性是指执行结果效果好。

在评价执行力时，执行到位和有效性不能互相替代。就好比打蚊子，屋里一共进来八只蚊子打死了六只为执行不到位；但为了打蚊子弄了一墙的血，这叫执行效果不好。

谈到执行效果，这是企业必须要下功夫彻底解决的大事。例如，有些现场类节目在电视转播时，镜头不停地插播绝大多数观众并不认识观众的镜头（不知道现实中有多少人对完全不认识的人会有兴趣），不仅造成观赏节目的不完整，而且那种吃苍蝇般的心理感觉，实在让人超级烦躁。结果会怎样，非但达不到电视台苦心追求的收视率，而且这种不完整的观赏效果会让节目本身饱受诟病。

某脱口秀节目非常受人欢迎。有个电视台，在这个节目中高强度地插播广告，多到让人已经完全无法忍受的程度，换台成了唯一的选择。试问，大家都选择回避时，广告的效果能达到目的吗？

乘公交车赶上堵车，一共两站地，充其量也就 15 分钟，有一条洗衣粉广告，竟让每个乘车人至少看了N遍以上。第一直觉，这种产品利润过大；至于第二个感觉是让人很烦躁。这样高强度的宣传不要说广告，就是用这样的强度反复说我爱你，你受得了吗?!

有些单位提出产品售后五星级服务。从使用者来说，这种五星级服务的后面是不是也在传递着对自己产品的不自信呢？现实中，售后服务无论对提供服务还是接受服务的人来说，都是需要有时间投入的，如果再加上可能的机会成本及可能在售后服务期间所创造的利润，售后服务是五星级好，还是尽量免打扰服务更贴心呢?

互联网时代，客、用户体验已经成为考验企业最基本的答卷，企业不可等闲视之，一味从自己出发的企业，注定会自食其果。

（三）执行的稳定性

执行的稳定性是指执行结果的一致性。

以运动员为例，有些运动员在平时训练时表现不错，但是一上赛场就不行了，这就是执行的不稳定性。现实中，执行的稳定性往往比到位和有效更重要。因为，稳定的执行效果不好或执行不到位，可以通过事先调整人员、变更人员组合或采取其他方式予以解决，就怕事先觉得没问题，在执行时出现纰漏。因此，执行不稳定是企业最需要解决的问题。

（四）执行稳定性评价

执行是否稳定可以按以下四不原则进行：即不随心情得结果，不看领导脸色说话，不管环境有多差，不因人员而变化。

实际上，看到这里已经毋庸讳言，所有的读者都能感到这种不随心情、不看领导、不因环境、不因人员变化，稳定的执行力，几乎不存在。这就给我们带来了一个非常严肃的思考，一方面人是执行力的载体，另一方面，只要执行力与人挂钩，就一定是不稳定的。从这个角度上说，要保证执行的稳定，就必须将执行力与人的素质脱钩。

第二节　企业执行力差的原因分析

一、现行的职能管理体制影响执行力

现行的职能管理要求下级必须对上级负责，这就让执行人即被考核人无法关注输出的工作结果，直接导致执行方向错误。关于这一点在第一章第二节中有详细论述，这里不再赘述。

二、现行的职能绩效考核影响执行力

绩效考核主体为上级时，影响执行方向；绩效考核标准不定量时，影响执行达标。企业现行的职能绩效考核，无论从主体到标准，都存在着非常大的问题，关于这两点在本书中其他地方有详细的论述，在此不再赘述。简言之，当前企业职能绩效不变革，没有执行力就必然是铁打的事实。

三、现行的企业制度影响执行力

大多现行的企业制度有几个主要的特点：口号多，指导少；原则多，细节少；道理多，方法少；靠人的素质多，靠企业素质的少之又少。

上述的“四多四少”是指在很多企业的制度中，大量使用了诸如什么：“努力完成什么工作”“认真做好什么工作”。但在怎

么做好上，却没有具体的方法。这种含含糊糊的制度，既没有标准，也没方法，结果必然导致工作直接依赖于人的素质。

由于执行力既涉及人的责任，也涉及具体工作执行，我们分别从责任和执行方法上找两个案例，分析企业执行力差的根本原因。

案例 4-3 责任制度：《中餐厅服务员岗位职责》

（已通过 ISO 9000 认证）

（1）对待客、用户耐心、热情，善于介绍各种符合口味的菜肴，满足客、用户需求。

（2）仪表整洁，注意个人卫生，严格执行《食品卫生法》。发现不合格食品，不出窗口，并向上级汇报。

（3）认真搞好酒席的服务工作，热情主动满足客、用户的正当要求，做到有客人不离岗。

（4）团结同志，作风正派，关心集体，爱护餐具、用具。

（5）每天工作结束前，搞好卫生工作。

试分析：什么叫耐心、热情？怎样叫善于介绍？

仪表整洁标准是什么，注重个人卫生从哪些方面入手？不合格食品的发现该是谁的责任？如何发现？是不是可以直接品尝给客人的菜肴？

何谓认真、主动、作风正派、关心集体……

曾经有这么个故事，有个饭店，有一次承办一个价格不菲的酒席。席间，有个客人提出要一瓶矿泉水，按预订酒席的标准，本应该不包括这瓶矿泉水。面对这样的问题，服务员能不能做主，是否需要请示，面对一桌价格不菲的酒席，如果这点事还需要请示，客人会怎么想，但如果不请示，服务员擅自做主，问题就更多了，什么能送，什么不能送，以后怎么办？

责任不是上述那些空洞的口号和一些什么原则，责任是一种担当。但如果在实际担当时，什么能当，什么不能当都说不清，又何谈什么执行力。

案例 4-4 做事方法制度：《标准化操作标准》

（已通过 ISO 9000 认证）

（1）认真做好质量控制工作，保证生产进度，确保安全生产。

（2）认真进行巡回检查，做到定时、定点、定线路、定内容，挂检查标志牌。

（3）按时记录，字迹清晰，差错率在 0.2% 以下。

（4）精心操作，做到勤调节、勤联系、勤检查。

（5）坚守岗位，做到不脱岗、不睡觉、不做与工作无关的事情。

（6）搞好设备维护保养。

……

试分析：质量控制包括太多的内容，这里的“做好”包括什么？怎么做？凭认真就能做好质量控制？

巡回检查什么？安全？质量？设备？

怎么叫精心？勤的概念是什么？怎样搞好设备维护保养？……

如此制度真好比：

雾里看花说不清，水中捞月怎执行，人员素质成关键，企业一定难长大。

亲爱的读者，您所在的单位是不是也有这样的制度呢？面对着这样很多人极其熟悉的制度，您会有什么感慨呢？面对着的这样的制度，您还有心情说您的员工素质不好吗？面对着连标准都说不清的制度，执行力越强，企业可能承担的损失是不是会越大呢！现实中绝大多数的企业制度，好有一比：

蓝蓝天上制度飘，违章撞线车照跑，要问制度有啥用，蒙事儿、摆样、混达标。

从执行的角度说：

执行需要有规则，思路方法不可少，标准量化是关键，激励手段不可少。

四、现行管理，责任不落地，直接影响执行力

责任是一种担当，一种鞭策，是一种激励，更是一种重任。从企业来说，只有把责任落地到个人，才能完成企业的基本目标和战略构想。

可能有些读者看到这里会有异议。因为凡是通过 ISO 9000 认证的企业都有岗位责任书，而绝大多数人普遍认为有岗位责任书的企业，责任就已经说清楚了，就已经落地到员工个人身上了。实际上，这就是职能管理模式最大的误导，我们还是用案例说话：

案例 4-5：某公司人力资源部部长岗位职责（部分）
（已通过 ISO 9000 认证）

一、工作任务

（1）认真做好人力资源管理工作。

（2）检查和督导各项工作任务的完成情况，发现问题及时处理，保证本部工作完成质量，提高工作效率、办事效率。

……

二、工作权限

对集团规定范围内本部管理权限的事项进行初审和呈报。

……

三、工作责任

对劳动人事部工作完成程度、工作质量、工作效率及本部对集团责任负责。

简单分析如下：

从任务看：什么叫认真，检查督导各项工作具体内容包括哪些？作为一个人力资源部部长，不可能面面俱到什么都管。这种没说清的工作内容会不会与其他岗位，造成重复工作或造成没人管的漏项呢？发现问题及时处理，什么叫及时？保证完成本部工作质量，标准是什么？如何判定是否达标？如何与被检查人达成对工作质量的共识？

从权限看，其管辖范围到底多大、包括什么权限基本没说清；遇上工作衔接，衔接人又该怎么支持？作为一般办事人员，到底什么工作该找你，什么工作又该找别人？权力都不明确奢谈执行力有什么意义呢？

从责任看，其责任是需要权力和资源的支持作为保证的，哪个不到位也无法承担责任。这种既没说清权力，又没有明确的责任范围，更没有资源配合的支持与保证，所谓负责，很难成立。

从责任书的整体结构来看，工作任务、工作权限和工作责任居然给分离了。要知道任务就是责任，责任的履行不仅需要权力，还需要资源，更需要明确具体责任的执行标准。这必须是完整的一句话，像这样一种结构，在不完整的同时，已经造成了岗位责任完全无法落地的事实。

从叙述的方式来看，整个责任书空话多多，没有一句是有用的话。真真是满纸空洞语，一堆无用字；表面貌似有，实则等于无。

责任落地是个体系，是系统工程。责任落地不仅涉及权力、资源，还涉及工作和绩效标准量化、责任范围确定等诸多因素。现实中，企业靠现行的那么一张岗位责任书（实质是岗位分工表）就想实现责任落地，无异于天方夜谭。

杰克·韦尔奇说过："仅仅有一个宏伟的战略目标是不够的。决定成败的不是目标，而是措施"（保罗·托马斯、大卫·伯恩，《执行力》，中国长安出版社，P24）再高明的战略并不能使你赢得比赛，赢得比赛的关键是执行，是如何采取行动和是否采取行动。任何伟大的思想最终要归结到艰苦的工作，想提升执行力不能靠简单地耍嘴，指望简单培训就能提高执行力更不可能。对企业来说，提升执行力是系统工程，也是脱胎换骨的浴火重生的过程，更是企业再生的过程。

第三节　提升执行力是系统工程

执行力受到很多综合因素的影响，如体制、绩效、制度、业务处理能力、责任落地到个人等。从系统上看，提升执行力需要从三个"彻底解决"入手，分别解决"八件事。"这三个彻底分别是：彻底解决责任落地；彻底解决现在企业制度存在的问题；彻底解决企业文化落地。

八件事是指影响执行力提升的八个要素，具体包括：谁来干，责任范围有多大，责任标准是什么，怎么干，责任权力及对应的绩效考核标准，责任报酬，谁来配合及配合的标准，哪些能做哪些绝对不能做等。

实现执行力提升，流程理顺是先导，确定（工作）重点是前提；责任落地是基础，权力到人是保障；制度建设是基本，执行（人）做对是核心；绩效考核是导向，强化训练才有效。

确定重点即第三章第三节业务流程设计中的核心工作内容。执行做对包括两个含义，一是会做，二是做对。所谓做对是指思路清晰，做事相对成本低、效果好、质量好、效率高的方法。下面按流程的顺序从责任落地开始叙述。

第四节 责任落地及实施指南

责任落地就是使团队中的每个人都能各司其职，通过明确落实流程（工作）各步骤的责任、权力和资源配置，确保执行时责任到个人。

一、责任落地第一责任人

责任落地涉及权力和具体责任归属，涉及责任区大小，即工作范围的大小；还涉及资源保证。因此，完成此项工作的第一责任人非企业当家人莫属。而简单地希望由二级领导或找个什么部门来完成此项工作，根本没有成功的可能。

二、责任落地的三个人

责任落地涉及三个人：第一个是执行人，第二个是监管人

（对应职能管理未转型企业）或效果确认人（对应流程管理的企业），第三个则是资源供应保证人，三人缺一不可。

有执行无监管或无效果确认，就无法保证执行的效果；没有权力和资源保证，责任也根本无法履行。

三、责任落地流程

岗位责任落地需要同时解决责任及与责任对应的权力和资源配置，同时必须建立岗位责任标准及岗位责任区。责任落地流程如图 4-1 所示，本图是图 1-2“管理 4.0 实施流程”A8 环节的展开流程（二级流程）。

这个流程大致分为三步，下面按步骤结合流程，进行详细的说明。

第一步，将压力、激励和标准明确到责任岗（流程 B、C、D 环节）。

这一步主要是将指标及与指标挂钩的激励和工作标准一起，按岗位责任预分工（粗分工表）暂定的责任岗，下发给各责任岗。这一步至关重要，没有暂定的责任岗，责任就没法落地；没有指标就没有压力；没有激励就没有动力；没有标准就无法检验执行是否正确，同时也无法提出履行责任需要的权力和资源保证的具体要求。

完成本步工作的基础是需要明确四个关键项，没有这四个关键项，责任是无法实现落地的。这四个关键项是：岗位责任预分工（粗分工）、岗位 KPI 及与激励挂钩的关键业绩指标、与岗位责任挂钩的工作标准、来自下道工序的资源配合要求，客、用户则是企业最终的下道工序。

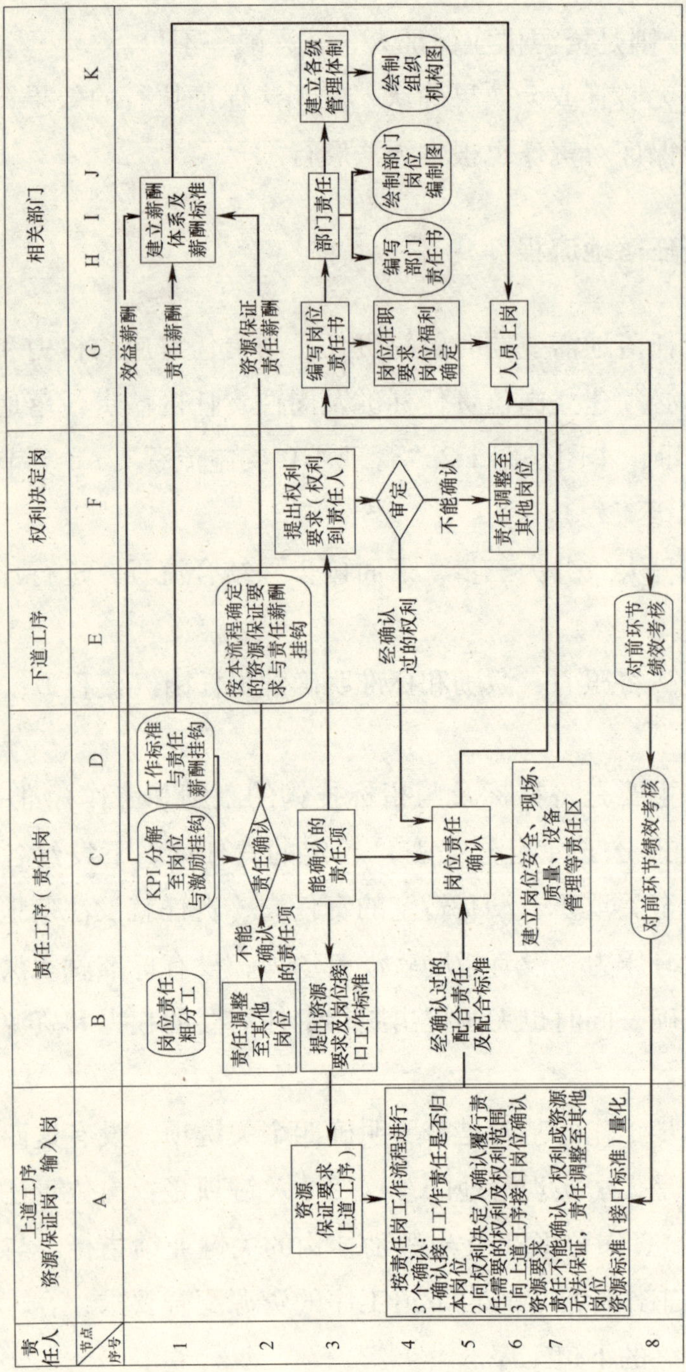
责任人
节点
序号
上道工序
资源保证岗、输入岗
责任工序（责任岗）
下道工序
权利决定岗
相关部门
A
B
C
D
E
F
G
H
I
J
K
1
2
3
4
5
6
7
8
岗位责任粗分工
KPI 分解至岗位与激励挂钩
工作标准与责任薪酬挂钩
效益薪酬
责任薪酬
建立薪酬体系及薪酬标准
责任调整至其他岗位
不能确认的责任项
责任确认
按本流程确定的资源保证要求与责任薪酬挂钩
资源保证责任薪酬
提出资源要求及岗位接口工作标准
能确认的责任项
提出权利要求（权利到责任人）
编写岗位责任书
部门责任
建立各级管理体制
资源保证要求（上道工序）
审定
岗位任职要求岗位福利确定
编写部门责任书
绘制部门岗位编制图
绘制组织机构图
按责任岗工作流程进行3个确认：
1 确认接口工作责任是否归本岗位
2 向权利决定人确认履行责任需要的权利及权利范围
3 向上道工序接口岗位确认资源要求
责任不能确认、权利或资源无法保证，责任调整至其他岗位
资源标准（接口标准）量化
经确认过的配合责任及配合标准
经确认过的权利
岗位责任确认
不能确认
责任调整至其他岗位
人员上岗
建立岗位安全、现场、质量、设备管理等责任区
对前环节绩效考核
对前环节绩效考核

图 4-1 责任落地流程

下面按流程的具体步骤说明如下：

1. 进行岗位责任预（粗）分工（节点B1）

岗位责任预分工（粗分工）就是要把责任暂时明确到具体由哪个岗位承担。为什么是暂时责任，因为责任的最终归属涉及权力和相关资源的保证，在权力和资源尚不能确定的情况下，所有的岗位根本无法确定为具体责任岗。这步是责任落地中必不可少的中间步骤。其目的是将责任预先分配到某个计划执行的岗位上。没有这个预分工，责任找不到承担人，就无法确定岗位在流程中实际运转时，需要的权力和对应资源的要求。对当今绝大多数企业来说，所谓现行的岗位责任书不过就是一个非常不完整的岗位粗分工而已，参看第四章第二节《案例：某公司人力资源部部长岗位职责（部分）》。因此，责任落地基本为空话。

岗位责任预分工（粗分工）通过填写“岗位责任预分工（粗分工）表”完成（见表4-1）。岗位责任预分工（粗分工）表，可通过企业现有岗位责任书结合表4-1转化而来。

2. KPI指标或投资回报要求分解至岗位或执行团队（节点C1）

这步包括两个步骤，一个是将企业的KPI指标分解至具体执行岗；另一个是将KPI指标与激励挂钩。

（1）将KPI指标分解至具体执行岗。

KPI即企业关键业绩指标，是表示企业发展战略、近期和远期的数字化目标；也是一个经营主体在某个经营时间内，从效益到管理的综合检验及评价标准。其全部为定量指标，没有定性指标。关于指标的具体内容详见第三章第二节；传统企业可按KPI指标、合伙人的企业则可按投资回报为目标。

有的读者可能问，企业中不可能人人有指标。实际上这是一个

表 4-1　岗位责任预分工(粗分工)表模版

销售 系统 销售员 岗位(岗位最终名称待定)预分工(粗分工)表							
岗位负责的工作				岗位监督的工作			
序号	工作内容	监督岗位	需要配合的部门、岗位	序号	工作内容	被监管岗位	需要配合的部门、岗位
1	参加订货会议,办理订货		无须配合□ 需配合□ 需被配合□ 部门______岗位______	1	检查合同执行及完成情况		无须配合□ 需配合□ 需被配合□ 部门______岗位______
2	参加产品展销会,宣传产品,洽谈订货业务,开发市场		无须配合□ 需配合□ 需被配合□ 部门______岗位______	2	考核产品是否合乎合同条款		无须配合□ 需配合□ 需被配合□ 部门______岗位______
3	办理合同审批、修改、变更、撤销手续		无须配合□ 需配合□ 需被配合□ 部门____岗位______				
4	建立销售合同档案、进行合同分类统计		无须配合□ 需配合□ 需被配合□ 部门______岗位______				
5	办理提货		无须配合□ 需配合□ 需被配合□ 部门______岗位______				
6	协助工厂和其他职能部门处理合同纠纷		无须配合□ 需配合□ 需被配合□ 部门______岗位______				

本表填写说明:在分工表的 2 项内容中,无论是岗位负责的工作,还是监督工作,务必填写完整,要确保不漏项。

误区，现实中只要功夫深，指标到个人；责任变指标，人人担责任。

以卫生保洁员为例。卫生保洁至少需要承担安全指标，否则一旦出现安全事故，就是企业的劫难。北京某大学一个大学生吃饭时，因与他人斗嘴，仅仅因为被掉在食堂地上的一根粉条滑倒，最终让这个大学生命赴黄泉。

中国有句老话“一屋不扫何以扫天下”。从现代企业看，很多人已经把卫生和管理水平紧紧地连接在一起，甚至很多人到一个单位考察时，简单看看厕所就能大致判定这个企业的整体管理水平。从这样的角度说，卫生保洁除了安全还承担着维护企业形象的工作。由此可见，一个卫生保洁都至少能找到两个指标，更何况其他岗位。

实现指标落地需要使用一个叫 CSF（Critical Success Factors）的工具，CSF 也称关键成功因素法。当使用 CSF 实现指标落地到岗位或落地到执行团队时，你会发现没人没指标，也不可能有人没有指标。在本书中，KPI 是岗位薪酬的重要组成部分。为此做好相应指标的分解工作，是完成后续工作的重中之重。

所谓关键成功因素（CSF）是指保证目标实现的关键、决定性要素；是定性的要素。换个角度理解，如果把影响目标实现的关键因素都解决了，就相当于目标实现了。

对于企业来说，CSF 是企业管理最重要的工具之一，使用 CSF 可以实现以下三个基本目的：

1）可以系统地找到保证目标实现的所有因素，并据此找到责任人和责任岗；

2）可以将各种指标分解至岗位；

3）可以把诸如企业文化之类的标语口号，最终转化成量化的指标。

这里需要说明的是，CSF 是定性的，在实际使用时，CSF 可以循环使用，直到找到具体岗位，能实现指标的量化为止。

案例：某兵工企业 KPI 使用 CSF 分解成本责任到岗位（见图 4-2）。

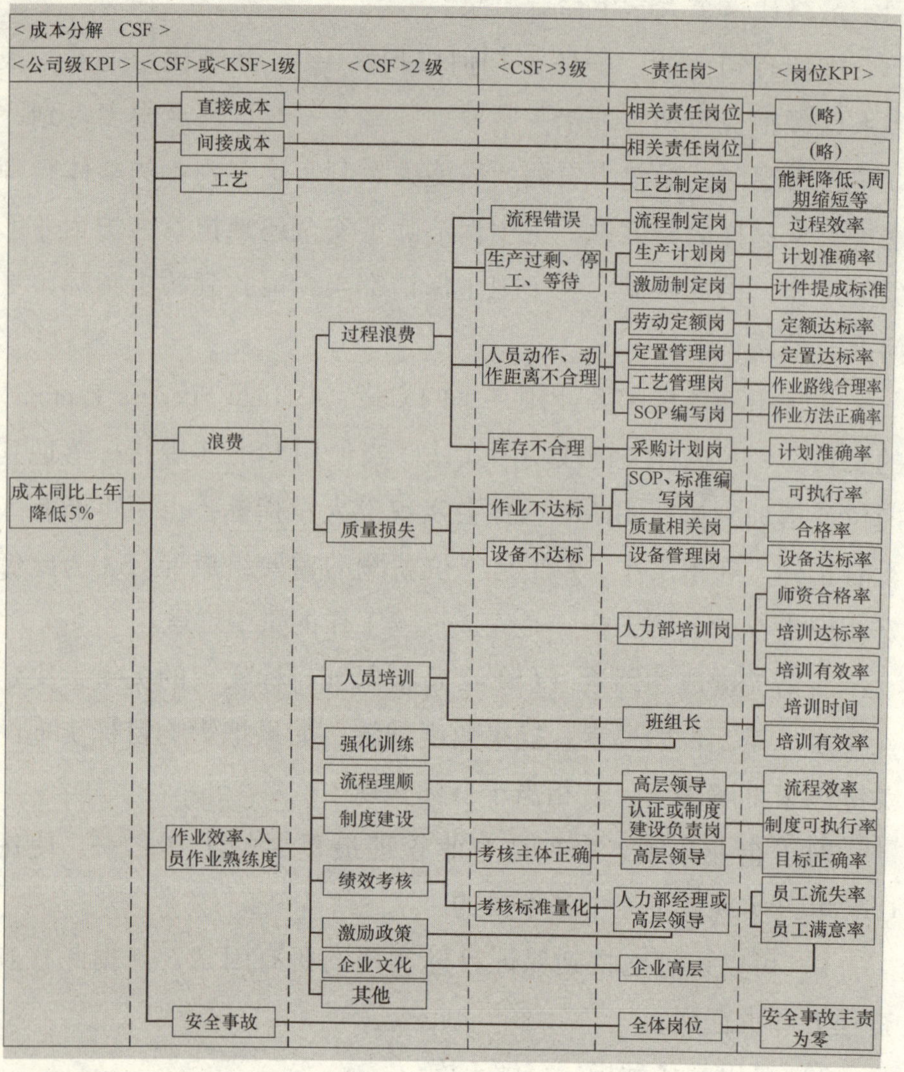

图 4-2　成本分解图

在图 4-2 中，关于工艺影响成本，在笔者曾经的工作经历中，有一次严重的操作失误。但经事后质量跟踪，这次操作失误，几乎未造成质量损失，却歪打误撞地使生产周期缩短了整整50%的周期。

（2）将KPI与激励挂钩。

参考表4-2案例，填写本表，使执行人不惑于刑赏。此步在责任落地中极为关键。没有与指标对应的激励，员工是不可能产生工作动力的；也就不可能认真地对待资源和权力的具体要求。建立在无激励基础之上的责任落地，是很难保证真正有效果的。

表4-2　案例：某公司指标激励表

____部门（团队）____岗位____年度经济技术考核指标（目标体系）						
KPI	单位	计算公式	必保指标	力争指标	激励标准	指标性质
新产品市场接受率	%	=市场接受的新产品数（销售不低于__/研发的新产品总数）×100%			低于必保目标，按__激励；介于必保和力争目标之间按__激励；超过力争目标按__奖励	效益类
客户投诉	次		不多于__次	不多于__次	达到力争目标，按__奖励；介于必保和力争目标之间按__激励；低于必保目标按__激励	责任类
安全责任事故	次		0	——	全年无责任类事故奖励__/人·元 发生轻伤负激励__/次；发生重伤及以上，全年奖励否决；团队按人负激励__/人·元	责任类

3. 工作标准（节点D1）

工作标准来自两个方面，一个是运行的规则，另一个是相关的制度。

规则是商业运行、企业管理、平台等运行所必须遵循的法则。规则有三种形式：明规则、潜规则和元规则。明规则是有明文规定的规则，存在着需要不断完善的局限性；潜规则是无明文规定的规则，约定俗成无局限性，一方面能弥补明规则不足，另一方面也能制约、改变某些明规则；元规则以最强者说了算，是决定规则的规则，是上位的规则。

制度是要求执行人共同遵守的办事规程、工作标准、作业指导和行动准则。

规则与制度都是法律。制度与规则的主要不同在于，规则一般主要描写与运行相关的具体要求。比如平台运行规则、核算规则、竞赛或比赛规则等。规则要求所有参与同一项目运营、竞赛的不论内外部的人员都必须遵守，也就是说规则不仅对内部，甚至对外部的客、用户都是可以约束的。就好比我们去京东、淘宝购物就必须遵守京东和淘宝相关的购物规则、结算付款规则、物流规则、退换货规则等。对规则的违约一般通过罚则体现。

企业制度一般主要用于企业内部管理和具体执行。制度不仅需要规定工作的具体标准，还要规定具体的工作步骤和具体的工作方法。好的制度不仅让执行人有重点、有思路、有方法，更应该是执行者的作业指导书，是优秀人才的“复印机”。在有效的制度建设中，如果能将各关键控制项与责任激励直接挂钩，运用经济杠杆集中执行人的注意力，能非常有效解决企业素质提升的大问题。

关于规则和工作标准涉及的内容较多，将在本章第六节进行详细描述。

4. 来自下道工序的资源保证要求（节点 E2）

要保证责任能得到顺利的履行，资源保证就必须到位。而在现行职能管理体制中，对与执行时所需要的资源是几乎没有研究的，因此，直接导致责任很难落地。而要保证执行到位，资源就是必不可少的。资源是什么，资源是完成任何工作的基础保证和基本条件（包括人、财、物、信息、相关的政策等）。在任何一个实体中，企业文化是重要的软性保证、也是制约性的核心资源；相关的工具及必需的硬件构成硬资源，包括水电风气、能源动力等。

在工作正常开展的情况下，流程上道工序输送的产品、部件、政策或安排的工作（如有些领导安排工作时根本就没说清或者过于简洁，下属根本就不明白等），任何“先天不足”都会直接导致下道工序（后环节）工作质量降低，工作效果无法保证的事实。为此，上道工序（前环节或上一环节）就是履行责任最重要的资源和开展工作的基本保证条件。为了保证责任的履行，我们就必须建立工序责任接口（岗位责任接口或岗位接口工作标准），以保证来自上道工序的资源和工作前提是合格的、有效的、也是及时的。

所谓工序责任接口即为了保证责任的履行，由责任工序对上道工序（流程前环节）提出明确、量化、具体的要求。这个接口要求实际上是责任履行者代表企业，对上道工序提出的量化的绩效考核的要求。

工序责任接口从企业流程最末端——市场或市场服务端（终端即客、用户端）使用《岗位资源接口表》表4-3开始提出。按流程的反方向，从后往前逐环节完成接口责任的确定工作。这里需要注意的是流程是从前往后，做接口则从后（流程后端）往前。从流程终端（即流程最末端）开始的原因主要有以下三个：

（1）可以把来自终端的压力直接传递给企业相关各级人员。在咨询过程中与处于流程末端的销售或售后服务人员打交道时，听到最多的话是“反应很多次了，根本没人管，卖不出去、技术支持不到位，还说我们不努力”。通过将终端的压力按流程逐级往前环节传递，不仅可以将市场的压力转变成每个环节的压力，更可以通过这种压力逐环节的对责任、权力和资源“叫板”。只有这样才能真正帮助执行人说清责任，搞清资源，明确权力，避免出现企业一线人员“流血又流泪”的尴尬局面。

表 4-3　案例：某公司岗位资源接口表

<table>
<tr><th colspan="6">某公司销售团队对其他团队的要求</th></tr>
<tr><th>配合（接口）团队</th><th>配合（接口）内容</th><th>配合团队接口责任岗位</th><th>配合（接口）标准</th><th>考核激励</th><th>争议判断人（岗位）</th></tr>
<tr><td>设计团队</td><td>设计针对性</td><td>设计岗</td><td>设计导向符合客户个性化需求</td><td>设计不能满足客户需求的，改到客户满意为止，由此引起的订单时间延误，每延误一天按__元进行负激励。
客户满意同时能提供书面满意证明时，按订单创造的纯利润，对设计者进行纯利润的__%进行奖励。激励费用纳入__。</td><td>总经理</td></tr>
<tr><td rowspan="2">生产部</td><td rowspan="2">产品质量</td><td rowspan="2">质量检验岗</td><td>产品质量符合国家标准《GBXX》</td><td rowspan="2">全年质量退货总额少于__订单总额的__%，按__奖励。
由于质量问题或交货不按期造成的退、换货、返修、退单等损失由生产团队集体担责。损失额小于__元时，由造成质量问题的责任人负全责；损失额在__元至__元之间的，由团队集体承担责任。对责任人具体的激励标准由团队首席负责制订；损失额超过__元的，由总经理根据实际情况提出处理意见。</td><td>客、用户</td></tr>
<tr><td>按订单，尤其需要符合客人及分市场专项特殊要求进行加工</td><td>客、用户</td></tr>
</table>

说明：1. 在确定表 4-3 时，考核激励标准制定的基本依据是根据接口不达标可能给企业带来损失程度而确定的。

2. 填写本表时，责任岗位只填写岗位输入端（前端）的接口工作内容及对应内容的考核激励标准即可，对本岗位接口的要求由后环节提出。

（2）根据流程终端来确定具体的资源要求，是因为客、用户对企业的要求是企业终极的要求，同时也比较明确。而企业根本的目的就是满足客、用户的基本要求，显然从终端开始的先行确认，是从根源开始的确认。

（3）企业内部各岗位接口资源确认不能同时进行。必须按流程环节，从末端往前逐环节提要求，这个顺序一定不能颠倒。后环节没有提出具体要求的，前环节是无法开展接口确认工作的。

对接口资源提要求时，不能使用不明确的字眼，诸如：越快越好、及时、确保工作效果等。这些字眼对于接口来说，是无效的语言。以及时为例，什么情况为及时必须要说清楚，对于实在说不清的接口，应以服从市场的要求为基本原则。在这个大原则下仍然难以说清楚的，干脆放到能说清楚时再补充到接口表中。否则，就算在表中有相关项目也是没有意义的。

对接口资源提要求的过程也是流程梳理和优化的过程。发现原有流程不合适的，应及时调整流程，即进行流程再造。

5. 进行责任确认（节点 C2）

这步由各岗位自行完成。当各岗位在接到上述四个［指标（见表 4-2）、工作规则或标准、岗位责任预分工的对应责任（见表 4-1）、来自下道工序的资源保证要求（见表 4-3）］基本要求之后，需逐条对本岗位承担的责任项（包括资源保证要求）进行核对；对于不涉及权力和资源，确实属于本岗位的责任应与确认。责任确认发生争议时，可通过责任调整、权力调整、指标调整、内容调整、工作标准调整等方式，将责任岗所承担的具体责任落地。对于本岗位力所不能及的责任内容，应由相关部门将这部分内容调整给对口的相关责任岗位。

责任确认不能马虎，按管理 4.0 建立的薪酬模式，责任是工资的一个重要组成部分。如果在责任确认时含含糊糊，极有可能直接影响本岗位的收入。关于薪酬体系的建立见第五节。

6. 对于能确定的责任项进行资源和权力的确认（节点 A3、F3）

本步骤包括两个内容：提出需要的资源要求，提出责任对应的权力要求。

（1）对上道工序（前环节）提出资源要求（节点 A3）。

责任工序使用表 4-3 对上道工序提出资源保证要求。上道工序也需要参照本节的方式，对其工序的上道工序进行资源保证确认，同时对为履行责任的权力进行确认。

（2）确定履行责任需要的权力（节点 F3）。

接口是对前环节资源的要求，权力是对履行责任的要求。

权力是实现指标和责任的基本保证。主要回答在什么范围内，做什么事，对应什么权力。确认权力的基础有 4 个：指标、责任和履行责任的能力及个人最基本的素养。

履行责任的能力不能靠印象，需要有证明性的相关信息。这中间最容易出现的问题是任人唯亲。天津一个日资工厂有个车间主任，为了保住自己的位置，很多关键的工作根本就不安排其他人，尤其是设备检修。所有关键部位的检修，只有他自己动手，别人碰都别想碰。通过对权力的确定，能够直接检验领导者的基本素养，也是对领导心里底线的挑战。

权力确认不能笼统进行，必须根据所承担的责任逐项确认。对于即使看似完全相同的工作，在流程中的实际权力可能也是完全不相同的。例如采购，简单地写个负责采购工作没有任何意义。正确的写法是，在指定采购什么的范围内，采购权限是××元，超过××元的应找谁，怎样处理。

有读者看到这里会说，这岂不是很麻烦，答案是肯定的。但这种麻烦如果弄清楚了就属于一次性麻烦；如果说不清，则执行时必然是次次麻烦。现实中，这种麻烦是不可以躲避的；正视麻烦，解决麻烦，彻底消灭麻烦，让麻烦永远不麻烦，才是最明智的选择。

在这一步，务必明确岗位在什么情况下可以全权做主，权限的范围有多大，在不能自行做主的情况下，流程应该怎么办，找谁解决等必须说清。为了做好这一步，需要填写“岗位责任、权力确认单”。填写岗位权力确认单的基础是务必把责任写清楚。以设备管理为例，不能出现诸如“负责设备管理工作”这样笼统的字眼。设备管理工作的内容太多了，简单的一句话根本无法覆盖到底负责哪方面的管理工作，具体责任落地时，要把所涉及的工作内容逐条注明，如表4-4所示。

权力确定是极其严肃的事，当认为某岗位根本不能赋予相关的权力或这个岗位没有能力履行相应的责任时，对应的责任就应该调整至其他岗位（节点F4、F6）。

权力和责任区确定务必不能嫌麻烦，一旦有说不清或漏项时，必然会在执行过程中产生扯皮。

权力确定中最大的误区是认为权力是分出来的。分权是现行管理理论中最大的错误之一，给实际操作带来了太多的误导。因为权力是分出来的，各级领导都会把权力看得很重，认为权力被分出去就相当于领导地位的失去。

表 4-4　案例：某公司设备管理岗责任（含责任区）、权力确认单（样板）

×××集团××××分公司设备管理岗责任及责任范围、权力确认单								
序号	岗位职责	责任权力		权限范围	上环节		下环节	
		主项	分　项		对口部门	对口责任岗	对口部门	对口责任岗
1	负责设备管理	技术管理	制定与工艺相关所有设备的选择预案	仅限工艺设备	设备需求部门	部门经理	集团设备部	总经理
			制定、修改分公司工艺设备管理、绩效考核标准，经集团设备部经理批准后，全责监督实施。有权按此绩效标准对相关人员进行考核和激励。对于恶意报复考核结果的，有权直接向集团总裁提出处理意见		设备制造商设备工艺资料	采购岗、设备安装岗等	集团设备部	设备管理岗
			制定、修改分公司工艺设备备品、备件、工模具管理、绩效考核标准，经集团设备部经理批准后，全责监督实施。有权按此绩效标准对相关人员进行考核和激励		备件制造商	采购岗	集团设备部	备件管理岗
			制定分公司工艺设备管理等级评定标准，配合集团设备部设备管理岗，共同完成对分公司的设备定级及评定考核				集团设备、人力部	总经理
		经济管理	负责分公司设备运、维费用统计核算，结果上报集团设备部核算岗	分公司与工艺相关的全部设备	各部门	核算岗	集团设备、财务部	核算岗
			负责分公司年度设备检修费用预算编制，经集团设备部总经理批准后，全责监管并负责效果考核		各部门	设备管理岗	集团设备、财务部	设备管理岗、总经理
			负责分公司工艺设备生命周期及相关效益分析；结果上报集团设备部总经理				集团设备部	总经理

续表

×××集团××××分公司设备管理岗责任及责任范围、权力确认单

序号	岗位职责	责任权力		权限范围	上环节		下环节	
		主项	分项		对口部门	对口责任岗	对口部门	对口责任岗
1	负责设备管理	操作管理	组织全体设备操作员制定、修改分公司工艺设备操作SOP，结果上报集团设备部备案。全责对SOP执行情况进行考核，有权对相关人员进行激励	仅限工艺设备	各部门	设备操作岗	集团设备部	设备管理岗
		责任管理	组织分公司制造部经理建立分公司工艺设备点检、维修责任区，结果报集团公司总经理备案； 全责监督、设备各责任区责任执行情况，有权对执行情况提出激励意见，报分公司总经理批准后执行。激励发生争议时，按分公司总经理的意见办理。 分区发生争议时，有权直接确定责任分区		各部门	部门经理/设备操作岗	集团设备部	设备管理岗
			组织分公司专业人员建立分公司设备点检、维修责任标准；全责监督责任标准落地实施，有权按标准进行绩效考核		各部门	专业人员	集团设备部	设备管理岗
2	负责设备检修	检修计划	负责制定工艺设备年度检修计划与针对性绩效考核标准，经集团设备部审批后，全责监督执行。负责对执行效果进行绩效考核并负责激励	限工艺设备	各部门	部门经理	集团设备、制造部	设备总经理、制造总经理
			负责与生产计划协调检修时间，协调未果可与厂长直接协调；与厂长协调未果直接交由公司经理办公会确定	限与工艺设备相关的设备	各部门	部门经理	集团设备、制造部	
		资源配置	有权与各部门经理协调设备检修资源配置事宜。与资源相关部门协调未果时，直接上报至集团设备部总经理		各部门	部门经理	集团设备、制造部	设备总经理、相关部总经理

权力不过是一种用于解决问题的资源，与领导的地位、身份没有必然的联系。现实中，权力根本就不是分出来的，而是完成责任所必须具备的资源。权力与责任是对等的关系，离开了责任奢谈权力，权力就没有存在的意义；但离开了权力奢谈责任，责任就完全无法履行。当权力一旦离开了责任，权力就必然是滋生腐败的温床，是降低执行效率最合法的法律保证，是执行人推诿责任最好的借口，是企业失去竞争优势的核心和关键。只有彻底消灭分权的思想，才能真正解决权力到岗位，才可能让企业拥有最美好的明天。

权力除了责任和担当，不应该被赋予任何其他内容。

7. 岗位责任确认，编写岗位责任书（节点 C5、G3）

当一个岗位责任及与责任对应的权力、资源、责任区均确定后，才算真正实现了责任落地。接下来，应开始编写岗位责任书。

编写岗位责任书有前述指标、责任确认、资源确认和权力确认的基础，仅仅进行汇总即可。

（1）岗位责任书的组成要素。

1）岗位基本信息项。主要包括：岗位类别，岗位直接上下级、岗位编码等信息。

2）岗位 KPI 指标（岗位数字化目标）。主要包括：岗位年度经济技术考核指标及激励标准。

3）岗位职责。主要包括：岗位责任及对应的权力、对应的工作标准及激励标准等。

4）岗位接口部门及岗位一览表。主要包括：岗位工作及主要的对口责任部门和岗位。

5）岗位绩效考核标准。主要包括：岗位输入、输出端量化的接口工作及考核标准。

6）岗位工作标准。主要包括：岗位工作内容及对应的执行标准，以方便在工作时使用，同时也方便相关标准的归口管理，更方便企业信息保密工作。

7）岗位任职要求。社会上有一种做法叫岗位任职模型，产生的原因是对岗位工作不了解，因此还要配套什么岗位职务分析等工作。使用本方法完全无须那么麻烦，因为通过岗位责任确认、权力确认、资源保证确认后，岗位任职要求已经是水到渠成。看着责任、权力、资源要求直接往下编写就是。以库房管理为例，一般的库房管理员完全无须什么高学历，但某公司库房要求使用Oracle数据库，显然文化层次较低的人员就难以胜任。

（2）岗位责任书样板。

某公司岗位责任书样板如表4-5所示。

8. 岗位责任体系建立，建立责任区，确保责任到个人（节点：C7）

除了一个人的岗位外，对于一个执行团队或执行群体来说，岗位责任书的建立并不意味着岗位责任就已经全部落到个人身上。这是因为岗位一般都由若干人组成，而且每个岗位均需要至少承担四大责任：安全责任、质量责任、设备管理责任、现场环境管理责任等。只有岗位内的每个人都有明确的管辖责任区，责任才算全部落地。下面以生产型企业安全等现场责任区建立、责任落地到个人为例，介绍现场责任区建立的方法。非生产性行业的责任区，可参考本书的方法建立。

（1）建立现场安全责任区。

现场安全责任落地，需要建立一图（危险源、隐患总平面及

表 4-5　案例：某公司岗位责任书（样板）

×××公司 销售团队____岗位职责 Q/HY　401 002-2016		第 0 次修改	共 11 页，第 1 页		
		编制		审核	
		批准		有效期	
直接上级	××总经理、外部客户	经营（管辖）岗位			

岗位年度经济技术考核指标（目标体系）

经济技术指标项		指标性质	单位	必保指标	力争目标	激励标准
主指标	计划销售金额	效益业绩类	万元			低于必保目标，按____激励；介于必保和力争目标之间按____激励；超过力争目标按____激励
	销售计划完成率		%			
辅指标	环境检查不合格次数	责任类	次	0	全年检查合格，按____奖励。因检查不合格给公司造成麻烦的，由总经理根据实际情况进行处罚	

岗位责任、权力、工作标准

序号	责任项	子序号	岗位责任及权力	承担指标	工作与激励标准	配合岗	考核岗	复审或争议判定人
1	销售管理	1	根据市场变化，有权制定、调整相关销售政策	计划销售金额、销售计划完成率、客户增长率	销售政策有效，由总经理根据实际情况进行奖励	总经理	总经理	
		2	了解市场动态，预测市场趋势，为总经理提供相关市场信息		未做到，由总经理根据实际情况进行激励		总经理	

续表

岗位接口部门、接口岗位输入、输出一览表（输入由本环节考核，输出由下环节考核）

接口部门	与本岗位对接岗位	序号	接口性质	主要工作内容	考核标准	考核人	被考核人
外部客户	客户	1	输入/输出	客户需求	出现差错造成损失的，由总经理根据实际情况进行相关激励	客户	销售订单岗
		2	输出	回款	订单货款无拖欠，按相应订单总额的____%进行奖励	总经理	销售团队首席

履行岗位职责涉及的主要工作规则及执行标准

序号	工作内容	执行标准或制度	标准号	备注
1	销售与市场及市场开发（新产品上市）管理规则			
2	客户及客户服务管理规则			

续表

岗位任职要求				
项　目	标准任职要求	不能达到标准任职要求		备注
		允许降低的最低要求	对薪酬等级的影响	
专业要求	专业对口			
户籍要求	无要求			
学历要求	大专及以上			
职业证书要求	无要求			
经验、技能要求	相关行业 3 年以上连续工作经历，有带队伍的经验，能独立解决管辖范围的各项工作及相关难题			
性别及年龄要求	性别无要求，年龄不超过____周岁			
身体健康要求	非孕妇，身体健康，适应经常出差在外的工作条件			
其他要求				

责任分区图）、一账（安全责任分区台账）、一表（危险源、隐患及防范表）、一记录（安全检查记录）及相关看板（现场安全隐患，险源警示看板）。

1）一图——危险源、隐患总平面及责任分区图。

这一步的目的是明确险源是什么，位置在哪里；险源一旦发生意外，可能危害的范围有多大。并据此建立作业区安全红线。

建立安全责任分区应先绘制工作现场总平面图。在总平面图上，按国家《企业职工伤亡事故分类标准》（GB 6441—1986）确定险源或隐患位置。把可能出现的安全隐患，危险部位的位置在平面图上详细的标注出来。在标注险源和隐患后，要根据险源发生意外时可能造成的危害范围，建立险源和隐患防护区（安全红线）；险源或隐患防护要明确分区到个人。要确保每个险源、每个隐患点、每个防护区都有专人负责，如图4-3所示。

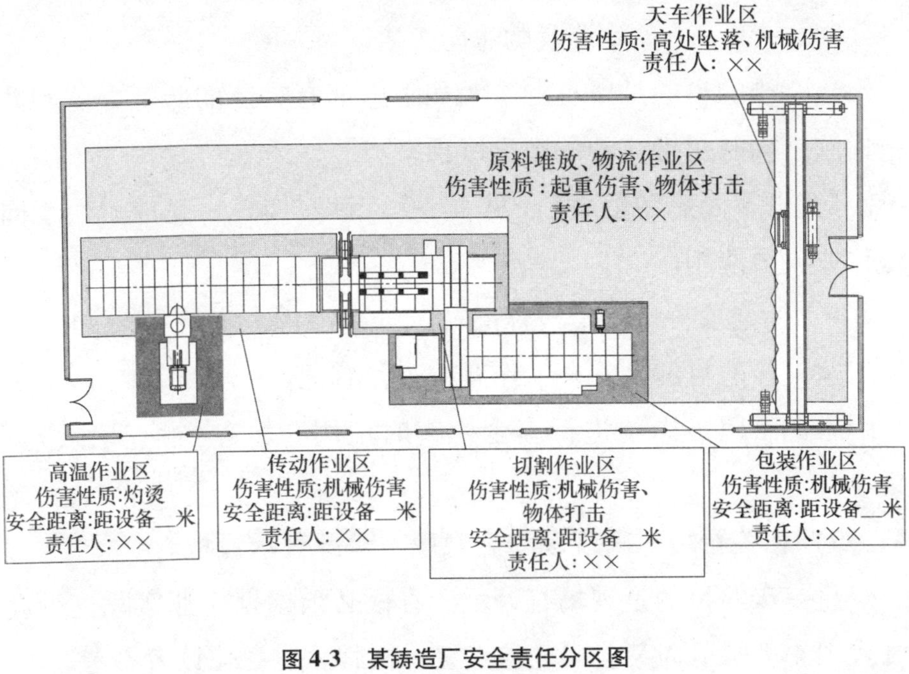

图4-3　某铸造厂安全责任分区图

绘制本图的4个基本要素是：险源及位置、险源可能伤害的范围、安全区负责人。

2）一账——安全责任分区台账。

这一步主要的目的是所有的险源和对应的防护区都能找到具体负责的责任人。

台账针对团队或部门，建账后留在团队或部门使用。《安全责任分区台账》如表4-6所示。本账的核心和关键是作业现场安全无空白区、无死角到个人，务必保证岗位中的每个人都有自己负责的安全区域。

划分责任区不能简单地按作业面积划分。而应该根据险源性质、险源危害种类、险源可能伤害的区域、险源意外处理的手段等结合卫生清扫、设备点检查与维护等因素进行综合划分。在实际操作中，责任区不能简单追求面积上的均等。对于管辖责任区较大，安全责任较重要的人员，可将其的工作量和工作责任通过薪酬体现出来。

3）一表——危险源及隐患防范表。

这一步的目的是所有的险源和隐患都有具体的防范办法和防范措施，同时对可能的危害进行预警。

《险源及隐患防范表》（见表4-7）针对岗位，完成后用于岗位作业人员使用。

4）一记录——安全检查记录。

这一步的目的是安全工作有检查，有记录。

本记录用于岗位进行安全检查时使用。《安全检查记录》见表4-8。

5）相关看板——现场安全隐患、险源警示看板。

这一步的目的是现场有警示。看板必须根据企业实际进行设计。图4-4所示为某公司危险点警示标牌。供各位读者参考。

表 4-6 《安全责任分区台账》（样板）

××××团队（部、室）安全责任分区台账																
险源、隐患								安全检查			安全防范、防护设施					
				位置		责任人			监管人				责任人		监管人	
编码	险源名称	隐患名称	险源、隐患危害性质	地点	防护区位置从__至__	责任班组	责任人	检查频率	监管人	失职激励标准	编号	设施名称	责任班组	责任人	监管人	失职激励标准

表 4-7 危险源、隐患防范表（样板）

部（室）____岗责任人____险源、隐患防范表													
	部位							意外应急处置					
								应急对口部门			应急处置		
编码	险源	隐患	可能造成的伤害	形成危险的条件	防范措施	防范方法	成险前兆	部门	岗位	紧急联系电话	临时措施	处置方法	备注

表 4-8 安全检查记录（样板）

______部（室）__________岗安全检查记录											
检查人								确认人			
检查点编码	对应险源隐患编码	检查时间	检查情况	异常现象	针对异常措施代码	异常临时处置方法	检查人	确认人	确认时间	检查人确认意见	对检查人不达标项整改的要求

异常措施代码：1. 当即停车，同时报修；2. 发现当日报修，当批生产结束后检修；3. 发现当日报修，待停产时检修；4. 异常当场处理完毕。

部位危险、隐患警示牌			
危险、伤害源		可能造成的伤害	
伤害范围		成险条件	
险源防范措施			
意外状态判断		意外临时对策	
区域责任人		区域监管人	

图 4-4　案例：某公司危险点警示标牌

（2）建立生产作业现场质量责任区。

建立质量责任区需要建立一图（生产过程质量控制点分布图）、一账（质量控制总账及质量责任分区台账）、两表（原辅料质量控制标准、过程质量管控标准及异常对策表）、一记录（质量检查记录）、一 SOP（生产作业质量控制及意外应急作业指导书）及相关看板（质量控制点及监管看板、质量管理看板）。

因企业实际情况相差太大，这里仅提供企业目前缺少的模板供参考。SOP 编写的方法将在制度建设中详细论述。

1）一图——《生产过程质量控制点分布总图》，如图 4-5 所示。

这一步的目的是根据生产工艺，找到每个可能影响质量的因素及对应的位置。

影响质量的因素包括环境影响因素，如温度与温差、天气与气候、白天与黑夜等；设备影响因素；原材料影响因素；操作影响因素；人员影响因素和其他影响因素等。确定时应分别进行归类，将每种因素对质量可能产生的影响及影响位置在图中清晰地表现出来。

2）一账——《质量控制总账及质量责任分区台账》如表 4-9 所示。

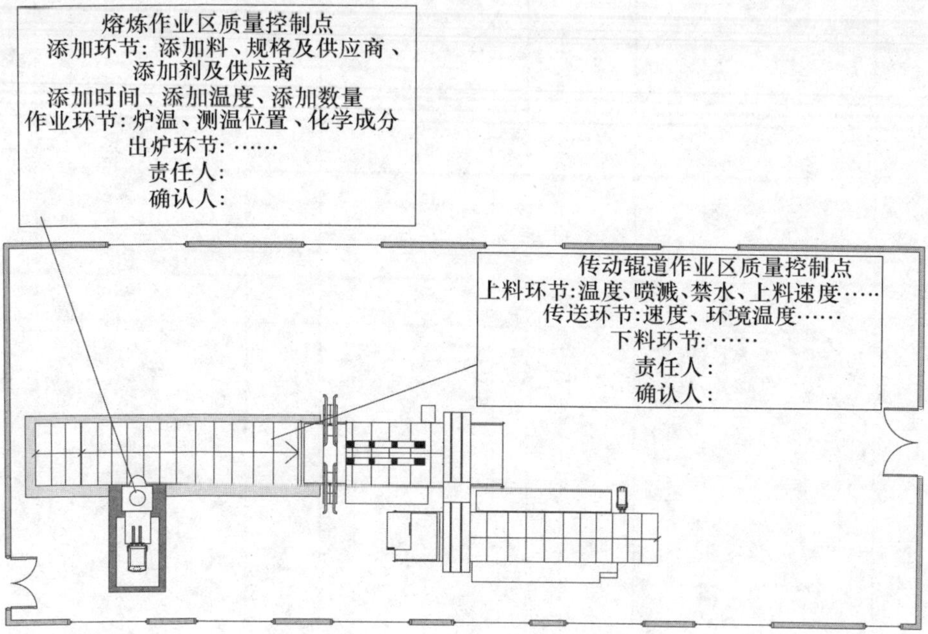

图 4-5　某铸造厂质量控制点分布图

这一步主要的目的是所有的质量控制点都能找到具体负责的责任人。

台账针对团队。《质量控制总账及质量责任分区台账》的核心和关键是作业现场无空白质量控制点；质量控制点无死角到个人，务必保证岗位中的每个人都有自己负责的质量控制项目。

3）两表——《原辅料质量控制标准》《过程质量管控标准及异常对策表》，如表 4-10、表 4-11 所示。

这一步的目的是针对所有的质量控制点均建立具体的管理措施，同时对可能发生的质量问题提前预警，并确定最佳处理方案。

这两个表针对具体操作或作业岗位，完成后用于岗位作业人员使用。

表 4-9　质量控制总账及质量责任分区台账（样板）

______部（室）质量控制总账及质量责任分区台账																
质量控制点									质量检查							
编码	部位	质量控制点名称	质量控制点位置		影响质量的因素	质量控制点重要度	责任人		检查标准	检查方法	检查工具	检查频率	检查结论	不合格判定依据	确认人	确认人失职激励标准
			部位	部位示意图			责任班组	责任人								

表 4-10　原辅料质量控制标准（样板）

原、辅料质量控制标准																									
序号	原、辅料						供应商												采购		仓储				
	原料名称	辅料名称	添加剂名称	品种	规格	品质要求	全称	商誉	供应商性质		联系方式	联系人	地址	企业性质	供货周期	来料可能的异常	异常对策	备注	责任人	责任主管	保管要求	保管中可能出现的异常	异常处理办法	责任人	责任主管
									正式	候选															

表 4-11A　生产准备质量控制表

生产单号______生产准备质量控制 1/3															
质量控制									异常处理						
编号	地点	部位	检查点	检查标准及相关要求	检查时间	检查结果	责任岗位	复审结果	复审岗	异常现象	异常判断岗位	异常确认岗位	异常处理措施	异常处理岗位	确认岗位

表 4-11B　生产过程质量控制表

生产过程质量控制 2/3															
质量控制									异常处理						
编号	部位	工艺控制点及控制参数	标准检查周期	实际检查时间	检查结果	责任岗位	复审结果	复审岗	异常早期现象	可能造成异常的原因分析	对质量影响的重要程度	应急防范措施	异常处理措施	异常处理岗位	确认岗位

表 4-11C　产品质量确认表

产品质量确认 3/3													
质量判定											争议复审		
编号	地点	部位	采样部位	采样方法	采样作业标准	采样时间	采样岗位	采样质量检查标准	质量判定结果	采样质量判定岗位	质量判定结果争议复审岗位	复审时间	备注

(3) 建立现场设备管理责任区。

建立现场设备管理责任区的方法与前述的安全和质量责任区的做法基本相似，可参考前述的建立安全和质量责任区的方式进行。

建立现场设备管理责任区需要建立：一图（设备责任分区总图）、两账（设备含备品备件总账、设备责任分区台账）、一表（设备点检标准表）、两个记录（设备运行、点检记录）、一 SOP（设备作业及意外应急作业指导书）、相关看板（设备现场维护及监管看板、设备管理等级评定看板等）。

设备责任分区总图可参考前述安全责任分区图建立。由于设备种类繁多，用途不一，差异非常大，这里不对设备管理用表进行举例，敬请读者谅解。

在现有企业中，设备管理有很多企业做的不仅有系统，也有水平。但仍然存在两个主要问题：第一个问题是责任落地不到位。如前所述，责任不落地的原因有很多，有些是因为责任没说清；有些是因为资源不配套；还有些是因为没有权力；也有些企业责任是说清了，但由于 SOP 不合格，导致员工不会做。当然，因监管、激励不到位、员工训练跟不上等原因，也是造成的责任没落地的重要原因。

第二个问题就是我国设备管理水平相对较低。我国现在大多企业仍然停留在预防维修的设备管理阶段。这种凭人的经验进行设备管理的方式，不仅过剩维修会造成浪费；而且已经很难适应当今技术先进、集成化程度高、结构复杂、自动化连续化程度高的设备。在 20 世纪 80 年代，美国和日本就开始逐步进入了设备诊断式维修阶段。显然，在设备管理上我们需要迎头赶上，不能掉队。

(4) 建立现场环境（含卫生管理）责任区。

比照安全和质量责任区的建立，建立现场环境管理责任区需要建立：一图（现场管理责任分区图）、一账（现场管理责任分区台账）、一表（现场环境责任标准及不达标激励表）、一记录（现场环境检查记录）、一 SOP（现场环境作业及意外应急作业指导书）、相关看板（现场环境管理看板）。

企业的情况千差万别，这里仅粗线条地介绍了四个责任落地体系建立的大致思路和内容，企业可根据实际情况建立符合自己的责任落地体系。管理没有对错，只要符合企业现状就一定是最好、最有效的。本书未涉及的责任落地体系，企业可参考本书上述内容，比照完成。

建立责任落地体系时，从区域分工的角度上说，要确保整个作业现场没有死角，这是关键。

综上所述，责任落地是系统工程，对企业来说，的确挺麻烦，做好这项工作不仅要心细还要有耐性。

四、责任落地的 123*n*13

责任落地的 123*n*13 是指：一个核心、两个重点、三个人、*n* 个责任区和责任落地的十三问。

一个核心是指：有指标和与其挂钩的激励；没有目标、压力和激励就没有动力。

两个重点是指：必须以工作标准为重点，以岗位接口工作、服务标准为重点。

三个人是指责任人、确认或监管人、资源保证人。

n 是指岗位责任区的数量。每个企业不同，同企业内每个岗位面对的责任区数量也不一致，一个岗位需要承担几个责任，就

需要设置几个责任区。

责任落地十三问是指:在完成上述各项工作后,需要对以下十三问进行逐一确认,如全部确认的,责任当已落地。这十三问是:

• 责任人是否明确;责任范围(责任区)是否说清;责任内容是否清晰;责任标准是否量化;责任是否与激励挂钩;责任权力有没有保证。

• 工作方法能否掌握;使用工具是否明确;工作需使用哪些手段能否理解。

• 绩效主体是否正确;激励奖惩、流程接口绩效考核标准各方是否确认。

• 谁来配合是否清晰;配合标准是否明确。

至此,责任落地工作到此全部结束。但必须要看到,无利不起早,不谈利益奢谈责任是没有多少意义的。责任能否落地的关键是建立与之配套的薪酬体系。接下来介绍管理4.0的薪酬体系建设。

第五节　管理4.0薪酬结构设计指南

薪酬设计是责任落地中最关键的环节之一。没有好的薪酬体系做保证,就很难真正凝聚员工或合作者的心,也很难让员工或合作者把自己和企业紧密地连接在一起。薪酬设计的核心是薪酬结构的设计,为此,本节仅探讨薪酬结构设计。

薪酬结构即薪酬的组成。薪酬结构设计即对薪酬组成的内容和每个内容的所占的比例进行设计。

一、薪酬的组成

薪酬的组成包括基本薪酬、责任薪酬、效益薪酬、技术等级薪酬、工龄薪酬、其他薪酬等。

（一）基本薪酬

基本薪酬为生活保障薪酬，为固定薪酬。其不应受企业经营业绩的影响，无论企业经营状况如何，生活保障薪酬不能降低且必须按时发放。

基本薪酬在设计时，应与工作条件、工作环境、劳动强度等诸多因素结合在一起进行设计，以确保基本薪酬的相对公平。

（二）责任薪酬

责任薪酬是因岗位承担的责任而应得到基本报酬。在界定时，凡不直接产生经济效益的工作一般均为责任类工作。例如客户投诉、企业形象、资源保证、接口责任等均为责任类工作。在《岗位责任书》（见表4-5）“年度经济技术指标”“指标性质”栏中，对责任项和效益项有具体的规定，可供读者参考。

责任薪酬与岗位责任书中履行的责任数相关（包括两个部分：一个是在《岗位责任书》“年度经济技术指标”“指标性质”中的责任类指标；另一个是在《岗位责任书》“岗位责任、权力、工作标准”中具体承担的责任项数），岗位承担的责任项数越多，责任风险越大，责任工资水平就应越高。凡不承担责任的就没有责任薪酬。

责任工资无须评定，以某公司薪酬设计为例，计算方法如下。

1. 计算责任薪酬平均值

责任薪酬平均值 =（企业人力总薪酬 - 基本薪酬 - 效益薪酬 - 其他各种薪酬）/ 责任项总项目数

2. 建立责任权重分类表

由于在责任的履行过程中，有的履责相对复杂，有的履责相对简单；为此应根据岗位责任书中的具体责任内容建立责任分类权重表，对于不同难度的责任确定不同的权重即可。

3. 计算岗位责任薪酬

岗位责任薪酬 = 按岗位责任书中承担的重要责任数 × 责任权重 + 按岗位责任书中承担的一般责任数 × 责任权重

通过责任薪酬的计算，心细的读者可能会发现，管理 4.0 最大的好处就是不怕有人推卸责任。不承担责任，自然就没有薪酬。按管理 4.0 设计的薪酬体系，最不发愁的就是不怕有工作找不到人，也能最大限度地避免存在坐等吃空饷的人。

在很多企业薪酬设计中，经常会出现职务或职位薪酬，实际上职务或职位一般通过责任体现出来，承担的职务越多，职位越高，往往责任就越大。为此，通过责任薪酬完全可以替代职务或职位薪酬。

责任薪酬在履责难度上应体现公平的原则，即承担不同难度的责任，报酬应基本相同。

责任薪酬在岗位之间不宜体现平等的原则，因为各岗位之间承担的责任内容不同、工作性质也不同，一味地追求岗位责任薪酬的平等就是最大的不公平。

（三）效益薪酬

效益薪酬是因承担岗位责任书中效益类指标而得到的报酬。详见《岗位责任书》(见表 4-5) “年度经济技术指标”“指标性质”栏中效益类指标。

显然承担的效益类指标越多，效益薪酬就越高。

（四）技术等级薪酬

设置技术等级薪酬的根本目的是鼓励全体合作者和员工，不断提升专业技术水平，给追求技术上进的人员，提供薪酬增长的通道。

技术等级的评定对于不同工作完全不同。销售人员可以根据自身的业绩进行评定；保障人员可以根据保障服务的质量和效率进行评定；专业人员可通过竞赛等形式进行综合评定。

（五）其他薪酬

其他薪酬包括得比较多，如工龄薪酬、特殊津贴等，由于比较简单，在此不进行论述。

二、薪酬的占比

一般来说，基本薪酬、责任薪酬、效益薪酬各自所占的比例需要设计，对于技术等级薪酬和工龄或其他薪酬等不做占比设计。

薪酬设计中对于基本薪酬、责任薪酬、效益薪酬这三个薪酬可按薪酬总额的95%～98%进行设计。三个薪酬的基本占比因各企业情况千差万别，不能一概而论。大致原则如下：基本薪酬不易占比过高，过高的基本薪酬容易让员工或合作者丧失工作的基本动力。与市场直接相关的，如销售人员，应以效益类指标为主，责任类薪酬为辅。对于与市场相对较远的，或者是间接与效益挂钩的，如财务、办公、行政人员等应以责任薪酬为主，以效益薪酬为辅。在现实中，为了保证整体效益的实现，这些相对距离市场较远的人员，也应承担效益指标，但比例应比较小。

责任落地的工作到此就基本结束了。员工或合作者上岗时，需要同时具备《岗位责任书》《危险源、隐患防范表》《过程质量管控标准及异常对策表》等相关责任体系的“一表”，及企业薪酬体系，即可通过相关考核正式上岗。

没有执行力仅有责任落地是没用的，责任落地仅仅解决的是谁做。但怎么做才能保证让所有参差不齐的执行者都能执行到位，就需要接下来研究制度建设。

第六节 制度创新与制度建设实施指南

制度和规则都是要求大家共同遵守的办事规则或行动准则，是在特定的企业文化、特定的人员群体和特定的社会环境中形成的企业法律。

一个优秀的企业，不会让执行者在已经成熟或成功的经验上摸索，而是靠制度建设的传承。一个好的制度不仅是优秀人才的“复印机”，可以从文字上传承企业最优秀的经验，更能保证企业的千秋大业。一个团队不靠一个人的力量而是群体一致的力量，靠的也是制度，只有好的制度才能统一步伐，步调一致。制度建设是执行力最重要的保证，一个优秀的企业，不能只关注目标，更要关注用什么方法能实现目标，用什么措施可以达成目标，而面对着无法达成的目标，只能是一个毫无意义的数字。要从根本上提高执行力，建立、完善制度就是企业最重要的基础工作。

古人说：“小智者治事，大智者治人，睿智者治法。”用法的方法，帮助执行者具有超强的执行力，是最明智、也是最经济的方法。对工作来说，这个法就是制度。大师戴明曾经说过：“员工只需对15%的问题负责，另外85%归咎于制度流程；”万豪集团董事长小约翰·威拉德·马里奥特在《失败在于忽视细节，成功在于建立系统的制度规范》一文中指出：“当我遇到一些没有像我们一样致力于制度规范建设的公司时，我始终会感到惊奇。我经常看到浪费了改进业绩的机会，仅仅是因为没有一个人聚焦制定制度与标准，更少关注实施和维护制度与标准。结果是不一致、不可靠以及经常是不出色的服务。如果你要有一个一致的结果，就需要有实现一致的方法，并把这一方法写下来，让员工反复练习并持续改进这种方法，直到没有改变的余地。”

“系统的制度规范可以帮助由于自然而产生的混乱变得有秩序。让100个人做同样的工作，如果不提供基本的规则，最终可能会得到至少12种的结果，如果很多人都来做同样的工作，在没有制度或制度不好用的情况下，企业必定会面临混乱。在一个企业中，如果系统的制度规范运用得非常好，那么其他任何事情就会变得容易做了。有效的制度与明确的规则可以帮助每一个人提供一致的产品和服务。”

一、制度与标准的基本特征——唯一性

制度在某种程度上也是一种标准，标准是用来衡量事物是否正确或用来对同类事物进行比较、核对的参照物。从这点出发，标准必须具有唯一性；没有唯一性就不能称之为标准，而标准要具有唯一性就必须是量化的。

二、企业制度的两类六种与规则

制度建设围绕三件事展开：

首先说人，即人的行为准则，明确告知能做什么，不能做什么，倡导什么，反对什么。还有一个是报酬，在物质社会，没有报酬只谈付出，显然不现实。

其次说事，即工作制度或标准，明确告知执行人怎样才能做好，怎样才能做对，具体的标准是什么。

最后是责任，明确的告知每个岗位，具体的责任是什么，责任没有达到责任标准时，具体地激励标准又是什么。

为此，企业制度有两类六种：

（一）与人相关

1. 人员行为类制度或标准

人员行为类制度是根据企业文化的指导思想，规定一个企业中人的行为哪些能做，哪些不能做。薪酬直接影响人的行为和动力；好的薪酬、绩效制度能引导人做什么或不做什么。

这类制度或标准一般包括两个：合作者或员工雷区及通用工作、服务标准；薪酬与绩效考核制度。

2. 责任类制度或标准

责任类制度或标准主要规定和明确具体责任人，明确岗位责任范围、权力及责任工作、服务标准。

这类制度一般是一套，即岗位责任分区及岗位责任工作标准。

（二）与做事相关

1. 工作类制度或标准

工作类制度或标准主要规定正确做事的流程和方法及需要达到的标准，也包括两个：一个是工作标准；另一个是为保证标准能实现的流程接口资源标准。

2. 规则

规则也是制度的一种形式。如前所述，制度一般用于提出工作标准、进行内部管理、实现作业指导等。规则则是针对某一××运行的法则，如竞赛，需要参与这个运行过程中的各方人员（包括企业内外部）共同遵守。规则在制定时与制度最大的区别是，制度多半是从内部管理的角度出发，有强制性，对执行人来说，执行也得执行，不执行也得执行。而规则则不同。规则必须从合作的角度出发，必须确保过程能公开，利益能公平，结果能公正。

三、人员行为类制度编写指南

人员行为类制度即融合企业文化核心价值观的人员行为准则。

人员行为准则并不排斥人们个性化的需要。但在一个团队内，行为准则能保证团队或部门形成一个整体。

人员行为类制度或标准主要涉及四个基本要素：行为、内容及对应的激励标准、考核人、考核周期。

这类标准编写时首先要体现企业文化的核心价值观，语言要简单，越简单越好记。为了语言的简练，不要使用解释性语言，如不许什么，如果怎样就怎样。所有的行为都应使用允许的语句，说清行为对应的结果与激励标准就行。例如，杀人一抵命，欠债一还钱，用激励金额制止或鼓励人的行为，越担心员工违反的，激励幅度应该越大。

这类制度分为以下两个。

（一）合作者或员工雷区

合作者或员工雷区是整个企业内，所有人员行为的禁区，是所有人都不得触及的“高压线”，上至企业主下至所有的合作者都不得违反此规定。没有任何人，包括企业主可以游离于这个制度之外。

案例：员工雷区（样板）如表4-12所示。

表4-12　合作者（员工）雷区（违纪考核标准）

序号	内容	罚则	负激励（元）	考核人	个人激励分数	部门激励分数	重复考核时间
1	禁烟区内吸烟	如发生火灾另追究法律责任	500/次				20分钟
2	工作场所吵骂、打架	当班停止作业	200				
3	工作时间或工作场所内酗酒	停止作业	200				

续表

序号	内容	罚则	负激励（元）	考核人	个人激励分数	部门激励分数	重复考核时间
4	从事与本公司经营范围相竞争的经营活动	除名、视情追究法律责任					
5	利用公司资源、财产谋取个人私利	除名、视情追究法律责任					
6	偷盗公司或员工的财产	除名、赔偿或诉诸法律					
7	挪用公司资金	除名并追究法律责任					
8	泄露公司机密	根据情节由总经理办公会确定					
9	私自复印公司文件、技术图纸资料、管理制度等保密信息						
10	私自更改微机配置、将活动硬盘、手提电脑等接入公司局域网						
11	故意损坏公司财产设施						
12	服务质量恶劣产生投诉查证属实的						
13	未经允许，私自携带闲杂人员进入公司	警告	200				
14	违章作业、违章指挥	停止当班作业	500				

说明：1. 雷区属于禁止性行为，为此，所有激励均为负激励。

2. 激励金额按给企业可能造成的损失确定。

3. 个人激励分如同汽车驾驶违章；基本原则为无过就是功。具体方法如下：设置一个固定的分，如果在一个考核期内没有扣分或扣分不到总分的____%内，兑现奖励。

当扣除的分数在____%至____%之间，按____激励。

当扣除的分数大于____%时，按____激励。

如果在一个考核期内固定分全部扣光，该责任人应进行重新上岗培训，经考核合格后重新上岗。

4. 部门激励分数设置原理同个人激励分数。考核时，部门内一个人违规，部门内相关人员一并进行激励。

（二）合作者或员工通用工作、服务标准

通用工作、服务标准是描写在一个部门内或一个流程内或一个团队内，所有的合作者或员工应尽的责任和义务。因每个团队或部门工作和服务内容不一致，因此，合作者通用工作、服务标准一般是按团队或按部门或按流程单元规定的。与雷区不同，雷区是企业中全体人员不能违反的；而通用工作、服务标准是每个团队内部成员必须遵守的。

这个标准由团队或部门或流程单元根据本团队或本部门或流程的实际情况自行制定。

案例：员工通用工作、服务标准（样板）如表4-13所示。

表4-13　合作者或员工通用工作、服务标准（样板）

序号	项目	序号	考核内容	考核人	激励金额（元）	个人激励分数	部门激励分数	重复考核时间
1	工作服务质量	1	工作、服务质量损失超过__元		视情处理			
		2	发现问题无原因分析、超过__时无反馈		-100/次			
		3	反馈问题超过规定时间无答复		-50/次			
		4	未按承诺时间完成任务		视情处理			
		5	管辖范围内文件丢失、人为破损		视情处理			
		6	对配合岗位无考核或无故拒绝别人的考核		-50/次			
2	安全环保消防管理	1	易燃、易爆、危险品等无标识		-20/处			
		2	工作、作业现场不达标		-20/处			
		3	责任区域内发现并处理安全隐患		50/起			
		4	责任区域内避免一起安全事故		200/次			

说明：1. 因有正向引导性的考核内容，因此分数有正也有负。

2. 其他相关内容参见员工雷区案例说明。

四、责任类制度编写说明

责任类制度包括：责任分区及分区工作、服务责任标准，岗位输入工作、服务标准。

（一）责任分区及分区工作、服务标准

这个标准已在第四章第四节中有详细描述，在此不再赘述。

（二）岗位输入工作、服务标准即岗位接口资源标准

这个标准已在第四章第四节中有过详细说明，在此不再赘述。

五、工作类制度编写指南

德鲁克说："管理好的工厂，总是单调乏味，没有任何刺激动人的事件，那是因为凡是可能发生的危机都早已预见，且已将解决办法变成例行公事了"（德鲁克，《卓有成效的管理者》，机械工业出版社，2005 年 12 月第 1 版，P42）。管理有序的企业没有英雄。因为在那样的企业里，根本就不存在"激动人心"的事件。而要打造这样的境界，要从根本上消灭消防队式的哪儿着火哪儿救火的被动管理方式，就必须在制度建设上下大工夫。因为好的制度建设，不仅是提升企业素质最重要的环节，也是直接提升执行力最关键的环节，更是形成企业核心竞争力的核心环节。

长期以来，国内的很多企业都有一个误区，就是寄希望执行人在执行时靠细节决定成败和沟通来提升执行力；显然这两个做法都是极其荒谬的。靠执行人在执行中临场抖机灵，不仅会带来执行结果的不稳定，而且也会造成其他配合人员难以配合。关于这点我们在前面多有叙述。至于奢望靠沟通去填补执行力不足就更是笑话。沟通产生的原因是因为说不清，一旦各方都清楚，还

需要工作时人与人之间的临时沟通吗？我们去国外租车，出国前把国外租车的流程弄清楚，把需要准备的资料全部按要求事先准备好，到了国外，几乎一句多余的话都没说，就完成了租车和还车的全过程。

说清楚不能在执行时现说，而必须在执行前说清楚。包括责任、权力、责任范围要说清；工作标准要说清；做事方法和流程要说清；使用什么工具，填写哪些表单要说清；岗位对接相关内容和相关资源要求要说清；激励奖惩要说清；责任报酬更要说清楚。而面对这么多的说清，必须在责任体系建立、目标与激励设计、薪酬设计、制度和规则建设中全部说清楚、讲明白。但大多数企业往往在最需要下功夫的环节没有下功夫，而是不痛不痒地找个什么人，做个简单认证的制度就算完事。当执行时面对着逃不过去的执行环节，又不得不依靠执行人现场抖机灵。于是为了把那么多该说清但又没说清的都说清楚，就不得不在执行时浪费时间去进行各种沟通。而面对前述那么多需要说清的内容，更有很多看似简单的沟通，诸如责任，根本不可能简单地依靠口头沟通，而是必须有正式的书面文件才能执行，如此这般执行效率在哪里呢？显然沟通的第一个问题就是以降低效率作为代价。我们经常看到很多企业为了一个芝麻粒大小的事“吵架”开会很久，甚至一次都难以解决。

沟通带来的第二个问题是人与人之间由于沟通时的各种干扰因素、沟通渠道、沟通时间和地点等原因，产生的沟通障碍根本无法避免，而这种障碍必然造成沟通误差。这种由于沟通误差造成的问题比比皆是，这里不再赘述。人与人之间的沟通无外乎三种类型：工作沟通、情感沟通、文化或价值观沟通。而这三种沟通中，多一半是建立在感情基础之上的，而感情一旦左右了沟通人的认知，沟通就不是简单的障碍了。以貌取人或被以貌取人是大多数人都有过的亲身感受。两个人初次见面，按说还没有什么情感，但极有可能一句话都没说就以貌取人或被以貌取人，正所谓谁人不看貌，哪人不被瞧；装备障人眼，名牌抬身价；靠山是个宝，背景少不了。即使是第一次见面，感情都有可能会成为主导。当你被告知这是一个刚刚从监狱释放出来的人，你会用什么心情和语气与对方沟通？当告诉你沟通对象亲属有着政府高官的背景，你又会怎样去沟通？当我们面对一个衣衫褴褛的“乞丐”时，我们又会用什么心情听他说话？问题是如果这个“乞丐”是武林高手，这样沟通会有什么样的结果呢？建立在人与人之间情感基础上的沟通偏差本身就没人能避免，而由于认知误差带来的沟通误差更无人能防止。为此，在企业工作中，应该通过人与人之间默契度的培养和训练，彻底消灭工作过程中的各种沟通。也只有在工作时人与人之间不再进行工作沟通，才可能最少出问题，才可能没有浪费，才可能效率最大化。这就需要通过制度建设把做法和标准说清；在接口中，把岗位对资源的要求说清；在责任体系中把工作的范围和权限说清；在绩效中把考核的内容和标准说清；在薪酬中把能得到的最大金额或处罚的标准都说清。总之把该说清的事先都说清楚，然后通过强化训练，达到消灭工作时沟通的目的。

我国航天英雄刘洋在一次接受采访中，在谈到航天实验时说在太空中根本不需要说话，一个手势、一个眼神就知道对方要干什么。由此可见，只有没有过程中人与人之间的工作沟通，效率才可能是最高的，结果才可能是稳定的，效果才可能是最好的。整天靠着人与人之间的互相沟通，企业可能随时都会发生最让人不放心的“激动人心”的故事！

（一）工作类制度或标准编写的基本原则

工作类制度的核心是可操作性，要具备可操作性必须具有以下五个基本原则：

1. 流程必须一票到底

例如出差。从出差申请到出差返程报销，本是一个完整的过程。但很多企业都将出差申请、审批和报销流程人为割裂，直接导致制度不好执行。

再如发文件管理。从流程上看，从行文、保密、用印、归档到使用、复制再到文件过期更新及销毁等一系列工作本来是一个完整的流程，但现在已经人为地把这个流程切割的十分零碎。这种被人为割裂的流程，由于实际使用时前后流程连接等问题，直接导致制度不好执行。

2. 必须让人会做

在企业制度中经常可见诸如什么“努力认真做好××工作”这样的字眼。这种没有方法的制度，注定是没用的制度。在教学的过程中，笔者曾经问学员这样一个问题，给学员一张黑色的玻璃茶几，如果指定使用干净的湿抹布擦桌子，并要求借助阳光反射检查，以看不见任何痕迹为合格，问还需要使用什么资源才能确保达到要求的效果。结果答案是五花八门，正确率很低。这就正应古语说的：一屋不扫何以扫天下。如果一张桌子都擦不干净，又怎么保证执行力！会做不是说出来的，更不是靠态度、靠责任心就能解决的，提升执行力的第一要务，首先要解决会做的问题。

3. 必须让执行人知道正确的工作方式

有的人做得好，有的人做得巧，有的人做出来什么都不是，这其中根本的原因是因为没有掌握正确的工作方式。

所谓正确的工作方式是相对来讲投入小、产出大、效果相对好、效率相对高的工作方式。世界上做任何事都有最佳、最合理的方法。驾车也好，体育运动也好，做什么都有做什么的道。如果这个道必须要执行人自己摸索，不仅是可以想象出来的浪费，更危险的是可能给企业带来损失。

4. 必须让执行人知道重点和难点及意外应急的处理方法

制度必须有控制重点和意外防范办法。因为人的经历和资源有限，工作不知道重点就无法集中资源，不了解重点就难以集中精力。在任何工作中，意外都是难免的。因此，必须有意外应急的处理方法。一个没有重点和难点、缺少意外应急的制度，现实中没有多少价值。

5. 必须有过程痕迹跟踪记录

制度在执行时，没有过程的痕迹跟踪记录，就无法证明执行时是否符合制度或标准的要求，就无法证明工作是否达标。过程的痕迹跟踪记录一方面可以固化流程；另一方面也是连接制度与人的桥梁。但大多企业制度，只有文字而缺少痕迹跟踪记录，直接导致制度不能使用。

（二）工作类制度的种类

工作类制度包括两个：一个是工作标准；另一个是为保证标准能实现，而必需的流程接口标准即岗位资源标准。流程接口资源保证即前环节（岗位输入端）接口标准，其制定的方法，在上一节已有详细叙述，这里仅介绍工作制度或标准编写的方法。

（三）工作类制度的八个要素

工作类制度包括八个要素：程序、流程、关键控制点、与关键控制点挂钩的激励、流程价值链、正确的工作方式、表单、正文格式。

程序是流程的基础；关键控制点是流程中必须关注的重点；将关键控制点与激励挂钩能有效凝聚人的注意力；当所有的关键控制点都能有效地进行控制时，流程就会产生价值。为了保证控制能达标，符合“多快好省”的基本原则，就需要建立正确的工作方式。制度的核心是用，连接人与制度的桥梁是表单，设计与人执行力脱钩的表单是制度建设的核心和关键，也是制度建设中最重要的一步。

1. 程序与流程

程序是一个岗位独立完成工作的先后顺序及处理工作的方法。流程是程序的先后顺序，即岗位间工作流转的顺序。

程序与流程的关系如图 4-6 所示。纵向是程序，横向是流程。

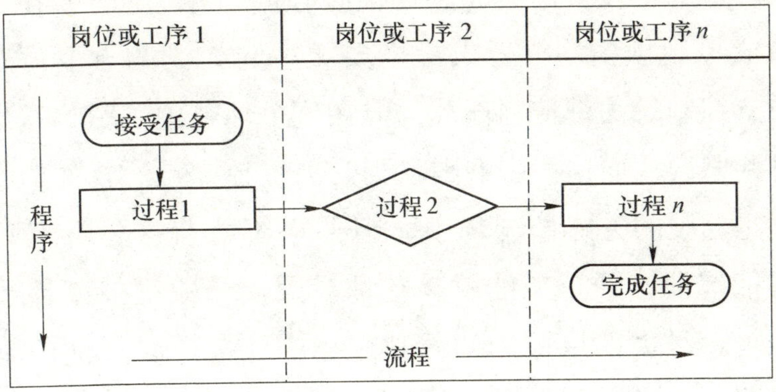

图 4-6　程序与流程

我们在前面曾经介绍过业务流程和管控流程。业务流程在图 4-6中就相当于本图的流程，管控流程就相当于图 4-6 中的程序。

如前所述，在责任体系建立过程中，管控流程不是简单的工作步骤，还包括权力和责任的分配。在制度建设中，管控流程需要更加深入地确定关键控制点，并针对这些关键控制点详细规定正确工作的步骤。显然，无论制度建设还是责任体系建立，管控流程都是关键，但关注的内容却完全不同。责任体系关注的是流程中的责任和权力，制度建设关注的是目标实现的重点、难点和具体的方法。

2. 关键控制点与激励

关键控制点即整个流程中影响过程价值增值的点，也就是在流程实施时影响或可能影响质量、成本、效率、效果、寿命、安全、制约多数的少数关键影响因素等。企业管理的实质是通过对关键控制点逐点的控制，确保流程增值。关键控制点与在前面业务流程中曾经介绍的关键控制环节或关键控制项相比较，关键控制环节或关键控制项等相对宏观，仅仅从大概念上告诉人们应做好哪个环节的工作，而关键控制点则是非常明确的告知在关键控制环节或控制项内，执行人最需要关注与控制的点及位置。比如，质量控制是关键控制环节，但在这个环节中，影响质量到底包括哪些因素，而这些影响因素则为关键控制点。再如，开车节省油耗是驾驶的关键控制环节，但如果不能直接告诉驾驶员怎么才可能节油，开车节油就是空话。因此，关键控制环节相对比较粗糙，是大的层面。如驾驶过程中，提速时加油门不要太猛，过路口提前收油，及时换挡，控制车速避免“飞车”，尽可能地减轻负重，按期保养等，才能真正保证降低油耗。而这些具体的控制点就是关键控制点。也就是说，每个关键控制环节中，关键控制点可能会有几个或者是多个。显然，只有把每个关键控制点都做好，才能保证关键控制环节或关键控制项真正“受控”。

建立关键控制点不难，难在每个人对于关键控制点的看法不一致，很难保证所有的执行人都能按制度规定的控制点进行控制。为此，为了保证关键控制点能有效凝聚人的注意力，就必须围绕关键控制点建立与之挂钩的激励条款。而激励的幅度取决于一旦造成损失可能给企业带来损失的大小。

在现实中，当激励幅度越大时，执行人对管控点的注意力就越高。使用《关键控制点激励表》(见表4-14) 在制度建设中列表注明。详见“（四）工作类制度编写流程”。

3. 流程价值链

企业所有的环节是一个整体。每个环节所创造的价值并不相同，更不是所有的环节都能创造价值。一个完整的流程包括：增值环节、非增值环节、流动环节、停滞等待和检查环节。其中，只有增值环节才能创造价值。我们把在一个流程中所有能让价值增值的环节也称关键控制环节，把流程中所有关键环节称为流程价值链。

当今时代，企业与企业的竞争，早就不是单一环节、单项活动的竞争，而是整个价值链的竞争，是流程各项增值活动在一起共同完成的竞争。企业如果能在非增值等环节也能创造价值增值的可能，这样的企业注定是伟大的企业。企业竞争的优势，是整个流程价值链的优势，只有抓住整个流程中形成价值增值的关键控制点或薄弱环节，才能抓住企业进步的关键；才能保证企业所进行或开展的工作是有意义的。在网络时代，整个价值链的综合竞争力决定企业的竞争力。

关注价值链的实质是关注关键控制点，只有每个关键控制点都能实现价值增值，流程整体价值增值就是必然。为此，要把所有的注意力和精力都放在每一个关键控制点上。只有确保每个关键控制点全部实现价值增值，才能确保流程增值。

4. 正确的工作方式

(1) 什么是正确的工作方式。

正确的工作方式即规定岗位开展工作的正确步骤和方法。也即规定相对质量好、投入和资源占用少、效果好、效率高的做事方式。

我们前面举例擦桌子，虽然擦桌子是简单得不能再简单的工作。但实践证明，未必天下人擦桌子的方法都是正确的，所以才有一屋不扫难以净天下的说法。在生活中，我们有很多人有种错误的认识，这个认识就是“你应该会”。而这点通过制度建设集中地体现出来。这是某公司的《工伤事故管理制度》其中的一部分：“发生了事故要及时了解掌握情况，向领导和上级部门汇报，并参加调查分析，弄清原因，查明责任，指出防范措施和整改意见。”显然，如果不是建立在“你应该会”，能这样制定制度吗？执行人面对这种口号式的制度，在执行时究竟需要怎么做呢？当今我国的企业制度几乎全部建立在执行人会做的基础上，几乎没有哪个制度告诉执行人应该怎么做，更没有哪个制度告诉执行人重点是什么，怎么做是正确的。问题就在于执行人凭什么就应该会！有些企业为了解决会的问题，只好在招聘时要求需要什么经验。实际上，每个企业情况不同，外来的经验也未必就好用，而人又不可能生而知之。显然，要真正提高执行力，最好的办法就是在制度建设中规定正确的工作方法。将正常、异常状态下实现工作标准的正确工作（操作）顺序、工作方法、使用的工具、发生意外时状态的判断和标准的处理方式，按执行人可能最低的业务能力和最低的文化水平，使用文字“精细”地告诉制度的执行者。

无论做任何事情都一定要有正确的程序和方法。让执行人在执行时现去思考怎么做，现去考虑什么“细节决定成败”，不仅不是明智之举，更可能给企业造成损失。

（2）建立正确工作方式的重要意义。

在电影学院表演系的学员训练课程中，有这样一个训练：用16种口气说："到这里来"这4个字。没有经过训练的读者可能觉得比较难，实际上，如果将每个人都放在某些特定的环境中，不要说16种口气，再多几种口气说这4个字也不难。对企业来说，这个训练告诉我们仅仅才4个字就能至少有16种能让人产生完全不同心理感觉的结果。如果一个制度不能将正确的方法规定出来，可以想象执行会有怎样的结果。

例如拧螺丝，如果是需要拧四个螺丝，正确的做法是拧紧一个算一个，还是应该把螺丝先都大致拧上，然后按对角的顺序逐一拧紧呢？很多人都觉得这么简单的事不会有问题，但谁又能保证人人都会呢？下面看两个案例，各位读者可细细品味其中的各种滋味。

案例4-6：某公司模具维护保养管理规定（部分）

（本案例已通过ISO 9000认证）

……

三、定时检查、维护

1　生产前模具的保养

1.1　须对模具表面的油污、铁锈清理干净；

1.2　须检查模具胶口套中的圆弧是否损伤，是否有残留的物料；

1.3　模具的固定模板的螺丝和锁模夹是否松动。

……

简单地对这个制度进行分析：

1.1　判断模具表面油污的方法和程序是什么？相关判定标准是什么？

无论清理铁锈还是处理油污，不仅有物理的方法，也有化学的方法。由于制度中没有规定具体的作业方法，这就必然会带来清理方法和清理标准因人而异，甚至可能由于采取了物理式的砂纸打磨方式而导致整个模具报废！

1.2　检查胶口套中圆弧是否损伤应该使用什么工具，还是简单直接用手摸判断？最关键是的在什么情况下圆弧就可以认定是有损伤，在什么情况下就必须进行修复？至于残留物料是什么性质，是化学残留还是一般磨损削屑残留，在处理的过程有没有可能造成人员的伤害？

1.3　使用什么工具检查固定夹板是否松动？是用手检查还是什么工具？如何判断什么状态算松动？如果发生松动在什么情况下需要处理，处理时需要做什么准备？

模具维护本身并不复杂，完全可以说得非常清楚。但由于制度制定人过于懒惰，该说的基本都没说清，不仅把这个原本简单的事弄复杂了，而且还把企业的命运与执行人的所谓素质紧紧连接在一起。面对着这样的制度，执行人怎样才能执行到位？面对着这样的制度，我们深信有一百个人做这件工作，必然会产生多种不同的结果。

案例 4-7:《销售业务内控管理制度》(部分)

(本案例已通过 ISO 9000 认证)

1. ××部负责客户信用调查，建立客户信用档案，根据客户信用，确定客户信用额度、信用期限，折扣期限与现金折扣比率。

2. 制定销售合同前，公司应指定专人与客户进行业务洽谈、磋商或谈判，关注客户信用状况，……重大销售业务谈判还应吸收财会、法律等专业人员参加。

3. ××部根据公司长期发展战略规划编制营销战略规划，收集、分析、整理市场信息和竞争对手商情，研究公司产品定位、品牌战略、目标市场选择、价格策略、渠道策略、促销策略等，制定详细的营销策略。

……

分析如下。

第1条：客户信用调查是有流程和方法的，毕竟可能会遇到不愿意配合的客户，面对着不愿意配合的客户，调查人员应该怎么办？靠调查人员临场抖机灵？还是靠什么？怎样才能让客户愿意配合调查，调查使用什么表单，需要客户提供什么信息和资料？如何保证调查结果的真实性和准确性，客户信用档案应该包括哪些内容？客户信用应该谁负责确定？客户信用政策的标准谁来提出？谁来确定，针对具体客户，调查人员有多大权力能确定客户信用额度和信用期限？……这样的制度，仅仅才分析了一条，不仅权力、责任没说清，流程没有，标准没有，能看到的除了空洞口号式的条款，根本让人无法执行。有兴趣的读者可以自行对后面两条进行分析。

通过对上面两个制度最简单的分析，我们可以看到：

1）这种含糊不清的制度，直接导致对精英的依赖，形成对“高素质”人才的渴求；

2）这种说不清的制度或标准必然将企业与员工个人的能力紧紧捆绑在一起，必然将企业的命运捆绑在某些“精英”的身上上，而

当企业与某些个人捆绑在一起的时候,企业的悲剧几乎就是必然;

3）长此以往，对精英的依赖会形成某种“精英”垄断（如技术垄断、技能垄断等）;

4）这种不规定正确工作方式的制度，是造成制度建设不好用的根本原因之一。

依靠精英的制度，不仅会直接导致员工无法执行到位，更导致了企业对精英的依赖等顽症。要命的是，类似这样的制度几乎遍布在企业的各个角落。然而，有太多浑然不觉的企业家们仍然觉得这样的制度挺好，没什么问题；至于执行不到位是员工素质不好，……这才是我们企业最大的悲剧。正确的工作方式才是企业当前最需要下功夫去做的。经常遇到一些企业，仅仅是由于接打电话时，头一句话说错就影响了接下来生意无法进行的可悲结局。可见正确的工作方式才是重要的生产力!

国庆阅兵给我们很多人留下了非常深刻的印象，印象的背后是什么，看看解放军的《中国人民解放军列队条令》仅仅一个简单的“立正”，正确方法多达 118 个字，“稍息” 86 个字，齐步走 232 个字，正步走 259 个字。让我们看看震撼人心的阅兵正步走标准（部分）:

左脚向正前方踢出约 75 厘米，离地面约 25 厘米，上体正直，微向前倾；手指轻轻握拢，拇指伸直贴于食指第二节；向前摆臂时，手腕下沿摆到下方衣扣约 15 厘米处，离身体约 10 厘米；向后摆臂时，手腕前侧距裤缝线约 30 厘米。行进速度每分钟 110 ~ 116 步……阅兵好看，好看的背后除了汗水，这些制度我们看到了吗？社会上曾经流行过，向解放军学管理，通过这个案例我们能有什么启示呢?

（3）企业缺少正确工作方式的原因。

长期以来企业缺少正确工作方式的主要原因如下：

1）历史的原因。自有制度始，没有正确工作方式提法；

2）网络的原因。网络上流传的制度绝大多数都没有正确的工作方式；

3）学校教学体系没有，社会上无人研究，难找借鉴资料；

4）需要大量的实践经验，编写正确工作方式存在难度，咨询师干不了，一般人不会干。

（4）正确工作方式的建立。

建立正确的工作方式的实质是建立 SOP（Standard Operation Procedure）即标准作业程序，是将从事或完成某项工作的标准操作步骤和要求，用“傻瓜”也能看得懂的文字、图片或视频，以统一的格式精准的描述下来，用来指导和规范规定的工作。这其中精准不是精细。精细是精致细密；细不等于准，准是不留余地。SOP 是作业指导书，只能有准，必须杜绝执行人在执行过程再思考，再判断，再细节决定成败；ISO 9000 认证是达标受控，不是对细的追求。

SOP 与制度同等属于企业法律，具有权威性和标准性。

（5）建立正确工作方式的要点。

1）建立正确的工作方式，即将已经实践检验过的方法，用文字的方式明确下来。具体包括：

- 完成一件事必需的步骤是什么？
- 每步做什么；每步正确的做法是什么？
- 每步达到什么标准才能进入下一步？
- 在每步中的关键控制点是什么，在哪里？
- 针对关键控制点，什么状态是正常，什么状态是异常；异常怎么判断，异常的早期现象是什么；当出现异常早期现象时，应怎样进行操作？

• 一旦发生意外，应急临时处置方法是什么，异常临时处置人是谁，处置方法是否明确。

2）正确的工作方式以系统的工作思路、成熟的经验、明确的解决问题的对策和方案为出发点；核心是帮助各级执行人员在解决会做的同时，还能抓住执行时的重点和难点，以确保执行力在不依靠人员素质的前提下得到提升。为此，凡涉及因人的不稳定性（如人工作业）可能造成损失的关键控制点，应尽可能地将可能产生不稳定性的执行风险进行分流。

3）正确的工作方式不是简单地对作业进行规范，而应是设法凝聚优秀人才的正确工作方法，规避可能出现的错误，用法律的方式，传承优秀人才的经验，达到优秀人才复制的目的。为此，建立正确的工作方式，必须凝聚企业内外部全体优秀人才的智慧、经验和才华。

4）建立正确的工作方式，要以初中文化且从未从事过本项工作的人为编写 SOP 的出发点。语言精练、通俗、易懂、不含糊、无异议、逻辑关系明确，最大限度地减少或杜绝使用定性语言；所有使用的术语符合相关标准，能让非本专业人员看 SOP 也能胜任并完成相关工作。

5）建立正确的工作方式时，细节决定成败。应在制度建设时把所有的细节都考虑清楚；针对所有的工作，明确具体的工作思路、方法和技巧，并同步说明意外应急的基本方法。建立正确的工作方式，务必不要成为天马行空的口号，更不是无限度的“把细节进行到底”；需要收敛的思维方式，需要针对、正视现实和面对难题和重点的“眼光”。

6）正确工作方式一经确定，即为唯一“合法”的工作方式。凡已经明确规定正确工作方式的工作，执行人在执行时，不应另行关注“细节决定成败”，而是执行到位，达标决定成败。

（6）正确工作方式——SOP有效性衡量。

衡量正确的工作方式或SOP是否有效的标志是找一个没有任何工作经验的人，在无人指导或经过简单的说明性培训的情况下，由执行者自行按规定的SOP进行操作；不仅能完成正常作业，还能达到既定的标准；更能从容的处理意外及突发事件。也即不管什么人，只要按SOP操作，哪怕就是外行，也能达到和精英一样的效果。

5. 表单

（1）制度建设中表单的重要意义。

表单是连接制度、流程、关键控制点与人的桥梁，是实现制度和责任落地最基础的工具。表单不仅可以下达指令，记录关键信息和对执行过程进行跟踪，更能将关键控制点的各个要素用文字的形式，提醒、监督执行人，以确保执行到位；表单还能确保工作按流程运转，同时为绩效考核提供基本证明。

表单设计是保证制度可执行性和有效性最关键的一步，是产生执行力的核心步骤。一个制度是否有执行性，是否能产生执行力，是否有效，核心的核心就在表单上。很多企业制度不好用，其关键就是因为缺少可用于实际执行的表单或表单设计得过于粗糙，不确定的东西太多，最终直接导致制度不好用或根本不能用。在实际操作时仅仅是一张小小的表单，就决定了制度的生死，决定了制度能不能用；没有表单的制度，几乎就是无效制度的代名词。一个做于细、成于易的表单是实现人的素质与执行脱钩的关键。也只有将人的素质与执行力脱钩，企业才真正有了执行力。

表单的实质是文字版的管控流程和信息流程。表单除了体现过程和信息流转规定的顺序，还将岗位责任及管控重点完整地展现出来。通过表单固化的流程和各种关键控制项、关键控制信息，将流程中的岗位责任和工作重点紧密连接在一起。

信息具有在执行前的命令性，也有在工作过程的跟踪性和工作结束后的反馈性，这就决定了信息流程的特殊性。一方面信息流程按照管控流程的具体步骤，将企业中所有的岗位和工作有机的连接成一个整体；另一方面，通过对过程跟踪和反馈的信息，为企业经营决策提供基本的依据。

信息流程是建立在业务流程和管控流程基础上的企业三级流程,并不是因为其不重要,而是因为信息流程必须根据业务流程确定总体走向后,还要按照二级管控流程的具体流向进行流转。因此信息流程属于企业的三级流程,然而也是最重要的流程。所谓重要是指只有信息才能将人和工作连接起来;只有信息才能决定岗位与岗位之间的相互关系;更因为有了开始的信息才能有执行;有了过程的信息才能有跟踪和各团队之间的协同;有了结果的信息才能对执行的结果进行比对。没有开始指令性的信息,人们就无法开展工作;没有标准化信息,工作就会乱套;没有过程的相关信息,我们就很难把握重点;没有过程跟踪的信息,也就无法进行结果的判定;没有结果的反馈信息,企业不仅可能导致经营决策的彻底失败,更可能导致企业无法进步。从这里就可以简单地看到,表单设计就是要把信息的这些特点有机与表单整合在一起。为此,在表单设计中,至少要体现三个阶段和重点信息。三个阶段分别指指令性的任务安排或任务接受、准备阶段;过程跟踪阶段;结束总结、提升阶段。重点信息是指体现每个阶段的关键控制信息。

（2）表单设计要点。

1）在制度建设中除特殊必要外，一般可以不单独绘制信息流程图。只要根据管控流程，在设计表单时，通过表单将流程及相关控制或跟踪信息集中体现在一张表上即可。

2）由于信息具有三大作用：先导（如指令或命令）、过程的痕迹跟踪（如各种记录）和各种反馈信息。这就决定了表单设计的基本格式，先导、指令或命令性信息在前；过程及痕迹信息在中；反馈信息在最后。

3）表单设计纵向体现完整的一票（单）到底的流程；横向：记录各种关键控制信息，要确保关键控制信息齐全，并有留痕记录和可考核的空间。

4）在表单设计中所有信息不应重复录入。比如物品采购，按现行的制度一般需要填写采购单、入库单和出库及领用单。现实中，从采购到领用原本是完整的过程，这三个环节如果分离，每张表就必须要重复填写诸如品名、规格、数量等重复性的信息；这不仅容易造成信息的差错，还可能造成事后跟踪的麻烦。如果我们将采购、入库和出库设计在同一张表内，重复性的信息即可全部消灭。

5）表单设计要规定信息在时间节点使用什么载体和什么形式（如数据库、文字、电子、其他形式等）及信息流向等。

6）做于细，成于易。要保证制度好用，保证能具有执行力，必须在精细化的基础上最大限度的易化。只有复杂的问题简单化，简单的问题傻瓜化，标准作业模版化，工作简单容易化，才能让执行与人的素质真正脱离，才能保证成功。表单设计精细是基础，易化是关键；一个能让“傻瓜”都有执行力的制度，才是成功的制度；一个必须依靠精英才能完成工作的制度，注定是失败或没用的制度。

7）表单设计务求消灭“论述题”，最大限度地不用或少用“简单题”，宜多用“选择题”“填空题”“单多选题”，并给优秀的人才留下发挥的空间。

8）表单设计以初中文化、新上岗员工，培训时间不超过几个工作日为起点进行设计。

9）表单设计时，必须把避免人的不稳定性，作为重要的因素进行设计。所谓人的不稳定性是指由不同的人做相同的工作，结果可能不一样；不稳定性的另一种含义是指同一个人做同一件事，结果也可能不相同。要消灭这样的现象，在进行制度建设时，务必不能含含糊糊，务必不要修饰性的各种词汇，诸如什么努力、认真等。务必要把过程的每个细节都说清楚，不要让任何人在执行过程中思考应该怎么做。标准务必量化，标准不能量化的结果是执行效果必然不稳定。

10）表单设计三要素：明确信息怎么走；连接各个环节，体现关键控制点；跟踪、记录过程信息。表单设计必须成体系，大多涉及执行性的工作，不仅需要过程痕迹跟踪记录等相关事宜，往往一般还需要建账即工作汇总表，以方便检索和查找。例如设备管理、现场管理等，从管理的角度需要建立管理总账；从执行的角度需要建立具体执行的工作标准，详细可参考第四章第四节责任区建立的相关内容。

（四）工作类制度编写流程

工作类制度流程如图 4-7 所示。下面结合“文件、文字、影像信息管理规定”案例，说明整个制度建设的流程及制度建设的主要内容。

1. 根据业务流程，确定管控流程

(1) 建立业务流程。

业务流程建立的方法已经在第三章第三节中有过详细的说明，这里不赘述。文件、文字、影像信息业务流程如图 4-8 所示。

在这个流程中，有两个关键控制点：一个是必须体现一票到底的业务流程。文件也好、信息也罢，要有从始到终（至少要形

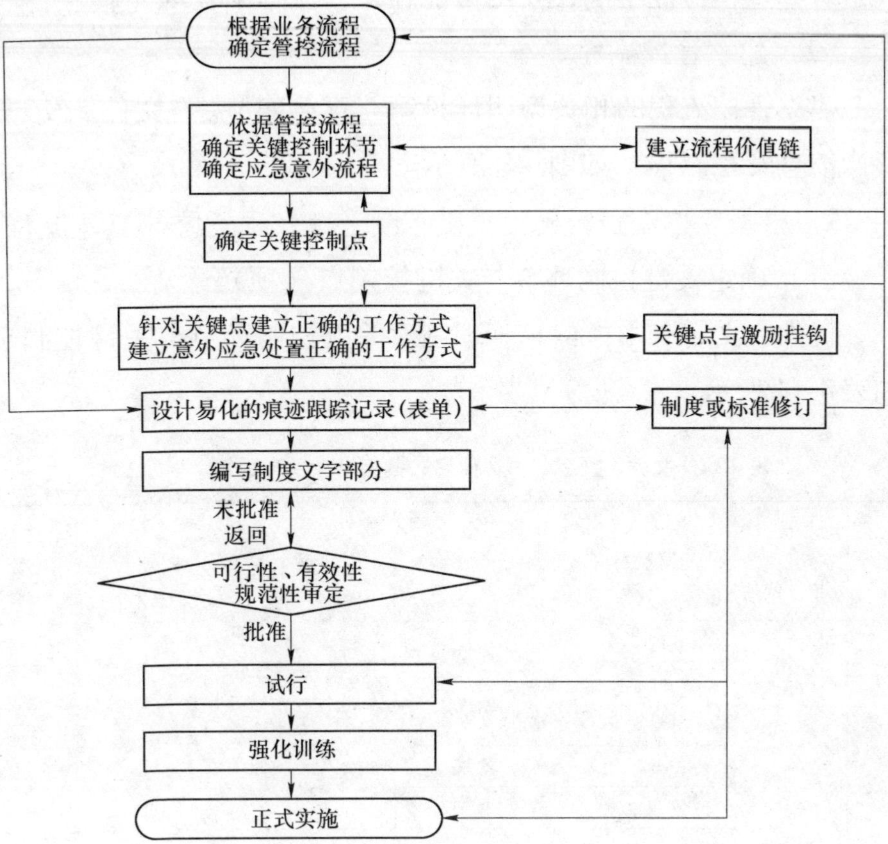

图 4-7　工作类制度或标准编写流程

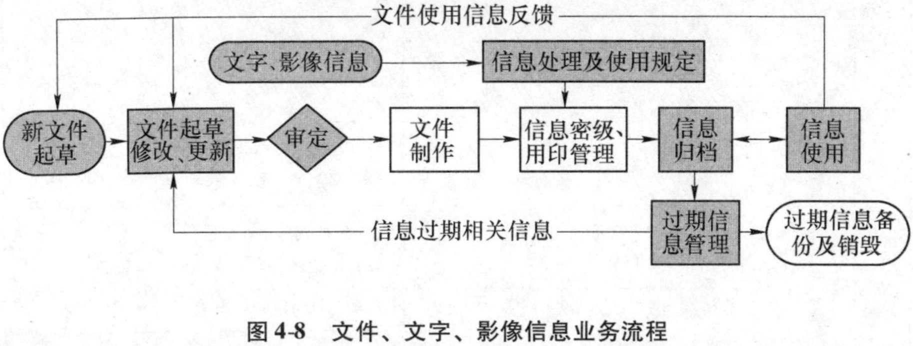

图 4-8　文件、文字、影像信息业务流程

成回路）的全部环节。另一个是要将性质差不多的管理对象尽可能归类到一起。文件、文字或影像信息等基本性质是相同的，仅仅是有些过程可能不同，要尽可能在一个流程中表现完整。

（2）建立管控流程。

建立管控流程的相关说明详见第三章第四节。《文件、文字、影像信息管控流程》如图 4-9 所示。

2. 根据管控流程，确定关键控制环节，确定意外应急流程

（1）确定关键控制环节与关键控制点（项）。

文件、文字、影像信息管理制度关键控制环节与关键控制项如表 4-14 所示。

表 4-14　文件、文字、影像信息关键控制点及激励表（示意）

编号	流程节点号	关键控制环节	关键控制点	影响什么	控制对策	控制标准	未达标激励标准
1	A1	文件起草	目的正确	结果	非迎合上级领导或检查	—	—
			使用、控制对象明确	结果	发文人业务熟悉程度及专业素质 发文人非某一领域的专家	—	—
			使用资源明确	结果			
			流程准确	效率、消灭浪费		—	—
			思路清晰	结果	发文人眼光、高度、业务素质、知识符合时代	—	—
			执行方法清晰、可行	结果	发文人的业务素质	—	—
			重点突出	效率和结果		—	—
			难点明确	效率和结果			
			释放人的活力	效率、质量、结果、效果等	发文人懂人心、人性，思想不偏激、做事不主观		
			检查、衡量达标，标准量化	绩效和结果	检查工具、方法明确确保能与激励挂钩		
			执行工具说清	效率、结果	发文人的专业素质		
			文字能看懂、无歧义，不出错	结果	发文人的文化素质		

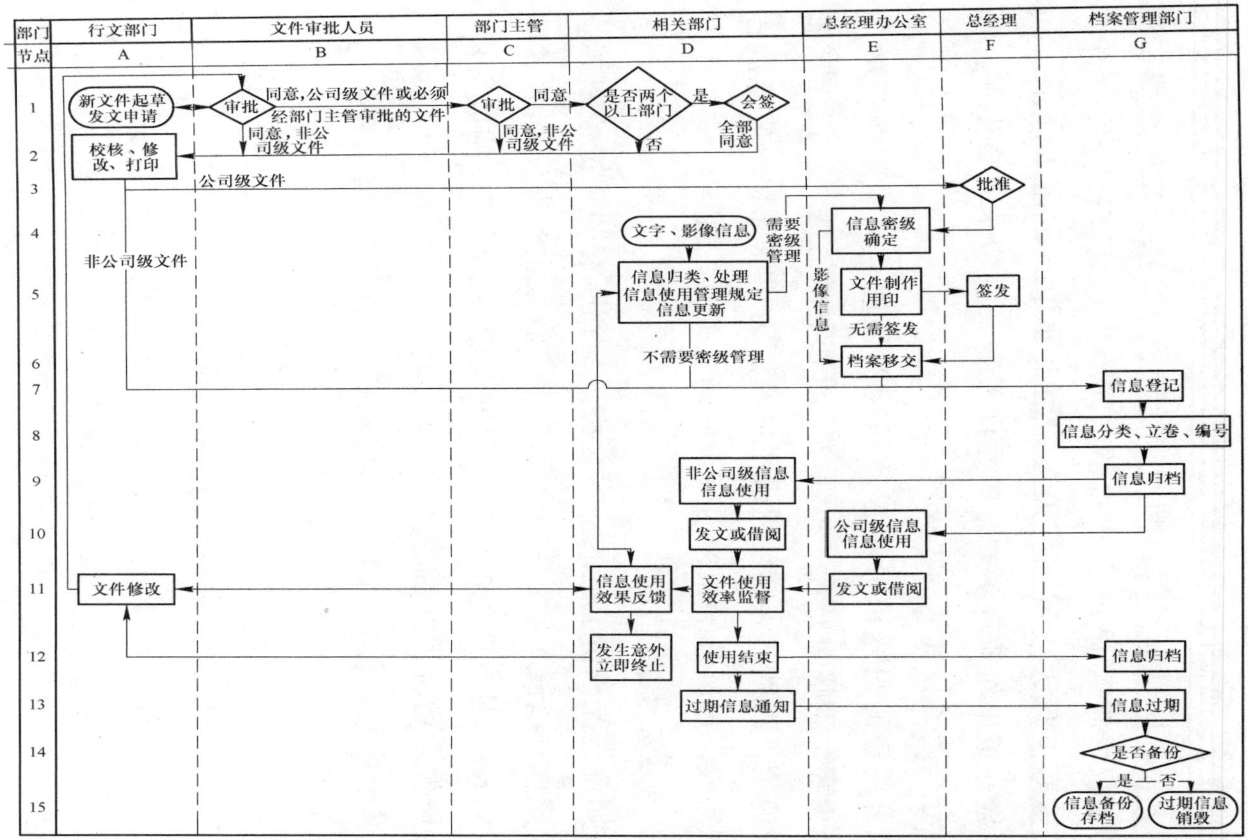

图 4-9　文件、文字、影像信息管控流程

第四章

执行力及提升

（2）确定意外应急流程。

对任何执行者来说，在现场发生意外时具有应急的临时处理能力是必需的。意外应急流程包括两个部分，一部分是现场临时性救急。需要明确临时救急的方法和救急的程度。比如，现在很多消防箱仅仅放置 2 ~ 3 只灭火器，实际上这就直接告诉执行者了，用这两三只灭火器进行灭火。如果使用完毕还不能消灭火源，人应在退出作业现场的同时立即报警，以防止人身伤害，而不是到处继续寻找其他的灭火器。

意外应急的另一部分是善后和相关处理。从制度建设的角度，至少要写到临时处置，将现场临时处置的方法、手段、措施全部说清楚；否则，为制度建设不完整。为了保证意外应急流程能顺利完成，这部分的相关内容也应确定关键控制点。

3. 建立流程价值链

按照确定流程价值链的基本方法，找到所有的关键控制环节即构成流程价值链。《文件、文字、影像信息业务流程》中（如图 4-8 所示），凡有底色的为本流程的关键控制环节，构成文件、文字、影像信息流程价值链。

4. 针对关键控制点建立正确的工作方式与激励挂钩

（1）建立正确的工作方式。

在表 4-14（《文件、文字、影像信息关键控制点及激励表》）中，“控制对策”即规定正确的工作方式。

凡涉及有操作同时有作业程序性的，应按程序步骤详细描述正确的工作方式，如汽车驾驶开车前正确的检查方式如下（部分）：

进入驾驶室以前，应沿车辆四周检查周边环境；检查是否有障碍物或其他危险因素；有没有车边正在玩耍的孩子；有没有可疑的物品；轮胎压是否正常，车辆外观有无新增损伤、地面是否有油渍或水渍等。应急对策如下：

1）可疑物品。

如果发现可疑的物品，不要急于挪开，应立即确认周围是否有人。如果周围看不见人，应与能证明时间的手表等一起拍照或录像取得证据。在有录像的情况下，应大声叫喊确认是否有人专门放置。如无人应答，在有录像或有人证的情况下，再将可疑物品慢慢搬离至不影响车辆通行处放置。

2）轮胎被陷。

如果发现车轮已经陷入泥中，不要急于启动车辆，应将主动轮使用石头或能增加摩擦力的物品等垫起后再启动车辆。

3）轮胎压不足。

行车前应对四个轮胎外观可见处进行检查，防止有人使用螺丝等尖锐硬物扎轮胎。发现轮胎压气压不足时，尤其应侧重检查有无可能扎胎的物品。一旦发现，不要立即取出，应开车至能维修轮胎的地方后再行取出。

4）地面有可见油渍。

（略）

再如我们在前面说过的案例：《某公司模具维护保养管理规定》（部分）。

三、定时检查、维护

正确的写法应该是：按规定的时间检查及维护。

1. 生产前模具的保养

1.1 须对模具表面的油污、铁锈清理干净

正确的写法应该是：使用什么方法清洗油污，铁锈使用什

么方法去除；干净的判断标准是什么。作业记录填写在××××内。

1.2 须检查模具胶口套中的圆弧是否损伤，是否有残留的物料

正确的写法应该是：使用什么工具、方法和标准判断圆弧是否损伤；损伤到什么程度可以继续使用；在什么程度下应待停机时处理；而在什么情况下，必须立即报修。检查人是谁，判断人是谁，谁负责报修，找谁报修等。

残留物料的性质是什么，存在残留物料时，应当使用什么方法、采取哪些手段进行处理，在处理过程中，有没有可能造成人身伤害；如果发生人身意外应当怎样处理，发生其他意外应当怎样处理……

（2）关键控制点与激励挂钩。

为了凝聚执行人的注意力，关键控制点必须与激励挂钩。关键控制点与激励挂钩使用表4-14(《文件、文字、影像信息关键控制点及激励表》）完成。与激励挂钩的根本目的不是为了惩罚，而是为了通过激励凝聚执行者的注意力，惩罚永远不是目的，能通过惩罚消灭惩罚才是企业管理追求的境界。

5. 表单设计、表单模版化及文字说明

（1）表单设计。

表单设计是制度建设中最核心的环节。一个做于细、成于易的表单，既能把流程完整地连接起来，还能甩开员工的个人素质，让“傻瓜”也成为精英。尤其是模板化的表单，就更是提升执行力最好的帮手和工具。

表单设计时，纵向要体现一票到底的流程；横向要体现关键控制项。

《文件、文字、影像信息流程跟踪表》如表4-15所示。

表4-15　案例：文件、文字、影像信息流程跟踪表（模板）

编号：　　　　　　发文申请人：　　　　　申请时间：　　　年　月　日

<table>
<tr><th colspan="2">新文件□、文件更新□</th></tr>
<tr><td>文件标题：</td><td>发文的目的：</td></tr>
<tr><td>文件重要度：重要□、一般□</td><td>文件使用部门：</td></tr>
<tr><td>紧急程度：紧急□、加急□、无要求□</td><td>文件使用对象：</td></tr>
<tr><td>预设密级：绝密□、机密□、无密级□</td><td>文件起草部门：　　起草人：
交稿时间：　年　月　日</td></tr>
<tr><td colspan="2">发文背景或原因简介（文件针对什么或为什么要出文件）；是不是必须要出文件是□，不是□。</td></tr>
<tr><td>文件核心内容介绍：</td><td>文件附件目录：</td></tr>
<tr><th colspan="2">文件审批</th></tr>
<tr><td colspan="2">目的正确□、错误□；流程准确□、不准确□；思路正确□、错误□；操作性可行□、不可行□；</td></tr>
<tr><td colspan="2">使用部门正确□、错误□，遗漏的部门____________；使用对象正确□、错误□，遗漏的对象____________；</td></tr>
<tr><td colspan="2">重点突出□、不突出□；难点明确□、没有□；能释放人的活性□、不能□；文字表达准确□、不准□</td></tr>
<tr><td colspan="2">检查标准量化能考核□、没有量化无法考核□；检查工具明确□不明确□；检查方法明确□、不明确□</td></tr>
<tr><td colspan="2">涉及____资源：部门自身能解决□，企业能解决□，依靠关系解决□，花钱解决□费用大致为____
涉及____资源：部门自身能解决□，企业能解决□，依靠关系解决□，花钱解决□费用大致为____
涉及____资源：部门自身能解决□，企业能解决□，依靠关系解决□，花钱解决□费用大致为</td></tr>
<tr><td>文件审批意见

审批人　　　审批时间　　年　月　日</td><td>部门主管意见

签字　　　时间　　年　月　日</td></tr>
</table>

续表

各部汇签		
______部审批意见 审批人　　年　月　日	______部审批意见 审批人　　年　月　日	______部审批意见 审批人　　年　月　日

总经理审批
审批意见 签字：　　年　月　日

总经办
发文编号________字________号　使用红头是□、否□　　文件密级：绝密□、机密□、无密级要求□
共印：正文________份；附件________份。主送__________；抄送__________.
文件制作人：　　年　月　日　　文件用印是□、否□，用印人：　　年　月　日

档案移交（先归档，后发文）	
移交部门　　移交人	接收人　　接收时间　年　月　日
信息最早形成时间　　年　月　日	信息完整程度：完整□、缺：________.
关键字：	版本：
信息种类：电子□、纸质□、影像□、其他□	信息来源：部门□、外来□、公司□、其他□

档案管理							
一级类目		二级类目		信息存放位置	保管期限	保管责任人	存放要求
代号	名称	代号	名称				
					永久□、长期□、短期□		
					永久□、长期□、短期□		

信息使用跟踪记录				
跟踪日期	跟踪人	跟踪人所在团队	信息主要存在的问题	备注

续表

信息更新记录				
更新时间	替代文件号	更新原因	更新人	备注
信息过期鉴定记录				
鉴定意见： 鉴定人：　　　　鉴定时间：　　年　月　日				
信息备份（有□、纸质□、电子□、无□）及销毁记录				
备份信息存放位置	备份时间　年　月　日	备份人	备份完整性鉴定人	
信息销毁时间	销毁地点	销毁人	销毁见证人	

（2）表单模板化。

为了保证执行力得到有效的提升，表单应尽量设计成模板，这样不仅能让执行力与人的素质脱钩，极大地提高效率，更能追求质量零缺陷。下面以文件、文字、影像信息管理中通知撰写案例为例，看看表单模板化的应用。

发文、发通知、发函是每个单位必不可少的工作。这个看似挺简单的工作，如果没有专业素质也很难保证不出错。我们按国家信息管理的相关规定，设计了发文、通知、发函等各种专业模板，详见下面的案例。

案例 4-8：通知模板

归 档 编 号：单击输入通知编号，格式：年月（6 位）顺序号（4 位）如：2008030001

［单击输入公司或部门简称］（［单击输入年份］）第［单击输入当年通知顺序号］号

★紧急程度：普通□、紧急（当天）□、加急（4 小时以内）□

关于［单击输入通知主题］的通知

单击输入通知对象：

范例：

农业部办公厅草原雪灾应急管理工作小组及办公室的通知

农办牧［2008］4 号 日期：2008-01-24 14：06 发布单位：农业部办公厅

有关省（自治区）畜牧（农业、农牧）厅（局、委、办），新疆生产建设兵团畜牧局：

为切实做好××××工作，根据国务院《关于××××的紧急通知》精神，我部决定成立 XXXX 管理工作小组，负责组织协调、指导、监督全国草原雪灾预警和防灾、减灾工作。工作小组组成人员如下：组长：×××（职务）、副组长：×××（职务）

×××××工作小组办公室设在农业部草原监理中心，办公室主任由×××同志兼任。

范例 模板

为切实做好单击输入内容工作，根据单击输入内容，我部决定成立单击输入内容，负责单击输入内容工作。工作小组组成人员如下：组长：单击输入姓名及职务；副组长：单击输入姓名及职务

单击输入内容工作小组办公室设在单击输入地址，办公室主任由单击输入姓名同志兼任。

特此通知

单击输入通知人落款

单击输入通知日期

主题词：　　　　撰稿：　　　　审核：

主　送：　　　　抄送：

(3) 文字说明性完善，格式标准化，形成完整的制度或标准。

文字说明包括以下几个内容：

1）针对流程图中没说清楚或因流程图相对比较简单，可能造成人员误解的内容，如做什么事，需要填写哪些表单，什么情况下，需要谁批准等；

2）围绕流程的相关具体要求，如进入作业现场的要求，操作的要求等；

3）围绕关键控制点的相关说明、激励及具体要求；

4）围绕需要完成流程目的的相关要求，如培训的要求等。

文字说明的其他内容在此不再赘述。

6. 制度或标准审核

制度审核包括：可行性、资源性、经济性、有效性、规范性、风险性审核。

(1) 可行性审核。

可行性审核的标准是，找个外行，简单进行说明性的培训或不培训，执行人完全按制度能顺畅完成所有的操作，且操作正确为标准。具体包括以下内容：

1）有不让执行人“困惑”的作业基准或标准；

2）有实现作业基（标）准的标准工作方法及应急措施；

3）关键控制点清晰，针对关键控制点有明确的激励标准；

4）有一票到底、体现关键控制信息和易化原则，可用于痕迹跟踪的记录或执行表单。

(2) 资源性审核。

资源性审核是防止由于缺少资源、政策而导致制度无法执行。

（3）经济性审核。

经济性审核的核心是反复确认有没有更经济的方案。

（4）有效性审核。

有效性是审核执行后所得到的结果能否达到制度设计的目的。我们在流程再造中，针对企业现行的费用预算管理，比较详细分析了费用预算管理的无效性。读者在制度审核时，可借鉴其中的相关内容。

（5）规范性审核。

规范性审核指制度建设相关内容符合国家或行业等相关规范性法条。

（6）风险性审核。

风险性审核主要对整个过程中的不确定性进行审核。按照六西格玛的思想，每个不确定的点都可能成为发生变异（出现问题）的基因。不确定的点越多，发生变异的可能性就越大。在所有的不确定点中，除了环境、资源外，最大的不稳定来自人。工作类制度风险性审核的核心就是按流程逐点检查、排除各种不确定性可能发生的根源，通过制度从法律的层面保证不确定性降到最低。

风险回避的核心和关键就是找到关键控制点，并针对关键控制点建立正确的工作方式；并通过对正确工作方式的硬性规定，降低风险。可能有的读者会不以为然，现在到处提倡试错。由于排除整个流程的全部风险太麻烦，不妨在试错的过程中不断地完善。这里需要做点说明，试错是现代社会的一个热词。但笔者认为这个热词的背后本身就存在着巨大的风险，对企业来说，相当多的工作不允许试错，因为市场根本不给你申诉和解释的机会。就好比一部电影没人看，没人听你解释为什么，而由于拍片造成的资金链断裂，只能自己消灭自己。更为要命的是，如果一个人不停地错，不停地试，待环境中其他的人，产生试错人不行的思维定式后，试错人就可能导致在哪里摔倒，就在那里永远爬不起来的尴尬境地。试错还要算计一个非常重要的因素就是时间。如果因为试错时间过长而导致市场或时机耽误，这种试错可能就会成为白花钱的高档“享受”。正因如此，试错必须慎重，方向不能试，命不能试；风险超过自己能控制的范围不能试，时间不能把握的不能试，没有足够抗风险能力的要慎重试错。试错不能头脑发热，必须做好风险评估。试错有风险，企业当自重。

(7）可行性审核。

可行来自简单明了，一目了然。只有规则简单，执行才能容易，监督才能便利，成本才可能低廉，同时也能加大违规的难度。就好比实施5S管理的工厂，使用不同的颜色将地面规范成安全通道、工作区域等，当有人在工作区域内穿行时，任何人都能看到这个违规的人。再好比当一个人不戴安全帽进入需要戴安全帽的作业现场时，任何人都可以不用判断的判定该人违章，这就是有效性的标志。规则是做给天下人看的，让看的人不动脑筋能看懂，让用的人没有障碍能执行，让“弱智”不弱，让低素质不低；做于细，成于易，是判断制度建设可行性最基本的标准。

（五）工作类制度编写常见问题

没有发挥优秀和全体人员的智慧，靠个别“精英”编写制度，导致不能执行。具体表现如下：

(1）编写人高估接受人知识掌握的程度，该写的没写或想当然认为接受人应该会。

（2）低估执行人的智商，不需要细的地方，一味地把细节进行到底。

（3）编写人缺少实践经验，语言含糊、定性太多、不准确。

（4）编写人缺少专业训练，不会使用正规法律语言表述。

（5）编写人没有从使用、执行人出发，造成执行人心理抵触或根本不具备操作性。

（6）编写人认知偏见，主观武断，心中有一个能迎合企业当家人，但不符合多数使用人心理的标准。

（7）编写人知识面狭窄，过于专业或仅仅了解一个专业或某一两个模块。

（8）编写人嫌麻烦或者认为越简单越好。问题是现实并不简单，一点说不到或遇上一个问题制度中没有，在执行人心中，制度就不好用；如果遇上几个不好用，执行人就会弃制度于不用，于是有制度无执行就成了必然。为此，制度建设务必不能怕麻烦。

（9）制度建设是一个过程，不要指望一次就能完美，一次就能结束全部工作。社会在发展，企业在进步，各方的合作者也在不断前行；因此制度建设需要不断地符合社会、企业和人的变化，只有与时俱进，与时偕行的制度，才是最好的制度。

（六）工作类制度编写人员素质要求

具体要求如下：

（1）必须具有基层连续工作的经历；

（2）具有系统的思想，必须了解整个流程的所有环节，不能仅仅是某一领域的“专家”或学者，更不能过于偏向某个

"专业";

(3）善于思考，反思能力强，悟性好，系统综合性好；

(4）脚踏实地，真正了解人性，真正懂得企业文化；

(5）文字通俗、易懂，文法正确。

至此，制度建设全部完成。

六、规则编写简介

（一）规则与制度

1. 适用范围

制度的适用范围主要用于企业内部管理；规则则适用于某项活动（如竞赛）或某项专项工作（如企业报税、经济普查）。

2. 对象

制度的对象一般限于内部员工。而规则的对象则多为参加同一活动或完成同一工作的所有参与者与合作者。

（二）规则的主要种类

规则形式上包括明规则、潜规则和元规则等。如果从规则强制性的角度上理解，企业中主要的规则大致为两类，而两种规则体现了完全不同的编写原则、编写语言和编写风格。

1. 强制性规则

强制性规则是任何人都必须遵守的规则，属于硬规则。在活动或任务中，强制性规则是必需的。比如参加活动的年龄要求、性别要求、必须遵守的相关规定等，属于硬性限制。

2. 合作性规则

合作性规则适合于竞赛、电商、企业内外部的各种合作事宜等。这类规则与强制性规则最大的不同是，强制性规则考虑的不是你想不想参与，而是你只能以什么形式怎么参与，不能服从你可以不参与。

而合作性规则需要考虑尽可能多的人参与。显然这两种完全不同的规则，带来了规则制定的完全不同。

（三）规则的编写原则

1. 强制性规则

强制性规则讲的不是理，而是必须遵守什么。没有商量的余地，硬性规定即可。

2. 合作性规则

合作性规则需要考虑参与最大化。这个最大化可以是参加人数的最大化，或者是参加者利益的最大化，也或者从企业出发的合作结果效益最大化等。显然，参与者利益最大化对多数人来说是最有兴趣的，也会是参与人数相对最多的。在制定规则的时候，企业必须根据需要进行的活动或需要开展的工作来考虑使用哪种规则。对于竞赛来说，参与的人越多越好；而面对某些工作的完成来说，考虑的是目标的实现，而不是参与人数的多寡，强制性的东西相对也会更多。

合作性规则中不排斥强制性规则。两个规则中一般是你中有我，我中有你。比如，在条件设置或具体执行时，多数为强制性规则。而在结果享有上，则应更多的通过公平和公正，让参与的人尽可能多。当参与人可能得到的荣誉越高时，参与人的积极性就越大，如央视的节目“星光大道”。

3. 公平、公正规则

由于规则不仅面对着企业内部，还包括企业外部的各路人员；因此规则最核心、也是最基本的原则就是公平和公正。失去了公平和公正的规则，不仅不能执行，注定就是必然失败的规则。这一点与制度有很大的不同。制度在有些规定中考虑的不一定是公平，甚至会在有些地方去制造不公平。比如薪酬，绝对的公平就意味着绝对的不公平；适当地制造“不公平”，执行者才有动力。规则则不是，当参与者认为规则不公平时，参与者是有权选择退出不参与的，而当众多的参与者均选择不参与时，规则就没有存在的意义。就好比某俱乐部打算搞一个活动，但面对着活动的规则无人响应，这个活动就是空话，规则自然就没有存在的意义。因此，当多数参与者都选择退出或规避时，就必须从规则的公平和公正上认真考量参与者拒绝的真正原因。

4. 执法公正规则

可能有人说执法公正属于执法过程的事，与规则建设关系不大。实际上，如果没有在规则制定阶段就把可能发生的执法不公锁在笼子里，很难保证执法公正的在一个普遍讲人情的环境中，很容易被执行歪了的。

让我们通过事实看看在规则制定时，应该怎么去堵死可能产生的执法不公正。笔者曾经作为国家级行业班组长职业技能大赛的总设计师、总策划、总裁判长参与大赛的设计、培训及总裁判等工作。在竞赛中，场地提供方毫不隐讳地公开要名次；有些负责评审文案的评委，公开按照有利于自己单位选手的答案修改标准答案；场地提供方公开要求竞赛评委修改分数，这些无须多言。这里谈谈主办方。班组长职业技能竞赛一般分为理论答题、抢答题、现场实际操作三轮。由于主办方得分统计软件出现明显错误，直接导致理论竞赛和抢答题两轮竞赛环节结束后，场地提供方的参赛选手即使完全不参加最重要的第三轮现场实际操作竞赛，已经成为当年班组长职业技能竞赛的前三名。作为竞赛总裁判长曾经在评分前对主办方一而再，再而三地进行制止，但主办方根本置之不理，听任产生这样的不公平。作为读者我们该从这个案例中找到在制定规则时，怎样才能防止出现上述这些现象的不公正和不公平的方法和措施呢？这个难题留给读者自行思考。

执法不公正会造成执行时非常多、甚至非常恐怖的问题。当各参与方一旦察觉执法不公时，可能产生的问题及后果很严重。

（四）制定规则一般包括的内容

规则制定时一般包括以下内容：

• 名称（关于什么的规则）、目的、活动（如竞赛）或任务（如核算）的时间及地点、举办（主办或牵头）单位、承办（或配合）单位；

• 主办方与参加单位或人员各自的权责及范围、活动或任务涉及的范围；

• 人员参加的方法；

• 具体实施的流程及在实施过程中的具体要求（或规则）；

• 奖励与罚则、过程注意事项、未尽事宜以及本规则解释、修订权的归属单位等。

对于竞赛的规则还必须要规定奖励的名次与奖励的内容、报名和报到的时间与地点及需要携带的相关证件、裁判员与仲裁委员会组成人员等相关内容。

第七节　执行力保障——流程绩效考核

如前述，绩效考核指标和主体影响执行的方向；绩效考核标准，影响执行效果。为了保证执行力方向正确，效果达到预期，有三个因素需要认真研究。绩效指标在前面已有论述，这里不重复阐述。

一、绩效考核主体

对执行人而言，流程管理有两个绩效考核主体：一个是执行人的主管上级，另一个是后工序。主管上级考核的内容，仅限于监督执行人是否按标准执行，是否执行到位，至于执行效果则由后工序负责考核。

二、绩效考核标准

绩效考核标准有三个：人员行为守则，工作标准和责任标准。一个优秀的，能真正调动人积极性的绩效考核，其核心之一是公平和公正，保证公平和公正的基本条件之一是绩效考核标准的量化。

关于这三个标准的量化已经在前面详细说明过，这里不再赘述。

现实中，凡暂时无法量化的，建议暂时不考核。因为不能量化就无法实现公平和公正，至于有些企业流行的诸如：工作态度，德、能、勤、绩等定性考核内容，为了确保执行力的提升，建议彻底终止、消灭这种根本不是标准的考核内容。

三、绩效考核方法

在管理 4.0 中，执行人的报酬直接来自市场，来自客、用户，是客、用户根据自己的满意程度付给的劳动报酬。在实际执行时，流程后工序逐月通过为上道工序埋单的形式，给上道工序支付劳动报酬。在实际操作时，后道工序逐月给上道工序埋单过于麻烦。为了简单起见，后道工序可仅对上道工序的违约项目进行考核。有违约项目时，后道工序可直接下单激励，从报酬中直接扣除即可；没有违约项目时，后道工序免单就可直接兑现报酬。

第八节 强化训练

台上一分钟，台下十年功。要让执行人站有站相，坐有坐相，熟练地掌握和运用专业技能，必要的强化训练是必不可少的。没有训就不知道规矩，没有练就养不成习惯。

企业管理必须脚踏实地，制度再好，执行人不会用也是白搭。要让执行人掌握制度的精髓，除了制度最大限度地易化外，更需要把制度中的各种规则、要求、标准等变成人自觉的行为，这种从强制执行到自觉的行为，需要经历：行为格式化、行为固化、行为习惯化、行为内在化或自然化（自觉化）四个过程。

行为格式化：即将原来旧的不规范的“习惯”革除掉，改变原来的习惯或做法。处在这个阶段的人们，需要在心里不断强化新的习惯及基本要领；否则随时会回到原始的旧的习惯中，要完成这个阶段大致需要21天。

行为固化：通过不断强化将新的工作习惯或做法固化下来，要完成这个阶段也大致需要21天。

行为习惯化：处于这个阶段的人们开始逐渐忘记过去的旧习惯，基本上已经能适应习惯新的行为。人们要完成这个阶段大致也需要21天。

行为内在化也称行为自然化或行为自觉化：处在这个阶段的人们已经完全摆脱了旧习惯的束缚，不需要再刻意提醒自己应该怎么做。而是在不自觉中，用全新的习惯和方法开始全新的工作并进行全新的思维。至此，人的行为过程转变彻底完成；要完成这个阶段，时间长短要看人的悟性和对生活、工作的理解，有的人快，有的人慢。

完成人的行为转变不仅在思想上是痛苦的，也是需要很长时间适应的，从投资的行为来看，这样的投资是合适的，训练也是生产力！通过强化训练能创造奇迹，闻名中外的舞蹈“千手观音”，甚至能让一群不达标的残疾人创造奇迹。奥运颁奖的礼仪小姐，用她们最甜美的微笑征服了世界。阅兵大典，我们的军人以他们整齐、矫健的军姿向世界展现了中国力量……然而这一切的后面都是强化训练。没有“千手观音”千百次的排练；没有奥运礼仪小姐每天嘴咬筷子，两腿之间夹张纸，每天一站就是两个小时的刻苦训练；没有阅兵部队每天十几千米的魔鬼拉圈，哪有震撼世界的华夏精彩。

通过强化训练除了能创造奇迹，还能完成：

(1) 通过对人员操作工具等行为的强化训练，让人员熟练使用工具；

(2) 通过对规章制度的强化训练，让员工养成自觉遵守制度或按标准规定作业的工作习惯；

(3) 通过对某些特定的行为的强化训练（如基本礼仪和不使用工具的基本操作技能等），让企业员工达到某种默契，最终产生步调一致的团队执行力；

(4) 通过强化训练发现更好、更简单易行的实现标准的方法、工具、设备等。

“宝剑锋从磨砺出，梅花香自苦寒来，不经一番寒彻骨，怎得梅花扑鼻香。”没有辛勤的付出，想要做到极致，难于上青天。只有在训练的基础上，执行人才能将个人的才华施展到极致，现实中的每个人都在各自的舞台上展现着自身的精彩，要让精彩更出彩，强化训练就成了唯一的捷径。玉不琢不成器，人不疯魔不成活。只有训练才能美，只有千锤百炼才能实现美好的梦想。工匠精神不仅是一种艰苦的磨砺，更是一种对完美的追求。而在工匠的培养过程中，训练就是必须经过的必经之路。

实践证明，一个企业在完成了上述各项工作后，执行力应能有明显的提升，关于执行力的话题，不再做更多的阐述。

第五章

企业平台化——互联网时代的企业必由之路

重要说明：企业平台化是互联网时代企业发展的必然。企业平台化一般有两种形式，一种形式是从当前的职能管理模式转变为平台化的经营模式；另一种是新建立平台化企业。但无论是新建还是从旧体制改建，都必须先完成基础的转变（第二章），做好基础性工作（第三、第四章）。没有前面的基础，直接跳过来做平台化的，注定难以成功。

有些读者可能认为没有平台化，客、用户就不买账，实际上这是错误的。用户绝不会因为你有了平台而接受你的产品。用户除了满意，对其他的东西是没有兴趣的，也是根本不关心的。为此，无论有些读者多么心急、多么迫切地想一步到位地完成企业平台化，都注定是不可能实现的。心急注定吃不上热豆腐，一口也难咽下一个馒头，从吃饭看虽然第五个馒头能吃饱，但没有前四个馒头做垫底，或者说当第五个馒头永远是第一个馒头时，我们是永远也吃不饱的。

企业平台化是以观念转变、业务流程梳理和优化、工作标准化、建立责任落地体系、提升执行力为基础的。也就是说企业平台化应事先完成从第二章到第四章的全部内容，没有捷径。没有业务流程，就无法将工作连接到一起。没有标准，根本无法接纳外部人员进入企业，也无法产生共同的语言，更无法实现合作和协同。不建立流程接口，资源得不到保证；责任不能落地到个人，一切就都是空的。如果执行人和执行团队根本就没有执行力，再好的平台也没用。显然，企业的平台是积累出来的，是在为用户服务过程中逐步打造出来的。做好前面几章的工作，磨刀不误砍柴工，才是实现腾飞最快的诀窍。

本章与第二章至第四章的内容构成管理4.0完整的体系。本章主要介绍企业平台建设及相关内容，不是其他章的替代章。

周鸿祎说："没人能打败趋势。""趋势一旦爆发，就不会是一种线性的发展，它会积蓄力量于无形，最后突然爆发出雪崩效应。任何不愿意改变的力量都会在雪崩面前被毁灭，使市场边缘化。"（周鸿祎《周鸿祎自述》，中信出版社，2014年8月第1版，P6）

人类社会已经快步进入互联网时代，互联网作为连接实体经济与消费者的桥梁，早就不再是虚拟经济的代名词，而日益成为经济社会的重要组成部分，成为社会发展的大趋势。在互联网的大势所趋下，企业唯一能做的就是不仅看到这种趋势的到来，更要未雨绸缪，有准备的迎接互联网时代的全面到来。

"华为预测，到2025年，全球将产生1000亿终端连接……这意味着越来越多的企业将会加入连接。未来所有的企业都会成为互联网企业，借助连接的力量缩短业务流程、降低成本、提升效率，释放出产业创新的巨大产能，驱动创新焦点从消费互联网向产业互联网迁移，一个规模庞大的产业互联网时代正在到来。”（马化腾《互联网时代国家战略行动路线图》，中信出版社，2015年7月第1版，P33）

互联网时代，到底给企业带来了什么呢？

第一节　互联网时代企业发展大趋势及对当今职能型企业的主要冲击

互联网将万物互相连接在一起，这种连接无处不在，无时不连。在这样的连接中，意味着人类社会将实现人与人、人与企业、人与物、物与物的直接相连。在网络的背景下，虚拟世界与现实世界水乳交融，书写着新时期全新的人类文明。

当今网络早就远远超过简单工具的范畴，代表着全新的生产和生活方式。但这些变化不是简单的变化，而是复杂的综合反应，对社会经济、生产和生活各领域产生深远的影响的同时，也对所有的行业和产业，进行着革命性的挑战。网络给人类社会带来的最大改变是提效和降本同在，风险和机会并行；跨界与融合并存，颠覆与再生并举；线上与线下共存，合作才能共赢。在这样的大背景下，互联网对企业主要带来了以下八个方面比较大的冲击。

一、买全球，卖全球，用全球、为全球——对传统经营观念、管理方式和方法全方位的革命

在当今的互联网时代，每个人、每个企业都能强烈地感觉到世界就在家门口，我们每个人都可以充分自由地享有世界。随着

工业 4.0 全球机器自组织化，买全球，卖全球，用全球、为全球就成为时代的必然。这种必然最大的改变就是对传统经营观念的转变。过去看自己，看一个相对不大的地区或地域市场和群体；而现在就必须立足当地看世界，立足眼下想未来。用全球化的思维方式想世界，用全球化的眼光看市场，用为全球用户服务的理念想用户，用全球为我的情怀拥抱世界。在互联网时代，全世界已经张开了双臂拥抱我们，我们是接住这个拥抱还是拒绝这个拥抱呢！

做互联网时代平台化的企业，从观念、思想到做法必须全方位的来一场革命。思想仍然停留在工业化时代，观念仍然停留在职能管理的陈旧理论之中；做法仍然延续现有的以管制为核心的管理方法上，加上没有自己的品牌，紧紧跟着别人后面忙活，实际上就是已经在拒绝这个时代的拥抱，就是在放弃社会。世界本身不是平的，也不可能平。从思想观念革命入手，从做法革命开始改变。在大多数人浑然不觉的时候，率先走出最艰难的第一步，是成功的企业家眼前最需要做的。在跃向未来的赛跑中，我们每个企业都站在同一个起跑线上，鹿死谁手，今天决定明天；观念做法，现在决定未来。

二、O2O——对交易模式的冲击

（一）O2O 对交易模式的冲击

O2O 即线上线下实体与网络的交易、服务运行方式。其对当前人与人对面的交易方式冲击甚大。这种冲击主要表现在以下两点。

1. 直连

直连即企业与企业、企业与消费者之间直接连接或直接对接。

（1）企业与企业直连。

最明显的应该是成本的降低和效率的提升。在直连的背景下，去中心化（中间商）就成了时代的趋势。在有中间商的交易体制中，企业与中间商一般多为简单的交易或彼此互相利用的关系；短期利益的关系相对居多。而当企业与企业之间直连后，这种短期利用或利益的交易关系，就会慢慢地改写为长期、靠得住的利益共同体，逐步形成共存、共生、共享、共荣、共赢的关系。

（2）企业与消费者直连。

企业与消费直连后消费者自由选择的权力可以实现最大化。我的连接我做主，我的生活我设计、我的自由我掌握，我的喜好我决定。在互联网的支持下，消费者可以把自己个性化的要求和产品设计有机地结合在一起。

在这样的背景下，适应消费者这样的连接方式，企业必须完成三大转变：

1）把设计的权力交给消费者。这种权力本身与企业自身的设计环节相比具有设计的随意性、随时性、变化性和多样性。每个人都有自己的想法，而且每个人的想法总是在不停地发生变化，仅此一点就比企业现成的设计体系要复杂很多。但对于企业来说优点也很多。

2）为了保证消费者的个性化需求得到满足，企业必须强化开放的力度。没有开放，仅靠企业自身想满足诸多的消费者，也就是天方夜谭而已。

3）企业必须强化跨界的能力。与自身的设计相比跨界往往是有一定范围的；而当消费者成了企业的设计师，跨界就难说是怎么回事了。

企业与消费者直连牵涉的因素比较复杂。满足个性化需求与满足市场有时差别太大；作为企业必须从投入的角度慎重地对待个性化需求的满足，只有相对“小众化”的个性化需求才可能成为企业的主攻方向。

（3）面对直连企业应完成的主要工作。

无论是企业与企业直连，还是企业与消费者直连，与当前“中间商”、人与人面对面交易的形式相比，直连这种方式让企业的基本形态发生了根本的、革命性的改变。在直连的世界里，企业不再是经济活动最小的单位，每个人成了社会经济活动最小的细胞。这种经济结构发生的巨变，日益挑战着企业的生存能力。企业的边界正在日益模糊，每个企业如果不能直接感受来自每个微细胞的感触，就如同一个生命体的末梢神经坏死，企业必将面临出局的挑战。简言之，国际化的市场，全球化的贸易，企业不仅需要根据国际交易秩序和交易规则，建立企业全新的交易规则；还需要建立相关的信用体系，提出信用标准。

全新的交易规则包括跨境营销、物流、交付和服务规则、跨境金融或第三方支付与结算规则、跨境数据使用规则等。企业在制定这些规则时，必须全面与国际社会接轨，否则根本无法参与到买全球、卖全球、用全球、为全球的过程中来。显然，这与当前企业的很多规则是完全不同的。当前，企业的很多规则是建立在眼睛向内、面向自我的基础上建立的。从全球的角度上看，国外交易规则一般分为两个部分，一个是围绕商业运行的各种规则，另一个是基础的信用规则。由于我国的信用体系建设还处于刚刚开始的阶段，一方面，我们面对太多的无知；另一方面，由于国家相关的法律政策不完整，无论信用体系的建立还是围绕信用的执法都存在不少问题。以某网商为例，某网商即使发现了假冒伪劣产品的厂商，也没有行政执法权和处罚权。于是该网商就成了“假货”的代名词。通过某网商的案例我们不难发现，真正信用体系的建立，往往企业是无能为力的。从企业的角度来看，想依靠自身的能力完成信用体系建设简直难于上青天，但又不能没有信用体系，因为有信才能用，无信则不用。

信用不能建立在简单的情感信任之上，而必须要建立一种新型的以合作、协同、共存、共生、共享、共荣、共赢为价值观，以开放为标志，以法律约束和监督为基础，以非感情的信用为政策的信用体系。由此可见，建设企业级的信用体系，对中国的企业来说，就是对企业的挑战，各位企业家对此要有深刻地认识和心理准备。

在互联网经济下，服从、尊重国际贸易的规则，接受国际间必要的相关监督，是企业明智的选择。只有从高度上不成为国际社会的弃儿，才有可能在这样的环境中得到发展。显然这是一个巨大的工程，非一朝一夕就能实现和完成。

2. 分分在购物，秒秒自媒体；言论少约束，秀晒无节操；人人皆“专家”，个个是“高手”

随着移动互联的普及，个性化需求，客、用户体验提升到前所未有的高度。用户不仅可以实现 24 小时不间断地实时在线购物，更可以通过体验式的参与，将自身的个性化需求通过自媒体等各种方式，不仅让企业感知，更可以将这种体验式的参与心得直接分享给任何人。要命的是，企业当家做主的时代已经一去不复返，当今的自媒体没有节操的秀与晒，任何一点瑕疵都可能被无限放大。在这种情况下，当今的企业唯有战战兢兢，克己自律，从身边的点滴做起，小心地伺候好“丈母娘”，才能适应这种变化。

（二）O2O 对交易模式的变革

在交易模式上，O2O 的交易模式与企业现行的市场营销模式有着本质上的区别，几乎完全不能同日而语，现行市场营销的手段到方法已经几乎被彻底颠覆。

从内容上看。现行的市场营销主要是针对产品的促销。而 O2O 的模式更多的应该是宣传企业能为用户提供解决什么问题的方案。以青岛红领集团为例，该集团自主研发的服装智能制造系统，是全球服装定制的供应商平台。“消费者通过电脑、手机等信息终端登录，在线自主选择产品的款式、工艺、原材料，在线支付后生成订单，实现从产品定制、交易、支付、设计、制作工艺、生产流程、后处理到物流配送、售后服务全过程的数据化驱动和网络化运作。顾客下单后，工厂按单生产，没有资金和货品积压，运营简单，实现了‘按需生产、零库存’，可以最大限度地让利给消费者，而消费者也无须再分摊企业成本。无限制的自主设计，提供多种数据采集解决方案，真正实现一人一版、一衣一款、一件一流、超预期满足客户的个性需求。”（来自红领网站）区区 200 来个字，把企业能做什么、用户怎么实现购买行为交代得清清楚楚。面对着这样的广告，想着其他品牌死死按码购买的成衣，作为消费者会怎么选择还用多说很多吗！这个案例告诉我们，品牌营销、功能营销已经成为新时期营销的重点。

从形式上看。有些现行的营销方式是想办法让消费者糊里糊涂地完成购买行为。花里胡哨、哗众取宠、乱造概念、高大上的新词，寄期望于搞乱消费者的思维，达到乱中取胜的目的。而互联网时代的形式不求花哨求真实，不求概念求实在，不求让你看不懂，但求让你心真动。

从宣传手法上看。传统营销有时让人不胜其烦。国内的一些房地产中间商，不管你是开车还是开会，也不管你说过多少次没房可卖，还是不停地换着不同的电话想方设法打扰你。不仅是不胜其烦，甚至已经让人有遇上流氓骚扰的感觉。如此房地产中间商，你真的有房子卖会找他们吗？而有些公司，平时很难感到有人骚扰，但你在关键的时刻总能想起这些公司。在互联网时代，学会不骚扰，学会免打扰的情况下让你的用户记住你才是高手。显然上述这些事实越来越多地让我们看到了互联网时代交易模式已经发生了最根本的变化。深入研究这些变化，我们发现在互联网时代，在O2O的商业模式下，主要沿着五个战场分别展开：商业接口（用户接口），营销，用户体验平台与客、用户关系管理、支付方式。个性化的商品销量与成本掌控。

1. 商业接口

商业接口（APP）包括手机、计算机、电视和各种可穿戴设备等。商业接口是O2O最重要的环节，企业与客、用户之间的交互最开始就是通过接口来完成的。

建设一个接口也许不算难，但如果不懂营销的基本规律，如果不能尊重人心和人性，有了接口只能暴露自己的不足。

2. 营销

(1) 让数字会说话，让数字有智慧。

商业接口不在于形式，而在于内容。在于通过接口的互动和云端的大数据，让冰冷的数字会说话、能联想，让数字产生智慧。

什么是数字智慧？美国有个公司根据女性消费者的购物记录，结合大数据统计出孕妇的消费习惯。运用这些数据，能准确地推算出某位妇女是否怀孕及大致怀孕的时间。接下来就是一系列完全针对这名孕妇消费的精准宣传，按照孕妇怀孕的月数，发送不同的商品广告，让每位孕妇在无声之处，温馨地接受自然的关爱和无痕的商品和服务。

在亚马逊购过物的人都会有一种体会，亚马逊会根据消费者在网上的寻找记录，发送针对性的广告。美国还有个商场通过数据分析，发现有些男人在给自己的宝宝购买纸尿裤时，会顺手买几瓶啤酒。于是，这个商场将纸尿裤和啤酒摆放在一起销售，不仅没人取笑，反而有效地提醒了消费者，促进了啤酒的销售，这就是来自数字的智慧。

反过来，我们一些人对于数据又是怎么利用的呢？大多所谓营销的宣传非但没有在消费行为的相关数据上下功夫，反而是利用一些个人最基础的数据强行推销。卖房子的不分场合随时电话骚扰，而完全不顾及你是否有此需求；搞诈骗的，想方设法利用个人最基础的数据挖坑，让人上当；微信推销的，抓住一切不管是不是机会的“机会”，不分场合、为了点蝇头小利无孔不入，不惜创造节日，创造虚假案例进行恶性忽悠推销，让很多身边的朋友防不胜防。

在本文中没有使用商业入口，而是使用了商业接口的字样，原因很简单：任何信息都是双向的信息，不仅有进入的信息，更有输出的信息。以微信为例，微信本该是朋友圈中哥们弟兄聊天的地方，是形成品牌的第一战场，是貌似无人管理，而实则是用户用自己的心进行管理的自媒体。而在这种场所中的恶性推销，既向所有的“朋友们”传达了一种信念，推销人根本没有朋友只有利益，更把骚扰当成了看似无知的卖萌。

数据是能说话的，关键是怎么看待、怎么使用。对比国外对数据的使用，我们实在需要对数据的使用方式、使用方法、使用地点、使用时间、使用对象、使用内容等进行综合的研究。与国外对数据的使用对比，国外在行为数据的利用上处于领先地位，阿尔法狗（AlphaGo）就是最典型的例证。通过对人行为的研究，最终打败了人。而国人对于数据的使用，大多仅仅停留在使用最基础的个人信息上，诸如什么身份证号码、房屋住址、个人手机号码等。显然，仅从对数据的使用上，就能看出一个企业是否处于劣势。现实中，只有能够对人的行为进行有效的分析，才能准确把握消费趋势，才有可能成为时代的强者和领头人。不能研究人的行为，不能把手紧紧地握在消费者的脉搏上，企业又怎么可能走向未来；落后和被动是注定要挨打的！对数据使用的方法，必定成为企业能否做强的基础。看一个企业对数据的使用，企业胜负见矣。

没有不用谋略的战争。在未来的商战中，商业接口是赢得商战最重要的前沿阵地。当商业接口一旦缺失后，带来的最大问题是与客、用户的直接脱离，而这种脱离会直接导致无法准确地把握客、用户的心理需求。当中国的某电信运营商丧失了商业接口时，也就自然从数据商变成了流量商；从地位上看，也就成了给接口打工的角色。

(2) 坚决消灭废话和装饰性的标题，是营销成功的重要因素。

当今社会，工作压力越来越大，生活负担越来越重，市场越来越萎靡，干什么都难赚钱，利润越来越少。在这样的背景下，浮躁日益成为现代人的基本心态。在这样的心态支配下，碎片化的标题日益成为营销最重要的因素，单刀直入，一目了然的效果，已经远远超过长篇大论讲道理的营销方式。

在宣传中，游戏是一种低成本且效果好的宣传方式，但游戏的设计至关重要。而且，能让一个游戏长时间有效是很难的，而不断地变化游戏的花样更难。

(3) 宣传品牌形象、文化比产品更重要。

让品牌和文化走进消费者的心理，让消费者参与到过程中来，是互联网时代企业必须要做好的基础工作。这个工作的核心是什么？是对品牌的宣传，只有让品牌产生信任，让品牌有信用，才能让信用成为财富，才是最有效的营销。

支撑品牌的是什么？是凝聚在品牌背后的文化，这种文化通过满足消费者的心理去黏人，使人不愿意离开。这种文化通过征服人的心灵，使人产生信任。不能用文化去征服人，品牌就难以树立起来。我们以微信为例看看人、文化与品牌的关系。

品牌宣传无小事，微信能把人心现；看养宠物知人性，看教子女知心态；

看转发文知文化，看看评论知深浅。没完没了发广告，朋友情谊不重要；

没完没了发感想，爱好虚荣不用讲；八卦帖子到处传，文化底蕴在眼前；

心灵鸡汤转不断，行为难免有缺陷；大事从来没声响，正义永远不要想；

整天忙着晒美图，心里自信有缺陷；大事小情皆无语，心里莫测难合作；

教育永远不离口，人们绕着你远走；人人心里有杆秤，形象尽在微信中。

(4) 搜索至上。

让消费者在网上找到你，是当前最难的难题。在中国网络的大环境下，花钱排名不仅可能完全没有收益，甚至可能点滴的效果都没有；不花钱排名，在没有品牌知名度的情况下，让消费者在正常的筛选过程中找到你，就需要有在大海中能捞到针的大运。

传统营销如在电视或报纸上做广告虽然不愁没人看到，但在互联网时代，电视已经没多少人看了，报纸也少有人看了；而作为企业绝对是酒香也怕巷子深。如何在这样的情况下宣传自己，在网上搜索到你，既是强者的游戏，更是对智慧的挑战。在这样的网络空间里生存，没有特殊的手段，没有粉丝的抬爱，是很难有生存空间的。

手机现在成了每个人最贴身的工具。为此，需要在手机搜索和宣传上下足工夫。

面对着千奇百态的大量复杂的各种数据，企业必须要建立一种能力，能够让消费者在海量的数据中，找到自己需要的数据并为自己创造价值的能力。这不仅是科学，更是艺术；不仅挑战每个投资人的智慧，也最大限度地挑战每个投资人的综合实力。也是时代交给企业最严肃的考卷。

3. 用户体验

用户体验从接受商家广告宣传开始。

有些企业很喜欢高强度的轰炸式的广告。殊不知这样的广告宣传未必效果就好，“我爱你”谁都爱听，但高强度不停地说“我爱你”，听的人一定会心烦，觉得说的人有神经病。更大的问题在于容易引起消费者对产品高利润的联想。

网上筛查是用户体验的第一步。

一般用户在筛查到自己需要的商品后，大多人是先看价格、性能后看评论，并与相关商品对比性价比，然后在初选的商品中仔细查看或对比性能指标，接着下单，完成最初的购物体验过程。在这个过程中，关于质量和技术的宣传一定要客观，不要盲目拔高，说实话是对消费者最基本的尊重。否则，一旦形成商品与宣传的落差，消费者会非常反感。

随着消费者确认订单开始，体验正式拉开序幕。

从支付的便利，到等待送货的过程；从第一眼看到的外包装，到第一眼看到的商品实物的外观；从商品实物从包装中取出到开始使用，每个细节都会让消费者产生各种心理感觉。从说明书看不懂或根本就没说清，到遥控器需要自己安装电池，这些点点滴滴的感受，直接影响消费体验的经历。当这些经历与消费者的心理预期产生某种共鸣时，品牌印象开始产生。

4. 用户关系管理

山外青山楼外楼。有思想的消费者无处不在，有经验的高手到处都有。当消费者不是被动地接受产品或服务，而是产生一些主动的思想时，如何能将这些思想化为财富，就成为对企业和每个售后服务人员的考验。然而，我们经常听到的最多的一句话就是：谢谢您的参与，我们会向有关部门反馈您的宝贵意见。接下来就什么都没有了。于是，当有人把已经煮好的鸭子送到你的嘴里后，还愣让煮熟的鸭子给飞走了。

体验的过程不能仅仅满足于购物网站最简单的商品评价。在对商品说“不”的人中，有些人是有思想的，甚至是真正的专家。凡对商品评价说“不”的，就是干毛巾也得想办法攥出水来。很多情况下，差评才是企业进步最大的动力，如果对差评能进一步提出改进意见的，企业当设奖。在自媒体高度发达的今天，企业最需要具有公关和危机处理的能力，而不是瞒天过海的能力。遗憾的是，有些企业至今不是正面地看待差评，而是千方百计采取和差评人过不去的极其愚蠢的掩耳盗铃的方式。差评是进步的资源！千方百计地抹掉差评还是把差评作为鞭策企业前行的动力，是衡量一个企业能否可持续长久的基本标志。

5. 支付方式

支付的安全和便捷性永远是支付的核心。支付方式也是兵家必争之地，谁能赢得支付方式的胜利，谁就把握了主动权。当今社会有三种支付方式，第一种方式是先享受，后结算；第二种方式是享受和支付同步；第三种方式是先支付后享受。这三种方式在日常生活中，已经见怪不怪。相比之下，消费者可能更愿意接受的是第一种方式，因为这种方式对于消费者来说，属于无风险消费，因为是已经通过享受确认了享受的效果才交钱。对于这种方式来说，企业必须有自信，必须在绝大多数方面真正响当当、硬邦邦。这种方式还有一个好处，整个体验过程中，消费者一定是得到的实惠最多的。第三种方式对于消费者是有风险的，对于企业来讲，容易出现后续服务不到位等很多问题。

今天的消费相对于传统消费，最大的不同是传统消费侧重于卖，卖出去是硬道理。当今的消费更侧重于形成消费后口碑的传播。传统的企业与消费者就是简单的利益关系；互联网的企业与消费者之间不是简单的利益关系，而是从粉丝到用户再到资源的关系。显然，上述这些营销模式的变化，对企业来说，已经与传统的营销方式完全不可同日而语。这种新型的交易方法和交易关系，已经不仅仅是简单的交易模式改变，更是企业管理模式的根本变革。

营销难，做网络营销更难；做微信营销没有最难，只有更难。

三、产业集群按自组织方式重组——对现有制造模式的冲击

（一）工业4.0与全球制造对现有制造模式的冲击

德国人提出并引爆全球的工业4.0为我们描绘出今后全球智能制造的蓝图。在工业4.0的前景下，全球制造业通过移动互联网云平台，已经成为全球制造资源的一部分。用数据连接、整合全球制造系统，让全球工厂的设备能说话、会思考，并按某种规则形成有序的机器自组织结构，在实现优质资源有效配置的同时，同步实现智能制造。这种方式彻底改变了制造业的现状，使工业生产由大规模制造向大规模定制的柔性制造转变成为可能。而柔性制造时代，多品种、小微批量，成本控制与个性化定制往往会成为比较突出的矛盾。

互联网尤其是物联网时代，供应链、制造团队大规模、社会化，基于大数据的实时合作、协作系统开始实现。但合作、协同讲大道理容易，现实中既牵扯整个业务流程，也涉及各自工作标准的统一，还牵扯彼此各自的核心机密，同时还涉及所有合作者的利益分配、产权保护等方方面面。显然，这些变化，对现有的制造模式冲击很大。

（二）3D打印对现有制造模式的冲击

有一天，我们坐在家里，收到了来自家具设计师发来的数据包，连接3D打印机，我们足不出户就可以实现在家里完成制造家具的梦想。这不是痴人说梦，在3D打印的催生下，个人家庭作坊可以进行规模化的现代化生产已经不是梦想。这种生产方式不仅省去了搬运等诸多麻烦的环节，更可以比人造家具的质量得到高水平的保证。3D打印技术已经不仅是一次重大技术革命，更是对传统制造业的一次根本性的颠覆。数字化、智能化的3D

打印技术快速演进，颠覆了人们的想象。

3D 打印首先能带来效率的大幅提升；其次质量相比手工更容易得到有效的保证；最后是成本的低廉。随着 3D 打印技术的普及，私人的小家庭作坊已经有可能取代现在必须在工厂内才能完成的工作。随着家庭作坊的大量涌现，供应链也就发生了最根本的变化，从与集体打交道，逐步地演变成与私人打交道。

3D 打印技术的普及，在带来很多优点的同时，也带来了知识产权保护的问题。毕竟对于类似数据包这类的商品，保守商业秘密相对很难，企业也不可能为了保守这样的知识产权投入更多的经费，加上三维扫描仪的问世，盗版、山寨实际上已经无法避免，这就不仅会挫伤一些设计师的积极性和创造性，还会影响企业与这些人的合作。

综上所述，无论工业 4.0 还是 3D 打印，当今的制造模式已经动摇了现有企业存在的根基。全面智能制造时代的到来，正以摧枯拉朽之势，彻底摧毁了眼睛向内、碉堡式科层制的职能管理方式。企业与企业之间的墙已经轰然倒下，现在企业历经多年精心构筑的“堡垒”已被炸平，企业平台化日益成为时代的要求，成为趋势的要求。在平台的环境下，全球的供应链资源、执行团队都在你的眼前。在这样的巨变面前，企业唯有放弃现有的金字塔形的组织结构，以更加开放的心态，以合作、共享、共生、共荣、共赢、共发展的方式，迎接明天。

四、创意、创客、众筹、跨界融合——对企业经营模式的冲击

互联网时代对企业经营模式的冲击主要表现在以下三个方面。

（一）企业从独行侠变成蜘蛛侠

传统的企业一般是独立生存的。而在互联网上的企业，每个企业都成为了网络中的一个节点。必须要明确的是，网络可以没有你这个节点，而你这个节点不能离开网络。当企业成为网络节点时，企业现有的封闭式眼睛向内的经营管理模式就已经彻底土崩瓦解了。

网络上的企业还有一点与独善其身的科层制的职能管理型企业有着本质的不同。这就是网络上的企业牵一发而动全身，任何网络节点的变化，都导致企业必须应变。从某种程度来说，这种难以预料的变化对企业的挑战难以想象。

（二）自组织的经营模式

在网络的大网下，所有的企业自动按自组织的形式进行运作。什么是自组织？自组织是合作各方按适者生存、优胜劣汰的原则，按流程顺序，自然排列的组织。

自组织是自动按流程的顺序自行组织，这个过程不是哪个领导能干预的。就好比京东、淘宝，是根据社会需要而自动形成的序列。传统的企业我是老大的思想，我想怎么就怎么的观念，在这个社会上根本站不住脚。自组织的形式，没有老大，更没有上级，靠企业自身的实力和竞争优势取得自己的地位，谁能更好地满足消费需求，谁就有位置，无法满足消费需求的，自然就会被社会所淘汰。这种自组织的管理方式，生生地从自我为主转变到满足客、用户需求的管理模式。

在现代社会中，自组织完成生产和制造的过程，在很多企业早就实现了；尤其在计算机辅助设计（CAD）、计算机辅助制造（CAM）和三维 CAD 系统 SolidWorks 高度发达的今天，一个小小的数据包，通过网络，就可以把全球的机器组织召集到一起。这一点从技术上已经实在是太简单不过了。但自组织绝非是乱组织，不是简单地把全球的机器放在一起，而是必须按照按流程的顺序、按必要的规则、按企业自身的竞争实力建立组织。

（三）跨界、众筹与合作

互联网时代跨界成为趋势。在跨界的环境下，没人能包打天下。赢天下得靠天下，天下人管天下事，天下事得天下人一起做，这就是这个时代最明显的特征——众筹。

1. 众筹及特点

很多人都误解“空手套白狼”为不需要投入就能套个狼回来。可世界上哪有那么好的事，不投入就能获得成果。因此，对这句话的理解必须改变为空手是一种手段，更是一种智慧，能达到让狼自投罗网的目的。这里没有谁吃亏的概念，空手不可能是真的空手，至少是有狼需要的空手，对狼有利益的空手，让狼心甘情愿入套的空手。这个空手套白狼讲的故事就是众筹。

企业发展离不开众筹的支持。但众筹不是简单的筹集资金，全方位的筹集所需要的所有资源才是众筹。众筹包括融智（创新与创意）、融资（资产、资本、资金、资源）、融渠道、融团队、筹一切可筹之物，融一切可融之本；汇天下有用之才，聚天下有用之源，这才是众筹最本质的含义。

与传统营销最大的不同是，销售推销的是实物或服务；而众筹推销的是一种思想，一种普世的价值观；是一种征服人心的文化；更是一种对众筹者魅力和信用的认可。众筹可以在完全没有任何实物的情况下，通过各种交流渠道，就融聚的目标和融聚的需求，公开向有关单位或个人发布相关信息，用这种行动呼吁，以得到相关的支持。有人想拍电影，大概有个思路，从写剧本开始，通过各种渠道征求大众的意见，当有兴趣的参与者开始亲手编写电影剧本的同时，口碑营销就此展开。当口碑达到一定程度时，就出现了一个挺有意思的事，电影还不知道在哪里，票房就已经有了。在这种情况下，企业需要的各种资源难道还是难题吗?

2. 众筹的基础和关键

众筹的基础和关键是一技之长、是利益的分配、是彼此之间建立在法律基础上的信用。这三个要素缺一不可。

没有一技之长就没有合作的资本。要保证各合作人的合法收益不受侵犯，法律是关键。人而无信注定无法合作。但信任不能靠自觉，信用不能靠感觉；不能建立在法律基础上的信用注定无法成为真正的信用。

这些年，由于有些商业项目众筹的成功，互联网的作用被人为夸大。现实中，互联网在众筹的作用上，仅仅就是个工具，绝对不能夸大其作用。众筹平台的实质是智慧产权、股权、物权和资金的融聚和再配置的平台或场所。在社会信用体系和国家相关法律尚不健全的今天，其必须以精准的大数据形成的信用评价体系为基础，以加大信用违约成本为核心，以在一定范围内公开、透明的信息为前提，以相关的科学评估为标准，以三大评估（技术评估、市场评估、风险评估）为关键，才能做好众筹工作。

3. 众筹的核心

（1）众筹的核心是利益的筹集，不能处理好利益关系，不可能有好结果。

（2）众筹的另一个核心是人的众筹，但绝对不是人数上的众筹，更不是简单地把人聚集到一起；而应该是对知识、信息、智力、资本、资源的众筹，是对人际关系的众筹，是渠道的众筹，更应该是智慧的众筹，人心的众筹。都说三个臭皮匠顶个诸葛亮，善谋者不凭己力而聚众谋，善用者不靠一人而凝聚人心。为将者的成功，不能仅仅依靠自己的力量，重要的就是在众筹上下功夫。什么是人尽其才，让每个人把自己的资源最大限度地贡献给企业才是人尽其才。人尽其才是有前提的，仅有容错的心胸远远不够，仅有包容的情怀也难尽其才，会用人，用到位才能成就自己的事业。

（3）每个人对于目标和追求都是不一致的。任何众筹都是在一个时间段内的众筹，不要指望和一个合作者永远走到底。目标不要太远，合作各方在一个阶段时间内能彼此互相满足就是最好的。

春秋时期有范蠡，兴越灭吴身退急；汉国韩信助刘邦，楚灭六年遭祸殃。

商鞅助秦强秦梦，孝公身后把命送；（朱）元璋兄弟打江山，大明开国见阎罗。

（4）众筹最怕求全。求执子之手白头偕老；求地久天长；不求同年同月生，但求同年同月死。在这样的心态下，对众筹各方的要求就可能过高，甚至苛刻，结果就可能导致众筹无成。

（5）外举不避仇，内举不避亲。众筹琢磨的是利益，不是恩怨。利益决定合作，利益也决定分手。

我劝天公重抖擞，思想解放再众筹；利益永远排第一，各让一步方携手；公平公正是关键，公开透明能持久。

4. 众筹的运作

众筹的运作与现行的经营运作方式完全不同，比简单的销售商品或推销服务要复杂一些。企业众筹需要从两个方面进行运作，一方面是从借方入手；另一方面是从“狼”方入手。

（1）借方。

借方即空手方。主要的工作是规划众筹项目，直面回答众筹的参与者，企业确认能提供什么价值；价值以什么形式回报给“狼”；客、用户通过什么渠道、以怎样的接受方式能得到相关消息；客、用户怎样验证预期价值的可靠性等。最有效的众筹是讲故事而不是上课讲大道理，扎痛点而不是喝心灵鸡汤。与现在的经营模式相比，在平台化的背景下，人们关注的是概念一目了然，外观看的过去，使用足够简便，消耗成本低廉，维护简单易行，应急反应快捷。而不是像过去那样不停地创造概念，广告把人搞乱，忽悠让人（看）不清，闹腾把水搅浑（浑水摸鱼）。这就是对传统经营方式的冲击。想体会传统的经营方式并不难，上微信看看就知道了，从所谓科学养生的充斥（变相推销），到神仙都做不到的名人警句（赢得关注）；从胡说八道张嘴就来的抗癌新药（恶性推销），到触目惊心的有毒食品（制造恐慌，扰乱销售市场）；从孙悟空娶白骨精的低俗文化，到以创造白字为荣（博眼球，抓粉丝）；在平台化下，这些必须得到最根本的治理。否则一旦在平台上失去了信任，或者没事吃饱了撑的整天搞怪，胡说八道，创造白字，就离“死”不远了。

以提供智慧、智力为主的空手方，需要计较的是智慧产权即价值。永远会有狼想方设法让智慧产权价值缩水。在双方竞技较量的过程中，格局决定高度，智慧决定财富，支点（撬杠的支点）决定力量，心态决定成败。只有空手方与狼方之间的利益和追求越清楚，越明白才越能实现合作。

（2）“狼”方。

“狼”方即贷方。要让狼入套必须紧紧抓住狼的心理，狼究竟凭什么入套呢？不管什么狼，就算傻狼也得算计本金收回外，还能多吃多少羊，还能吃多久；如何判断是真羊还是画出来的羊，对狼来说永远是无鱼，肉亦可，无鸡，鸭亦可，唯假羊万万不可；狼最怕的是什么？是说谎，是不真实，狼最需要的是诚信，但说真话真的有时好难。在国家诚信体系尚未健全的今天，又不可能依靠人的自觉，如果没有必要的机制作为保护，狼们未必能钻你的套。

诚信体系的建设必须依靠国家，也只有国家才可能有建设诚信体系的尊严和权威。对于企业来说，这实际上已经成了一道难以逾越的鸿沟，简单照搬国外的众筹法明显不现实，企业自行建立又没有威信，对企业来说这是个难题。

简言之，在平台化的背景下，从狼的角度，关注的是盈利模式清晰，商业模式明确，核心是回报，从什么时间开始，回报如何返还，返还期多长。

5. 众筹的形式

众筹的形式主要有以下三种：

一是融智型众筹，即融合合伙人的智慧、智力、知识产权、创意和创新等。

二是融资型众筹，包括融资本、资金、资产、渠道等。

三是执行团队众筹，主要指融合作和执行团队等。

众筹自古就不是什么新鲜的东西。从古至今，未见不用众筹之法之高人。但凡事都有两面，众筹也是有风险的，甚至有的时候是高风险，项目失败、经营破产、合伙人分手、违约、套现、国家政策变化、无法抗拒的自然灾害等，都会导致风险。为此，众筹风险管理法就成为众筹非常重要的法律问题。

6. 众筹的难点

众筹不能只讲大道理，众筹是说着简单做起来难的一项很艰巨的工作。

众筹难在哪里？难在观念，难在思想，难在体制，难在现行的企业管理长期以来形成的思维惯性和已经养成的思维定式。难在对某些人利益的冲击，更难在推倒跨界的大墙。

众筹难在哪里？难在第一眼看不上！难在第一印象他不行！难在懒得听对方说话！难在以貌取人！难在真正从心理尊重人，尊重人性。

众筹难在哪里？难在不实在！难在很多时候不能说实话。难在有些人把身份、学历、名牌学校等背景看得太重！难在不能把自己的位置摆正。更难在利益面前无法把持自己。说到底，难在思想被禁锢，行为被约束。

无论是否承认，众筹已经把传统科层制眼睛看自己的经营模式打得落花流水。网络牵一发而动全身，倒逼消费者从被动参与到主动参与；自组织的社会运转方式倒逼企业从封闭必须走向开放。在这样的大背景下，企业经营模式转变是历史赋予我们必须要完成的使命。

五、开放、共享、合作、协同与生态——对企业管理模式的冲击

互联网将万事、万物互联在一起，人们可以自由地与世界相连，自由地接触到所需的信息。这必然造就一个全新的生态，在这样的全新生态下，从市场营销模式，到企业管理模式，全方位的倒逼企业开放，倒逼企业采取合作的管理方式。开放、协同、共创、共享、共生、共荣、共赢、共发展、共进步已经成为时代对企业的基本要求，大势所趋。

开放的基础是生态，只有生态才能连接万物。连接不是目

的，协同才是关键；没有有效的协同就没有执行力；共享、共荣和共赢才能走向成功，但共享、共荣、共赢需要自我变革的勇气和接纳的胸怀，需要非常深刻的思想转变。

建设平台型企业思维的精髓是，彻底砸烂自我禁锢的封建堡垒；建设高效的合作、协同机制，以最快的速度满足市场的需求，打造多主体共赢的生态圈。在这个过程中，筑墙只能限制自己，推倒墙才有新生。

在互联网的大背景下，合作已经成为必然的趋势，优胜劣汰成为企业最明智的选择。

（一）合作的特点

合作的过程非常类似于物种“杂交”的过程，也是彼此基因变异的过程。合作时，各方相互融合，对立又统一，排斥又拥抱，从思想的渗透到行为方式的互相接纳，可能水乳交融，也难免水火难容。经过合作而产生全新的“杂交”物种。好的“杂交”物种，不仅能同时继承来自合作各方的基因，还可能发生基因的突变：首先可以让合作各方立刻具备之前不具备的能力；其次可在最短时间内弥补专业竞争的优势，最快速地提高总体的灵活性和快速反应的能力，增加对环境变化的适应力，回避人员素质的不足；最后可以最大限度地降低由于固定资产等投入可能带来的风险。当企业与来自客、用户的创意和灵感合作时，能分分钟催生企业跨界。当企业与外部执行团队合作时，可以通过改变企业原来的基因，形成新型的企业。当然在合作的过程中，某些合作的“精英”让企业走进万劫不复深渊的也比比皆是，屡见不鲜。

基因突变极有可能是优点更优，缺点更缺。当两个新的团队进行合作时，这时产生新团队有可能集原来两个团队人员的诸长，也可能集原来两个团队人员的诸短。美国漂亮的舞蹈家邓肯曾经狂热地追求英国大文豪萧伯纳。在一次邓肯向萧伯纳求爱的信中，邓肯说，如果咱俩生个孩子，有你的思想有我美丽的外表该多好。萧伯纳回信写到，那如果生的孩子脑袋像了你，外表又像了我岂不就糟了。故事的真假无从考证。但现实中，有些孩子集父母之长，而有些孩子集父母之短是不争的事实。合作基因变，各方都会变；有些聚诸长，有些凝诸短；合作有风险，各方需谨慎。这就是合作时第一个必须要明确的。

（二）合作的基础

1. 没有实力就没有合作

合作的基础是实力，没有实力就没有合作的基础。

实力有三个基本要素：高人一头的核心技术、团队执行力、竞争对手所不具备的竞争优势。具备其中任意因素的，就具备合作的实力。凡简单认为有诚心、有诚意、能共享，具有共生、共荣、共赢、共发展理念的就能合作，实在是痴人说梦！合作绝不是企业想玩就有人陪你玩，更不是有了“好的理念”人家就能和你合作。在当今时代，任何滥竽充数者，都难逃核心竞争力这块试金石的检验。现实中实力通过两个方面展示出来，一方面是软实力，另一方面是硬实力。软实力决定了硬实力，软实力包括领导力、创新力、执行力等；硬实力则是企业具备的竞争对手所不具备的技术能力或其他专业能力。

合作说到底不是人与人之间简单捆绑在一起，而是实力与实力的合作。两个有实力的企业合作应该遵循互补原则，而不是相当原则。所谓相当原则即合作双方软硬实力方向是一致的，你具备什么我也具备什么，你拥有的我也拥有，这样的合作是不会长久的，一山难容二虎，最后的结果注定是一个合作方吃掉另一个合作方。至于合作各方只有服从力，而没有上述真正的实力，即使能合作在一起，也难成大事。

2. 合作是利益的平衡，逐利与对抗是合作中最鲜明的特色

财聚人散，财散人聚。合作中的利益分配永远是聚人、黏人的核心和精髓。

合作各方不管私人关系有多好，不管怎么样的合作形式，利益最大化永远是各方追逐的永恒主题。没有不算计利益的合作者，不要指望合作者高尚，再高尚的合作者，也得养家糊口。合作时吃亏的一方不吭气，不代表心里没想法，老想占便宜的合作者，早晚一定被人抛弃。世人有难，去庙里求菩萨保佑，但仅有心是不够的，普度众生的佛也是需要敬香的；这就是人为一口气，佛为一炷香。再看唐僧取经，观音菩萨让“二尊”给唐僧取经书，“二尊”不含糊，张嘴就向唐僧索要“人事”，唐僧没钱，结果二尊给唐僧拿的“经”只字全无。悟空回去质问如来，佛祖笑答：众和尚下山给人诵经一次，讨回三斗三升米粒黄金，我还嫌他们买贱了，你空手来取经，当然是无字白本。唐僧二次返回找二尊取经书，二尊竟然要了唐僧的饭碗，才拿到有字真经！这正是：

菩萨尚如此，更况凡人乎；共赢恒久远，共荣永流传。

合作不是单方高兴，只有共荣共赢，包容谦让，原则说清，利益保证才能保证合作的成功。合作的关键是各方利益的保证，是各合作方互相有所图，实现投资回报最大化是各方合作者角逐的关键和关注的重点。不谈利益奢谈合作注定没有好的结果，也只有利益相对平衡，才可能合作的时间相对较长。

现实中的合作，说起来容易做起来好难。谁没有自己的追求，哪个没有自己的想法。当利益交织在合作之中时，就使得合作具有很强的戏剧性。纵观当今社会，喜剧不多，悲剧不断，这就是合作最残酷的现实。生活中有多少好哥们，因为合作分道扬镳、各奔东西。工作中有多少好朋友，因为合作反目老死不相往来。团队中多少好战友，因为背叛的利益足够大，而走向了合作的反面。

利益是合作的由头，也是产生对抗的源头。当合作的某方感到利益没有预期多或发现利益分配长时间不公平时，就会为了利益产生对抗。利益的关系往往导致对抗的关系，合作各方相互合作又相互对抗，合作与对抗共生，对抗与合作共舞。合作与对抗完全无法避免。有对抗就可能有欺诈，就必然有反对抗。为此，利益对抗可以看成是合作的另一种形式。在人类发展的历史长河中，正由于对抗和对抗形成的反对抗，不断地推动对抗双方更上一层楼，不断地推动社会的不断发展和不断进步。

(1) 利益。

利益的形式有多种，有物质或经济的形式、精神或非经济的形式、精神加物质的形式等。

一个优秀的合作者领袖，最重要的素质之一就是能看到利益及可能带来的价值。懂得怎么能得到利益和分配利益，懂得怎么平衡利益，懂得如何运用利益的价值。什么是能看到的利益及能带来的价值？三国时期的周瑜在蒋干刚刚进入其大帐瞬间，就看到了蒋干能带来的巨大利益及价值；火烧赤壁，诸葛亮的眼里看到了曹操活着才可能带来的利益和产生的价值。

看见利益后面的价值不仅需要眼光，更需要格局。看不见利益可能带来的价值，合作不会有好的结果。如果看错利益能带来的价值，合作的结果就可能是战国时期纸上谈兵的赵括的长平之败；或是三国时期马谡的失街亭。合作能兴国，合作也能丧国，皆因利益及可能带来的价值是否看得透，是否看得准。

没有不用谋的合作。高明的合作者不会在鸡毛蒜皮上喋喋不休，而是在利益上整得明明白白。在合作各方彼此确定各自的利益时，千万不要耍小聪明，对方不吭气不见得是看不出来，也许是对方另有所图。当然，也许是对方一时被欺骗，但真相大白之日，便是合作终止之时。

（2）利益的满足。

合作各方都有未被满足的需求是合作的基础。借用马斯洛的需求层次论，利益的满足可以从下到上排列为：生存的利益，安全的利益，社交的利益，得到尊重、实现自我价值的利益。

合作中不能保证生存利益的，注定没有合作的可能。安全的利益不仅指人身安全，还包括就业安全、工作安全等；合作者在经济利益和就业安全上，往往会舍弃一些经济利益，以保证就业更安全。通过合作能提升知名度，满足社交的利益，得到尊重和实现自我价值，在这种情况下，只要相关策划到位，大多数合作者不仅不会计较经济利益，甚至能主动地用自己经济利益满足这种追求。

利益的获取和分配是博弈的过程。经济利益也好，还是非经济利益也好，合作各方只要能找到心理的平衡点也就万事大吉。在利益的博弈中，经济利益和非经济利益不仅可以互相转化，而且还能引导，有人爱财，有人重名，知己知彼，投其所好，站在对方的立场去思考，才能赢得博弈的胜利。

为了保证更好的合作，最大限度地减少可能出现的对抗，合作各方务必把对利益的追逐点弄清楚，当利益的追逐点尚不明确时，不妨暂时放一放。当合作的利益点发生冲突时，不妨换个思路，看看有没有可能引导到其他的利益上去。东周时期，重耳在秦穆公的帮助下，结束19年的流亡生涯，回到晋国，即位晋文公后，论功封赏。当时，各位武将都觉得自己相对贡献更大，理应大奖，但晋文公则按以仁德教诲他的为上赏；以出谋划策为中赏；以作战有功的，为下赏。奖赏后也有不服者，晋文公念各位的功劳，说服不服者，改变了各位对价值分配的看法。

合作的实质是计算利益的最大化，只有合作各方都认为能实现或达到利益最大化时，才可能合作成功。战国时期庞涓率魏军攻打韩国，韩国派特使到齐国求援，孙膑对齐王说：韩国和魏国伤亡暂时还不大，此时出兵，魏国就会打我们，待晚些，韩国快支持不住时，我们再救援，可使韩国听命于我国。齐王依计而行，最终，奠定了齐国的霸业。

利益是合作的焦点，想不好怎么处理利益，合作暂时就得放下，必须把利益搞清楚，再去琢磨合作，这实为无奈之举。

看到这里有些看官可能会发出质疑，我们这里哪里是谈合作，怎么老是在讲怎么算计对方。原因很简单，就算不说算计难道实际合作时，合作各方就不算计吗？与其阴谋不如阳谋，把算计说透，合作各方心理都有个准备，把彼此预期的利益都说到明处，合作才能长久。

从平台建设的角度来说，怎样兼顾合作各方彼此长久满意是一件比较难的事，除了做好透明工作外，需要不断地引导各方合作者，更需要保持合作各方相关沟通的顺畅。再有一定不要拿人的容忍和忍让作为一种让步、可欺的条件。更要防止拉帮结派，搞人情关系，要随时注意可能出现的不满情绪，一旦发现不满的苗头，要用最快速度及时消灭“火点”。

当各合作方中有一方已经满足了需求或实现了目标就是合作的终点，合作就难以继续。尤其当原来的利益平衡被打破之时，就是合作的终止之日。继续合作就需要寻找新的利益点。为此，所有的合作都是阶段性的合作，古今中外，概莫能外。

(3) 有合作必有对抗，有对抗就有“欺诈”，合作中的对抗是永恒的。

合作的根本目的，就是利益的获取。当某合作方利益得不到保证或感觉不公平时，就会形成对抗。合作中产生对抗实乃天经地义之事，根本无须大惊小怪。

对抗产生的原因除了利益分配不平衡，还有一个原因就是由于资源的稀缺。人类社会为了争夺宝贵的资源，不惜动用武力的并不鲜见；为了点蝇头小利，局中人彼此剑拔弩张，你死我活，血拼成河也不是新闻。对抗不仅改变了利益的分配关系，也改变了竞争格局和现有的关系网。

人与人之间的矛盾和冲突表现为活力冲突或活力对抗。活力对抗包括两个方面：智力的角逐和或体力的较量。由于人与人之间的对抗是有智慧的，一方面对抗充满了魅力和吸引人的魔力；另一方面对抗还充满着各种变数和各种“欺诈”。

我们国家研究孙子兵法的很多，但研究活力对抗的不多，然而活力对抗几乎随时发生在每个人的身边。在这里我们做个简单地研究，不是为了教人学“坏”，而是希望天下善良的人能看到看清对抗的实质、看清伪装、看懂原因、看明白应该怎么做，让善良的人不再吃亏。

活力对抗有心理对抗、精神对抗、口头对抗、肢体对抗、武力对抗等形式。

活力对抗发生的过程一般都是从不认同对方的什么事或感觉

利益分配的不公平而产生的点滴不满开始；这些点滴的不满逐步积累成恩怨；这些恩怨积累起来会发展成心理对抗，再由心理对抗演变成行为对抗，直至发生极端的暴力对抗。从恩怨积累的过程到发生心理对抗的过程有时可能会非常漫长。但心理对抗爆发的过程却非常快，可能仅仅因为一件看着不是事的事就突然爆发而形成心理对抗。心理对抗一旦发生，如果不能及时处理好，就可能发生很多比较棘手之事，后续的不测有时难以预料。为此一旦发现心理对抗的产生，一定不能回避，更不能有人在中间硬压，合作各方一定不能彼此憋着，外部越高压硬压，合作者越憋着、忍着，越容易出现行为的极端。

下面研究活力对抗的特点：

1）对抗来自人性的贪婪，对抗永无停息。

贪婪是人的本性，本质是获取利益或资源的最大化，人的贪婪决定了这个世界永无太平。稀缺的资源，有限的利益决定了你不找人斗，人家也会找你斗。树欲静而风不止，对抗永远不会停止。

贪婪与所处的地位、权力或环境有关，在合适的地位和环境中，没有约束，几乎难有人不贪，只不过每个人表现的程度和内容不同罢了。正所谓：

世上没有避风港，人间哪有桃花源；对抗源自资源少，自私永远是根源；

利益面前心难静，责任几人愿承担；对抗无人能躲开，幻想无争不可能；

树欲静而风不止，你不招人人招你；人生一部争斗史，笑到最后见英雄。

2）对抗充满假象。

人性中的虚伪产生假象，假象让对抗充满神秘、扑朔迷离、真假难辨、瞬息万变；也让对抗充满魅力，更对各方赢得对抗有着强烈的刺激。

假象的产生有两种情况，一种是由于人的虚伪而产生的欺骗，另一种是利用人的虚伪而产生的欺诈。

虚伪直接表现为死要面子活受罪、阿Q精神等。虚伪的另一种表现是不愿意面对真实。就好比安徒生童话里的《皇帝的新装》。鲁迅在他的散文《立论》中讲了有一个人生了个儿子，大家去祝贺，有人说："这孩子要当官。"有人说："这孩子要发财。"也有人说这孩子会死，结果说谎话的得好报，说真话的遭打，彻底扒下了虚伪的伪装。就谎言本身来说，有些谎言是善意的，是怕伤害什么人，即所谓善意的谎言。大多人辞职都是源于对企业的不满，但总是言之凿凿地告诉企业是自己能力不行或自己不适应。欠账要钱天经地义，但要钱的主总得编个理由，什么最近家里有什么事了，就好像没事这个钱就不该要似的！也有谎言是为了自己的面子，把真的说成假的，把假的说成真的。

以使人发生错误认识为目的的故意行为叫作欺诈。欺诈者往往利用了人的善良，对善良者造成伤害。善良的人往往把人与人间的关系看得很单纯、很简单，认为我不做你也不该做；我不骗你你也不会骗我。实际上，善良是个遮眼罩，让很多人对于欺诈的残酷、狡诈、凶残、血腥、虚伪看不清。欺诈与一般的欺骗行为完全不同，欺诈是主观刻意地以利益为中心，对对方造成伤害，善良的人，如果看不见这一点，面对欺诈必然吃亏。

欺骗也好，欺诈也罢，源于人性中的虚伪。虚伪容易让人难以看透事物的本质，难以看清对抗隐藏着的真实。正所谓：

不闹孩子没奶吃，会“闹”才能有位置；善良谨防歹人心，虚伪早晚伤己身。

害人之心不可有，防人之心不可无；相信真实是基本，信而无思实愚昧。

上当源于自己信，擦亮眼睛是根本，紧紧盯住利益链，欺言并不难揭穿。

3） 行动导致反行动。

你打我一拳、我还你一脚，“道高一尺、魔高一丈”，“敌变我变”；没有政策快点走，有了政策绕着走，说的就是行动导致反行动。本次对抗的胜利者，如果看不到因为自己的胜利，有可能刺激失败者卧薪尝胆，发奋图强，改进手段和方法的变化，就极有可能成为下次对抗的失败者。这种行动导致的反行动，是社会进步的动力之源，是企业发展之源。

行动导致反行动是人再正常不过的心理。这个原理告诉我们，在一个合作的团队中，无论做任何事，都需要反复权衡各方合作者的利益，要特别小心处理与各方的关系，千万不要由于做事过激或不慎，而导致团队成员离心离德。在任何时代吃亏占便宜都不可能永远，一方一时的容忍更不是好欺负的借口。2200 年前，楚秦大战，项羽将已经降楚的 20 万降兵一次性坑杀，从那时起，实际上就已经奠定了项羽的垓下之败。

大多数人往往在上当吃亏后有四种表现：首先是记住教训，在行动上老死不相往来；其次是自认吃亏不大或者认为对方惹不起，行动上选择忍耐，认了，但从心理远离了；再次是借助法律手段，指望有为民做主的清官再世；最后是报复，往往越是善良的人，一旦报复起来有时会非常疯狂。这就是行动导致的反行动。

4）对抗双方你中有我，我中有你，能打败自己的只有自己。

任何一场活力对抗，受价值观和各种原因的影响，自己人不一定都支持自己（往往能毁掉自己的人也恰恰是身边最近的人）。而对抗的另一方也不会铁板一块。现实中，对抗双方你中有我，我中有你，实在是正常的不能再正常之事。善于发现对抗方内的利益相同者，发现身在曹营心在汉的“内鬼们”，是赢得对抗的关键。

三十六计告诉我们：“阴在阳之内，不在阳之对。”在本书中阴指短处，阳指长处。用在这里的意思是，缺点在优点之内，优点与缺点偕行。就好比娶个女人，不可能让女人把缺点留在娘家，只带着优点过来一样，女人是带着缺点和优点一起嫁过来的。

在不同的环境中，优点与缺点彼此相互转化。要强是优点，但遇上接受不了的失败，要强就可能要了自己的命！恪尽职守、认真负责是优点，但遇事好叫板，好较真，就可能成为被人攻击的靶子。一个人有能力是好事，但过强的能力一方面会直接招致对手的妒忌，另一方面也容易造成因为自身优势看不起这个，看不起那个，刚愎自用，最终陷入累死无功的难堪或尴尬。如果对自己的这些特点（优点和缺点）没有一个正确的认知，就很可能落入对方的圈套之中。个人爱好对本人来说应该是优点，古往今来无数成大器者，无不是把个人爱好发挥到极致。因为只有爱好才容易具有工匠精神，只有具有工匠精神才可能成功。但往往也就是因为爱好，可能成为人的致命伤。

导致一个人失败的根本原因，很多时候并不在于对手有多强大，而恰恰就在“阳之内”的“阴”。“知其雄，守其雌，为天下溪。”“知其白，守其辱，为天下谷。”“知其白，守其黑，为天下式”，“胜人者有力，自胜者强”（老子《道德经》），守住自己的爱好，防止有人利用；守住自己的优点，防止环境变化；守住自己的缺点，寻找等待变化的机会，只有守住，才能“先为不可胜（对手无法战胜），以待敌之可胜。不可胜在己，可胜在敌。”“能为不可胜，不能使敌之可胜”（孙子《孙子兵法》）。

5）赢得对抗。

没有不用谋的对抗。赢得对抗要从以下几个方面入手：

① 两军对阵勇者胜，两强相争智者赢。

没有不用脑子的对抗，更没有不用谋略的对抗。任何一场战争，看表面是战争决定胜负，殊不知战场还未动，胜负早定局。只有你能把握对手的智慧，你才可能是赢家。

② 利益矛盾永远是对抗的焦点。

只有紧紧抓住利益这条主线才可能赢得对抗最终的胜利。

③ 学会利益的平衡。

利益分配是合作最基本的基础，相对公平、共赢永远是最明智的合作法则。公平是以公开和透明做保证的，只有合作者有利可图的合作才能长久。但说着简单做起来难，没有一定的心胸和情怀，利益分配很难不存在问题。

在合作的过程中，企业领导不应当是评定利益各方对错的法官，而应该成为善于挑担子的人。应该善于通过改变挑担子的位置，平衡各方的利益，最大限度地避免对抗的发生。

④ 从观念上赢得对抗。

抱着走路不伤蝼蚁命，爱惜飞蛾纱罩灯观念的人，难免不受伤害；认为杀“恶人”也是行善事的，难免不出冤假错案。要从思想上对善良有个正确的认知，至少不要让善良把自己送上尴尬的境地。想赢得对抗首先要从观念上先把利益这条主线理清，想清楚怎么围绕利益实现共荣、共赢，才能从源头上赢得对抗。大智慧要从根开始。作为各方的合作者，毕竟不是战场上的敌人，搞得你死我活的谁也难活。

对抗需要大谋略，“夫唯不争”才高明。

⑤很多时候制胜的功夫在场外。

运筹于帷幄之中，决胜于千里之外，这不是戏词，而是真实。三国时期，十八路诸侯拿吕布和董卓无奈。但一个小小的弱女子貂蝉，顷刻之间就让吕董联盟灰飞烟灭、土崩瓦解。

舞台演出，台上的节目表演得如何，演员的演技仅仅是一部分，整个节目的设置、剧情整体安排则取决于后台导演的水平。一场竞赛，场上运动员拼的是实力，但智力的较量才是主导胜负的因素，而智力的竞争恰恰来自场下智慧的对抗。

孙子说：“上兵伐谋，其次伐交，其次伐兵，其下攻城。”作为领导如果能在咖啡馆中脉脉温情的觥筹交错之中化解对抗、伐谋伐交，比真的面对面拼个你死我活要高明很多。团队之间刀光剑影、血流成河，杀到最后就算成为赢家，也是劳民伤财得不偿失的事。

3. 合作必须阶段目标一致或彼此成为利益的受益者

现实中所有的合作都有四个基础：一是合作者暂时还没实现的目标或目的；二是通过合作可能得到的最大利益；三是信息的开放程度；四是合作者之间共同的语言。完全没有任何要求的合作者，应该还不能成为合作者。纯粹的帮忙，偶一为之也许可以，但注定不可能长久。现实中，更有些看似“免费”的帮忙，有时比正常的付出还要多得多。信息的开放程度决定合作者合作的态度，合作的一方鸡贼般的防着这个、防着那个，很难有好的合作伙伴。

对任何合作者来说，已经实现的目标对合作者没有意义，分手就成了必然的选择。只有还没有实现的目标才是合作者的合作动力。任何合作者，当自己的目标实现后，必然会产生新的目标，进而寻找新的合作者，这就是合作阶段性的主要原因。为此，任何合作者都是某个特定阶段的合作人。要让合作者始终与一个企业生死与共、共生共荣，实在是痴人说梦之事。这种由于利益关系决定的合作都是某一个或几个阶段合作的关系，几乎没人能改变。这就是所谓的分久必合，合久必分。

延长合作时间最明智的方法是，合作各方追逐的目标足够大。越大，合作的时间相对就可能越长，抱着捞一把就走的心态合作，注定无法长久。因此，从某个或某几个阶段目标一致的角度，从利益共赢的角度，去看待合作这件事，才是比较理智和明智的。

天下大事，合久必分，分久必合。这种阶段合作的划分，对企业而言是非常有意义的。对合作各方来说，首先都不会造成彼此更多的心理负担；其次能够不断促进合作各方自身不断的创新发展；再次有可能实现合作各方的回报最大化；最后符合人性。

曾几何时，企业盛行留人理论，现实中这个理论本身就存在误导。因为，任何人对于一个企业的作用几乎都是阶段性的，指望一个精英没完没了、从生到死为一个企业效力，这本身就不现实。原因很简单，一方面社会在不断发展，知识在不断更新。尤其这些年知识更新过快，几乎没人能保证永远符合时代的要求。如果“精英”不能与时俱进，就极有可能在企业发展到某一个阶段后，在一定程度上成为企业发展的障碍。在人类发展的历史长河中，“精英”一方面是企业某个阶段的助推器。另一方面，一个精英要想永远成为时代的宠儿，只有不断地与时偕行，不断地学习和思考、不断进步、不断提高、不断地把先进的理论运用到实际工作中去，才能成为时代的骄子。

还有一个方面，铁打的营盘流水的兵。人员的更迭，环境的变化，指望一个人终身适应这个企业，对这个人来说本身也比较困难。此外，每个人的悟性不同，每个人的反思能力、所处的位置都不同，这种无法与社会同步、无法与合作各方彼此同步必然导致文化的差异，而这种文化的差异，是很难让合作长久下去的。天下没有不散的宴席；智者选择的是不求彼时，但求此时志同道合足矣。

有很多合作者非常强调目标的一致，其实这是没有必要的。因为目标的一致并不能保证合作的效果，而目标的不一致是非常正常的。笔者曾担任国家级某行业班组长职业技能竞赛的总策划，在与当时的合作单位进行合作时，我们彼此之间在目标上没有任何差异，但经常发生争执，甚至闹到了几乎难以合作的尴尬境地。深究其因，造成合作困难的根本原因是因为“门不当户不对”，没有共同的语言，你说的对方根本听不懂。在竞赛设题时，作为总策划是从企业实际痛点出发的，而主办方的合作人员由于不懂企业，不要说基本配合，甚至在工作上不断地制造麻烦。合作对方出发点没有恶意，仅仅是由于基本不懂企业，造成了合作难以进行的局面。为此，真正导致不能合作的，除了利益就是合作各方的“共同语言”。

什么是合作的共同语言，除了专业外，对规则和制度的看法、对流程及重要性的理解、对人性和人心的基本认知、对文化及核心理念的追求等都属于合作的共同语言。

4. 把半条命交给合作者——合作有风险，联盟才能赢

当兵的在上战场冲锋打仗的时候，需要把自己后背托付给自己放心的人，而这个人我们叫战友。在互联网的共享下，企业难有更多的商业秘密。当一个企业把自己的商业秘密交给了你的合作伙伴时，其实质和打仗一样，也是把自己的半条命交给了你的战友。

战场上，战友是用自己的生命护卫了后边的战友。生意上，合作者用什么方式去护卫合作者的后背？当合作者把自己的“隐私或秘密”统统告知你的时候，你该怎样用自己的“胸膛”守住合作者的后背呢？

战场上总有为了保存自己而放弃战友生命的人；战场上也总有为了战友的生命而舍生忘死的人。这些舍生忘死的人是自己的铁杆同盟，或者叫联盟者。这些舍命的联盟者应该享受的是和自己一样的最高国民待遇。而那些在关键时刻不可能保全战友性命的人，就理所当然地只能享受一般公民待遇。国民待遇、公民待遇，一字之差，含义相差甚远；政策大不相同，企业应在“半条命”的信用政策上下足功夫。

未来的企业竞争，会逐步演变成联盟与联盟之间的竞争。联盟者的多寡会日益成为企业能否在未来生存的标志。从做事的角度，人员组合决定成败；从合作的角度，合作团队的组合决定成败。

5. 合作的前提——共享、开放

平台型企业作为一个完整支撑企业运行的平台，需要多种资源的支持。除了信息的支持外，还包括：资金（投融资）、资本和资产（智力资本、平台、渠道、创意、创新、执行团队等）、资源（软硬件、能源动力、工作接口等）的支持和人力资本的支

持。要获得这些支持，平台型企业就必须开放。开放是一切的起点，只有开放才能万物互联，联通一切；而封闭只能囚禁自己。

开放是一种格局、一种力量、一种变革的勇气；是一种接纳、包容的胸怀；是一种世界观、一种文化、一种心态、一种庄严的承诺和可带来信任的商誉；是一种资本，更是一种生产力，也是利润的源泉。然而，开放对很多人来说也是一种新的考验和真正的挑战。毕竟开放意味着企业这些年辛辛苦苦建设的“堡垒”要被彻底地摧毁。无论情感，无论哪方面对堡垒的建设者们，都是难以接受的。但让我们静下来好好想想吧，这些堡垒到底圈住了什么？挡住了什么？再好的堡垒能不能造就好的邻居？这些各自为政的堡垒，除了巨额的管理费用，一方面挡住了合作，另一方面低效率的运作，扯皮不断，有成绩大家争功，有问题老板独家承担，甚至有很多小老板整天在给员工的工资打工，难道不是事实吗！

经常有些单位，一说到需要看些不涉密的管理资料，甚至仅需要看看企业制度目录都神经兮兮，至于去现场考察就更如临大敌。面对这样的企业，不知道合作该从哪里谈起？开放毕竟是半条命交给合作者，也没说什么都必须无条件地交给合作者，面对着那些必须要保密的某些环节，作为合作各方，只要把合作接口的相关要求量化弄明白，说清楚，是不会影响合作的。任何合作者对适度保密是完全可以理解的。平台的开放性体现共享性。但共享带来的一个核心问题是安全性。面对着复杂的外部环境，哪些是企业的核心机密，什么能开放，什么不能开放，怎么放开，不仅考验智慧，更是对企业素质最综合的考验。通过开放，通过半条命交给对方的交心，找到自己的“情人”，培养合作的明星联盟，不仅是合作的快事，也是一种境界。

流动的情报信息产生生产力，不能流动的信息不构成生产力。在很多情况下分享信息所得到的益处，可能远比对信息保密能得到的益处要多。就好比医生看病，有些人可能有不好意思开口或难言的疾病，如果在看病的时候顾全面子，就可能造成误诊，如果直面告诉医生，就可以得到更有针对性的治疗。在社会上，有些信息被封闭，被掩盖，结果这些被封闭的信息通过不当渠道进行蔓延的结果是，有些人会被这些不正确的或本身就是错误的信息蛊惑、煽动和误导。

共荣和共赢是合作成功的关键；而共享则是共荣与共赢的基础。共享的关键是开放、拆墙。长期以来，由职能管理形成的各种墙不仅挡住了外部，更约束了自己；而这种约束正如红帽大中华区总经理陈实所说："抓起手来，什么都没有，张开手，你将得到一切。"

开放彻底摧毁了企业的边界，开放让这个社会沐浴春风。然而只是嘴上开放，没有形成生态的环境，奢谈开放也是空话。共享说着简单，做起来难；没有开放的格局，注定就是耍嘴而已。

开放是手段不是目的，联合、合作干大事，才是开放的根本之所在。如果不是为了合作干大事，开放对企业没有意义。

6. 管理上必须采取流程管理

管理1.0和2.0将流程分解成各个任务。企业平台化后，尤其是外部资源和外部团队引入企业后，原有的职能关系已经完全不复存在。跨职能、跨组织、跨专业已经成为现实。在平台化后，流程把职能分工时人为隔断的各个专业、各个工种重新合并起来；不仅跨越了组织的界限，也超越了按分工设置的部门界限。在这种背景下，唯有流程管理才能适应企业平台化的管理方式。为此，采取流程管理是合作的唯一基础。

7. 业务流程

业务流程是串接所有合作者的“线”，是协同的基础。没有流程，合作各方不仅无法证明自己的价值，协同也是空话一句。如果没有连接一切且具有活力的业务流程，合作者之间就无法前后贯通、互相连接。无论何时，遇上千疮百孔的业务流程，必定难以生存。

8. 规则（包括标准、制度）与秩序

规则是合作的基础，是协同的关键，是合作者之间必须遵守的共同语言。同时，也是一种用来公共判定对错或怎么运行的工具和一种公共衡量比较的参照物，更是一种文化。规则包括人员行为标准及规则、工作标准及规则、配合规则、运行规则等。

无论任何情况，没有规则就没有秩序，没有秩序注定无法合作；没有标准就难以协同，没有协同注定无法成功；没有约束就没有自由，没有自由就难有人类社会的进步和发展。为此，现实中凡不能遵守相关法律、靠投机取巧过日子的人，不能遵守基本规则的人，是根本无法合作的人。

所有的规则都是约束。在为每个蜘蛛侠带来便捷的同时，也制约了蜘蛛侠们某些行动的自由。但如果没有这些基本的约束，就像马路上没有红绿灯一样，也就无法保证秩序和高效的协同。任何生态系统，都是建立在一定约束基础之上的，没有不约束的生态，世界上最美的，一定是在约束中诞生的。只有规则才能让天下人无须顾忌你讲什么语，你爱好什么事，更不管你是否认识，都能开开心心地坐在一起“斗地主”、“搓麻将”。中国菜好吃，但由于没有量化的标准，也就缺少必要的约束。因此，一直难以在全球范围内进行大规模的连锁式经营。

规则最根本的是保护善良的人。可以想象，如果没有规则，各路的“野蛮人”就会横行霸道，善良的人就必然吃亏。没有规则就不要奢谈合作。否则，合作就难以实现。现实中，就算没有欺诈，为了正常的运营，也需要建立基本的规则。

现实中有许多充满智慧的人，他们创新发展，靠着个人的能力，打拼出了一亩三分地。在这些人的眼里，成功是靠着个人的智慧和才华；在这些人的眼里，随机应变的能力往往高于一切，一旦这些人被告知必须要遵守一些规定，个人才智必须要与上下左右相互同步协调、协同并进时，他们会感到万分的痛苦，他们会认为创新和创意不再产生。这些人也许忘了企业毕竟是个团队的行为，就算再能干的孙悟空出去降妖伏怪，也得有人帮忙保卫师父。否则，孙悟空能耐再大，也难完成取经之大业。现实中，约束不仅不会限制创新的思维，不会扼杀个人进行创新的动机和创造力，反而能创造最美的创意和最好的创新。

一场演出，在限定的时间、限定的空间场景和限定的观众心理的共同约束下，我们的编导会把台词一遍又一遍地精练，会把有限的空间文章做足，会把剧情设计的跌宕起伏，不断地制造高潮。反之，如果没有这些限制，一场表演想演多久就多久，想怎么来就怎么来，又会是怎样的效果呢？而正是由于限制才让演出出彩。现实中，往往越是限制，反而越有利于调动人的各种动因，发挥人的才华。就观众而言，对演出的约束，往往也是对观赏者的约束，尽管与演员约束的内容不同，但殊途同归，结果都是为了保证演出的效果。如果没有这种必要的约束，观众想什么时候来就什么时候来，在剧场里来回走动，打电话、高声喧哗、抽烟喝酒，甚至跑到舞台上撒野，也就无法完成演出，难以实现演出的效果。

企业中这种限制也是极有必要的。当创新族天马行空、无所顾忌地进行创意时，不知道想过没有，不懂消费需求和消费心理的限制，创意或所谓的创新一定不会为消费者所买账；只有懂了来自消费者的限制，才能叫作创意。但再好创意如果没人能配合，无法实现成果的转化，这样的创意或创新对企业又有什么价值呢？要想有人能合作，要想实现创新或创意，规则是必需的。现实中，建立规则不是为了限制而是为了协同；规则最根本的目的是保证创意或创新能顺利地实现全部的设想，达到预期的目的。

正确地认识限制是非常重要的，因为限制是拉开与竞争对手距离最简单的方法，是证明能力最简单的手段，更能激发人类的创新和创造。人类社会的发展历史，就是不停地挑战自然对我们限制的历史！人类的登月之旅充满着艰难的限制之路，但面对这些苛刻的限制条件，孰优孰劣还需要证明吗！能源的短缺限制人类社会的发展，逼着人类必须不停顿地找寻新的能源。癌症困扰着人类的健康，全球的尖端人物为此正在奋力攻坚。堵车限制了我们太多，但我们深信，早晚有一天堵车一定会成为历史。让我们拥抱限制！限制在平庸人的面前是过不去的难关；而在英雄豪杰的面前，限制恰恰是检验、证明自己是否具有卓越的能力。人的生命是有限的，征服大自然地各种限制是无限的，当我们把有限的生命投入到无限的征服限制之中，我们一定不会因虚度年华而悔恨，也不会因碌碌无为而羞耻；因为我们尽力了，在宝贵的一生中，我们生命无悔。

9. 信任与信用

互联网是什么？互联网是牵一发而动全身的网；网上有时一个微小的触动，都会带来连锁的反应。蝴蝶效应在互联网上表现得尤其明显。每个蜘蛛侠们面对着可能的微触动，如果没有必要的信用体系，仅仅依靠人与人之间最简单的信任是无法保证不出问题的。在合作与协同中，信用和商誉成为合作最重要的基本条件。

在合作的时代，信用已经成为最基本的财富。信任不再是一个简单的符号，而是一种文化，一种激励。从一个企业的角度来说，合作的不是人情，不是简单的人与人之间的信任，靠人情的合作注定无法长久。只有信用才是合作的基础。然而，长期以来，国人好凭感情，凭印象，凭感觉，建立所谓的信用关系。

合作不能靠人为的信任。信用不能靠自觉，不能靠感情，更不能靠仗义，靠哥们义气或什么兄弟之情手足之谊等。信誉体系的建立必须有法、依法。信誉产生的信用政策必须成为商业资本，成为每个人的个人财富。

诚信体系在当今社会中具有举足轻重的作用。缺少诚信体系，会大幅度地增加相关的成本。没有诚信体系会直接导致人与人之间互相不信任。人与人、人与企业、企业与企业之间本来挺简单的事就会弄得非常复杂。为此，在互联网时代，诚信体系的建立已经成为企业各项工作的当务之急。良好的合作是对信用体系建设的完善、立法的严谨、执法的严肃最综合的考验。

10. 生态环境

“夫运筹帷幄之中，决胜于里之外，吾不如子房；镇国家，抚百姓，给饷馈，不绝粮道，吾不如萧何；连百万之众，战必胜，攻必取，吾不如韩信。三者皆人杰，吾能用之，此吾所以取天下者也”（西汉·司马迁《史记·高祖本纪》）。事业的成功有三个重要的因素：有正确的行动纲领，有能实现行动纲领的人，有良好的品牌形象。正确的行动纲领是由人制定的，品牌形象是由人建立的，这样三点的重心就是聚集有用的人才资源。这种能聚才、用才，让各类人才创造财富的环境，就是生态环境。只有有了好的环境，才可能良臣择君而侍，良将择主而战，良才择将而栖，良“女”择夫而“嫁”。

在中国的历史上，生态环境建设是事业能否成功的重要标志。刘备麾下豪杰辈出，演绎了三分天下的豪迈；宋江旗下好汉聚集，书写了替天行道的悲壮；孔子脚下弟子万千，奠定了中华民族思想、文化传统的根基；楚将了发广纳贤才，撰写了兵不血刃的奇迹。而没有生态环境，我们也看到了水浒中被豹子头林冲火并的王伦、战国时期被奸相所害的战国四大名将之首的白起、三国时期被同根生相煎太急的曹植。

生态环境是指适合绝大多数合作者生存和发展的环境。生态的实质是必须符合社会、自然和人的发展规律。好的生态环境是让人活得有尊严，心情舒畅、快乐工作、有成长和提高的空间；让每个员工和创业者不仅有机会看见自己的价值，更有机会去实现自身的价值。同时让每个参与者都产生视企业如家的归属感。为此，任何意义上的生态环境至少有两个含义，即适者生存和能者发展。

任何生态环境，都不可能是避风港，不可能是和风细雨、风调雨顺。在任何生态环境中，不仅有怒放的鲜花，也有丛生的杂草；不仅有和谐幸福，有时也伴随着血雨腥风；不仅有善良仁慈，还有豺狼虎豹；不仅有明月清风，更有地动山摇。没有丛生的杂草，鲜花就缺少养分；没有血雨腥风，人类社会就难有进步的动力；没有豺狼虎豹，就没有迎接豺狼虎豹的猎枪；没有地动山摇，又怎来人类不断战胜自然灾害所取得的各种进步。简言之，追逐环境中的和谐是愿望，环境存在的不和谐因素是创新的动力，没有这些不和谐因素就没有社会的发展。

生态环境是建立一个适者生存、优胜劣汰的环境。在这样的环境中，有淘汰、有竞争、有发展；在这样的环境中，通过竞争自然形成有序的自组织体系，这就是生态环境。生态环境不是让所有合作者全生的环境。因为，必须有淘汰才能实现进步，必须有竞争才能推动社会的发展。

衡量生态环境目前还没有成熟的标准做参考，笔者认为：

(1) 从体制上建立优胜劣汰、适者生存的环境。

市场决定存亡。为此，建立以市场为绩效主体的管理体制，是企业生态建设的第一步。

(2) 尊重人性不能停留在嘴上。为人的创造精神营造宽松的环境，在不违背组织大的“游戏规则”和行为准则的前提下，尊重每个个体的游戏规则和行为准则。

(3) 每个人的权力不能停留在不停的请示中，让每个合作者都有权根据生态系统整体的规则，在不破坏相关规则的情况下，自行决定自己的对策与自身的行动。

(4) 建立共生、共荣、共赢的高效协同关系，互相支持，互相约束、共同提高、协作发展、互为资源。

(5) 开放、共享相关数据，通过立法保护数据所有者的基本利益和合法权益。

(6) 真正按流程办事，制度管人，数据说话，市场考核。

(7) 从管理上去中心化，真正把责任落地到平台上所有合作者的肩上。

(8) 工作上从“干一行爱一行”向“爱一行干一行”转变。只有爱一行，干一行，才可能快乐工作。

(9) 在人才竞争上建立“梧桐树”的生态环境机制。

(10) 在人员管理上砸烂“鸟笼”(囚禁人)建立“放鸟”机制。

11. 建设合作者生态协同平台

合作的基础是平台。没有平台各路人马就没有展现自身价值的空间。但平台建设是手段不是目的，种好梧桐树，唯盼凤凰来，高效协同，共生、共荣、共赢才是平台建设根本的目的。

生态平台需要按生态的自然环境研究平台需要具备哪些因素，空洞的奢谈平台是没有任何意义的。

如果把每个创业者比喻成一颗种子，合作者生态平台应该有土壤、阳光、空气和适当的水分，更有营养素。

(1) 土壤。

土壤是什么？美国是世界上从欧洲照搬技术的学生。仅仅用了大约200年的时间，成为最有自主创新能力的国家，其根本原因是什么？美国加利福尼亚州伯克利大学经济学教授钱颖一说：“在美国出现这么多个人奋斗成功的企业家，不仅是企业家，也是各个行业的出类拔萃的人，不是偶然现象。它是有一系列的文化和制度的环境。”一语道破美国快速强大的关键，在美国1787年的制宪会议上，制宪代表们空前一致地提出：“为促进科学和实用技艺的普及，对作家和发明家的著作和发明，在一定期限内给予专利权的保障。”

知识产权的保护早在16世纪的英国就已经开始，但美国人第一次把对个人的专利保护写入了宪法，用国家的根本大法来保护发明创造，不仅保护了发明人的权益，也激发了整个社会的创造热情。

美国总统林肯说："专利制度就是将利益的燃料添加到天才之火上。"

美国专利商标局公共事务办公室主任理查德·莫斯比说："毫无疑问，这项由国家缔造者写入宪法的制度，激发了人们的动力。它不仅促使人们产生了从事发明的愿望，而且人们一旦这样去做，这项制度能够保障他们在市场上获得商业上的成功……知识产权，是大脑的产品，是一份无尽的资源。我们对这项资源的开发利用，与我们为那些伟大的发明家们所提供的知识产权保护是息息相关的。这也是美国能够在历史上，包括在21世纪的今天，取得世界经济强国地位的关键原因。"

仅1865年至1900年，被正式批准登记的发明专利就达到了64万多种。依靠强大的科技实力，美国很快在第二次工业革命中独占鳌头(《大国崛起解说词》)。

（2）阳光。

雨露滋润禾苗壮，万物生长靠太阳。对创客来讲，什么是阳光？唐僧一路上没有给孙悟空发过工资，但悟空一直没走，不但没走，反而竭尽全力保护唐僧。究其深层的原因，是因为在师父搭建的这个台上，不仅能实现悟空个人的理想，展现个人的才华，更能证明个人的价值。企业是搭台的，创客是唱戏的，创客能翻多大跟头，企业就应该搭多大的台，也只有这样的台，来自各方的豪杰们才能真正愿意为企业贡献自己的才华和全部力量。

（3）营养素。

在大自然的环境中，生态中生存的所有生物互为营养素。无论鲜花也好还是杂草也好，自然死亡后，在风、雨、阳光的综合作用下，最终都会变成参天大树的营养素。而大树掉下来的树叶，也会在风、雨、阳光的综合作用下，成为其他大树和自己的营养素。

从企业的角度看，营养素来自方方面面：资源有保证是最基本的营养素；来自上级的信任和重用也是营养素；政策可能是营养素也可能是毒素，关键是看政策编写人是真明白还是装明白；领导艺术也是营养素；产权保护、假冒伪劣防范、信用体系建设都是不可缺少的营养素。显然，企业的营养素与大自然的营养素完全不同。大自然的营养素是在一个生态的环境中自然循环而成，而企业的营养素则多半来自人工“干预”而成。

12. 合作的三快一慢和四个基本能力

防止合作产生不必要的对抗需要“三快一慢”。三快是：即合作各方互相深入了解要快，拖上半年，什么合作都没有可能了；合作各方彼此突破和渗透要快；突破后彼此文化融合要快。一慢是，制定合作细节要慢。要认真思考，合作的动机是什么，可能合作的阶段长度，合作的利益分配，合作各方的标准，合作各方资源配置到合作方的提前退出，合作信用体系建立等，合作各方必须认认真真地反复推敲，要以为各方所接受、理解为前提。

合作需要具有的三个基本能力是，有抗击风险及风险处理的能力；有应变的能力；有突临深渊，勇闯难关的能力。凡成就大事者舆论造势，攻心在前，是赢得对抗重要的核心能力。

（三）合作的形式与合作管理

合作有两种方式：一种是投资性合作，另一种是简单的劳动力合作。

从合作管理的角度讲，企业与团队或个人的合作方式，可以根据团队或个人信誉等级，从简单的投资回报逐步过渡到股权分配，进而过渡到赋予投资性股权等合作方式。

（四）平台合作需要转变的思想

在职能管理中，所有的人都把注意力集中在三个词上：上级、活动和任务。人们工作的最终目的是让上司高兴，而只要上级高兴，这个员工的收入和前途就有了保证。在平台型组织机构中，每个人都必须关注另外三个词：用户、效果和流程。关注用户就必须关注输出，关注输出就必须紧盯效果、紧盯流程。在平台型组织中，每个人即负责实施又得保证效果，任何人员都要为实现某种结果而不是执行某项任务而负责。要完成这样的转变就必须做好以下的转变：

（1）完成从科层制的职能管理思想向流程管理的思想转变。

（2）完成从人力资源管理向团队管理的转变。

（3）完成从对领导负责到对后工序或市场负责的转变。

（4）完成职能领导向流程领导的转变。

（5）完成员工向合作者或合伙人的转变。

（6）完成眼睛向内看到眼睛看世界的转变。

（7）完成纯内部的运营方式向含有竞争味道的自组织化市场运营方式转变。

（8）完成从内部团队向合作团队的转变。

（9）风险管理、强化风险管控，成为平台合作中最需要完成的思想转变。在互联网时代，各合作方最需要当心付出后，苦苦追求的回报是“一条冻僵的蛇”！

（10）在所有的转变中，领导观念的转变和工作方法的转变是实现合作的基础。如果各级领导不能摒弃职能管理的思想，甚至希望自己是高高在上的主人，合作注定没有希望。

转变观念需要格局、需要拔高、需要心胸、需要隐忍、需要等待、需要思考、需要眼界、需要“痛苦舍得”的过程。而转变工作方法更非一日之功，需要有个过程。为此，企业平台化是积累出来的，而不是简单搭建出来的。

（五）合作的对象与条件

合作不是一个简单地把人聚集在一起的过程。任何合作都是有原则、有底线的，更是有目的的。没有基本原则，没有基础底线，没有合作目的的合作注定无法长久。单打独斗式的个人英雄，注定无法成为团队长久的合作者。

现实中合作者越多，企业面对的挑战也就越多。与谁合作，合作的基本要求有哪些，下面做个简单的探讨。

1. 能形成合作的人——能与谁合作

合作包括两层含义：借力和借势。借力是谁帮你干，借势是谁能抬高你的身价。借力也好、借势也好，只要能借一头就是合作的伙伴。合作的对象即能借力或借势的人。

在互联网时代，能借力的人，必须具有某个方面的优势。一流的演员只有和一流的乐队、一流的音响、灯光和舞美相结合，才可能有一流的演出效果，没有优势就谈不上借力。

能抬高身价的人，很多人会想到领导，诚然领导可以通过提升职务变向抬高身价，但生活中真正能抬高你身价的人应该是你的竞争对手。就好比下棋找高手，因为和高手下棋长进最快。棋逢对手将遇良材，在智慧的较量中，彼此斗智斗勇，把才华展现到极致。孙膑和庞涓斗智、斗法，没有庞涓的阴险狡诈，又何来孙膑的大名；世界羽毛球冠军林丹因李宗伟而伟大，没有李宗伟的顽强，也难以显出林丹的武艺高强。人的能耐不是吹出来的，而是比较中看出来的。世间几乎所有的优势都是比较优势。当客、用户缺少相关比较参照物时，企业反而更难以抓住客、用户的心。学会建立与竞争对手的可比优势，是企业最明智的选择，也是企业销售的核心和关键。总之，比较产生价值，价值产生判断，判断产生行为，行为产生结果，结果必有效果，效果证明价值。当客、用户缺少了基本的判断标准时，当困惑和迷茫走进客、用户心中时，企业就算再努力，成功的机会也不大。

与竞争对手合作还有另一个意思，如果你的竞争对手用价格搅乱市场、恶性宣传时，一定会给企业造成很多不必要的麻烦。某网商平台不都是卖假的，但大多消费者心中与这个网商平台一些售假事实挂钩后，真正倒霉的是那些好的商家。

与自己的竞争对手合作，制胜的关键是格局。格局大的人，总会把竞争对手一并纳入自己的合作范围，进而通过与对手合作实现自己的战略构想。三国时期诸葛亮联吴抗曹，借对手之力最大限度地消灭了自己敌人的力量；汉高祖刘邦为了最终的目标，坚持隐忍在自己的竞争对手项羽麾下，最终实现了自己的理想……

粉丝也是合作者。当今社会大致有三种粉丝，第一种人不仅是经济和地位上粉丝，从心理讲也是粉丝的心态，这种人没自己特定的立场，随大流跟着走，反正天下都穷何止我一个。第二种粉丝，虽在经济上收入不高，也没有社会地位，但从心理有一种不服输的贵族心态，有一种穷则思变的心理，不仅有改变的冲动，更有改变的激情。第三种人经济收入不菲，社会地位不错，虽然和权贵相比仍有差距，但在一般百姓心中，已经是时代的楷模，在这些人中不乏具备粉丝心态的一些经济贵族。从企业的角度来说，后两种粉丝是企业的财富，穷则思变是进步的动力，是创新和创意的源泉。因此，这些穷则思变的粉丝极有可能成为时代的引领者。而那些经济准贵族们，毕竟有很多成功的经验，是时代的先行者，不仅能够给企业提供成功的经验，更有可能成为企业的天使投资人或资本投资人。

简言之，朋友可借力，对手可借势。借朋友之力生存，借对手之势发展，是任何合作的出发点，没有这个基本出发点，所谓合作也就说说而已。

2. 合作的条件——合作方的位置要放对

（1）鉴别“材质”。

德国诗人海涅《论德国的宗教和哲学的历史》一书中说：“一个巨人从地下深处掘起了大理石层，并且把它们凿成了巨大的方块和圆柱，但要把它们结合起来，就需要另一个巨人，这样才能构成一座华丽的神殿。”从企业的角度上说，合作的前提不是上来就谈什么条件，而是首先需要鉴别合作者到底是什么“材质”，弄清了材质还需要鉴定是梁还是柱，接下来才是把梁和柱放到合适的位置上，搭建企业这座大厦，也只有这样的合作才可能长治久安。为了鉴别合作者的“材质”，我们不妨做以下思考：

- 有没有不容易为同行竞争者所轻易效仿的独到之处？
- 合作者与企业合作的内容能否互补？
- 合作方在利益上，是紧盯自身的利益还是将整个流程的利益捆绑在一起？
- 是多元化的合作者还是把精力集中在自己特长范围内的合作者？
- 如何看待质量和诚信？怎样看待知识和智慧的价值？
- 对于其他合作成员尊重的标准是什么？
- 合作中的相互信任怎么体现？
- 如何评价合作者的价值？合作各方在彼此眼里的“身价”

是什么？评价的标准是什么？

• 如何看待用户？用户满意度评价标准是什么？

• 如何理解创新？

• 怎样看待变革，是负担还是机遇？有没有接受变革的思想基础？

• 如果接受合作，合作方数据库管理的原则是什么？

（2）用对位置。

材质鉴定的根本目的不是为了简单的用还是不用，而是为了人尽其才。不能用大理石种地，也不能用土当大厦的支柱；鉴定的根本目的，不是判断材质是否值钱，而是为了用对位置。

盖房子最怕把梁和柱用错了位置，用错了位置会出大事。现实中，怎样鉴别人才到底是梁还是柱，还是一般的装饰材料，是个难题。除了伯乐一般人难具慧眼，这里我们做些提示，供各位读者思考：

• 合作的目标是什么？尽量谈小不谈大，谈自己不谈社会，谈近不谈远，多谈今天少谈明天不谈后天，少虚伪多真实是关键。

• 为什么要合作？合作伙伴的商业目标与目的是什么？期望达到的最大利益是什么？所获的利益如何分配？天下没有不散的筵席，合作各方收益期大致的时间有多长？

• 合作各方对管理的共识是什么？不能认同的是什么？管理工作的中心是什么，合作各方能认同吗？

• 决定合作长久的焦点是文化，当合作各方出现文化碰撞时、当合作时利益可能受到影响时、当原有的习惯性规矩受到挑战时、当合作后可能涉及所有权转移时，合作者可能采取的措施是什么？合作者打算通过什么方法统一彼此迥异的企业文化？

• 能否为企业提供全新的、能够创造商业价值、且可应用于实践的商业策略?

• 合作一旦发生冲突，如何协调各合作方?

• 对合作者过分地依赖可能带来的风险，如何规避?

• 哪些业务流程是共有的? 比如信息流程。

• 有没有可以分享的共有的流程? 比如供应链采购流程。

• 如果合作方中，某一方未能按时完成相关工作，其他各方如何能在第一时间了解到这一情况?

(3) 合作必须认同的“语言”。

合作不是拍脑袋的事，就算上面都清楚，实际合作时，还有几条需要关注，才能真正实现最有效的合作:

• 合作各方价值观基本认同。

• 双方对流程主要作用的认知基本一致; 能按平台主或投资人合作的标准建立对应的流程及接口。

• 合作各方对沟通的理解评价基本一致。

• 面对合作和信息共享所带来的挑战，合作各方有基本一致的看法。

• 对标准、规则和接口等有基本一致的认知。

• 对契约有基本共同的认知，没有法律的保证，靠人的自觉注定不是办法。

(六) 合作的代价与合作的情怀

合作是有代价的。就好比两个人结婚，需要很长的时间去磨合，这种磨合的过程有时并不是一帆风顺的，很多时候也不是甜蜜的。伴随着各种形式的对抗，有时合作的过程甚至非常痛苦。每个合作人在合作的过程中都会被改变。从文化到人员行为方式再到管理方法等甚至会发生根本的变化；而这是合作中所必须付出、也是必须承受的代价。

合作的另一个代价是，作为合作的各方，由于各种原因，付出和获得极可能不等值。《墨子·公输》记载了这样一个故事：公元前448年，楚王准备攻打宋国。开战前，墨子出使楚国，公输盘（即鲁班）设九种攻城之法，墨子当场指出九攻的破绽，即后人流传的九攻九拒，让鲁班无言以对。在墨子的努力下，制止了楚国准备攻打宋国的军事行动，挽救了宋国。但是，宋人并不知道墨子这位恩人，非但无奖赏，反而在他途经宋国回鲁国途中，因在宋人门前避雨时而遭到宋人的拒绝。后有人赞曰："治于神者，众人不知其功；争于明者，众人知之。"正由于付出和得到不等值，作为合作的"帮主"，必须要心里有数，不能总是让老实人吃亏。

面对着合作的代价，合作必须要有情怀、有大量。合作的情怀不能奢谈，利益面前人难有平静。有些人总抱着付出必有回报的心态，付出后总在琢磨接受人什么时间能回报，结果人家可能早就忘了，而等待回报的人，一定会觉得很累！如果适当改变回报的心态，甚至忘掉回报，合作的情怀自然就出来了。当然，如果能想到也许回报是一条冻僵的蛇，这时合作的心态就一定是另一回事。合作需要情怀，情怀来自对利益衡量的标准，有时适当地把这个标准做一些调整，海阔天空。

在利益的分配上，人聚财散，财聚人散，是亘古不破的真理。合作各方都没有舍得的思想，都没有一种宁肯自己吃亏让步的情怀，都不能站在对方立场上，想当然认为合作方会给予怎样的回报，是很难实现共荣共赢的。试图把所有的利益紧紧握在手里的人，正在为自己铺就一条通向毁灭的道路。

鸡贼算计防肠断，利益长宜放眼量。莫道付出回报浅，平安胜过日难安。

六、大数据思维——对现行思维方式的冲击

网络给这个社会带来了三大新技术：云计算、移动互联和大数据技术。随着社会的发展，竞争日趋白热化，数据越来越成为企业竞争力的源泉，成为企业最重要的核心资产，是可以带来、创造巨大经济效益的商业资本。与传统企业相比，传统企业更多关注的是战略和具体的管理方法及各种技术。而当今社会，数据跃升为管理的核心，一切围绕数据转成为时代的标志。一夜之间数据已经成为企业的核心竞争力，更成为现代企业必争的资源。

大数据是近年流行起来的新概念。什么是大数据？网上流传了很多种版本，其中有一种说法是，在日常运营中生成、积累的用户行为数据。从价值创造的观点出发，大数据应是能够为人的生活或工作带来价值的多种数据的集合。用户行为有大众用户行为、小众用户行为和特殊用户行为。企业作为大数据的使用者，主要的经历应集中在大众和小众的行为数据上。但不管从哪个角度上说，大数据都必须是具有一定数量、经过筛选、有针对性、能为使用者带来商业价值的数据。

（一）云计算、大数据带来了什么

云计算和大数据给企业带来了数据共享的可能性和数据的平民化。通过云计算和大数据可有效地降低创业成本，形成新的产业和新的消费热点。

云计算通过数据规模化和大数据技术，实现数据的个性化，进而让数据服务于我们生活的方方面面。人类社会从电器到网器

（网络机器），又从网器到今天的数器（数据机器），智慧生活已经快步来到我们身边。从可穿戴设备和微信相结合，帮助我们监测人的身体状况；到智能家居实现远距离遥控，开启智慧生活，这其中数据已经成为关键。

（二）云计算、大数据对现行思维方式的冲击

云计算、大数据对现行思维方式的冲击具体表现在以下四个方面：

（1）传统的产品设计更多的是依靠人的直觉；而在大数据时代，商品设计更多的依赖数据分析。

（2）传统的营销是卖产品，统计的是销量；大数据时代的营销在满足客、用户体验的同时，更多的是收集客、用户围绕商品使用的相关数据，并通过这些数据，更精准地研究消费体验中需要改进和改善之处。

（3）传统的管理方式基本是眼睛盯在某些具体的工作上。由于信息不是实物，仅仅是一堆数字，是一堆只有在智者面前才会说话的数字；是一堆在不同人面前表现可能完全不同含义的数字（某人组织国外游，对于费用有三种看法，没去过的对费用没概念，无所谓多少；去过的感觉不是一般的黑；还有一种人找到了自己的商机，因为语言障碍、路线不熟悉而可以产生的暴利）。为此，在互联网时代，对于信息数据的管理就不能停留在简单的数据统计和分析上。从当今思维方式看，要让数据会说话，让数据成为财富，让数据成为企业发展、利润的源头，就要完成对数据使用思维方式的转变。观念不变数据难变钱，观念一变数据就是钱！

（4）围绕数据开战，这一点显然与传统的思维方式格格不入。

现实中，数据大战早已经拉开了帷幕。围绕推销争夺客、用户的APP，决战各方不惜抛本舍利；有提供服务不要钱的，有白送产品的，更有先给钱后怎么的。为了争夺一个客户端，各商家不惜血本，没有最低价，只有更低价，消费者在商家这场客户端大战中，虽然赢取了一些利益，但同时也将自己的各种数据（其实质是各种最高等级的私人隐私，诸如网页上浏览过什么，买过什么，银行卡在哪里刷过，当前的位置在哪里，去过哪里等）直接暴露在商家的“枪口”前。

但需要明确的是，虽然有些商家拿到了很多用户的数据，但我们在前面说过，如果缺乏对消费行为的分析，即使拿到再多的数据，对企业也作用不大。我国现在最需要转变的就是数据的使用，否则仅仅停留在用一些基础数据乱发广告、乱打骚扰电话，是对数据最大的浪费；长久下去，我们与发达国家的差距只会越来越大。

（三）让数据能思考，会说话

数据无处不在。

当数据从简单的信息向数据科技转变后，每个人都难逃数据的魔术棒。但数据不直接等于利润，数据信息只有在懂专业或有头脑的人面前才是会说话的智慧或经济资源。任何数据都是有生命的，医生可以从人类排泄物的数据中，提取出人是否健康；一个肉眼看不见的手印、一个看似没用的烟头，都可能成为破案的关键。

让数据能思考需要将数据赋予人的智慧，需要在数据分析关联结构上下功夫；要让数据会说话，需要在统计分析的方法上下大功夫。

让数据能说话的前提是做好数据筛选处理，即关键字管理。

否则如果使用时找不到数据，又何谈让数据说话。筛选的本意是从海量的数据中找到自己需要的数据。这个概念如果反过来用，也就是从筛选的角度做好关键词及相关关联词。

中信出版社出版的黎万强所著的《参与感 小米口碑营销内部手册》，其中大量的插图，让人记忆犹新，很多时候找到插图也就找到了文章的出处。还有一本书，是人民邮电出版社出版的王旭亮编著的《人人都要懂得互联网思维》，文字量不大但一目了然。

让数据说话，让大众在网络排名成风的背景下，用尽可能少的投入，在海量的数据中找到你，关键字的选取就成为相关人员必须面对的挑战。

让数据说话，在网络竞争法律缺失的情况下，只要你做的关键字一旦火起来，这个关键字极有可能在分分钟之内成为别人的嫁衣。在网络排名的恶性竞争中，甚至在网络上笔者的照片都能被换成其他人，这对于企业来说实在是最头疼、也是最无奈的。

（四）让数据成为企业利润源

数据是关于利润的函数关系。用公式表达为：数据 =*f*(利润) =*f*(痛点准确、分析正确、大众知晓度)。也就是说，数据要成为利润有三个基本要素。客、用户的某些行为“痛点”明确且准确；数据分析、使用方法正确；数据针对的对象大众知晓度高。痛点明确且准确的数据才是有价值的数据；分析方法正确才可能创造价值；但没有大众知晓度，也就没人向企业付酬，只有大众能知晓，才有真正的利润。

1. 数据有价值

数据的价值指能为企业带来收益或者可能给企业带来灾难的数据。从企业来讲，能找到人行为痛点的、正确的数据才是有价值的数据。

影响数据价值的因素有不少，比较明显的是数据的概念、数据的针对性及数据的准确性。

数据的概念即数据是用来说明什么的。例如，年龄在16~25岁之间的人口总数，总数前是概念，总数才是数据。数据的概念与数据是不能分离的，只有简单的数字是没有任何意义的。单独地说个2谁也看不懂，但如果说两个人、两斤菜、两条鱼就谁都能明白。

数据的概念必须是正确的，如果数据的概念本身就不清楚，产生的数据必然不准确。本书的编写过程中，笔者发现百度与新华字典对应的有些词汇解释大相径庭。可以想象，如果数据的概念本身就不清楚，用一个不清楚的概念收集相关数据，结果会是怎样呢？显然，如果数据的概念错误，不仅可能带来人工分析数据成本的提升和时间等浪费，还可能给企业造成灾难。

以流程管理概念为例，按本书的定义，流程管理有两个含义，一个是对流程进行管理，目的是提升效率和减少投入；另一个是按流程的后环节对前环节实施效果管控，目的是对执行的效果进行监控。这两个概念对应的数据是非常明确的效率、效果、投入等。看看百度上是怎么解释流程管理的。所谓"流程管理是一种以规范化的构造端到端的卓越业务流程为中心，以持续的提高组织业务绩效为目的的系统化方法，有时也被称为BPM业务流程管理。"在这个概念里，流程管理是提高组织业务绩效的方法。一个组织的业务绩效涉及方方面面，如领导艺术、激励政策、指标设定、过程管控、质量与浪费、用人与授权、组织架构、人力资源管理、政策制定等多种因素。按这样的概念，如果仅从数据收集来说，到底应该从哪里下手呢？显然，由此而产生的数据又能有多大的价值呢。

数据的针对性一定要具体、要小、针对性一定要强。央视曾经做过一个调查“你幸福吗”，而影响幸福的因素太多，这样的调查数据对企业就几乎没有任何意义。而如果问个很具体的问题，如某原材料价格等，这样的数据对企业就非常有意义。

数据本身没有好坏，只有会不会用和怎么用。由于数据本身没有方向性，因此数据既可能是上帝送来引领我们步入天堂的天使，也可能是阴曹地府的勾魂小鬼。关键在于怎么用，用来做什么。当数字从信息变成数字科技时，数据就已经成为社会最重要的财富源泉。然而，任何事物都有双面性，数据使用不当也可能给企业带来灾难。

让数据有价值还有一个重要的因素是数据必须是准确的，不准确的数据就没有价值。

2. 数据准确

数据准确的含义包括客、用户消费行为“痛点”准确，数据分析、使用方法准确。

痛点即消费者在使用商品或接受服务的过程中，商品存在的缺陷或由于提供的服务过度打扰客、用户之处。比如商品说明书过于简单看不懂，没说清；再如某著名房产中介公司，在已经非常明确得知消费者根本无房可卖之后，仍然不停地、“亲切地”、不管什么时间都让房主卖房的电话骚扰等，而这些统统属于痛点。

大数据不在“大”，而在于有用或有价值。要保证痛点准确、有价值，就必须确保调查主体和被调查对象都是准确的、调查的内容是准确的、被调查人的理解是准确的、数据来源是准确的、数据质量好、数据样板成一定的规模及数据分析的方法是正确的和准确的。

数据准确说起来容易，但真正实现也是非常困难的，这是因为数据的特殊性。在互联网时代，最多的产品就是数据。数据以每秒钟产生多少的速率在全世界蔓延，几乎每个人都无休止、不间断地在产生着各种各样的数据。作为数据一般具有以下特性：真假交织性、传播变形性、数据海量性、发生随时性、连续不断性、过程变异性、难以确定性、数据风险性、不断变化性。除此之外，数据还有一个最大的特点：没发生的一定不真实，已经发生过的，就一定是过时的。数据的这些特点，决定了保证数据正确的复杂性，更决定了数据的经济性和安全性等。

影响调查准确度的七个主要原因如下：

（1）调查主体正确。某权威机构曾经搞过一个民意调查。当被调查人面对着电视台的镜头和麦克时，有几个被调查对象敢在电视镜头前“撒野”，百分百地说出自己的想法呢！

去企业做项目经常会有些领导陪同笔者一起找一些执行人座谈和了解相关情况。面对着主管自己的上级领导，被调查者又能说出什么真话呢！

被调查对象必须是准确的，但就算被调查对象是准确的，在很多时候，调查的结果也未必就是准确和真实的。在企业中做调查时，经常会发现由于每个被调查的对象所站的角度不同、看问题的高度不同、所从事的工作内容不同、肩负的责任不同而造成的调查信息不准确。更由于每个被调查人出于利益、自我保护等诸多原因，也很难保证调查的结果就是准确的。

被调查对象的眼光是调查难以准确的原因之一。因为立场不同，看问题的角度也不同。有些事可能在有些人的眼里就是个事，而在另一些人的眼里就根本不算个事。一场考试下来，有人得了90分还觉得不知足，在有的人眼里60分就万岁。

被调查对象的个体能力严重影响调查的真实性。现实中，除了真正的高手外没人会当众承认自己不行。还有些被调查人总怕说出来万一不合适让人笑话，由此而影响调查准确度的也大有人在。

在调查中，排除“南郭先生”是保证调查准确的关键。现实中，混饭吃的南郭先生无处不在。要排除这些人，实际操作中并不复杂。可以针对一个问题追根多问几个为什么，真假就现身了。这就好比炒股，现代社会说股票几乎人人都能侃几句，但追根问一些炒股的基本技巧，真假自然就水落石出。

（2）调查环境、时间、地点、使用条件合适。

（3）调查的方式和内容合适。

关于这两点本书不详细论述。

（4）数据样本成规模。虽然增加数据分析量会导致成本的上升，但过少的样板，会直接导致数据分析准确性的下降。为了尽可能地准确，样板数据必须成规模。数据量太小很难反映事物的本质，更难发现数据的趋势。不能由于厌烦大量简单、呆板无聊的数据，而随意缩小数据样本的规模。就好比在某一个区域，我们仅设一个空气监测点，这样的空气监测数据很难说是准确的，只有适当增加空气监测点，才能保证检测数据的准确。但无限增加空气监测点，不仅是浪费，对于准确度的影响也没有更大的意义，反而是劳民伤财。为此，处理好数据样板规模与合理的经济性的关系，是企业最需要关注的。

（5）数据采样的准确度。对任何企业来说，不可能玩命无限制地分析海量的数据。从这个意义上说，数据样板的准确性，对企业来说就是非常重要的。这就好比肿瘤分析，一般的采样医生，基本根据个人的经验判断、采集认为有代表性的疑似肿瘤的样板送检；而作为确诊肿瘤的病理医生一般也只能凭经验、切片取样，进行检查。可以想象到在整个这个过程中，从手术取样，到病理切片，再到检验，只要有一个环节出现失误，检查的结果可能就是不准确的。

(6) 关注与本数据相关的所有影响数据。数据有关联性数据和因果性数据。关联性数据能帮助我们更准确地掌握数据的准确性。什么是关联数据？比如下雨，雨伞和积水就是相关的关联数据。

至于因果性数据，是产生现象的核心数据。但有些因果数据的确定却是相对比较麻烦的事。雾霾的产生就属于多因果的数据。人为造成雾霾的原因有很多，工业污染、车辆排放等。以车辆排放为例，到底车辆排放对雾霾的产生有多大的影响，似乎并没有准确的科学依据。2017 年年初的一场大范围雾霾，多地在车辆按单双号限行后，对减轻雾霾并没有明显的效果。甚至在很多比较偏远的农村，既看不到工业建筑和相关设施，甚至很少能看见车辆，但也发生了能见度只有数米的雾霾，实在让人问号不断。

因果性数据和关联性数据没有根本的区别，只不过关联性数据主要用来进行分析可能是什么；而因果性数据主要用来排查到底为什么。很多情况下，因果性数据能帮我们找到问题产生的原因，进而发现并找到相关的关联数据。

(7) 影响数据准确的关键是人的眼光不同，数据完全不一样。不管从哪个角度看数据都是有生命的。既有智慧，又有能量，还能说话，但决定数据是天使还是魔鬼的是人，是人的眼光、心胸、情趣、抱负、情怀、格局、立场和文化价值观。在每个有血有肉的人的心里和嘴里，数据有着完全不同的表达方式，有着完全不同的重量级、能量场，更抒发着不同的情感，表现着不同的情怀。在格局的较量中，数据的智慧被不同的人演绎的有声有色。爱迪生每次失败时总是庆幸自己又发现了一种不适合做灯丝的材料，而大多数人的眼里看到的是又一次失败。

三国时期，面对着曹操的百万大军，东吴阵营中多数人看到的是可能的失败。而诸葛亮则成功地通过数据，实现了联吴抗曹的奇迹。草船借箭，周瑜眼中的三天时间，不过是诸葛村夫苟延残喘的人生大限。但在诸葛亮的眼中，则是从天文的数据，到地理的数据；从用兵的数据，到舰载量的数据；从草人体积的数据，到草人数量的数据；一切的一切计算得清清楚楚，算计得明明白白。最终通过区区 20 只战船，600 名兵士，在谈笑之中，轻轻松松借箭十五六万只，书写了数据战胜对手的历史，堪称应用数据的典范。在这个过程中，如果没有数据的概念，诸葛亮必亡。

任何商战一定在两个战场同步展开，一个是谋略，另一个是数据。这其中，谋略和数据互相支持，谋略是数据的魂，数据是支持谋略的胆，更是支持谋略的支柱。只有谋略，没有数据，也只能是概念，无法支持谋略的实施；排兵布阵、克敌制胜也就成了空话一句。以淘宝、京东为例。从数字上看淘宝、京东大致各占半壁江山。在失败的人眼中，市场已经被割据，似乎已经难以看到希望，想做电商生意的人似乎也已经没有了出路。为此，才不断有人问马云，如果没有淘宝，你会怎样？历史没有如果，时代没有假如。与其研究“如果”不如发现可能，与其琢磨“假如”不如找寻机会；通过数据发现淘宝和京东现在存在的痛点，找到自己可能生存、发展的机会，才是真正的聪明人。当今时代是英雄书写历史，历史造就英雄的时代；是“我的未来不是梦”的时代，正所谓：

江山代有才人出，图强做大有可能；三足鼎立不是梦，试看天下谁争锋。

正是：数据为你引路，脑袋改写未来；英雄开创时代，智慧书写江山。

数据有生命，众晓价才高；要让众人知，智慧出奇招。

3. 让大众知晓

能让大众知晓并使用的数据才有价值，流动的数据才有生命，知识不是力量，运用知识创造财富并让大众知晓才是力量。

4. 大数据必须与云计算联姻

缺少云计算的数据发挥不了更多的作用，云计算才能让数据插上翅膀。在数据和云计算联姻的过程中，数据共享和数据安全就是企业必须要引起重视和必须做好的工作。

（1）数据共享。

开放、数据共享是平台化企业最基本的标志，但开放不能无底线。一个再开放的正常人也是不可能把所有个人隐私都公开的。面对着合作的开放和共享，哪些内容可以在什么范围内、对什么人可以放开共享，哪些内容还不能全部放开，需要有个整体的规划和安排，这个对于企业来说不仅是必需的，也是必要的工作。可能有人会觉得这样做是对合作者的不信任，实际上这种顾虑根本不需要。就好比两个人之间合作，再好的合作也无须了解对方的全部家底一样。

（2）数据安全。

数据安全包括两个层面，一个是数据本身是正确的；另一个是在使用过程中没有不安全的因素。问题是在共享的情况下，数据在使用过程被人为地添加病毒或其他不安全因素是完全有可能的，还有些甚至把正确的数据人为地修改成错误的数据。

因此，在数据共享的过程中，做好数据正确性监督，防止病毒的进入就成为重点，同时也是难点。在现实中，往往数据不安全都是来自外部的诱惑和内部有接受诱惑的内因，而这个内因才是造成数据不安全最重要的因素。苍蝇不叮无缝的蛋，没有蛋上那个缝，苍蝇注定没地方下蛆。纵观现代网络金融诈骗或传销等，大多都是病毒先设好，圈套做先导，钓饵放眼前，高额利益导，威逼等进套，收口就难保。当然再高明的骗术，如果没有受骗者的“配合”，也是难以达到目的的。为此，共享之前首要的就是把“蛋”上的缝堵死，让苍蝇没有下蛆的地方。

面对大数据管理，数据在放开共享的同时，还要确保数据的安全。一方面既保证自身的利益不受到侵犯；另一方面又要设法降低用于数据安全的投入，就成为大数据时代，数据管理的核心和重点。

数据无处不在，无孔不入。能说话的数据不仅可以为我们带来财富，也在改变我们看世界的眼光和改造世界的方式，日益成为创新的源泉。大数据带来的是一种前所未有的生活和工作方式，是一种能带来价值的商品，是企业最重要的商业资产，也是一种对客观事物的深刻洞见，更是赢得竞争的关键。

数据在企业中的位置极为特殊。同样的数据由于应用的位置不一样，会让数据具有完全不同的含义。当数据应用于企业各项工作之首时，我们称为决策或指挥数据；当应用于工作过程或结果时，我们称为过程跟踪数据或结果反馈数据；而当这些结果的数据用于下一个循环前时，一模一样的数据我们称为预警数据或样板数据等。

数据的另一个特点是，投入与产出不成正比。作为企业最重要的资产，大数据管理不仅相对难度较大，而且也是一项投入可能会很高，弄不好会成为“有毒”的负产出。但不管怎么说，大数据无论对我们理解现实和做出各种决策都是一种对过去的颠覆，定性正在快步走向定量。当云平台里的大数据，把人类社会的各个层面，各行各业紧密连接在一起时，人类生活新时代的曙光已宛如出海的朝阳，必将照亮新生活的每一个角落。

七、客、用户体验+自媒体——对企业客、用户服务的冲击

互联网把企业和用户紧紧接连在一起。用户与企业已经不再是简单的买卖关系，还存在着合作、借力、众筹等关系。传统的企业只要做好客、用户售前、售中和售后服务也就算完成了任务。而在互联网时代，企业除了做好售前、售中、售后服务工作外，还要完成从客户向用户的转变；最大限度地整合用户资源，争取借用户的口碑传播企业形象。实现人人为我，我为人人、借力、借势、众筹的目的。这种新型的用户服务管理方式，与现行的客户服务方式相比，不仅不能同日而语，更是产生了巨大的冲击。

八、角色转变——对每个人的冲击

互联网时代，每个人都需要完成以下一个或多个转变，具体包括：

（1）在平台型的企业中，决定合作者命运的是客、用户而不是上级。裁员也好，关闭也好，生杀大权全部掌握在用户的手中。这就要求每个人必须完成观念转变，传统的对上级负责必须

调整到对客、用户负责。用户绩效、用户付酬成为平台型企业的标志。

（2）在平台型的企业中，企业主必须摒弃以往的官僚主义和形式主义，成为投资人。企业主必须关注企业能否真正为客、用户提供有价值的东西，必须关注资本的回报。在平台型企业中，每个人都需要具有强烈的投资理念，一切对投资负责，对投资回报负责是每个人必须关心的。

（3）在平台型的企业中，流程主管对如何组织工作拥有更大的控制权和更多的自主权。流程 CEO 将成为企业真正的管理者和领导者。

（4）在平台型的企业中，各级管理层的存在已经失去了意义，去中心化成为必然的趋势。在这种环境中工作的人们除了集中精力让客、用户满意外，不可能有更多时间去操心领导是谁，管理什么。我们在某集团进行岗位设置时，除了流程主管外，根本就没有设置各级领导的位置，实践证明不仅没有引起混乱，而且内部运行秩序良好，生产和行政效率得到了大幅度的提升。

（5）在平台型组织中，每个人都必须慢慢转变成流程的专家，成为问题解决方案的责任人。跨行业、跨工种、跨职能成为对企业内部每个人的挑战。人员按流程自由组合成各种执行团队。岗位的概念被极大的淡化，而团队的概念成为主导。岗位责任书变成团队责任书，南郭先生在团队内基本无法生存。“干活”的也是“管理者”；管理不再是一种为特权或精英所拥有的专有技能，它已成为每个人工作的一个基本组成部分。

（6）在平台型的企业中，企业需要投资人、流程 CEO、流程主管和执行团队，不再需要公务员，企业内将不存在吃皇粮的人。

（7）在科层制的职能管理企业中，各级经理只有一个“上司”，那就是企业的老板；在平台型的企业中，所有的人有两个“上司”：投资人和客、用户。

（8）在平台型的企业中，企业能向合作者提供的不是保障，而是机会和实现机会的各种保障。在这样的企业中，为每个团队成员提供展现才华的机会，提供实现理想和梦想的机会，提供能证明自身价值的机会，提供每个人自身事业不断发展的机会。

（9）在平台型的企业中，责任、自主、风险、挑战、创新、合作、协同、容忍以及各种不确定性成为每个团队成员必须接受的九个基本条件。在这种环境中，每个人都不仅是专家更是投资人。每个人都需要对各种投资承担责任。在这种环境中，也许不会那么温和，不会事事平静；但在这样的企业中，每个人都能把自己的才华展现到极致，滥竽充数者注定没有继续混日子的可能。一个真正符合人性的企业，展现在每个合作者的眼前。平等不再成为一种奢望，互利、共荣、共赢、共发展成为大家共同的追求，团队、和谐、协同成为共同的文化。

综上所述，来自上述这九个方面的冲击对企业来说，无疑是一个凤凰涅槃的过程。相比传统的职能管理，互联网无论在外部还是在内部，都彻底改变了现有的运营模式。在外部，客户已经完全控制了交易的主动权和决定权；在内部，网上各路的蜘蛛侠们，必须不断保持高效和最敏捷的战斗力和执行力，真正形成整体优势大于各分力的总和。互联网、云平台、线上线下一体化、产业联盟、产业协同、跨界联盟，已经从根本上推动着企业经营方式最根本的变革，成为企业变革最强大的动因。

迈克尔·哈耶特在《平台：自媒体时代用影响力赢取惊人财

富》中指出：在当今市场要想获得成功，必须拥有两个战略资产：让人欲罢不能的产品和有效的平台。实际上，当网络把独行侠彻底变成蜘蛛侠时，从合作的角度出发，从建立合作者联盟的角度出发，从众筹的角度出发，从用户体验出发，企业平台化就成为企业不二的选择。

这个平台，必须让来自各路、各门派的豪杰、大侠，放开手脚最大限度地施展自己的拳脚；这个平台必须能构筑最广泛的合作者联盟；这个平台必须具有其他公司不具备的吸引力；这个平台必须具有一种魔力和核心竞争力。从某种意义上说，联盟与联盟的竞争实质是平台与平台之间的竞争，而平台与平台竞争的实质是生态环境与生态环境的竞争！这就意味着，互联网时代的平台和平台生态环境，决定企业成败。

第二节　平台化的企业运营模式

平台化的企业运营模式完全不同于科层制的金字塔形企业运营模式。金字塔形的企业比较简单，做“库存”，推销库存是其全部的工作。

企业平台化的运营方式主要有三种方式。

第一种是纯内部团队的运营方式，这在老科层制的职能管理型企业转型的居多。

第二种是内外部相结合的团队运营方式，类似于京东、当当自营产品和国家大剧院的运营方式。

第三种方式是只提供平台和相应资源，由纯外部的执行团队，在一起合作的运营模式，类似于某些网络平台的运营方式。

在这三种模式中，前两种模式是以企业为主导的，建立在企业对目标追逐的基础之上。无论目标的实现还是从管控的角度都是从企业出发的，即使有外部的合作团队，也是为了帮助企业实现目标的。

后一种方式是以消费者和利益结合在一起为主导的一种自组织的形式。各方通过合作满足消费者的某种需求，而得到自身的利益回报。

一、纯内部团队或内、外部团队相结合，以企业为主导的团队运营模式

以下是笔者为某上市的集团公司做过的企业平台化转型方案的实例。我们通过这个案例介绍这种运营模式。这个案例已经在企业成功实施，企业各方合作者反响良好，供读者参考。

（一）公司平台化转型的背景

1. 公司简介

某上市的集团公司。下设产品设计、制造、销售分公司，房地产分公司，商业分公司，加工分公司等。本案例为该集团旗下的产品设计、制造、销售公司，从科层制的职能管理转型为平台型企业。

2. 转型的主要背景

为企业长远发展，更好地借力社会资源；最大限度地调动内部合作者的积极性，以适合互联网时代对企业的要求。其他背景略。

3. 转型的指导思想

总部对分公司采取全额投资、规定方向、原则指导、指标

管控、独立核算，在规定的范围（规定经营方向和资金额度）内独立经营、自主管理的管控模式。分公司不仅需要对总部的投资负全责，更需要完成总部（投资方）年度经营指标和投资回报的要求。

（二）转型的步骤及主要工作

转型分为两步，第一步完善基础管理体系，实现内部团队全市场化；第二步整合社会资源，实现全平台化。本案例为第一步实施的方法，主要包括以下工作内容：

1. 明确集团总部与分公司的权责及相应管理办法

我们根据集团公司和分公司的实际情况，从七个方面规定了总部与分公司各自的权责。这七个方面分别是：目标与经营方向、分公司经营、财务管控、人力管控、制度建设、组织架构、管理工作。集团总部与分公司的权责及对应管理方法如表 5-1 所示。

表 5-1　集团总部与分公司的权责及对应管理方法（部分）

序号	主要内容	子序号	总部权责	分公司权责	管理办法	备注
1	目标与经营方向	1	对××运营的效果进行监督	接受总部监督，并按总部要求对运营过程中出现的问题进行整改	监控的方式与方法在《平台经营管理规则》中具体规定	
2	分公司经营	1	授予分公司在××范围、资金在××额度范围以内的独立经营自主权	分公司有权在总部规定的经营方向内进行贴牌生产、委托加工；有权根据实际情况对加工单位、销售渠道等进行对外招标	经营自主权的具体要求在《平台经营管理规则》中具体规定	总部有权对分公司经营过程随时进行监督，分公司应按规定时间向总部报送指定的经营报表

续表

序号	主要内容	子序号	总部权责	分公司权责	管理办法	备注
3	人员管控	1	总部授予除分公司高层人员之外的独立用人权，但对于各级流程主管的使用必须报总部备案、审批	保证符合国家相关政策，按规定办理劳动用人合同，按月上缴保险。 对于在规定时间内仍然不达标的各级人员有权解除劳动合同，并按规定办理相关手续	合作者具体经营要求见《合作者经营管理规定》。 薪酬管理符合《薪酬标准与体系》的要求。 技术等级晋升按《技术等级评定标准》的具体要求执行	总部的人力经营部，有权随时对合作者的经营管理情况进行抽查和检查，对于不符合相关规定的，分公司必须按制度或标准进行整改
		2	总部授予分公司经营班子组建的权力，经营班子成员可由分公司自行确定，但需上报总部审批			

2. 明确总部对分公司的经营考核指标

考虑到实际情况，为了顺利推进平台化实施，我们简化考核的项目和指标，分别从经营能力、盈利能力、总部投入、安全环保等几个方面进行综合考核。具体如表5-2所示。

表5-2 《总部对分公司的经营考核指标》（样板）

序号	项目	子序号	指标	单位	指标计算公式	考核周期	年度计划指标	激励标准	对口考核部门
1	经营能力		计划销售金额	万元	公式略	年度		低于或高于怎么办，超过或未达到怎么办	
2	盈利能力		投资回报率	%	公式略	半年核算年度结算			

3. 废除现有的人力资源管理改为团队管理

(1) 废除针对个体的人力资源管理改为团队管理的优点。

实践证明，废除现有的人力资源对个体的管理方式而转变为团队管理实在好处多多。主要表现在：

1）团队内部矛盾自行解决，极大地减少了原有团队内部的扯皮，降低了内耗等。

在政策上采取目标和团队总薪酬挂钩，责任、奖惩激励与团队集体挂钩的方式。很多员工出于团队整体利益的关系，私下间自行协商，处理了过去长期遗留下来的各种扯皮和内耗。

2）管控环节大量减少。

在政策上采取了团队必须对流程段运营结果负全责，过程由团队自行处理，上级原则不干预的积极政策。从分公司总负责人的层面上看，管控环节从过去的 N 个，变成了仅仅只有流程的进口和出口的两个。管辖段内流程过程中出现的所有问题，由团队成员自行协商处理。从制度建设的角度来说，也是大为简化。只要把流程入口和出口的工作标准和流程接口标准说清楚，把相关的运营规则说清楚，把流程上下环节的关系理顺，把权力真正下放到位，工作就可以顺畅开展，并能保证过程质量。

从过去传统的管理方式看，我们总需要花费很大的气力，试图将岗位的责任尽可能地说清楚。但大多数人会发现岗位责任似乎永远也说不清，做岗位责任书时就很难做彻底，而在执行时，很多管理者就更是每天在处理因为责任不清而产生的各种扯皮和内耗。而将岗位管理改变成责任区域和团队管理，仅此一项就使得管理工作大为简化。

3）管理成本极大降低。

科层制的管理方式是上级和专业人员按分管的专业，对工作和人员进行管理和控制。在本案例中，所有的管理均由三个人完成。一个是执行者本人，其必须对自己的质量、进度负全责（执行＋自检）；另一个是由后环节（后工序）对前环节（前工序）的执行效果进行确认（互检）；再一个是流程主管，从专业和技术的角度对产品质量、进度等进行专业管控（专检）。在这样的管理体制下，由于考核面对整个团队，也即整个团队中某个环节发生问题均由团队集体担责。因此，每个人就必须在执行的同时，对所完成的工作一方面进行专业管控；另一方面对来自上道工序的产品质量等进行效果管控。这就从根本上改变了执行人从口头的责任和担当意识，转变为责任和担当的行为。配合薪酬改革，人人需负责，个个得担当。在担当中，尽职守则地把责任的重担挑起来，并在担当中，把责任落到实处。简言之，责任讲意识没用，没有担当就没有责任，有了担当都未必能履行好责任。而在科层制的企业中，很多领导者更多的是强调责任意识，显然，不过是行劳而无功之实，花钱受累没大用！说责任意识时，心热脑袋热；做时，心依旧，脑不想，行为一切仍照旧。企业需要务实，不要意识要作为，不要嘴皮看业绩；责任必须得担当，担当必须有实效。

4）人情失去了土壤。

在团队管理的体制下，团队与团队之间和团队内部每个合作者之间，出于利益的关系，必须得互相较真，人情面子被彻底消灭。企业不仅没有了吃闲饭的闲杂人员，甚至当你的工作影响到其他人时，没人会因为你是什么而顾及面子。

5）个人利益与团队利益紧密挂钩，团队成了真正意义上的合作者之家。

在这样的体制下，没有上级，合作才能共赢；没有领导，协同才有效率；没有对手，牵手才能成功；没有英雄，抱团才能克难；没有个体，团队才能共生；没有高低，阴阳才能互补。

6）执行效率大幅度提升。

7）人人CEO，个个是老板。合作者个人的活性被极大地释放，主动性和积极性空前高涨。

（2）围绕团队管理开展的主要工作。

团队管理与现有的人力资源管理有着本质的不同。人力资源管理的核心是管理到个人；而团队管理不是针对具体的某个人，而是仅仅针对团队。实践已经证明，公司级别，尤其是集团级别的人力资源管理往往很难有好的效果。这是由于不同执行部门的执行人员素质完全不同。想从公司的角度制定一个一揽子的人力解决方案，既不现实也很难达到预期的目的。将人力资源管理职能下放给基层流程主管，既能调动流程主管的积极性，还能保证人力资源管理的有效性。

团队管理对企业来说虽然讲了很多年，但系统的解决方案并不是每个单位都很成熟；这里我们结合在本项目中主要开展的工作，做个简单的说明，供读者参考借鉴。

1）建立团队管理及运营规则。

团队管理规则及运营规则主要包括以下内容：

① 平台按团队管理；团队按流程设置。如市场经营团队、加工团队、供应链团队、支持保障团队等。

② 建立团队指标与激励、报酬与团队全体合作者挂钩的机制。各团队实行独立核算，包指标到团队。各执行团队责任、

效益、分配与分公司整体经营目标的实现挂钩。

③ 团队指标分解包“点”到户，责任、权力到个人。“点”指责任点或控制点或 KPI 指标。

④ 团队兴衰，人人有责；一人之过，集体担责。建立执行人工作进度、输出质量与团队全体合作者挂钩的连带机制。

⑤ 对个体的管理：工作按标准，业绩看实效，责任看担当，效果看“用户”满意。

在考核体系上，效果由岗位后工序（后环节）确认，责任由流程主管负责；平台大总管负责监控。

⑥ 建立团队间运管及协同的规则。

团队之间为了运营和协同建立规则是必需的，也是必要的，否则团队与团队之间就无法实现正常运营和高效协同。团队运营规则主要是按流程把团队之间在执行过程中如何进行流转说清楚。如生产团队与销售团队之间怎么接单，怎么协同，怎么交货，一旦发生扯皮应该怎么处理、怎么面对客户的退货，彼此的责任及权限范围是什么，责任标准又是什么，具体承担责任的执行人是谁等。

必须承认，完成此项工作及其麻烦。但面对着每天必须开展的工作，也是必须要事先做好的工作。我们在该公司进行此项工作，共耗时整整五个工作日。方法是将流程中所有的团队首席召集到一起，顺着流程，按照从终端环节开始的顺序，沿着流程的反方向，一个环节一个环节的向前环节进行流程接口工作确认。这个过程虽然耗去了一些时间，各团队之间甚至发生过相当激烈的争吵，但事后我们在和该公司的参与者进行座谈时，集体的反映都认为开展此项工作非常必要，把过去很多年长期扯皮，说不清的东西，全部搞清楚了。甚至有些在项目最开始时抵触和极度排斥的人，经过这个过程后，也对我们开展后续工作进行了积极的配合。

由于考虑到未来可能进行的外部资源整合，在这个环节没有使用制度的形式，而是采取了内外部都必须能接受的规则。在规则制定时，我们尽量从生态、从各方合作者利益平衡的角度进行了设计，这虽然是建立规则的难点，但也是重点。另外，在规则制定中，必须实现规则的标准化，否则，外部合作团队与已经在平台上的团队，就无法实现有效地对接。

2）建立合作团队准入规则。

具体包括：

① 建立团队合作的基本条件。

这是合作的基础，建立在合作各方对合作的共同认知上。如对合作双方文化的基本要求，合作与利益的分配等。这其中，每个合作团队必须是按流程相对独立的业务单元，这是合作的基本条件之一。这是因为，为了能最大限度地整合社会资源，每个团队必须能独立地完成流程中某环节具体的责任。如生产、销售、渠道、商品设计、供应链等。而绝非是仅仅完成某一个单项工作的人，如质量管理、采购员、绩效考核专员等。为此，团队必须按电路板上的“接插件”设置。

为了保证合作团队的“接插件”化，需要对整个流程各业务单元，建立标准化、全量化的工作、管控执行标准和流程接口工作、服务标准。

② 建立团队合作的基本守则。

基本守则是合作各方均应遵守的一些基本规则。包括合作者规则、文化管理规则、信息管理归则、合作者管理规则等需要共同遵守的一些基本规则。这其中比较主要的是以下两点：

第一点，全体人员不按工种划分而是按团队划分。

团队中的每个人不设固定岗位，每个人都可以在力所能及的范围内承担更多的责任。以最大限度地调动人的积极性，释放人的活性，消灭冗余环节，最大限度地减少或彻底消灭审批环节。管理责任直接下放给所有的合作者，以完成单一的执行向执行、管理合二为一的角色转变。

力所能及要求对每个人承担的责任有个定性的评估。要至少从两个方面进行综合的评定：一个是个人的业务能力和精力；一个是从风险的角度进行确认。业务能力和精力是尽职守则的基本条件；从风险的角度确认是指一旦这个人员离开，企业可能承受的损失。如果根本就不能离开此人，形成某种垄断几乎就是必然，企业会非常麻烦，可能给企业带来极大风险。

团队中不设固定岗位工资，计算的方法是：每个人按程序步骤，确定工作量与薪酬挂钩；按关键点和流程接口设责任项，与责任挂钩；按承担的指标与效益挂钩。只要事先将责任薪酬、指标与效益的对应关系，工作量与对应的薪酬确定好；资源和权力保证到位，薪酬无须再评定，责任自有人承担；"重赏"只要不耍嘴，效益何须人发愁。

第二点，团队成员自由组合、自由"恋爱"。

团队成员人数不限，由流程主管根据承担的指标及团队薪酬总额自由确定。但流程主管必须接受相关监督，流程CEO有权对人员的使用情况进行必要的干预。

3）明确团队运营模式、管控模式和盈利模式。

团队运营模式由于每个企业的情况不尽相同，在此不做赘述。

平台型企业必须建立流程管理模式。否则一旦外部的团队进入，科层制的从上到下的管理模式是根本不可能让各方合作者接受的。关于流程管理在前面已多有描述，在此也不作赘述。

关于团队盈利模式。对于生产型的团队应以投资回报为盈利模式；对于销售型团队应以效益、新市场开发为盈利模式；对于设计型团队应以创造商品附加值为盈利模式；对于后勤保证型团队应以服务价值最大化为盈利模式等。

4）建立团队首席责任、权力、任职资格要求。

5）建立团队合作者的相关规则，具体包括：

① 规定每个合作者享有的权力；

② 规定每个合作者应承担的责任及责任对应的权力和基本资格要求。

4. 建立平台业务流程

在业务流程设计中，应详细确定平台业务走向，确定信息流、物流、资金流的走向，同时确定总部对分公司管理的主要内容。

5. 建立平台组织机构

全面废除科层制从上到下集权式管理组织架构。采取工作按流程管控（执行效果后环节管控）、人员按团队管控的组织架构，即建立流程管理模式下的团队管理组织机构。

6. 围绕平台管理、运行及维护开展的工作

主要包括以下几项内容：

(1) 建立平台运营、管理规则。

主要针对平台在运营过程中，总部与分公司之间共同的约定。包括总部对分公司具体考核的时间、内容及要求；分公司对总部在业务配合、回款使用等方面与总部的具体约定。

(2) 建立平台信息化管理规则。

信息包括文字、文件、影像等信息。不仅涉及怎么来，还涉及怎么用，怎么管、怎么更新、怎么销毁、保密等级设定、信息共享事宜及信息共享范围等诸多内容。

信息共享的核心是信息的开放度，说到底是对使用人的信任。围绕信息使用，建立信息使用人的信用标准也是信息建设中最重要的内容之一。这个看似不大的问题，却很容易让合作者产生联想，当什么信息都对合作者保密的时候，是很难找到愿意真心的合作者的。

(3) 建立平台投资及核算规则。

规则的要点是把投资的方式和形式，投资回报的方式及形式；核算的办法、核算的时间、核算的基本要求等交代清楚。在此，不做更深入的探讨。

(4) 建立合作团队责任书。

合作团队责任书主要内容包括：团队的基本信息；团队年度经济技术指标及激励标准；团队责任及对应的权力；工作与激励标准；团队接口部门、接口岗位输入输出考核标准；团队主要工作规则及执行标准；团队首席及执行人的任职要求七项。

团队责任书可参考第四章第四节《岗位责任书》的模式进行编写，在此不重复叙述。

(5) 建立合作者薪酬标准与体系。

合作者薪酬体系建立可参考第四章第五节，这里不重复叙述。

(6) 建立平台制度体系。

制度建设的方法可参考第四章第六节，由于各单位情况不一样，在此不做赘述。

二、纯外部团队合作运营方式

这种方式为合作型的运营方式。由企业提供平台，各合作方在平台之上，协同配合，实现平台既定的目标。

这种模式适合网络交易模式。尤其适合有客、用户参与式体验的 O2O 模式。但这种方式与上种方式不是对立的，企业应根据实际情况，结合本书介绍的情况，将两种运营方式结合在一起使用。

与以企业为主导的运营方式相比，这种运营方式不仅需要对平台内外的生态系统进行高度仿真的生态设计，还需要寻找好的合作团队。通过平台方与合作各方的合作，共同获得利润，最终赢得企业持续发展的支持和保证。

这种运营模式的核心是需要有合作各方彼此能认可的商品或创意；还要有权威的召集人。没有商品或创意就好比巧妇难为无米之炊。但仅有商品和创意，没有权威的召集人，不能把各方人马召集到一起，再好的商品或创意也难以实现。

（一）合作模式与企业主导运营模式的不同比较

在平台上，一般“生产”两种形式的商品。一种是实物性商品；一种是无实物的、精神商品或服务等。这两种商品最大的区别在于，实物性商品多数属于使用时体验的商品，如电视、冰箱等；这种体验过程至商品报废或被更新而止。而对无实物的精神性或服务性商品的体验，客、用户一般是在“制造”过程中就同步开始了，体验过程随“制造”过程的结束而基本结束。精神商品如演出，服务性商品如去医院看病等接受各种服务。这两种商品差别是很大的。实物性商品在制造过程中，客、用户一般是不参与的；客、用户仅仅是在使用过程中，才开始参与到体验的过程中来。而类似演出或服务这种商品在“制造”过程中，客、用户与全体演职人员或医生等提供服务的人员，是全程共同参与到这个“制造”的过程中来。在这个过程中，观众也好还是接受服务的什么人也好，本身也是这个过程中的角色。在整个这个过程中，充分体验演出或服务给客、用户带来的喜怒哀乐、酸甜苦辣等。

实物性商品与精神性商品还有一个比较大的区别。实物性商品随着商品的报废或更新体验也就到此结束，更随着报废商品或更新时间的延续，客、用户会慢慢淡忘体验时的心理。而无实物的精神性商品，虽然体验过程随着演出或服务的结束就基本结束了，但其对客、用户心理的刺激在有些情况下，可能比实物性商品更强烈、更持久。一场“刻骨铭心”的演出和一次优秀或让人难以忍受的服务，都有可能会因为某些剧情或服务“情景再现”，而直接勾起客、户用的回忆，重新回到体验的记忆过程中，甚至会加强过去的心理体验，而让客、用户终身铭记在心。

我们很难忘记那些曾经让我们永远难以忘怀的被服务，我们也很难忘记那些曾经改变了我们一生的各种人才。演出也好，服务也好，当我们每个人与演职人员或各种服务者在一起共同体验“制造”过程的时候，任何一点“制造”过程中的瑕疵，都可能引起消费体验的不适，进而让人记住一辈子。显然，这种平台与企业为主的平台有着非常显著的区别。既需要有能和客、用户一起参与“制造”过程的环境和场所，还需要具备某些社区的职能。

（二）合作型平台企业与企业主导型企业建设主要的不同之处

合作型平台企业与企业主导型企业建设最主要的不同之处在于，合作运营模式部分类似于对“国家”的管理。

立法、司法、行政、金融、信息是国家最基本的五大职能（国家职能不限于这五个）。从企业的角度来说，保证平台秩序需要立法和司法；而保证平台的正常运转，确保平台上所有的活动顺利地进行就需要行政。行政是面向平台，服务所有合作者的相关服务及管理活动。金融是实现交换的重要手段，没有金融功能也就无法实现交换。信息是实现平台价值、完成各方合作最基本的要素。为此，平台至少需要具备这五个基本功能。

我们在前面谈到过规则，从全员参与的角度上看，规则显然就力度不够了；毕竟在一个平台上面对着众多不相识的合作者（包括客、用户），不能简单地靠口头的信誉，更不能靠建立在个人情感基础之上的信任，立法才是最明智的选择。从立法的角度上看，合作型的平台企业与主导型企业平台建设有着本质的不同。企业主导型的立法是围绕企业目标实现的，管理基本是建立在面向企业内部或准内部的。而合作型平台上的每个合作者的目标首先就可能是不一致的，一般多为满足彼此利益的需要而聚合在一起。从管理的角度上看，合作型企业不可能仅仅满足企业自身的利益，必须满足人多合作者的基本利益。这就显然非常清楚地告诉了我们，立法的基本出发点就完全不一样。

有立法当有司法。平台化的企业与国家职能最大的不同之处在于执法。国家拥有法律上赋予的至高无上的执法权力；而企业则无法拥有这样的行政执法处置权。为此，企业在法律建设时，就需要从源头上设法规避可能出现的法律纠纷；即使发生纠纷，能够最有效的借助国家的执法机构，维护自身的利益。从这点来说，如何有效地借助国家的法律，是企业制定相关规则、制度需要深入研究的。

企业金融与国家金融也有着诸多的不同。企业金融仅仅满足简单的交换和理财，而国家金融的内容则要复杂得多。

综上所述，合作的平台型企业与企业主导的平台型企业，在很多方面完全不能同日而语。合作型的平台建设比主导型的平台建设要复杂很多。为此，一方面需要参考、借鉴国家的某些管理方式、管理方法和管理思路；而另一方面更需要保证企业目标的实现。绝对不能简单地理解为内容的增加，平台型企业建设从管理性质上，已经发生了最根本的革命性变化。

（三）合作型平台化企业的运营模式

1. 运营的指导思想

合作、共享、共荣、共赢、共发展、共进步。

2. 运营模式

（1）业务运营模式。

合作型的平台业务运营模式，采取基于云平台和云计算为基础，O2O 线上线下体验式电子商务与实体渠道相结合的商业运营模式。实物型业务运营流程如图 5-1 所示。

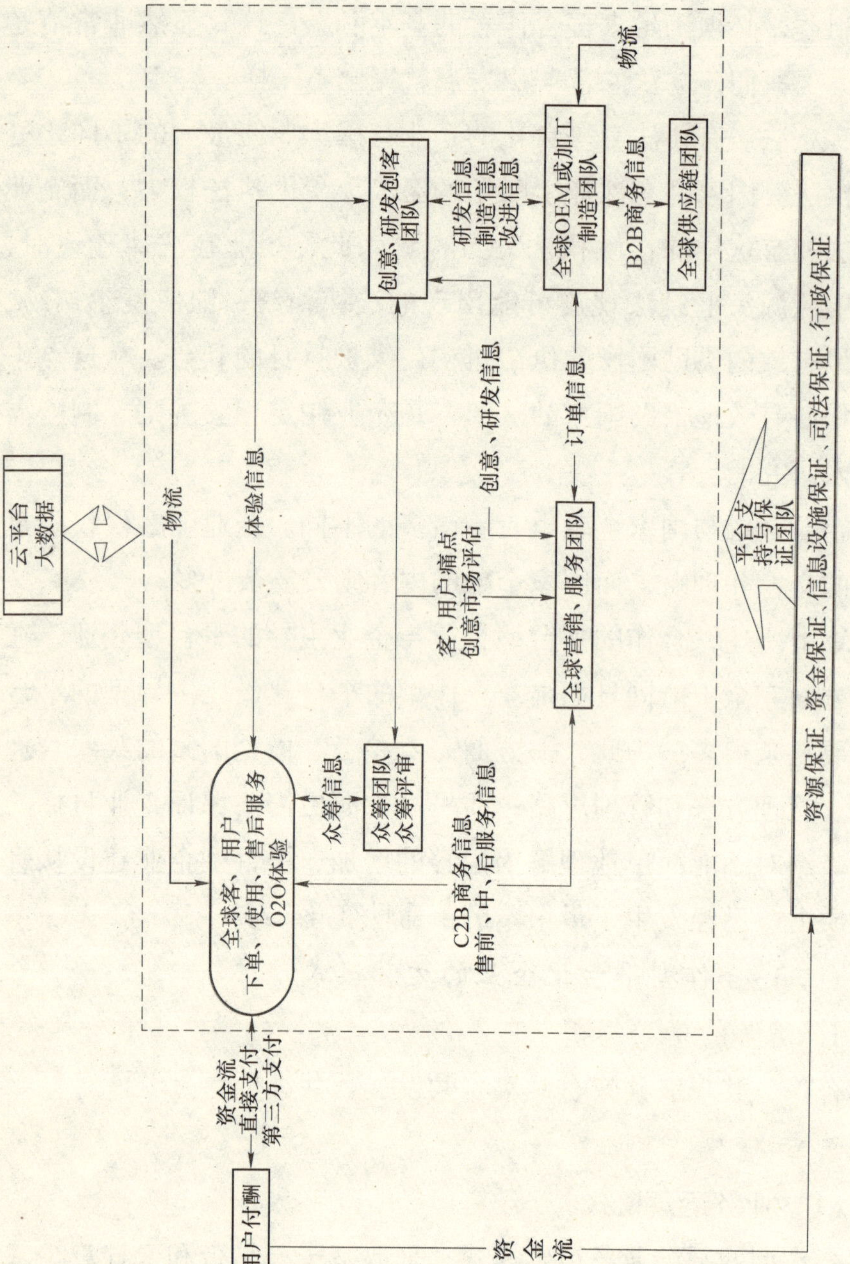

图 5-1 实物型商品业务流程图

体验是一种心理感受。同样的产品，不同的时间感受可能完全不同，同样的商品不同的地点和人群，体验结果也会完全不同。某些培训师，不在培训的课程上下功夫，而是在发红包上做文章，这样的运营模式会带来什么样的恶果，对培训市场的摧残会有多严重，发红包的人自己还有没有将来？研究运营模式就要从业务流程起点和客户体验入手；沿着业务流程把每个环节怎么做，人怎么进入，以什么角色进入，进入后所有参与人可能的心理感觉都弄清楚，才能在执行时不出问题。

本书的平台运营模式起点和终点都是客、用户。也就是说只要从客、用户端出发，就抓住了这个运营模式的关键和核心。

在这个运营模式中，客、用户一共有六个接入端，下面按客、用户体验的顺序，结合运营模式的设计做个简单介绍。

1）搜索体验接入端。

搜索体验即客、用户通过什么方式、使用什么手段能认知并发现企业。这是客、用户体验之旅的第一步，也是客户的第一个体验过程。

在进行运营模式设计时，需要充分考虑客、用户通过什么渠道，使用什么方法能发现你提供的商品或服务；客户搜索最习惯的方式和方法是什么；客户通过什么接入端（计算机？手机？朋友聚会？电视广告？飞机杂志？机场书店？还是可穿戴设备）能最便捷、最顺利地找到企业；客户最喜欢怎样的接受方式，是电视的快节奏？还是纸面广告慢慢琢磨推敲？寻找时付出时间和经济成本有多大等。搜索体验是对运营模式设计的第一张考卷，此步极为关键，如果客户根本找不到你，后面就算做得再好，对客户来说就根本没有价值。只有客户能找到才有价值；能很轻松地找到就有了一定的价值；能在第一时间内找到，同时能接受你就是价值最大化。在这个过程中，符合客户的习惯，迎合客户的喜好，用客户认为最简单、最明了的方式和最少的时间，让客户相见恨晚、一见如故、一往情深、正中下怀、非你莫属就是运营模式设计的核心和关键。

2）体验服务信息接入端，商务信息接入端，用户付酬接入端。

客、用户体验已经成为企业决胜最重要的终端，不能提供有效客、用户体验的企业，意味着等死。

互联网与传统企业相比，客、用户服务已经从过去的阶段服务（售前、售中、主要是售后），转变成全过程的体验式服务。最大的转变是客、用户不再是被动的听人吆喝，而是可以主动地参与到过程中去。在这个参与的过程中，体会开心、快乐，感受作为参与者自身的价值。3D 打印不在有多高明，而在于参与者能自己亲眼看着物品的成型，心理会产生由衷的自豪感。海尔空调，客、用户已经可以直接参与到商品的外观设计中。小米曾经有一款路由工程机，居然做成了发烧友的成人玩具。把零件发给客、用户，由客、用户自己完成路由器的组装和调试工作。这种参与的喜悦，是难以用语言表达的。当客、用户使用自己亲手完成的路由器上网时，这种参与和体验的过程就会变成向朋友吹牛的本钱。对小米来说，节省了组装的成本，展示了商品质量；对消费者来说，体验了成功的乐趣，增加了对小米的感情。

用户体验包括四个环节：售前体验、售中体验、使用体验、售后服务体验。

售前体验包括三个环节，销售信息对比和下单（商务交易）环节、物流送货环节、支付环节。

客户在进入各种商务平台后，需要对相关的信息和数据进行查找和排查。并对不同的商家、不同的商品进行相互的性能与价格的比较。客、用户在进行商品信息对比时，有两个因素需要综合考虑：一个是对比的内容，这个归销售宣传；另一个就是对影响人行为的运营模式进行比较。××家居的运营方式就是尽可能地让消费者走的路线更长，展示的内容更全面。这种方式的优点是便于推销，缺点是为了一点什么小东西，消费者消费时需要投入的时间太长，而且经常走得很累。从提货的角度来说，这家家居的运营模式是展区基本上只能看（尤其大件），为客户提供免费的尺子、纸和笔把货号抄下来，然后到库房取货。这种运营方式从设计上没问题，也很贴心。但问题是在库房里寻找时，由于信息标识等功能存在一定的不足，往往消费者就需要在寻找上耽误一定的时间。而且，缺少配套的引领人员或引导信息标识，尤其最初到这家购物的消费者，并不是非常方便。显然这就是运营模式考虑的不周到。为此，在确定运营模式时，消费进行信息对比时可能采取的方式是什么，喜欢用什么方式进行对比，怎样才能不让消费者出现被拒绝的心里，怎样才能让客、用户舒舒服服地完成对比过程，都是运营模式设计时需要认真研究的。

客、用户通过比对确定与企业合作时，进入售中体验流程。包括下单的便捷、支付的安全和便利等，这个环节目前单纯从运营模式看，有些平台必须先付款后付货。对此，并不是所有的消费者都对此买账的，显然这种运营模式从开始就拒绝了一部分消费者。运营模式设计的核心首先就应该是不拒绝什么，怎么更加便利。因为点滴的拒绝会在消费体验的过程中，带来极有可能是反向的感觉。笔者身边有些朋友，仅仅是因为付款方式，就从来不进某些著名的网商平台购物，宁肯多花钱去更加亲民的网商平台购物。

在物流送货这个环节，运营模式设计的关键是快捷、无损及支付的安全和便捷等。有人订本书，送到北京居然走了好多天。不管出于什么原因，都会在客、用户心中产生非常不好的印象。说到底从运营模式设计上，一些网商明显出于自身利益的考虑，而缺乏了对消费者的重视，这是运营模式设计中的大忌。

物品送到消费者手中，实物体验（使用体验）就开始了。所谓实物体验是指商品在实际使用时客户真实的心理感受。但这个感受不是从使用开始的，而是从第一眼看到实物包装就开始了。作为运营模式设计人员必须对这个过程的所有环节了如指掌，才可能全面满足客、用户。挂一漏万的运营模式可能给企业带来的就是麻烦或灾难，运营模式设计永远是99 +1 =0，一个不满意就可能导致所有的努力付诸东流。

实物体验还包括在使用过程中的各种其他体验。包括电话体验、退换货、维修体验等诸多方面。

电话体验很多是因为说明书过于粗糙或由于看不懂而导致不会使用或是需要维修等。这个阶段，笔者认为还是有很多需要完善的地方。有些公司售后电话必须是工作时间；有些自动接听的电话，没完没了地告诉你忙，不停地放歌；还有的电话接通后，上来就是广告；也有些企业售后人员对产品不熟悉，对性能不了解，最多的一句话就是等待专业人员为您解决……不一而足，实在让人忍无可忍。对于消费者来说真的再选择你的商品或服务时，需要有多强大的意志力！相比之下，中国移动的服务质量要好很多；在绝大多数情况下，客、用户的很多问题，基本都会得到相对比较满意的回答。表面上看这些是服务的差别，深层看还是运营模式的不同。

现在的售后都会有个回访。但从运营模式的角度上看，目前的回访需要改进的内容也不少。网商从目前看最多的是对物流的跟踪。实际上这个阶段应该更多关注安装和使用的便利，按说明书能不能正确地安装和使用，使用中存在什么问题，商品未来升级能否最简单、最便捷等。从运营模式设计上说，适当地给客、用户体验的时间，设计让客、用户愿意参加体验的方式，最大限度地让客、用户参与进来，并把体验的结果变成企业进步的资源，就是这个阶段运营模式设计的重点。

3）众筹信息接入端。

客、用户中高手、专家处处可见。怎样在运营模式设计中，把这些高手整合成为自己的社会资源，为企业所用，是运营模式设计的重点和难点。众筹说到底是利益的众筹，是对知识产权的保护，只要运营模式在这两个环节上下功夫，就不是难事。

需要注意的是，接入端仅仅是运营模式设计的一部分。凡业务流程中所有的环节，都应详细设计其运营方式。内部运营模式不顺就难谈高效协同，与合作方运营模式不清，合作必受影响。在本书中我们侧重对客、用户服务做了些简单地介绍，由于各企业情况不同，我们没有对合作运营方式等进行详细的介绍，但不代表不需要，更不代表不重要。由于各企业合作方的条件大相径庭，合作方式千差万别，在此不详细叙述。

运营模式设计不仅仅只有业务运营模式，还包括信息运营模式（如信息共享与保密等）、资金运营模式（如简单的资金流转或投资理财）等。总之，为了保证正常的运营，应该把每个运营模式都弄清楚，整明白。

企业云化是企业早晚必经之路。下面结合企业云化对信息运营模式做个简单的说明。

将企业现有内部数据库改造成云计算数据中心，称为企业云化。

企业云化信息运营模式为服务导向的流程管理模式，其以企业现有信息化平台为起点。在企业云化信息运营模式的设计中，安全与抗风险、成本、共享是三个在运营模式设计中必须要解决的核心。

信息安全包含的含义比较多，主要包括数据准确使用安全、数据收集来源安全、数据传递过程安全、数据存储保管安全。这四大安全是运营模式设计中必须要考虑的。与安全对应的是不安全，不安全连带的必然是风险。为此，在信息运营模式设计时，诸如云应用出现故障时如何补救？当使用不同的云服务提供商进行数据双保险时，如何保证数据的同步和数据的切换？内部系统和用户数据风险怎样回避等问题，就是信息运营模式设计中需要综合考虑的问题。

在信息收集的过程中，信息成本是信息管理中最难的难点。数据太少可能造成信息的不准确，要保证信息准确，信息量就不能太小，这样投入的资源必然就多；保证在最经济的情况下，数据最有代表性、相对最准确，也是运营模式设计中最需要好好策划的。为此，诸如信息的来源渠道、信息的内容及如何对信息质量进行考量、信息成本的计算方式等就必须非常明确。

从信息保管的角度，哪些数据需要移植到云平台？选择哪个云服务提供商？使用云服务商的总成本怎样？是信息运营模式需要说明的。

信息共享是云运营模式设计中的重点，需要反复权衡。这其中包括信息共享的等级如何设置？共享的开放怎样实施？当数据开放后，通过怎样的方式向数据使用者收费？云平台怎样实现有效接入服务和收费服务？如何通过服务商实现简单的接口自助服务等。

上述通过企业云化，对信息运营模式设计做了一个抛砖引玉式探讨；希望为信息运营模式的设计提供一些简单的思路。说到底，信息运营模式的实质是企业信息化的方向或目标。

（2）管控模式为生态流程型管理模式。

（3）人员运营模式为团队化的运营模式。

管控模式、人员运营模式这两个方式在前面的叙述中多有描述，在此不赘述。

三、平台建设七要素

需要明确的是平台建设不是目的，其根本目的是为了合作各方目标的实现，为了合作者彼此各自利益的实现，离开了这些根本目的奢谈平台化，就失去了建设平台的意义。

围绕合作目标的实现，企业平台建设有七个基本要素：

第一，有合作者团队；第二，有基本大致相近或相似的文化，没有步调一致、高效协同的文化，乱糟糟的平台注定是人多混乱，难以成事；第三，平台必须是生态平台，以生态为标准；第四，有流程，所有的工作必须以流程为核心，没有流程就没有顺序、没有秩序、没有效率，就无法形成平台合作者之间正常的合作、协同和竞争的关系；第五，有法律，以法律为准绳；第六，有标准，以全量化为目标；第七，有资源，有不求为我所有，但求为我所用的资源。

第三节　平台型企业模型

企业情况千差万别，平台型的企业模型首先应根据企业的需要而确定。本模型为实物型的平台型企业，企业当结合实际，走自己的平台建设之路。实物型平台企业模型如图 5-2 所示。

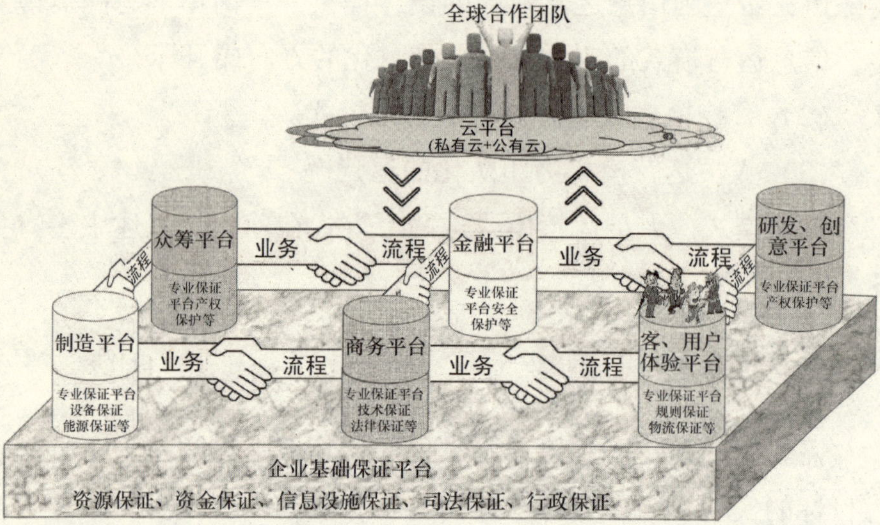

图 5-2　实物型平台企业模型

企业平台大致为分四个：基础保证平台、专业保证平台、各专业平台、云平台。

基础保证平台主要提供基础的保证支持，包括资源、资金的保证，信息设施的保证，立法司法的保证，行政的保证等。

专业保证平台是保证流程在专业范围内能实现正常运转的平台。如制造平台、销售商务平台等。由于每个专业的情况不一样，每个企业的情况也不一样，在此不做更深入的说明。

各专业平台、云平台是为了满足专业功能实现的。按照军事学中结构决定功能或结构限制功能的理论，为了保证平台建设能符合企业的使用功能，我们需要首先探讨平台的功能；然后，根据功能的要求，再对平台进行设计。根据功能设计平台的结构这个过程是不能反过来的，就好比飞机要飞，飞是功能，为此就必须有翅膀；船要下水，在水里航行是功能，就不能采取汽车的结构，而必须有船体。下面研究平台功能。

第四节　平台功能与平台基本机构

一、平台功能

平台的基本功能是实现价值交换，完成客、用户体验服务。

有交换首先得有交易。有交易必须有流程、有秩序。流程不顺就会肠梗阻，没有秩序就无法协同。有交换必须有支付，与支付相关的是信誉，信誉是产生信任的基础；而信任又是合作的前提。从这个意义上讲，平台至少需要完成四大功能：客户服务与商务交易功能、支付功能、支持保障、信用评价功能。平台机构应据此设置。

二、机构设置

如前所述，平台需要完成四大功能，为此应建立以下机构。客户服务与商务交易机构、金融支付及安全保证机构、运营支持保障机构。

在进行客户服务时必然会衍生出客户信用评价机构。企业在为客户服务的过程中，有些客户会逐渐成为企业的资源，为此，通过客户服务还可能衍生出众筹机构。

为了保证业务的正常开展，还需要建立立法及执法监督机构、信息保障机构、支持保障机构等。

（一）客、用户服务与商务交易机构

主要职能完成客、用户体验服务，相关商务服务，客、用户

商誉评定与信用政策制定等。

关于客、用户商誉评定。客、用户是“总裁”已经无可厚非，但不代表所有的客、用户都有基本的道德，更不代表所有的客、用户都有信誉。信誉不能靠自觉，信任也不能凭印象、靠感觉。商业社会骗子不断，交易欺诈防不胜防。建立客、用户商业档案，做好客、用户信用等级评估，一方面可以把客、用户的商誉变成资本，在诸如付款等方面给予政策；另一方面也能有针对性地为客、用户提供更好的服务。

（二）平台立法及执法监督机构

网络将世界紧密相连，在网络上纵横驰骋靠什么？除了靠自己的智慧外，还需要靠法律，不懂法律，注定无法走远。不懂相关规则，注定会让市场踢你出局。由于网络这种特殊性质，企业平台化后就已经直接面对着整个国际社会，假冒伪劣也好，坑蒙拐骗也罢，能横行一时，但注定无法久远，唯有诚信守法才能长久。

在社会的大环境下，平台立法，是平台最重要的工作之一。不管什么时代，参与市场竞争需要法，内部公平竞争也需要法。商誉评估不仅需要标准，更需要将商誉转变成为信用价值，进而把这种价值转化成为商业资本和相关的信用政策；违约处理需要法，平台准入还需要法，维护平台秩序、效率和协同都需要法律。法律是约束，然而这种约束更是一种对自己最好的保护。

平台立法不能从自己出发，更不能想当然，必须从两个基本规则出发，一个是国际相关规则，一个是国内相关规则，才能确保企业能长久。WTO 是基本的国际贸易商业规则；我国相关的法律是平台立法的基本依据。

从实际来说企业平台至少需要建立：平台准入制度、平台商务法律制度、平台基本法、人员行为法等法律体系。

（三）信息保障机构

信息机构的主要工作包括大数据保障、云平台保障、网络保障、接入端保障、信息传输及安全保障等工作。

信息保证多属于纯技术性工作，非本书论述范围之内，本书不做更多的赘述。

（四）金融支持保障机构

金融支持保障机构主要需要完成用资保障、支付保障、投资理财等三大功能。

随着数字货币时代的到来，金融支付之战已经悄然拉开时代的大幕，支付的简单化和安全性已经成为金融战争的焦点。

支付保障主要的关注点是两个：一个是怎样让移动支付在简单的同时，更能安全有效；另一个是第三方支付方式。这种方式的关键有三个：能实现第三方支付、资金监管和信用担保。只有同时具备这三个关键的第三方支付公司，才能给客、用户带来更多的心理安全。但从国内实际看，很多公司并不具备信用担保的功能，而不具备信用担保的第三方支付公司，会让有些消费者望而却步。

网络上无论何种支付，资金总有个沉淀的时间。从投资的角度上，这个资金沉淀的时间段，理所当然地应该成为理财的时间。余额宝无疑对此做了最好的诠释，成为征服客、用户的杀手锏。

（五）众筹机构

众筹机构的主要职能是完成众筹及众筹评审工作。

众筹评审主要包括七项工作：价值评价、明确身份、严防造假、信用评价、保护投资、风险规避、利益分配。

1. “产”权（版权）价值评价

各种“产”权价值评估最好由众筹双方共同委托第三方评估机构完成。

2. 明确众筹者的身份

众筹身份是指众筹双方以什么身份参与众筹。这个会直接影响众筹未来的去向和众筹的结果，这是众筹中非常重要的一点。众筹身份有很多，有股权的身份（包括两种身份：有决策权的身份和无决策权的身份）；有赞助的身份；有债务的身份；有募捐的身份；有回报的身份；有奖励的身份；有慈善的身份等。由于我国在非法集资或非法证券上有着非常严格的规定。为此，众筹时必须严格遵守《中华人民共和国证券法》的相关规定，避免出现非法集资、非法证券等问题。

3. 杜绝造假与信用评价

严防造假在信用体系不健全的情况下，比较简单的方法是透明，在众筹期间相关信息在一定范围、一定时间段内、向一些人群定期公示。公示信息相隔周期不应过长。公示的结果应计入信用评价，通过信用等级评定，确定信息公示人享受的相关待遇。

信息公示过程中，要在向什么人公示上下功夫，这是防止造假非常重要的环节。向同行公示能比较有效地解决造假的问题，但又可能带来失密等问题。从某种意义上说，公示不仅是技术，也是一种谋略。说到底是必须明确什么能公示，什么不能公示，以及应当怎样公示的问题，信息公示在众筹中也叫信息披露机制。

信用评价体系的建立和完善，是众筹的核心和关键之一，信用评价体系必须与平台上享受的相关待遇挂钩。信用评价体系一般可从以下几个方面进行考虑：执行能力、偿债能力、守法意识、违约意识、工作经历、经营观念、运作能力、管理理念、管理方法、格局高度、抗挫能力、用人能力、组队能力、带队能力、落地能力、文化背景、教育背景、家庭背景、地域背景等。

4. 保护投资人与风险回避

保护投资人的合法利益、回避风险是众筹的核心和关键之一。造成风险的原因有很多。经营不善、借方破产、立项错误、资金链断裂、供应链影响、市场变化、贷方不成熟、国家政策改变、周边环境变化、天灾人祸、不可抗力、恶意欺诈、洗钱等。为了有效地保护投资人的合法利益，规避可能出现的风险，可从以下方面入手：

（1）加强投资项目可行性、市场性及风险评审。

（2）投资组合多元化。

（3）对投、融资额度进行限制。

（4）从两个方面加强投资使用过程的监管：一方面贷方有权要求借方定期或不定期地向贷方汇报投资使用情况，借方应无条件地接受贷方的相关质询，包括账务质询；另一个方面，投资划分阶段，每个阶段结束时，借方应主动向贷方说明本阶段投资使用情况，并接受贷方的相关质询。贷方在听取汇报或质询后，应将相关结论计入信用评价体系。

（5）平台不经手资金，投资人通过银行或其他第三方平台进行资金的投入。

（6）设置冷静期，给借贷双方一个充分、反复思考的时间，避免因为一时脑热而产生冲动。

（7）加强平台准入评审，加强对项目执行人的综合评审。

（8）加强对各种规则的监管，加大对投资使用流程的监管，加大违约处罚成本。

5. 利益分配

利益分配无疑是众筹的核心。正所谓无利不起早，没有利，也就没有动力。利益分配是双方的大事，任何单独一方独立制定利益分配办法，注定没有好的效果，众筹利益分配或回报除了直接的经济回报外，还有其他一些形式。

授权回报。是指企业将对某个流程的管控权授予执行人，执行人用自己的智慧，经营这个团队。授权是某些人追求的心理回报，也是一种激励的形式。

股权型回报。这类回报的重点或难点在于股权本身能不能赋予经营决策权，这是最需要认真思考和权衡的问题。有经营决策权的股权，对股权持有人是一种非常有效的激励。但在实际执行时，一旦赋予某人经营决策权而这个人不合适的话，再想收回就非常难。为此，股权型回报必须建立相应的风险考察机制。回首观望，身边不少企业，开始看什么人感觉不错，头脑一热，股权给了，企业也败了，这样的案例不胜枚举。

融资型众筹的核心是必须要求投资回报。这一点与融智型众筹是不一样的。融智型众筹在有些情况下，融智人可能追求的是功名或成功的心理。在有些情况下，融智型众筹者对于资金回报的要求相对比较低。而投资回报型众筹带有一定的承诺性，在重赏的刺激之下，勇夫大有人在。

任何类型的回报都是激励，采取什么形式回报是平台主需要认真研究的，不仅可以组合，也可以相互杂交，用好谓之神，用活谓之圣。

（六）运营支持、保障机构

运营支持、保障机构至少包括四大保障，即责任保障、执行保障、资源保证、人员保障。

责任保障属于管理保障，简单理解就是把责任落地到人的身上。

执行保障包括体制与制度保障、执行人训练保障和资源保障。

资源保障包括各种能源动力、软硬件、原辅材料、作业空间和环境、备品备件等。

人员保障是最头疼的保障。企业中人员有两类，一类是智力型人员，包括管理人员、创客等；另一类是执行性人员，执行性人员占企业的绝大多数，对纯粹执行的人员，我们在前文介绍过精易管理的方法是保证执行人具有执行力最好的保障。

现实中智力型人员并不是很多，对这类人员控制的核心是：观念不能太陈旧，理论不能过死板；眼光不能太超前，概念不能老更新。

（七）平台协同保证机构

平台保证体系包括的内容有很多，包括责任落地保证、信用保证、标准化保证、信息及信息安全保证、投融资（含众筹）及投融资安全保证、人力保证、技术支持与保证、管理保证、服务保证、法律保证、资源保证、平台安全保证等。下面对其中部分保证做说明。

1. 技术保证

技术包括很多种类型，例如，组织管理技术、生产作业技术、人员管理技术、现场管理技术等。技术保证不一定非得要追求最新、最好、最时髦，那些都是浮云，风过了什么都留不下。对企业来说，管理必须适合本企业的实际情况，必须适应本企业的人员素质，保证对企业有用、实用、适用、能用、好用。

2. 服务保证

服务保证的关键是转变对客、用户的看法和认知。每个人都应将自己转变成接受服务的“客、用户”。只有从客、用户的角度出发，才能真正和客、用户心连心。

3. 资源保证

资源保证分成两个：一个是基础资源保证，另一个是专业资源保证。

基础资源保证主要是指水、电、风、气、能源动力，以及工作场所、资金等。

专业资源保证主要指：各专业实际需要的各种专业保证，如设备、耗材、原材料保证等；基础资源保证是整个平台建设的基础，是一级平台，即基础平台。专业资源保证是各专业团队开展工作的基础保证，属于二级平台，其建立在基础平台之上。

4. 人员保证

在平台型的企业中，不需要单打独斗的个人英雄，每个人也不再属于某个个人，而是必须服从团队。不管你有多大能耐，只有与团队协同共进，才能实现自身的价值。从这个意义上说，人力保证的核心是团队保证。团队保证需要从几个方面有针对性的入手，否则难以保证效果。

（1）从价值观方面。

核心价值观是最关键的用人保证，价值观不同对企业可能带来的损失会非常大。这里并不是说价值观不同的人就不能用，关键是怎么用，前提是必须搞清楚对方的价值观。这是大是大非的问题，这个问题弄不清楚，就必须慎用。

（2）从目标和利益方面。

通过目标和利益的分析，可以确定能使用多长时间或在哪个阶段内能合作，到了什么阶段就必须挥手说再见。

(3) 从执行力方面。

执行力的核心在于企业素质，在于企业的制度和标准；只要我们能坚持精易管理的基本思想，以精细化为基础，以易化为核心，执行力的提升不是难事，但仅有制度远远不够，强化的训练，让人成为习惯，才能真正确保执行力得到提升。

5. 安全保证

平台安全涉及多种安全，除了人身安全、设备安全、安全生产等，还包括：品牌安全、商品安全、过程安全、信息安全等。

(1) 品牌安全。

品牌是否安全一般通过口碑进行传播。其来自两个方面：一个是企业自身的因素，可能由于存在某些缺陷，也可能来自竞争对手强加的莫须有的“罪名”。但如果舆论处理不及时、不到位，就会造成品牌不安全。

造成品牌不安全的另一个源头是盗版、假冒伪劣等。假冒伪劣、盗版不仅会严重影响消费的认知，还会搅乱市场；更由于盗版者廉价的销售而直接导致企业难以为继。在当今网络上，不排名，客、用户很难找到，排名又实在无法抵挡盗版和假冒伪劣、无成本投入带来的竞争优势。在这样的背景中，品牌安全已经成了非常头疼之事。

(2) 商品安全。

商品安全包括：使用安全，操作安全、维护安全等。

使用安全是指由于产品设计存在安全隐患而造成的不安全。

使用不安全产生的原因很多，这里不一一列举。但由于产品说明书不到位或产品标识缺陷或短缺，而造成产品损坏，或减少产品寿命，或对使用者造成直接伤害的，是企业必须注意的大忌，实在是得不偿失的事。

说明书可以是造成产品不安全最重要的因素之一。过于粗糙的使用说明书，无疑是放手让客、用户把商品“造”坏。笔者新买回的3D眼镜，想当然地认为需要充电。仅仅由于说明书对于充电指示灯工作状态没有详细说明，结果全新的产品过份充电，一次没用就导致彻底损坏。有一款中国名牌洗衣机，上面有个加热按钮，用了十几年到最后笔者都不知道应该在什么状态下使用这个加热按钮；更由于没有指示灯，不知道这个按钮到底在什么状态下是加热状态。仅仅这么一点小小的缺陷，让笔者最终选择远离这个中国名牌。汽车空调加热和制冷有个压缩机启动开关。但很多车对这个按钮究竟应该处于什么状态并没有详细注明，一直以为笔者自己太痴，后来在微信上看到“传说有八成的司机都不会正确的使用车内暖风”（2015-12-20 微信路况）才知道不会使用者，绝非笔者一人。而由于这个开关操作错误，可能直接导致相关价格较昂贵部件的损坏。

操作安全是指对操作人可能造成人身伤害。笔者买了一款名牌电热安全压力锅，由于说明书没有对排气阀的位置及可能造成的伤害进行特殊提示，仅仅就是说明书上的几个字“放置好排气阀”。而排气阀所在的位置处没有明确具体的位置指示。第一次使用时，由于排气阀位置没放对，煮饭时米汤从排气阀泉水一般喷了一厨房，幸亏没伤人。第二次使用时，由于说明书上没有特殊提示，完全没想到看似极其平静的压力锅，放气时竟有如此巨大的压力，如果不是笔者躲得快，人身伤害几乎无法避免。

关于维护安全。某些电器设备需要检修（现在马路上几乎看不到维修网点）。但你会发现几乎没法开盖，只能冒着损坏的可能，使用工具强行撬开，不仅极可能造成设备损坏，弄不好了也会伤及自身。国外某空气净化器，不仅有安装位置、甚至拆卸的方向都有非常明确的标识。对比之下，感慨万分，东西都做出来了，仅仅就一个标识，一本说明书，就能让消费体验如此不美好。当国人大量出国往回背马桶盖时，我们的企业家有什么样的启示呢？

（3）过程安全。

过程不安全指在商品制造、投融资、众筹等过程中，由于出现失误或其他原因，而造成的不安全。针对这种不安全，建立必要的预警机制，对可能出现的变化做出应对的机制和流程；就成为应对过程不安全的基本对策。

对重要的信息保持高度警惕和警觉，缩短过程监督周期，对猝不及防但已经发生的问题采取快速处置，建立必要的免疫系统等，都是解决过程安全的基本保证。但是无论预警机制，缩短监控周期，还是建立免疫系统，其代价都是需要投资。

抗战胜利70周年大阅兵，无论从机动方队，到空军方队还是陆军方队，众所周知都有备份。墨菲定律指出："如果事情有变坏的可能，不管这种可能性有多小，它总会发生。"墨菲定律无疑是指导我们做好过程安全最好的指导原则，在过程安全的自动化设计中，唯一不能要的就是侥幸。

（4）信息安全。

信息安全有两个含义，一个是信息本身是正确的，另一个是信息使用是安全的。

造成信息不安全的原因表现在以下几个方面：

1）信息本身错误。

一旦信息本身是错误的，在现代信息技术下，一定会加快错误信息传播的速度，最终直接导致相关错误，造成企业不安全。

2）信息本身没错，信息使用出现问题。

由于信息使用人对信息掌握的不全面、不系统或信息使用人格局、能力不够等多种因素，导致出现错误，造成企业不安全。三国时期的蒋干盗书就是因为格局不够，最终导致了曹操的大败。

3）信息在共享过程中，被心怀叵测的人利用。

信息传播公开化、便捷化已成为推动企业和客、用户，供应商及合作伙伴向共同目标不断前进的关键所在。开放的信息在降低成本的同时，也改变了某些保护秘密的规则。在带给各方合作者们以更多便利的同时，也带来了某些心怀叵测的人为“病毒”而造成的信息失真，从而招致企业的不安全。

评价信息是否安全有几个指标：范围级别及对应的共享性、安全性、稳定性和经济性。安全性、稳定性与经济性紧密相连，企业需要在这三者之间认真的权衡利弊。

信息安全在当今时代已经成为不容忽视的问题，系统和数据安全，性能管理和服务级别管理及云服务提供商的相关管理，不仅政策性很强，技术手段更是不容小觑。

6. 协同保证

只有高效协同才能实现各方合作者的效益最大化。

没有协同，团队就是一群野狼。有了协同，团队才可能成为一匹战无不胜的狼。为了保证能步调一致，为了实现最好的协同，平台型企业必须做好以下几项工作：

（1）建立必要的约束，各方合作者具有基本共同的语言，才能实现最好的协同。

我们需要思考以下问题：

- 各合作方必须建立哪些共同的规则？必须共同遵守什么？
- 在业务流程的运行过程当中？每个合作方所应负的责任是什么？对应的权力有多大？对应的权力能不能保证合作方正常开展工作？
- 对合作方的考核、激励、分配是如何设计的？违约责任又是什么？
- 哪些部分必须实现标准化，以确保合作各方顺畅合作。
- 怎样的信息标准，能让合作各方满意？各方合作者对到手的信息有着怎样的期待？

（2）建立利益共享机制。

利益共享不是平均主义，平均主义只能毁了有效协同。制造“不公平”的分配才是协同的基础。但这种制造的不公平必须建立在公开、公正的基础上，只有这样才能保证这种制造的不公平产生协同。企业中那些吃皇粮、旱涝保丰收的“公务员”往往是难以协同的关键，如果不能对这些人进行最有效的约束或从根源上减少，协同是难以真正实现高效的。

（3）建立管理保证。

建立流程管理体制，是实现协同最有效的体制保证。

（4）建立必要的执行标准。

在协同中最容易犯的错误是，想当然的认为各合作方应该会、应该懂、应该知道。也许这些人忘了，合作是把过去可能完全互不相关的单位和人捏在一起，互相之间不了解太正常了，如果没有必须要的执行标准，合作可能根本就无法进行。

（5）流程保证。

没有流程就无法建立相关的标准，没有标准又不可能进行协同。长期以来，按职能管理，条块分割、相互推诿以及冗长的逐级批准的工作流程，根本无法实现与外部对接。为此，协同的第一步就是各合作团队首先建立、完善内部的流程，只有各合作团队内部流程顺畅，才能保证团队与团队、团队与个人、个人与个人之间的高效协同。这就要求，作为协同团队的每个成员都能明确的回答以下问题：

• 流程要达到什么目的？流程从哪里来到哪里去，流程的主要环节有哪些？

• 本人所在的环节主要控制要素是什么？需要什么资源，这些资源来自什么地方？资源的标准是否清楚？现有资源无法保证工作输出时，有什么办法解决？各环节主要意外有哪些？处理的时间周期是什么？

• 流程如何为终端和后工序的用户创造价值？

• 前环节（上道工序）主要做什么？通过什么手段去判定其工作的有效性？前环节的人了解判定有效性时所使用的工具或手段吗？

• 后环节（下道工序）主要做什么？当工作输出给后环节时，后环节最关心什么？

开展工作协同必须有担当意识，当出现问题的时候，是把时间浪费在找借口上，还是把时间用在最快的改进上，成为团队合作的试金石。

合作是手段不是目的，一人浑身是铁又能捻几颗钢钉，只有协同才能其利断金。

合作是基础，协同是核心，共享是前提，共赢是关键。

三、平台型企业组织架构

职能型组织架构是按权力和分工形成的金字塔形组织机构，如图 5-3 所示。

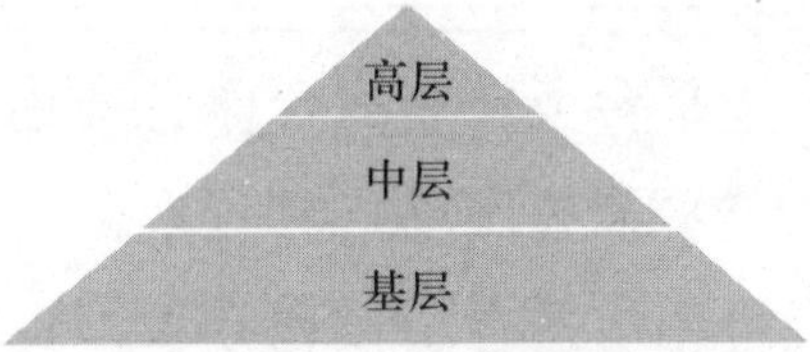

图 5-3 职能组织机构

平台化后的企业组织架构是倒三角形的，这种机构体现的不是权力，而是服务，是一种支撑式的组织机构，如图 5-4 所示。

图 5-4 平台组织机构

在这样的组织中，平台投资人主要负责平台建设，平台主管则主要负责支持、协调、保证各执行团队最有效的协同；各执行团队的首席 CEO，通过对整个过程最有效的管控，确保在满足客、用户个性化需求的同时，参与体验的效果达到最佳。

企业平台化最大的难点在于业务的专业化，其要求各执行团队的首席 CEO 都具有决策的能力。为此，各级执行团队的首席必须成为流程的专家，在所辖的流程范围内，必须面面俱到，这种对人挑战的实质，是对我国现行的碎片化教育体系的挑战，过于专业的设置将彻底被打破，培养综合性的专业复合人才，成为未来人才生存的标准。

第五节 平台公民及团队服务、经营要点

平台上所有的合作者统称为平台公民。

平台公民是指具有平台“台”籍，根据该平台的法律，享有平台相应的合法权利并承担责任和义务的人员。平台公民具有自然属性和法律属性两个方面。自然属性反映平台公民来去自由，享受国家法律保护的各种合法权益。法律属性是指作为平台公民，除遵守国家法律外，还应遵守平台基本法及相关要求。

平台公民之间的关系是业务流程的上下环节之间的关系，法律的关系，信誉的关系，信用的关系，是合作、协同和竞争的关系。

平台团队大致包括：研发创意、创客团队，执行团队，市场营销、服务众筹团队、相关金融服务团队等。

一、创意、创客团队服务、经营要点

（一）创意团队或个人与企业合作的三种形式

一种是已经获得国家相关专利，作为资本投资与企业合作；一种是在合作过程中，与企业共同获得相关专利；第三种形式不涉及相关专利。但无论是哪种形式，都涉及知识产权使用的问题。

（二）创意风险回避

1. 创意风险的产生

能产生创意风险的情况有以下四种：

(1) 对于第一种合作形式，由于各种渠道代理国家相关专利审批的机构众多，弄虚作假难免。更由于国家新型实用专利评审

标准，并不是从市场出发。为此，面对新型实用专利的诱惑，企业需要进行慎重评审，如果不加分辨就盲目投资，就有可能成为企业的灾难。

（2）企业方无法提供必要的资源保证，创意无法实现。

（3）盲目试错造成风险。试错不能任性，不能不管不顾，没有风险评估的试错，可能让企业深陷风险的泥潭；对于壮士断腕、伤筋动骨式的试错，企业必须慎之又慎、三思而行。

（4）双方在合作过程中获得的国家专利，由于事先没有对知识产权使用、利益分配等建立相关规定，产生合作纠纷导致风险的产生。

2. 创意风险回避

（1）建立创意风险回避机构和机制，对创意的风险进行评估。

创意评估有两怕：一怕任性，二怕当局者迷，“不识庐山真面目，只缘身在此山中”。简言之，创意有风险，投资莫任性，评估需理性，试错必限度。

（2）建立知识产权使用的法律保证，明确合理期内的创意收益保证。

3. 创意合作应完成的主要工作

（1）建立创意风险评估机构，制定风险评估流程。

（2）完善相关法律及监管机制。

企业围绕创意应至少建立两个法、一个标准、一个规则。

两个法是：创意合作法、团队经营管理法；一个标准是：用于连接流程上下环节的流程接口标准（资源标准）；一个规则是：众筹运营、管理（含风险管理）规则。

创意合作法主要内容应包括：创意合作准入标准，创意信誉评估办法，评估等级标准及与之对应的后续合作法。创意知识产权保护办法，创意合作收益分配与奖励办法，创意合作违约及处置法，创意合作风险承担办法，创意合作终止等。

团队经营管理法主要内容应包括团队公民雷区与工作、服务标准，团队责任标准及接口责任标准，团队内部绩效考核、激励及分配办法等。

（3）对创意进行经济核算与评估。

创意团队主要核算指标：投资回报率及回报期、创意上市率、创意市场占有率、创意利润率、资源利用率等（根据实际情况确定）。

二、执行团队服务、经营要点

这里的执行团队仅指单纯的执行团队，如生产制造、物流等团队。

（一）执行团队组建

执行团队按流程组建，根据流程性质不同，执行团队分成供应链团队、创意转化团队（如制造团队）、执行支持保证团队等。

（二）执行团队首席执行官

执行团队设首席执行官，其为执行团队大总管。对管辖的整个流程全过程承担全部的责任（包括：进度、安全、质量等），直至按流程交给下一个执行团队为止。

团队首席执行官在流程的范围内，可根据实际情况赋予管辖流程范围内的决策权，人员任用、安排权，绩效考核及分配权等。

团队首席执行官必须对流程输出的结果负责，对平台给予的各种相关投资回报负责，对资源利用率负责，对全体团队成员负责。

（三）执行相关法律及考核指标

围绕执行应至少建立两个法、三个标准。

两个法是：合伙人合作及竞争合作法、团队经营管理法。

三个标准是：工作标准、工作接口标准和团队运营规则。

合伙人合作及竞争合作法主要内容应包括：合作准入标准，合作信誉评估办法、评估等级标准（即信用价值政策或待遇政策）及与之对应的后续合作法，合作人自由贸易协议与合作知识产权保护办法，合作收益分配办法，合作违约及处置法，合作文化管理，合作风险承担办法，合作终止等。

团队经营管理法主要内容可参考创意、创客团队的相关内容。

执行团队主要考核指标：投资回报率、一次质量合格率、成本相关指标、资源利用率等。

三、营销，客、用户服务，众筹创客团队服务，经营要点

营销、服务团队也是执行团队。但与单纯的制造等执行团队相比较，由于在营销和服务过程中，有可能产生众筹人员。为此，本部分内容主要针对众筹进行描述，对于单纯执行的内容，请参考执行团队。

营销、服务、众筹三个环节是流程的关系。企业通过营销，在产生服务的同时可能得到两个结果：一个是对企业提供的商品或服务有兴趣的参与者，这部分人有可能进一步成为企业经营的众筹合作者；另一个是在服务的过程中，客、用户的需求和痛点被进一步挖掘，成为企业创意或创新的源泉。为此，这个环节不

仅是创意产生的过程，同时也是众筹的过程。显然，这个过程完全不同于现在企业简单的市场营销，而是一种全新的企业运营方式。

（一）营销，客、用户服务团队

营销及服务是企业形象的窗口，是企业与客、用户连接的桥梁。其在提供服务的同时，发现收集客、用户新的需求及商品或服务信息，反馈和处理客、用户纠纷，维护企业形象；通过有效的服务，寻找并发现可能成为众筹的人群，是企业各项工作中难度相对较大的工作。

（二）传统营销与众筹营销的主要区别

传统营销与众筹营销的主要区别有以下五点：

（1）传统营销注重推销产品；众筹营销注重买需求，买创意和众筹的人或团队。

众筹营销的重点是针对客、用户心的经营。经营含有谋取的意思，有算计的思想；主要研究对客、用户心谋取的过程。

经营作为一种攻心的谋略，必须从心理上关注你的对象，发自内心的爱你的客、用户。因此，众筹这种谋取是一种大雪无痕、大智若愚、无为而治的谋取；是一种让客、用户发自内心自愿接受的谋取。这种谋取的基础是爱，但这种爱不是嘴上说出来的，而是站在客、用户的角度，发现他们的难，发现他们的疼，帮助他们不断地解决各种需求。

（2）传统营销卖的是商品或服务，关注的是商品的性能和价格；众筹营销除了商品或服务外，更多地关注对外传播理念和文化，寻找、发现志同道合的相关合作方。

（3）传统营销关注解决实际问题的某些具体功能，如制冷功能、空气净化功能；而众筹营销注重痛点的系统解决方案，如能在保持净化空气的同时，保持室内恒温的解决方案。

（4）传统营销注重实物或有形的服务，众筹营销注重用户体验及在体验过程中所产生创意和概念。

（5）传统营销注重销售过程；众筹营销注重用户的体验，注重消费者亲身感受商品或服务对价值的验证，对痛点的验证，对投资回报的验证等。

（三）众筹营销服务人员的基本素质

作为一名众筹营销服务人员，永远不是简单的推销产品，而应是把自己能为客、用户做什么、解决什么，真诚地介绍给客、用户，把自己对客、用户真诚的心告知客、用户，成为客、用户难题的解决专家，成为客、用户痛点的私人保健医生，要让客、用户明确知道离不开你，这才是真正的营销高手。

营销有谋取的目的根本无须回避，也无法回避。毕竟在现实中，人与人之间大多就是利用关系。很多情况下，大多数人并不是因为知道你要谋取而离开你，而是你对别人没有价值才会让人离开你。因此，不怕被谋取就怕没价值是一般人的心态。

相对于其他工作，客、用户服务具有不同于其他工作的特殊性。或者是技术有问题，或者是使用有问题，再就是质量有问题，这就决定了客、用户服务的复杂性。营销服务人员在现实中几乎很难听到好听的话，反而经常是一句话说不对，就有可能造成被服务人的不满。技术问题说不上来，往往容易遭到指责。质量问题很容易让我们的服务人员成为客、用户的出气筒。

在客、用户服务环节，最难的是技术问题。就算再厉害的客、用户服务人员，指望方方面面都成为技术专家根本不可能。而现实中由于有些技术问题没说明白，而造成商品使用损坏的也不在少数；还有些客、用户提出的问题会涉及较深的专业问题或商品开发中某些潜藏的问题，这些都是对客、用户服务的挑战，在自媒体时代，哪怕只有一点不满意，自媒体很容易让企业不舒服。

综上所述，客、用户服务环节不仅涉及技术的熟练度，更涉及商品开发中很多未明确表述的问题，同时还涉及企业的危机处理。如果用两个字表达其工作的重要意义，这两个字就是“口碑”。在当今社会口碑为王的时代，企业对此不能小觑。

（四）企业众筹建议建立相关的法律与主要指标

围绕众筹建议应至少建立两个法、五个标准：

第一个法是《众筹合作法》，主要内容包括平台准入条件，众筹身份确认方法，信息披露的方法，利益分配的方法，知识产权保护及使用管理办法，众筹风险管理法等。

第二个法是《众筹评审人员管理法》。

五个标准是：众筹价值评估标准、创意评审标准、合作者信用等级评定标准及信用政策、众筹评审人员工作服务标准、服务雷区。

主要考核指标：众筹项目投入/产出率、众筹项目上市率等。

四、平台服务团队服务、经营要点

平台服务团队包括：

（一）平台金融团队

平台金融团队主要包括三件事：完成金融相关工作，做好存量资金的理财工作，维护金融秩序。

主要涉及的法律：平台金融法（含平台金融保护法）。

（二）资源保证团队

资源的种类包括很多，资本、资产、各种能源动力、资金、平台、渠道等都是资源。

没有资源注定万事无成。资源来源的渠道有很多，包括自给自足、拿来主义、借力借势、借力打力等。如何看待资源需要眼光。在有限的资源情况下，如何配置资源，是对智力和智慧的考验；如何高效利用、提高资源利用率，是企业的难题也是企业最值得下功夫研究的课题。

资源保证团队的主要工作是，负责平台基本资源配置（包括能源动力）和保证。

主要涉及法律：平台资源法。

（三）平台立法团队（或平台规则大法官）兼纠纷调解公民

负责平台立法及相关司法解释的相关工作，负责平台纠纷内部调解，出现严重违法行为的，负责与国家相关法律机构对接。合作各方发生冲突时，负责相关协调和处理。

平台立法需要建立：平台公民守则及违约处理办法，平台各流程工作标准及相关规则，平台雷区，相关法律规则（包括：核心机密评定规则、合作人员信誉评价规则、信誉商业价值规则等）。

（四）平台“警察”团队

负责平台法务执行、监管等相关工作，维持交易秩序，监督、防止可能出现的违约，对可能出现的各种违约行为进行分析、预测，并进行预警。

（五）商誉评审团队

根据相关法律，负责评审平台上所有公民的商业信誉。

（六）人员保证团队

主要负责人员招聘及投资性培养、输送后备人才（包括所有的合作者），负责企业文化宣教，负责投资性训练及相关工作。

（七）信息保证团队

负责企业云化，负责信息资源池和云建设，负责云网端管理，负责云网端共享、安全、稳定和经济运行，负责云标准制定，并按标准完成相关信息管理工作。

五、平台大总管（流程主管）

（一）角色、地位及主要责任

平台大总管是一种领导职能，负责带领一群人完成创意和再创造的过程；同时也是一种职业，这种职业不是对哪个环节单独负责，而是对整个流程负责。其通过对流程和所有环节精细化的设计，通过最大限度地调动全体合作者的积极性和创造性，对最终的效果负责。

平台大总管非行政领导而是流程主管。地位是整个流程的总当家人，对整个流程的全过程负责。在整个流程中，平台大总管具有最高点的话语权，也就是说在流程范围内，无须请示和汇报能自行当家做主，所有业绩通过下个流程的用户反映出来。

平台大总管的首要工作是建立、梳理平台流程；提供必要的支持工具，以保证所有在此流程上工作的团队高效协同；用法律的形式处理流程接口间可能产生的所有阻碍；负责平台标准化管理；负责平台企业文化建立等。

平台大总管是企业整个流程全过程的总调度，也是平台资源调度，其负责协调、调动相关资源，以确保流程顺畅运转。一个企业真正需要管理和监督的是流程，是制度和标准，是流程和制度的设计，是标准的建立和完善，要保证一个企业永远没有“激动人心”的故事发生，流程、制度、标准、激励、训练就是最佳的保证五要素。为此，为了保证企业的平稳运行，平台大总管有权对此五个要素进行管理和干预。

平台大总管也是流程主持人。这就是说，作为一名合格的平台大总管必须保证流程的良性运转，对流程输出结果承担责任。流程大主管的作用是关键性和永久性的，其必须将各项要做的工作，有效连接成一体，高效协同保结果，通过对整个流程进行检查，以确保各道工序的完美配合。

流程设计、制度建设和各种标准，考核指标等都不是静止的，而是动态和不断变化的。随着时间的推移，无论需求还是技术、各种能力都会有所变化，更随着社会的发展，自组织模式的发展与变化，不仅流程需要不断更新，围绕正常运行的标准、制度等需要不断地调整，在变化中去适应发展和变化。为此，流程主持人需要以某种力量将平台上所有的资源，有机地捏合在一起，让所有的资源彼此相加构成 $1+1>2$ 的力量，让所有的资源在一起，通过自组织的方式，产生良好的效益，这就是流程主持人的最需要完成的主要职责。

平台大总管对平台投资回报率负责，对过程运营效率负责，对企业产出结果负责，对客、用户满意负全责。

（二）流程大主管的权力

流程大主管有对整个流程负责的权力，其权力大于相关领导的行政权力。

作为流程主持人不但拥有流程执行监管的权力，还拥有流程设计的权力；流程主持人有权通过各团队的首席，将具体的责任落地到每个责任者的身上，同时有权利促进各团队的首席抓好责任人训练，使责任者不仅熟悉流程，更熟悉操作和意外应急处置，以确保流程输出的结果。

平台大主管与各执行团队的关系不是行政上下级关系，是流程间矛盾的协调者，是整个过程中包括资源在内的一切工作的总调度，是整个平台上所有人统一步调的指挥者。这就意味着，大主管和各首席之间虽然不是上下级的关系，整个平台上的人也不是为了平台主管在进行工作，但为了步调一致的协同，平台上所有的人，必须服从平台大主管的统一口令，平台大主管必须赋予完全独立的运营管控权，其对流程的控制权力绝对是必需的。就好比导演有权力对演员所需要的技能提出要求，有权对演员进行激励或调整。

（三）流程大主管与平台投资人的关系

在平台上，所有的合作者都不是在为老板或平台投资人卖命，而是在为客、用户创造价值。

平台大总管与企业主之间的关系是：企业主决定经营方向，确定商业模式；平台大总管根据商业模式和企业经营目标，理顺业务流程，牵头制定管理政策，促进各团队工作专业化、流程化，协同过程步调，以实现经营过程。

平台大主管应是组织内最高层的人员之一。作为企业投资人，是企业总体的统筹者和促进者，对平台大总管的行政管理越少越好，但少不意味没有。其中，最基本的监督和制约是必须确保平台大主管以团队的方式进行工作，而不能因人情等原因，对某些部门或个人形成不公平。

（四）平台大主管基本素质要求

平台大主管必须对客、用户和众筹合作者们的需求保持敏锐的洞察力，必须有整体的观点，要善于从流程整体效果出发考虑问题，而不能因为人情只考虑到某些局部和个人。

平台大主管必须是整个流程的专家，是流程咨询师，应具备流程检测、诊断和排异能力，以实现流程之间的完美衔接；平台大主管需要对整个流程的关键控制部位熟悉、了解、掌握在80%及以上。

平台大总管是协同的组织者，是保证正常运营的第一责任人。他必须有一种能力，不仅能把相关的人员召集到一起，更能让一群“狼”变成一匹“狼”。

平台大总管是组织者，而且必须是一个伯乐，能发现每个人最大的特长，能让每个人都把自己的才华发挥到极致。

平台大总管必须是专家，是高级的专门人才，但不是某一个领域的专家，而是一个全才，必须对涉及的所有环节了如指掌。

平台大主管需要具有随时重新配置资源的能力和统一步调、高效协同能力。

平台大总管不仅需要有符合时代的观点，还需要放弃现行职能管理的基本管理方法，必须改变现行保姆式的管理方式，必须改变逐级请示，逐级汇报的管理模式。在职能管理中，大多管理人员的作用是胶水，是黏合剂。而平台大总管的作用则是“润滑剂”，根本的目的是必须保证平台上所有合作者顺利开展工作，以避免产生冲突。更要特别当心，曾经为企业带来成功的某些做法，毕竟过去的成功绝不意味着今天还能保证成功。

平台大主管要有指导执行人员完成流程任务的能力和技巧。平台大总管必须让人从怕犯错误，改变到学会在失误中接受教训，学会自己思考问题，学会自己寻找最佳的解决方案，学会以自己的人格来影响别人，而不再依靠行政手段让人屈服。

平台大主管应该是流程绩效的专家。一个好的流程绩效，一方面能保证目标和指标的实现；另一方面需要保证平台各方参与人满意。参与人大多不满意的流程绩效，则应视为生态性不好。

简言之，平台大主管是“流程生产线”上的决策者，是现场管理的专家，是直接面对现实的人，是问题的处理者和终结者；平台大主管不再是高高在上发号施令的行政领导，也不是坐在办公室里的协调者，更不是满脑袋充斥社会流行的新概念，当然也不是那些没完没了赶时髦的、不管不顾企业实际的概念“潮人”“高人”。

第六章

变革成功之路

第一节　变革的失败

变革失败的原因有以下几类。

（一）对过去的回忆过多

当回忆多过梦想时，失败就不会很远了，太阳每天都是新的，过去的成果无法保证未来的成功。周鸿祎说："互联网是一个价值的创造者，也是一个价值的毁灭者，它在毁掉很多传统的商业模式"。当企业面对着全新的互联网，通用电气公司（GE）董事长兼首席执行官杰夫·伊梅尔特说："也许你昨晚入睡前还是一个工业企业，今天一觉醒来，却成了软件和数据分析公司。"这就是时代，不进必退，回忆拯救不了任何人，躺在成功的功劳簿上在当今时代只能等死；只有干才能感受到痛并快乐着的愉悦，尽管干也未必就能成功，但活在回忆之中注定万事无成。英特尔主席安迪·格鲁夫说："只有偏执狂才能生存下去。"在互联网时代，只有抓住互联网带来的时代飓风，顺势而为，才能成为飞起来的"猪"。

（二）缺乏经验，要知其然更要知其所以然

柯达公司的首席执行官乔治·费希尔说得好："要知道干什么并不难，难的是如何去干。"缺乏经验是一个最真实的理由，互联网时代究竟怎样做企业，看不清也弄不明白，思路不清楚，方法不明确，大道理满天飞，能实际指导的书籍凤毛麟角。20世纪末，流程再造风靡世界，但大多都以失败告终，其深层的原因就是面对全新的东西没有经验，直接导致变革的失败。

同样的事，有人能成功，有人怎么也无法成功。说到底，成功不仅需要知道方法，更需要知道为什么用这种方法，学海尔的人不少，但靠海尔经验成功的不多；学华为的也不少，但真正做出成就的也难觅其踪。一方水土养一方人，只有把别人的成功经验与自身的各种条件有机地结合起来，才能走向通往成功的坦途。这就必须知其所以然，但很多国人，人心浮躁，恨不能找个高人给自己出个点子，划条道，自己照猫画虎就能复制成功，这岂不是痴心妄想。世界上真正的高人只有一个人，那就是你自己，站在其他人的肩上，把所以然搞明白，坚定不移地走自己的路，才能步入辉煌，登顶成功的殿堂。

（三）怕得罪人

企业再生或转型将直接使官僚体制中的管理人员大幅度减少，对现在仍然抱着职能管理不放手的职业经理人，下岗也许就是最终的出路。管理工作从对人的监督变成直接对工作过程的管控，专业能力成为立脚的根基。人人都需要独立面对，浑水摸鱼

靠忽悠混日子已经一去不复返，滥竽充数的南郭先生将无法立足。在这样的环境下，现有的职业经理人会感到无所适从。变革的执行者，面对着这样的职业经理人队伍，又当如何？无论怎么安排，得罪人都是必然的。

任何变革都不可能使人人都得到好处，试图使变革取悦于每一个人是一种无法实现的愿望。不破不立，只有把蛋打破才能做蛋卷，试图迎合所有人都高兴的变革亘古未闻。

（四）来自于传统势力、习惯势力和既得利益的阻力

传统势力说得最多的是过去就是，靠那样成功的，干嘛要变革？

习惯势力说得最多的是，现在就很好了，为什么要变革？

既得利益因为已经到手的利益，会直接阻碍变革。因为不变已经有利可图，而变则可能削弱他们的权力、影响个人的权威。既得利益多来自企业现有的中层管理者，这些盘踞公司统治地位的管理者队伍，足以挫败任何变革的力量，不让变革启动。尤其当既得利益者预知到未来可能给自己带来的损失时，玩命、拼命地反抗、抵制甚至扼杀变革就是必然。这些反对者会抓住变革中任何一个小的问题，攻其一点不遗余力。如果变革的倡导者没有一定的思想准备，没有一定的定力，没有一定的强势，是很难完成变革的。看看电视剧《大秦帝国》，看看当年秦孝公是怎么冒死支持商鞅的，没有破釜沉舟、壮士断腕的决心，变革注定难以成功。弄不好就可能在某一天早上，集体集中公开反抗变革。

（五）领导放权，指望靠下属完成变革

变革必须自上而下地推行，否则难有好的效果，有以下几个原因：

1. 中层人员视野不足，利益出发点难一致，难以从企业发展看问题

中层人员大多工作局限在个人的职能范围或所在的部门内，思维定式很难与企业决策者保持一致。维护自己的利益是人天生的本能，这种本能就促使执行人很难从企业整体上进行思考。最关键的是，很多中层人员尽管工作兢兢业业，但大多为打工者，这就很难真正与企业主有一样的心情，更难以品尝做企业的艰难。自己不负责给员工发工资，就难以体会找不到钱的痛苦；自己不搞经营，就难以懂得与某些客户周旋的累，更难以懂得为了企业乞求客户的心酸。简言之，也许看到投资人风光、周游列国、空中飞人的多，而看到投资人痛苦的就太少了。为此，很难与投资人心连心。

2. 不当家，难做主，或无法做主

任何变革注定是伤筋动骨的改变。不在其位难谋其政，能不能变，变到什么程度，不是当家人谁也做不了主。

3. 怕闹出矛盾，各级追究自己的责任

当年林则徐虎门销烟，最终倒霉的是林则徐。商鞅变法秦国强大了，商鞅遭到的却是车裂。有很多一线的经理们宁肯渐进，打折，也不愿意引火烧身，避免到了最后领导顶不住，还是自己倒霉。于是，当上述变革者最终的命运被各级人员看到后，必然会变本加厉地阻挠，最终必然导致变革的失败。

4. 权力不足

变革彻底摧毁了部门与部门之间的界线。没有一个非决策人能拥有摧毁部门墙的权力。指望非决策人进行变革，实际上无异于一种信号，告诉上下一众，决策层并没有把变革看得十分重要。这会直接助长人们对变革的漠视或者加以抵制，这种由于感

觉决策层的不重视，而导致变革自生自灭的并不鲜见。

5. 指派不懂得变革的人来领导变革

有人说这个怎么可能，但实际上这是很容易发生的。一方面有些企业变革的领导者，在自己尚未搞清变革思路和方法的前提下，就盲然带领有关人员进行变革。

另一方面，社会上有些"忽悠"大师（特指某些脱离实际，闭门造车但嘴皮很好，能干扰企业变革方向和行为的人）靠不断创造的"新"概念指导企业进行变革。现实中，很多人都见过不少这样的人。奇怪的往往不是那些"忽悠"大师们，真正奇怪的是拿这些大师当宝贝的企业家们。

（六）变革领导人是某一方面的专家

企业变革是一个系统工程，必须对本企业的经营非常熟悉，对企业业务流程和流程价值链了如指掌，对业务流程的各个环节及重点有独到的眼光，即能从商品构思到销售，从生产制造到售后服务等各个环节来综合考虑问题，只有这样的人才能领导变革工作。仅仅是学历高或某一领域的什么专家学者，根本没有能力领导变革，合格的变革领导者应当"没专业"。也就是说，不求面面精，但需面面通，并在其中的某一方面卓有建树才是合格的领导者。

（七）变革领导人的个人素质、眼光和专业

在所有变革失败中，变革的领导者对变革了解得不够，刚愎自用听不进去，办公室讨论的时间超过实际干的时间，基本是导致变革失败的原因之一。

（八）变革的领导者不能全身心投入

变革必须要全心全意、全身心地投入。当年，著名大师戴明与杜拉克两人与摩托罗拉公司签订了长达十年的咨询合同，才让六西格玛管理法横空出世。没有全身心地投入，没有足够的耐性，变革难以成功。

（九）恐惧

当人们面对着变革时，很多人害怕变革的原因是怕自己能力不够，怕新规则对自己不利，怕跟不上时代，怕由于变革让企业炒了自己的鱿鱼。恐惧会成为变革的阻力，会让有些人没有勇气面对失败等。在恐惧的人眼中，总在仰慕别人的成功，期盼、等待所有的灯都变绿，结果是最终都无法迈出第一步。

恐惧不是没有好处，对未来的恐惧能让我们清醒，对失败的恐惧能让我们更加勤于思考。面对恐惧，最好的方法就是挺起胸膛，把别人眼里的不成，变成怎么才能成功。

（十）面对失败

有人抵制变革毫不奇怪。有人在嘴上支持变革，在心理却不断地设法找到一些变革中难免出现的问题大做文章。干活越多，问题一定越多。正确地认识失败，眼光就成了关键。认为问题多的，成功的机会就会少很多；但认为扭大秧歌也是往前走的领导，成功的机会就要多得多。在任何情况下，成功者所犯的错误永远比失败者多得多，面对失败考验的是变革倡导者和领导者的信心和决心，没有信心必然夭折，没有决心，断难以前行。

（十一）心急

心急是很多企业经常遇上的情况，恨不能立马就见成效，这样的心态在咨询的过程中经常会领教到。变革是一个渐进的过程，不会走就想跑断然难以成功。但很多时候，单调乏味的坚持，一时半会看不见成效的烦躁，感觉“痛苦”过程的漫长。不耐烦，迷惑不解，精力难以集中（有两个原因，有些人身兼数职，不能把精力全部放在变革上；另一个原因来自社会，不断有

"高人"创造的"蛊惑人心"的高论，诱你心动），使很多人难以坚持一项做完再做一项。航空母舰说穿了也就是个海上的移动平台，但只有平台没有舰载机，这个平台注定是没用的。一般的飞机，滑行距离过长，难以在海上平台实现起降的要求。当制动距离大幅度缩短时，可以想到的是飞机驾驶员在惯性的作用下，需要承受一般人难以忍受的痛苦。显然，人需要在痛苦中磨炼，需要千锤百炼；飞机则需要实现短时腾飞、瞬间停止，只有这些条件都具备了，才能实现航母的梦想。这是需要过程的，这个过程是需要时间的。心急怎吃热豆腐。任何情况的心急，除了增加不必要的烦恼，根本无法保证效果。

（十二）挂羊头卖狗肉

长期的咨询过程中，笔者经常看到有些人自以为懂了，自以为不含糊，无论你怎么讲，已经完全听不进去了。辛辛苦苦、努力认真的弄了个"鹿"，但坚持认为那不是鹿，而是马。要命的是，这些指鹿为马的人，出于面子等原因，尽管心里已经知道是错误了，却坚持将鹿认定为马，再自欺欺人将这些鹿定义为马或者定义为创新的马，并使之"永垂不朽"，结果是导致将来更难改变。

（十三）不能赢得大多数人的支持

变革必须赢得多数人的支持，但不要指望全体人员在某个早上起来就一致拥护变革的决定。只有"唤起工农千百万，同心干（毛泽东）"变革才可能成功。

（十四）不能正确地认识能力与变革之间的关系

在实际变革中，有些领导会找一些自认为能力很强的人来主持变革。从变革的角度来说，必须明确，对于思想僵化、观念陈旧且冥顽不化的人，能力只能是绊脚石，能力越强，绊脚石就越大；让新星腾空而起，远比以危害变革为代价，留住那些冥顽不化人好很多。很多时候，有些看似不反对也不支持的人，反而会成为成功的关键。面对这些人，需要通过培训、训练等多种方式，使他们掌握实施变革的整套技能。

（十五）没有以流程为中心

导致变革失败的主要原因是总把新瓶装旧酒，坚持职能分工的思想，嘴上是流程为先，实际操作难以摆脱传统的工作任务管理的思想。不管怎么说，官僚的管理方式曾经在过去两百年期间作为一种解决问题的办法，已经在很多人心中根深蒂固，思维习惯一时难以改变，尽在情理之中。当变革中所有的人都在忙于自己的任务，忙于本位工作，变革就已经画句号了。也就是说，只要职能僵尸阴魂不散，变革不过是走走样子而已，或者根本就不能叫变革。

（十六）目标过大，精力过散

目标过大一时难以实现，会让人看不到希望。摊子太大，重点太多，资源过于分散，会让变革淹没在过多的事务之中。在咨询实践中，有些企业的负责人，在与其沟通的过程中经常电话不断，而且自觉哪个电话都很重要，结果烦琐的日常工作不断打断变革的思路，经常到了能静心听人说话的时候，对方却已经不知道该说什么的尴尬境地。

变革不是救火，必须重点突出，必须有严格的约束。精力过散除了困惑和不安，不可能产生持久的精神振奋。

（十七）没有行动，缺少反思

变革成功与失败最大的区别不是变革方案的完美，更不在文案质量的好坏，最根本的区别就是到底做没做，在做的过程中有没有及时的反思和改变。在现实中，有不少企业的失败不是因为愚蠢，而是因为在自大的同时缺少必要的反思。当所有的人都以同样的方式进行思考时，失败的可能性就很高。执行规则但不墨守成规，在变化的过程中变在变化的前面，实实在在抬头苦干，才是成功的正道。

（十八）将变革变成运动

管理最忌讳高大上；最忌讳今天这么一场、明天那么一出的运动。优秀的企业靠的是一种积累，不仅是经验的积累，更是时间和意志的磨炼，是耐力的较量。做企业一定要脚踏实地地仰望星空，只有扎扎实实地做好基础，才可能实现腾飞的梦想。

中国很多企业已经历过无数次的“运动”（特指短时间跟风走过场），从5S运动开始，到精细化管理“运动”，又到细节决定成败“运动”，再到流程再造“运动”，还有六西格玛“运动”，精益六西格玛“运动”，阿米巴“运动”……结果怎样？取得多少成绩？上上下下彼此心知肚明，嘴上不说而已；而员工却疲了，反正什么运动来了也是一阵，熬过这波下波不知道又来什么幺蛾子呢，正所谓：

运动一场接一场，主题一年一变样，观念更新实在快，紧忙。

银子扔了不老少，效果全在嘴皮上，究竟实效怎么样，老样！

什么是不简单？能把大家公认为非常简单的事，千百遍都做对就是不简单。什么是不容易？能把大家都认为非常容易的事，每次都做好就是不容易。企业没有激动人心的故事发生，能持之以恒地把每件事都做到不简单、不容易，这就是好的管理，管理没必要盲目拔高，没必要这山望着那山高，没必要整天赶时髦，没必要听人忽悠，没必要高大上，走自己路，坚持把一件事干到底，不撞南墙心不死，逢山开路，遇水架桥，才可能真正看见希望。

第二节 变革的阻力

变革注定是对传统工作方式、管理思想的一种突破或否定；一种对过去成功光环的质疑和改变。因此，变革中最大的阻力往往来自自己。

变革之初最危险的不是鲁莽，而是继续以旧的思维方式行事。《易经》说："万物生于有，有生于无。"不论我们做任何事，只有先取得看不见的"无"的胜利，才能取得看得见的"有"的成功。一个真正的成功者，永远不会用运气做赌注，而是一定事先在"无"上下功夫，用强大的"无"打败"有"。指望临场抖机灵，靠耍小聪明来取得胜利，亘古未闻，只有在"无"上"先为不可胜，以待敌之可胜"（《孙子兵法》），才能取得最终的成功。看得见的有是看不见无的延续，胜负早在看不见的"无"中就已经确定了，只有先赢了自己，才可能笑到最后。有在哪里，在每个人的头脑里，在每个人的心中，对有突破的实质是在别人没打倒自己之前，自己先改变自己进而战胜自己。

思想的变革来自于对新事物的评判标准。必须承认，任何变革都必然会伤害一些现有的利益。如果把眼光紧盯着今天的既得利益，注定没有变革的动力，一切变革也无从谈起。只有把眼光盯在明天的利益上，这样的变革才可能迈得开腿。

对新生事物的恐惧，对旧环境的依恋，不知道新事物怎么干，惧怕失败也是变革的巨大阻力。企业变革、再生或转型不是对一个组织进行简单的重组、精简或简单的新瓶装旧酒的调整。企业变革、再生或转型是系统工程。需要对企业的各项工作、技能标准、培训要求、考核标准、奖励制度、管理权限以及每天都会遇到的问题进行重新的调整。

第三节 成功变革的关键点

创业、变革、再生或转型要想成功，有五个关键因素：理念正确、知识普及、形成环境、全体参与、方法正确，五者缺一不可。这其中知识普及的概念，是必须尽可能让更多的参与者了解创业、变革、再生和转型的必要性，必须让绝大多数人会干，否则很难成功。除此之外，还有以下要点：

（1）任何变革必然涉及权力和利益的再分配等多种因素，企业决策层必须亲身参与。在处理权力和利益分配上，领导必须成为善于挑担子的人，不是在担子的两边找平衡，而应是在扁担不同位置上找平衡。可以说，掌握平衡的技巧是处理权力和利益的关键。

（2）平台型企业绝非建立简单的电子商务系统。

（3）不要着急慢慢来，放弃过去，从零开始，变革唯一的前提就是脚踏实地，不拘泥于现状，包括已经成功的经验。

（4）永远不要高估人们对新事物的接受能力。

（5）在外人打倒自己之前，先打倒自己然后快速站起来。

（6）要抓反复，反复抓，抓巩固，抓改善，抓提高。

（7）先有领导力和执行力，后做平台，在流程没有梳理清楚之前，推倒部门墙是不现实的。

（8）该出手时快出手，机不可失时不再来。

（9）胜人者力，自胜者强。成功的基因在自己的身上，而不是来自外部，只有自己先从思想上成为成功者，才可能取得成功。成功不能靠运气，除了干，没有更多的秘诀和捷径。

（10）不具备正确的方法，简单追求“正确”的事情，于事无补。

（11）变革要知道今天，但变革更注重明天。

（12）容忍失败，但绝不放过失败的原因，防止失败，更要小心重复同样的失败。垃圾是放错了位置的资源，明明白白的失败才是成功之母。

（13）世界上几乎没有什么事能一步到位。成功一般都需要经过无数次对失败的迭代，才能登顶辉煌。

后　记

一位美国朋友去现场聆听迈克尔·波特的演讲，尽管时不时会被波特冒出的惊人之语所打动，但抱着在最短时间内得到大师真传的他，并没有听到什么惊天动地的见解和手到病除的良方。

事实上，从来就没有什么“一抓就灵”的经营之道。当企业家们没有从波特那里得到什么灵丹妙药而怅然离开的时候，错的不是波特，也并非那些虔诚的企业家。原因就在于每个企业的情况是完全不相同的，不仅人员素质不同、经营环境不同、企业文化不同，领导素质也千差万别，面对着各种的不同，指望一服药大家吃还要都有效果，这本身就不现实。理论与现实之间总会有差距，而这个差距需要我们自己去缩短。管理没有对错，只有适合。现实中任何一种成功的经验，都有其产生成功的环境、文化和相应的各种条件，不加思考，不考虑自身的环境和文化，不管企业自身的人员素质，简单的模仿照搬，注定没有成功的可能。

本书是笔者在企业工作多年的工作总结。书中所提到的各种经验，只是笔者在所处的特定环境和特定的人群中磨炼出来的特定经验，是自身经历的总结，不一定适合所有的企业，笔者最大的愿望是帮助读者打开视野。希望各位读者带着“疑问”的眼光加上理性的思考，从本书中找到适合自己创业、适合企业生存发展的管理方法，毕竟管理没有万能钥匙，符合锁芯的钥匙要靠自己来修磨。敢问路在何方，路只能在自己的脚下！

对流行的某些理论产生问号是一种能力，能把问号拉直变成感叹号更是一种能力。作为创业者、转型者和企业家需要同时具备这两种能力，这两个能力相加在一起就是化腐朽为神奇的能力。产生问号的能力来自“疑问”的眼光，把问号拉直的能力来自悟性、理性的思考和对于现实的反思。问号也好、叹号也罢都不是目的，再好的管理经验，只看不用也不可能取得任何效果，要想取得效果只能在符合企业自身内外环境的条件下，勇于实践、勇于探索、开拓创新。管理不在于知，更在于行。不在于本书能讲多少，而在于读者在实践中能运用多少，实践出真知，巧干出智慧，笔者真诚地期望各位读者不要期望本书能有多少新的、“语不惊人死不休”的观点，唯希望本书中的各种正反面的经验，能成为读者思想的发动机、行动的推动器。愿我们的绵薄之力能极大地推动创业、转型走向成功！

知识不是力量，仅仅是力量的基础，运用知识创造财富才是力量！

戴明只有一个，讲六西格玛的人数不清；乔布斯也只有一个，研究苹果的人也是数不清；稻盛和夫也是只有一人，研究阿米巴的人更是多得数不清；丰田汽车则更是只有一个，而研究精益生产方式的人遍天下。问题是如果戴明、乔布斯、稻盛和夫、丰田汽车也都在模仿照搬、简单抄袭，赶时髦随大流，又何来质量零缺陷的六西格玛管理，以及那个被人咬了一口的苹果、日航的崛起和消灭浪费的精益生产方式呢！

聪明的人跟着伟人走，伟大的人自己走。愿本书成为你自己走的起点，推动你走出成功的第一步，更衷心地祝愿你能成为下一个张瑞敏、韦尔奇、稻盛和夫……

从来就没有救世主，也不靠神仙皇帝，要创造自己的幸福，全靠我们自己。

旧模式打个落花流水，新模式正在兴起，让思想冲破牢笼，砸烂桎梏才能成功。

作　者

2017 年 5 月